浙江省哲学社会科学重点培育研究基地（浙江师范大学高质量教育发展研究院）的主要成果

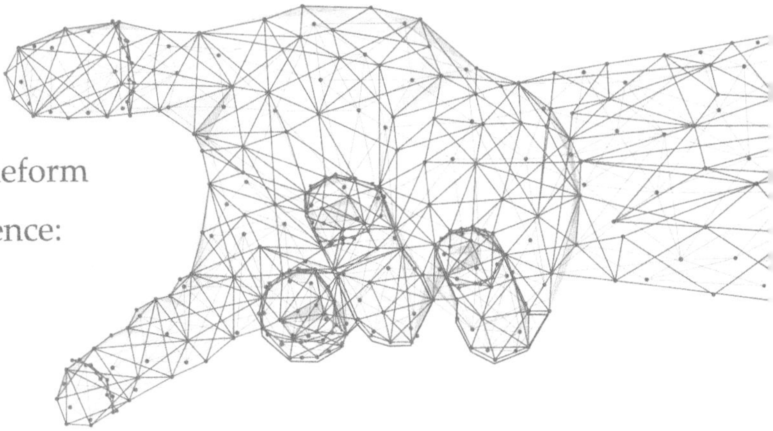

Education and Teaching Reform Driven by Digital Intelligence: Theory and Practice

数智驱动的教育教学改革

理论与实践

黄昌勤　王希哲　方　向　吴雪梅◎著

科学出版社
北　京

内 容 简 介

智能技术与教育教学深度融合是促进教育数字化转型和教育公平优质发展的关键。本书基于多学科交叉视角，秉承数智驱动教育的核心理念，遵循由浅入深、理论与实践相结合的写作逻辑，系统阐述了数智赋能教育教学改革的理论、技术与实践，包括“数智赋能教学发展机遇与理论变革”、“数智赋能教学改革的机制与技术”、“数智驱动下的教育教学创新实践”以及“数智驱动教育教学发展的现实挑战与展望”四篇共十一章内容。第一篇分析了数据智能与教育教学发展的新机遇，详述了数智驱动下的教育理论体系与伦理问题；第二篇厘清了数智背景下教育教学要素之间的复杂关系，介绍了面向教学全过程的人工智能新技术；第三篇面向不同教育教学场景和服务对象，阐述了数智驱动的典型教育教学创新实践案例；第四篇直面数智驱动教育教学发展的现实挑战，展望了数智驱动下的教育教学理论、支撑技术和创新应用的未来。

本书适合智能教育相关学科研究生、本科生、教师以及本领域其他从业人员阅读及参考。

图书在版编目（CIP）数据

数智驱动的教育教学改革：理论与实践 / 黄昌勤等著. — 北京：科学出版社, 2025. 4.
-- ISBN 978-7-03-081983-3

Ⅰ. G40-057

中国国家版本馆 CIP 数据核字第 2025RT3567 号

责任编辑：孙文影 / 责任校对：王晓茜

责任印制：徐晓晨 / 封面设计：润一文化

科学出版社出版

北京东黄城根北街 16 号

邮政编码：100717

http://www.sciencep.com

北京中石油彩色印刷有限责任公司印刷

科学出版社发行　各地新华书店经销

*

2025 年 4 月第　一　版　开本：787×1092　1/16

2025 年 4 月第一次印刷　印张：21

字数：500 000

定价：99.00 元

（如有印装质量问题，我社负责调换）

前　言

我们正置身于一个以数字技术、数智智能、万物互联及人机协同为核心特征的数智时代洪流中，这一时代正以前所未有的速度和规模，深刻解构并重塑传统教育生态，推动教育教学数字化的全面转型。此番转型不仅局限于教学工具与资源的迭代更新层面，更深刻地触及到了教育理念与教学模式的根本性嬗变。在此背景下，教育领域既面临着前所未有的严峻挑战，也迎来了广阔的发展空间与难得的历史机遇，迫切需要与新时代要求相契合的教育教学改革新理念与路径。鉴于此，本书应运而生。全书包括精心编纂的11章内容，凝聚了编写团队多年来的研究成果与智慧精髓。

本书遵循由浅入深、理论与实践相结合的写作逻辑，涵盖了“数智赋能教学发展机遇与理论变革”、“数智赋能教学改革的机制与技术”、“数智驱动下的教育教学创新实践”及“数智驱动教育教学发展的现实挑战与展望”四篇的主题。第一篇（1～3章）深度剖析了数智赋能教育教学的发展机遇与理论变革，为教育教学改革奠定坚实的理论基础；第二篇（4～6章），构建了数智赋能教育教学改革的机制框架，并详细介绍了典型教育场景的支撑技术，为教育教学改革提供实践路径；第三篇（7～9章）面向不同教育教学场景和服务对象，详细展现了数智驱动的典型教育教学创新实践案例及应用成效，为教育教学改革提供更直观的经验与建议；第四篇（10～11章）直面数智驱动教育教学发展的现实挑战，展望了数智驱动下的教育教学理论、支撑技术和创新应用的未来，为教育工作者、学习者提供全面而深入的指导。具体各章内容如下。

第1章“数据智能与教育教学发展新机遇”主要探讨了数据智能在教育教学领域的宏观背景、主要应用及其所引发的深刻变革，为数据智能在这一领域的融合与实践提供了全面且深入的洞察及前瞻。本章首先分析了教育教学变革的大背景，指出在数智时代这一以数字化为基础、以数据增值与启智为核心特征的新阶段，教育领域正经历着数据与知识双重驱动的深刻转型，面临着前所未有的挑战和机遇；随后，深入阐述了教育大数据的概念、特点及其对教育教学发展方向的驱动作用，并介绍了数据智能在教育教学领域的重要作用。在此基础上，本章进一步详细探讨了数据智能对教育教学发展的多方面影响，可为教育领域的未来发展开辟新路径。

第2章“数智驱动下的教育理论革新”旨在对数智技术如何深刻重塑并革新教育理论进行深度剖析，为数智驱动的教育教学改革提供坚实的理论支撑。本章首先细致梳理了教学理论、学习理论、学习评价方法及教育管理等多个领域的演化脉络，并深入剖析了这些传统理论在数智时代背景下暴露出的挑战与局限，进而对传统教育理论进行了全面而深刻的反思；随后，针对数智驱动下的教育理论重构，逐一探讨了数智技术如何在教学理论、学习理论及教育治理等多个领域注入新的活力与无限可能；最后，聚焦于数智驱动下的新教育伦理价值保障问题，深入探讨了数据安全与隐私保护、算法偏见与歧视、结果误导与滥用等核心议题，为教育理论革新提供坚实的伦理支撑与价值导向。

第 3 章“数智背景下的教学改革论”深入分析了数智技术如何引领并驱动教学改革的新动向，为数智驱动的教育教学改革提供新视角。本章首先论述了数智背景下教学改革的基本要求，涵盖了对人的全面发展理念重构、科学方法的选择、教学结构的优化、教学目标的设定以及数智技术的有效融入；随后，针对数智技术对教育中的知识论、方法论与价值论的冲击，具体阐释了数智技术如何催化知识论的转型，提出了自下而上的教学范式、基于循证的教学变革以及研究范式的转型思路，并进一步审视了数智教学的价值本质、价值构成及其衡量标准，为数智时代背景下教育教学改革提供方向性和价值性指导。

第 4 章“数智驱动下的教育智能机制”具体阐述了数智技术如何构建并驱动教育领域的智能机制，旨在厘清数智背景下教育教学改革的底层逻辑。本章首先概述了数智驱动教育智能机制的基本概念与整体框架，为后续内容的深入探讨奠定了坚实基础；随后，分析了数据与知识双轮驱动下的教育智能机理，揭示了数据与信息、知识与智慧在教育过程中的深度交融与互动关系；此外，系统介绍了数智技术的关键支撑环节，包括高效的数据采集、安全的存储管理、精准的数据表示与深度分析，以及知识的高效表达与融合应用等；最后，详细探讨了数智驱动教育智能的服务对象与广泛应用，具体面向学习者、教学者、教育管理者以及其他利益相关者，展示了数智技术在教育领域中的广阔应用前景与深远影响，为教育智能化的发展指明方向。

第 5 章“数智驱动下的教与学增效技术”聚焦于数智技术如何在教学与学习过程中实现提质增效，给教育领域带来颠覆性的变革。本章首先概述了数智技术在增效领域的核心功能与深远影响；随后，具体阐述了数智技术在教学过程中的增效应用，包括教学准备、实施、辅导答疑及教研等多个关键环节，以助力教师教学和专业发展；此外，详细阐述了数智技术在支持学生个性化学习方面的增效应用，涉及学习者画像构建、内容动态生成及个性化推荐等先进技术，以精准发现并满足学生的个性化需求；最后，本章提出了教学与学习增效智能技术的适配策略，诸如群智协同教学过程增效、生成式人工智能（generative artificial intelligence，GenAI）内容创作等创新方案，为教育智能化转型提供了坚实的技术支撑与实践指导，引领教育迈向更高效智能的新高度。

第 6 章“数智驱动下的教学评价与质量保障技术”全面探讨了数智技术在教学评价与质量保障领域的支持，以赋能教育教学评价更具科学性和精准性。本章首先分析了数智技术在学习诊断与评价技术领域的具体应用，包括学习诊断过程建模，问题归因，数智支持的形成性、总结性以及发展性评价等；此外，详细介绍了数智技术在教学质量保障方面的支持与应用，包括教学资源组织、教学过程服务、教学数据管理等方面；最后，本章提出了智能教学评价与质量保障支撑技术的具体实现方案，旨在为数智驱动的学习评价和管理提供切实可行的技术支持与实践指导。

第 7 章“数智驱动下的在线教育实践创新”聚焦于在线教育教学场景中典型问题，详细介绍了数智技术如何重塑在线教育并显著提升其质量。首先，阐述了数智技术对于在线教育领域的重要性及其所引发的深远变革，并分析了数智技术在多个关键方面的创新应用；此外，聚焦于在线学习中的情感分析与干预、学生学情预测、个性化学习路径推荐以及问题式的学习领域具体问题，结合人工智能等前沿技术，实现了对学习者情感状态的精准捕捉与适性干预、对学生的学情的科学预测与评估、对学生个性化学习路径的推荐以及问题式学习的智能引导与支持。这些创新应用与实践成果不仅显著提升了学习者的学习表现和体验，为在线教育的全面发展注入了强劲的新动力与无限可能，同时进一步推动了在线教育向更高质量、更高效率的方向发展。

第 8 章“数智驱动下的课堂教学实践创新”主要聚焦于数智技术在课堂教学中的创新应用，深入揭示了其如何引领课堂教学发生革命性的变革。本章首先论述了数智技术在课堂教学中的核心地位及其所带来的深远影响；随后，通过“教学辅助系统”和“个性化习题”具体的案例分析，详细介绍了知识图谱在课堂辅助教学中的独特作用；此外，结合“课堂学生专注度测评”及“教学决策的智能管理”具体案例，详细介绍了数智技术在课堂智能评测与教学管理领域的应用实践；数智技术的这些实践创新，不仅给课堂教学带来了显著的效果提升，更为整个教育领域的智能化转型提供了坚实的技术支撑与实践指导。

第 9 章“数智驱动下的教师专业发展实践”深入探讨了数智技术在教师专业发展中的核心作用，具体阐述了其如何成为驱动教师专业成长的新引擎。首先，本章概述了数智技术在教师专业成长中的关键价值，明确指出其作为提升教师能力的新路径所具有的重要意义；其次，结合“教师专业能力测评”案例，详细介绍了数智驱动下的教师专业能力测评智能方法，增强了教师专业能力测评的精准性与科学性；此外，聚焦于数智技术在教师专业能力提升方面的应用，结合“教师整合技术的学科教学知识（technological pedagogical content knowledge，TPACK）水平提升”案例，详细介绍了数智技术在支持教师培训上的智能服务实现与应用。数智技术的深度融合为教师专业发展注入了源源不断的新动力，开启了教师专业成长的新篇章。

第 10 章“数智驱动下教育教学发展的挑战”深入剖析了数智驱动教育教学发展进程中的诸多现实挑战，为全面审视数智教育的实践困境及探索应对策略提供了宝贵的视角。本章具体从多学科理论融构、数据采集、知识建构与技术异化、服务生态构建、改革实践五个方面详细介绍了数智驱动下教育教学发展中存在的问题与挑战，帮助教育工作者与研究者全面了解数智融合深入应用于教育教学中的难点及痛点。

第 11 章“数智驱动教育教学发展展望”进一步展望了数智驱动教育教学未来的璀璨前景，为教育工作者及政策制定者勾勒了一幅教育领域的宏伟蓝图。本章首先从多学科视角与高质量教育教学的目标导向，构建了数智驱动下的教育教学发展总体框架，为数智支持的教育教学发展提供指导；进而，从数智驱动下的教育教学理论、支撑技术和创新应用三个方面详细阐述了教育智能发展的未来走向，以为未来教育教学智能改革提供重要的参考和指导。

综上，本书旨在全面而深入地阐述数智技术在教育教学改革中的重要支持，并从理论、技术与实践多个方面，详细介绍了数智技术赋能教育教学变革的理论体系、支撑技术以及创新实践，这不仅能为教育工作者提供一套既全面系统又具备高度可操作性的理论框架与实践操作指南，还可为高校学生提供一份宝贵的学习资源与思维启迪。同时，也希望能助力教育工作者更好地理解数智技术的内涵与价值，使其掌握教学实践中的创新应用理念与方法，从而推动教育教学的全面升级与深刻变革，促进人工智能（artificial intelligence，AI）领域复合型人才的培养，为智能教育的发展注入源源不断的活力和动力。

本书在机器学习、智能教育领域专业术语（如 Transformer、AltSchool 等）的处理上保留英文原词，主要因其已成为全球通用表达且中文译法尚未统一。为避免歧义并符合行业惯例，将在这些术语首次出现时进行简要说明，建议读者结合上下文理解。

本教材获浙江师范大学教材建设基金立项资助。

目　录

第一篇　数智赋能教学发展机遇与理论变革

第二篇 数智赋能教学改革的机制与技术

第三篇 数智驱动下的教育教学创新实践

第四篇　数智驱动教育教学发展的现实挑战与展望

第一篇　数智赋能教学发展机遇与理论变革

第1章

数据智能与教育教学发展新机遇

1.1 教育教学变革的背景

随着大数据、物联网、GenAI 等新兴技术的发展，人类的认知能力从以“自我控制、自我管理”为主的 IT 时代迈向了以数字化数据增值与启智为特征的数智时代。在数据与知识双驱动背景下，教育领域也迎来了新的发展阶段，以基于数智融合实现的过程性数据分析，析出数据背后隐含之知识与规律，为个性化、智能化的教育教学提供了有效载体与支持，教育逐步从以传统经验为主导转向基于数据科学的智能辅助与决策，对教育大数据的精准分析与结果有效应用成为实现教育数智化发展的关键手段。随着新技术，尤其是大数据与 AI 对于教育教学的渗透影响，教育理论及智慧教育服务迎来了内涵与形态革新。

教育全过程中产生的大量数据被收集、分析和应用，而海量的训练样本和千亿级别的模型参数使 AI 从以往的判别式迈向生成式的新阶段，改变了传统学习方式、教学方式、教学评估、教育管理等各个方面。在此背景下，数据从常规存储信息的载体转变为模拟、延伸和扩展人类智能的基石；教育过程中的数据从单一少量小数据扩展为以 5V（volume，海量性；velocity，高速性；variety，多样性；value，价值密度低；veracity，真实性）为特征的大数据，在多源感知、实时分析和动态决策的支持下，数据应用变得越来越精准与智能，以此也催生出数据+智能深度融合下的“倍增效应”功能，即“数据智能”（简称数智）。数智驱动不仅广泛影响人类的生活与工作方式，也深刻影响人的学习与自身发展的内涵及形态。为了明晰教育大数据+机器智能对教育教学过程的作用，许多研究者对大数据支持下教育的内涵、特征、支持框架、伦理与挑战等展开了深入探讨，主要包括数智驱动的教与学理论、评价理论、教育管理与决策理论以及数字化教育核心素养标准等多个方面，其中数智驱动的教与学理论的核心是个性化学习服务体系的建立，大数据促使教学从经验走向科学化，研究者从理论角度探讨了教育模式由集体转向学习者个体的个性化发展路向[1]。另外一部分研究主要探讨了教育大数据的内涵、价值及存在的问题[2]，并从理论角度提出了解决途径，但如何在真实教育场景中使教育走向智能化尚有待进一步探索与验证，有关促进学生全面高效学习的核心机制研究与理论创新仍有待进一步深入，且尚未形成针对性、体系化的支撑性理论和方法体系。

如上所述，大数据是实现数智赋能的基础，基于大数据的 5V 特征，教育大数据相关技术主要涉及技术架构研究、数据高效处理技术、基于 AI 算法的数据分析技术与针对业务场景的技术应用等方面。其中，以 Hadoop 为代表的并行计算框架为海量数据的高速分析提供了支持，随着相关计算框架的不断发展，Spark Streaming、Samza、Storm 等流式实时计算框架相继被提出。实时分析框架具有优秀的调度机制、快速的分布式计算能力，在数据的汇聚和批处理之间以关键参数建立平衡，提升了数据吞吐量和性能，为实时计算提供了有效支持[3]。在分析方法上，各类机器学习与卷积神经网络（CNN）、循环神经网络（RNN）、Transformer、图神经网络（GNN）等方法为教育大数据分析提供了高精度的识别与预测结果。但在教育等社会科学相关领域，大数据分析模型建立过程中形成的量化指标往往很难获得，教育教学自身的周期性和复杂性也对模型构建提出了新的挑战，如神经网络算法的黑箱瓶颈制约了这些新方法在教育领域应用的可能。因此，新技术有待进一步改进，以加强对教育教学质量和效率的支撑。

AI 技术对于教育的价值不仅日益凸显，更在教育改革中扮演着核心角色。随着训练样本与模型参数的迅速扩张，各类大模型的支持使得 AI 从判别式应用迈向了生成式的新纪元，这一转变深刻影响了教育领域的多个维度。它不仅重塑了学习者的个体学习体验，深化了人们对教育规律的理解，还颠覆了教育政策的制定逻辑及整个教育系统的架构。特别是在教学改革方面，AI 的应用广泛覆盖了精准化教学支持、个性化学习路径设计、教育资源的智能生成、教学评价方式的革新、教育研究方法的升级以及教育决策的智能推荐等关键领域。以 ChatGPT 为代表的 GenAI，通过智能问答机制实现新知与信息的动态生成，标志着 AI 正逐步从辅助工具转型为教育实施者，直接参与到知识传授的过程中[4]。此外，国外的 Calarity 旨在评估学校应用信息化技术促进教学的状况，为课堂学习、技术应用、信息化技能和信息化环境等场景提出改进建议。AltSchool 构建独特的信息化基础设施并进行数据采集，通过各种传感器、摄像头和麦克风采集学习者行为数据，这些数据都将被实时分析，并用来改进教学过程和教学系统。而国内的国家智慧教育公共服务平台、北京市教育公共资源平台、“1234”智慧网络育人平台等，在提高教育决策水平、助力教育资源均衡配置、优化教学效果等方面取得了初步的成效，不过仍面临一些挑战，如教育平台间连通性不足、教育数据流通不畅等，阻碍了其为教育全过程提供全面智能适性服务的能力，这也进一步凸显了加强教育改革及数据整合的重要性与紧迫性。

1.2 教育大数据与教育中的数据智能

数智时代，教育大数据作为实现智能的基础，已成为当下教育信息化发展的重要基石，但目前教育大数据依然存在众多问题。为了明晰数据智能的形成与作用，本部分首先概述教育大数据，并介绍其发展脉络，最后明确数据智能对于教育教学的改革着力点。

1.2.1 教育大数据概述

信息技术高速发展，数据信息的交互、共享与开放程度持续发展，各行业领域的数据信息呈爆炸式增长。早在 2012 年，联合国发布的大数据白皮书“Big Data for Development: Challenges & Opportunities”(《大数据促发展：挑战与机遇》)就已明确指出，大数据时代已经到来，大数据的出现将对社会各个领域产生深刻的影响[5]。教育领域也正在经历这一变革。2015 年，国务院发布《促进大数据发展行动纲要》，大数据正式上升为国家战略[6]。2018 年，《教育信息化 2.0 行动计划》中指出，要深化教育大数据应用，构建全方位、全过程、全天候的支撑体系，助力教育教学、管理和服务的改革发展[7]。2019 年，中共中央、国务院印发《中国教育现代化 2035》，提出要建立基于大数据和人工智能支持的教育评价和科学决策制度，并强化数据安全、人工智能算法和伦理安全等，促进人工智能助力教育变革[8]。随着研究与应用的全面铺开，大数据成为破解大规模标准化教育走向大规模个性化教育、知识学习转向核心素养提升的世纪难题，实现真正智能教育落地的最为可能解决方案，教育大数据已成为教育数智化发展的关键基石。

1. 教育大数据特征

教育大数据作为大数据的一个子集，特指教育领域的大数据，即在整个教育活动过程中所产生的以及根据教育需要采集到的，一切用于教育发展并可创造巨大潜在价值的数据集合[9]。

2. 教育大数据的来源

教育大数据来源于教学活动、教学管理、科学研究和校园生活等多个方面。综合已有研究与实践情况，根据数据产生的不同应用场景，教育大数据主要包括：①教学活动中的数据，如课堂教学、教学考评、师生交互等；②教育管理活动中的数据，如学生的个人学籍信息、家庭信息、教师个人信息、教学资源、教学设施等；③科研活动中的数据，如学术成果、科研设施等；④校园生活中的数据，如打卡签到、图书借阅等，可被用于学生行为分析、学习成果评估、学生画像、学科知识图谱构建等方面；⑤教育政策和社会经济背景，包括教育政策制定情况、社会发展水平、经济情况等。

3. 教育大数据的分类

针对以上不同应用场景中的教育数据，需根据一定的类目划分依据（如结构、模态、特征等）进行划分，以支持与提升数据分析与应用的便捷性。考虑到现有研究与实际应用需求，依据数据结构的不同可将其划分为三类：结构化数据、非结构化数据和半结构化数据。

结构化数据。该类型数据主要指按照预定的格式进行组织和存储的数据，如成绩、出勤记录等。这些数据具有明确的字段和数据类型，可以通过预定义的规则进行计算和分析。在教育领域，结构化数据常用于评估学生的学习成果和行为表现，帮助教师了解学生的学习情况，制定相应的教学策略。

半结构化数据。该类数据主要指介于结构化和非结构化数据之间，具有一定的结构和模式，但是没有严格约束条件的数据。例如，学生的课程评论可以是半结构化的，因为它们通常包含一些关键词和标签，如“有趣”“困难”等，但并没有固定的字段和数据类型。半结构化数据可以通过自然语言处理技术进行解析和分析，从中提取有用的信息。在教育领域，半结构化数据可以用于挖掘学生对课程内容和教学方法的看法与意见，为教师提供改进建议。

非结构化数据。该类数据指没有明确模式或组织结构的数据，如学生的反馈、笔记等。这些数据通常以文本、音频或图像的形式存在，难以用传统的计算机算法进行处理和分析。然而，随着自然语言处理和机器学习技术的发展，越来越多的研究者开始尝试利用非结构化数据来挖掘学生的情感、态度和学习需求等信息。通过分析学生的反馈和笔记，教育者可以更好地了解学生的学习体验和困难，为学生提供个性化的学习支持。

综上所述，教育大数据来源于教学活动、教育管理、科学研究和校园生活等多个方面，在此基础上可进一步划分为结构化数据、半结构化数据与非结构化数据。通过对教育大数据的深入了解，我们可以更全面地了解学生的学习情况和管理状况，提供更加个性化和高效的教育服务，同时利用大数据技术来推动智能教育的发展，为教育教学改革和发展提供有力的支持与指导。

1.2.2 大数据驱动的教育教学发展方向

大数据在教育领域的应用已经得到了广泛的关注和认可，它以强大的数据收集、分析和处理能力，为个性化教育提供了精准支撑，帮助教师实现因材施教，同时也为教育决策提供了科学依据，使教育资源得到更合理的配置，并进一步推动了教育评估的创新，使教学更加科学化和精准化。具体的发展方向阐述如下。

（1）实现教育数据分析的多元化与实时化

大数据以其强大的数据处理能力和高效的信息分析技术，为实现教育数据分析的多元化和实时化发展奠定了坚实基础。通过大数据技术，系统能够收集并整合多元化的教育数据，包括学生的学习行为、成绩记录、教学内容等，从而进行全方位、多角度的数据分析。同时，大数据的实时处理能力，使得教育者能够即时获取学生的学习动态和教学效果反馈，为及时调整教学策略提供有力支持。

（2）支持教育决策的科学性与前瞻性

好的教育决策是取得良好成效的先导，教育决策的正确与否直接影响教育活动的成败和效率。在教育决策过程中，过度依赖经验且缺乏数据支持一直是教育领域备受诟病的不足之处。基于大数据的教育决策正是应对这个不足的解决方式之一。通过结合先进的算法和模型，在大数据支持下，我们能够深入挖掘教育数据中的潜在规律和关联，为教育决策提供更加科学、精准的参考依据。同时，基于大数据分析的预测模型也可以为教育决策提供有力的支持。例如，通过对学生的学习数据进行分析，系统可以预测学生的学习成绩和发展趋势，从而为学校的招生、教学计划等决策提供依据。教育大数据还可以帮助教育决策者预测未来的发展趋势、制定长远的教育规划，使教育决策更具有科学性和前瞻性，为教育的可持续发展提供保证。

（3）为高质量教育教学提供有力支撑

大数据可以为教育教学提供全面、准确的数据支持，通过收集、处理和分析海量的教育信息，实现更加个性、高效的教学管业务支持，促进教育高质量发展[10]。通过对学生的学习数据进行分析，我们可以更准确地了解学生的学习状况和需求，从而提供有针对性的教学帮助，促进学生的全面发展；通过对教师的教学数据进行分析，系统可以评估教学效果，发现教学中的问题，从而提升教学质量。同时，大数据还可以支持智能化的学习环境构建，借助智能化的学习平台和教学工具，实现个性化学习、自主学习和协同学习等新形态的教学模式；通过教育资源的优化配置，提高教育效率、提升教育公平，真正形成开放、优质、公平的高质量教育体系。

（4）为教育评价转型提供有效路径

教育评价指的是在系统、科学、全面地搜集、整理、处理和分析教育信息的基础上，对教育的价值做出判断的过程。从个人层面来看，教育评价的目的在于了解学生的发展情况，对学生的学习情况进行客观总结，对教师的教学质量进行评估。从宏观层面来看，教育评价的目的更在于促进教育改革，提高整个国家的教育质量[11]。传统的教育评价方式往往侧重于对学生的知识掌握程度进行评价，而忽视了学生的能力和素质，难以全面客观地评估学生的学习情况和教学效果。而教育大数据的出现为教育评价提供了新的路径：利用大数据可以获取并挖掘更多自然状态下真实可靠的教育数据信息，极大地拓展教育评价的内容维度，驱动结果评价更加客观；利用大数据可以总结过去、监测现在、预测未来，驱动过程评价更为立体，并且大数据内部的复杂性和相关分析的复杂性可以驱动增值评价的发展；基于大数据的采集、存储、分析处理以及可视化等技术能够驱动综合评价更富效率[12]。

1.2.3 教育中的数据智能及其作用

作为一个跨学科的研究领域，智能教育将并行计算、机器学习、统计学、数据挖掘、教育心理学、信息检索、认知心理学和推荐系统的方法和技术，应用于海量教育全过程数据，并以智能适配方式解决教育问题。目前，数据已从承载信息的初始状态转化为赋能教育提质增效的关键因素。大数据分析结果可以将表象的数据转化为真正有价值的教学所需信息与知识，在遵从人的认知规律与教育全流程自动适配的前提下，形成“类人智能”，进而促进教育教学的智能化、个性化发展，在精准化教学、个性化学习、教育教学评价、教育研究、教学改革等方面起到重要作用，也使数智赋能下的教学、学习、评价、管理、决策等迎来了发展的新阶段。具体作用如下。

（1）助力教育新理论发展

数智赋能可为教育理论的发展提供丰富的研究素材和实证数据。结合教育大数据与机器智能，研究者可以发现新的教育现象，验证新的教育假设，从而推动教育理论的创新和发展。此外，在数智赋能下，通过融合认知科学、教育心理学、教育技术学、脑科学、教育神经学等多个学科领域知识，分析多学科交叉下人机协同的基本特征，并以此研究人与技术、机器在新型教与学形态下的深度协同，这将有助于理解学习的过程，从而推动教育教学新理论的发展。

（2）驱动教学新形态进化

教育大数据的应用可以推动教学新形态的进化，实现核心理念转变、体系结构创新、教学范式革新等。AI 支持下的学生学习数据分析，使得教学不再局限于传统的教育模式，教师能够实时获悉智能准确的学生画像和学习需求分析，及时发现学习过程中存在的问题，为学生提供更为精准的指导。此外，数智赋能还可以支持协同学习、自适应学习和混合式教学等新形态的发展，通过在线平台和工具更好地实现生生之间、师生之间的互动与合作，使得教学更加个性化与差异化，充分满足学生的需求和兴趣。同时，数智赋能还可以帮助教师进行教学资源的优化和教学环境的改进，最终提升学生的学习效果，实现更好的学习体验。

（3）实现个性化学习全过程支持

在数智驱动下，我们可以实现个性化学习的全过程支持，利用适切的技术手段建立学生的个性特征模型，就像是给每个学生戴上了一个能够精确地追踪和记录学习行为轨迹信息的“智能手环”。通过 AI 实现对学生学习数据的解析，系统了解学生的学习需求、能力和兴趣，从而提供个性化的学习资源和服务。同时，通过对学生学习过程的全程跟踪和记录，可为教师实时反馈学生的学习情况，并帮助教师及时调整教学策略。教育大数据还可以辅助学生进行学习规划和目标设定，提供学习路径和学习资源的个性化推荐，以使学生更好地进行自主学习和自我管理。

（4）提供更全面精准的教学评价

传统的教学评价方式主要依靠考试成绩和主观评价，难以全面反映学生的学习情况和教师的教学效果，且往往忽视了学生能力和素质的发展情况。基于大数据分析的教学评价可以通过归纳大量数据，从多个维度、多个角度全面评价学生的学习情况和能力发展。通过分析学生在学习平台上的学习时间、点击次数和停留时长等数据，可以推断出学生的学习习惯和专注度；通过分析学生在社交媒体上的互动数据，可以了解学生的学习兴趣、参与度和合作能力；通过分析学生的作业和考试答案等数据，可以发现学生的思维模式和问题解决能力。基于这些数据的分析评价，可以帮助教师更好地了解学生的学习特点和需求，为学生提供更有针对性的学习反馈和指导。

（5）促进科学高效的教育治理方法

传统的教育治理模式主要由五部分组成：决策目标、幕后的决策者或决策团队、体量较小的结构化信息、支持决策的工具和技术手段、以描述性分析和报表为主的教育治理内容[13]。在引入大数据之后，除决策目标，其余四个要素均产生较大改变，具体包括：决策者由“幕后”走向“台前”，且专业化程度大幅度提升；决策数据源由体量较小的结构化信息演变为复杂的大型非结构化数据；决策内容以相关分析和可视化结果直观地呈现，且方案接收和处理反馈的速度上升；支持教育治理的工具和技术手段变得智能化。综合以上，大数据的引入使得教育信息和反馈更加及时、准确，决策者借由大数据的支持，能够不断根据实际情况和反馈信息对决策加以改进，从而形成完整的教育治理方案并实现方案目标，使得教育治理更加科学和有效。

1.3 数据智能对教育教学发展的影响

基于前文对教育大数据的阐述，不难发现通过对教育大数据的分析与应用，实现了海量数据支持下教育教学的个性化与智能化发展。因此，通过进一步引入领域知识，教育教学将以高效数据处理与新一代 AI 技术为支撑，进入数据与知识双驱动的发展新阶段——智能教育，数据智能驱动对教育教学的各方面进行支持，并对教育教学的多个方面产生广泛影响。

1.3.1 优化学习环境，促进教与学过程高效具身

数据智能为学生提供了更加丰富、多元和个性化的学习体验。以数据为基础，新技术的赋能打破了传统学科的界限，促进了跨学科知识的融合，因此在加深加速认知与社会过程理解方面具有重要作用，可以使学习者更好地适应未来社会的挑战和机遇。具体影响包括以下几个方面。

（1）优化教育环境

数据智能为教育环境带来了各类智能化教学设施，如智能教室、智能实验室等。这些设施通过集成新兴技术，如物联网、AI等，为师生提供了更加便捷、高效的教学和学习工具。此外，数智驱动也使得学习空间变得更加个性化。通过收集和分析学生的学习数据，可以为学生量身定制学习空间，满足他们的个性化学习需求。这有助于激发学生的学习兴趣，提高学习效果。并且，各类云端平台也进一步促进了教育资源的共享与协同，学校可以共享优质的教学资源，实现教育资源的均衡分配。同时，师生也可以通过在线协作工具进行协同学习和研究，提高教育环境的整体效能。

（2）促进教与学过程高效具身知识建构

通过收集和分析学生的学习数据，教师可以更准确地了解学生的学习情况，从而不仅制订更加符合学生需求的教学计划，还能在此基础上促进具身知识的建构。教师可以利用智能评价手段，如智能测评与自动作业批改等方式，及时获取学生的学习反馈，调整教学策略并给出相应的评价和建议，这些反馈和建议同样能够指导学生在具身体验中不断优化学习路径。同时，学生可以根据自己的学习需求和兴趣选择适合自己的学习内容与方式，结合在线学习平台，进行基于项目和情境的自主学习与探究学习。这种学习方式鼓励学生通过动手操作、实践体验来构建知识，从而提高学习兴趣和效果，使具身知识建构成为可能。在此过程中，师生、生生之间可以随时随地通过在线教学平台进行实时互动和交流，解答疑问和协作讨论。这种互动不仅限于言语交流，还可以扩展到虚拟实验、远程协作项目等多种形式，使学生在互动中通过身体参与和实践操作，深化对知识的理解与应用，从而提高整体学习效果和团队协作能力。

1.3.2 实现个性化学习目标，保障优质教学资源供给

通过为学习者提供各类智能学习助手、互动与协作学习工具等，数据智能可以辅助教与学主体在教学过程中进行目标定制与内容构设。在技术支持下，其既能够激发学习者的学习兴趣与积极性，也使得学习目标更加精准、学习内容更加优化、学习进程更加高效。具体影响包括以下几个方面。

（1）支持个性化精准设定学习目标

通过收集和分析学生历史数据，教育系统能够更精准地了解每个学生的知识基础与学习能力，这有助于教师为每个学生设定个性化学习目标，结合可视化呈现方式，教师可以更直观地了解学习进度和目标，确保学习目标与学生的实际能力相匹配。此外，数智赋能能够实时评估学生的学习成果和表现，为教师提供及时的反馈，让教师及时知晓学生的学习情况，并在系统支持下动态调整学习目标，以适应学生的发展需要。

（2）促进教学内容高质量设计与优化

在数据智能支持下，跨学科内容的整合变得更加容易，教师可以根据学生的学习目标和需求，将不同学科的知识有机融合起来，为学生提供更加丰富、多元的学习体验。此外，基于大语言模型的教学内容自动生成支持，数据智能通过实时跟踪社会发展和科技进步的最新动态，提供最新的教学资源和案例，在减少教师工作量的基础上极大地丰富了学习者各种形式的学习内容。从学习者角度来看，数据智能可基于学生的学习数据和兴趣偏好，推荐符合

其学习风格和需求的学习内容，提高其学习效率和效果。

1.3.3 深化学习者认知加工与社会过程理解

基于各类智能教学设施、个性化学习空间、资源共享与协同平台等，大数据与AI技术为教育环境注入了前所未有的智能与适性支持。同时，通过精准化教学、个性化学习、互动与协作以及评价与反馈等方式，数据智能优化了教与学的过程建构，极大提高了教育的质量和效率。

（1）深化学习者认知加工

通过大数据分析和新一代AI技术，教育教学系统能够精准地分析学生的学习习惯、能力和兴趣，为学生提供个性化的学习路径指引。这种个性化的学习方式使学生能够更深入地理解知识，形成自己独特的认知结构。通过实时监控学生的学习进度和表现，数据智能为教师提供即时的反馈，以使教师及时调整教学策略，帮助学生解决学习中的困难，加深学生对知识的理解和应用。此外，在数智驱动下，数据智能为教学过程提供了丰富的互动和探索工具，如VR/AR、虚拟实验室等，使学生能够在虚拟环境中进行实践操作，通过亲身参与和体验，加深对知识的理解和记忆。

（2）加速社会过程理解

数据智能支持下的教育教学过程为学生提供了广阔的社交网络空间，基于在线学习空间，学生可以与来自不同背景、不同地区的同学进行交流和协作。这种跨文化的交流和协作，使学生能够更好地理解不同社会群体的价值观和行为模式，增强社会适应能力和跨文化交流能力。此外，通过模拟各种社会情境，数据智能使学生在安全、可控的环境中了解社会运作的规律和机制，更好地理解社会问题的复杂性和多样性，积极参与社会问题的解决和推动社会的可持续发展。

1.3.4 变革教与学方式，促进核心素养发展

数据智能支持下的教育教学不仅提升了知识传授的效率，还显著增强了技能培养的效果，并在各类技术辅助下进一步实现了学生的情感态度价值观塑造。通过个性化教学、智能辅导、VR、智能分析以及情景模拟等手段，全方位地促进学习者核心素养的发展。具体体现在以下几个方面。

（1）实现知识传授效率的提升

对于教师而言，智能系统可以根据学生的个体差异为学生提供个性化的教学内容和引导，确保每个学生都在适合的学习路径上前进，从而提升知识传授的针对性和效率。此外，智能系统能够为学生提供即时的学习反馈，帮助他们及时解决疑惑，巩固知识点，这种即时的互动和反馈机制可以显著提高学生的学习效率。

（2）辅助技能培养效果的改进

智能系统可以利用VR、AR等技术为学生提供模拟的实践环境，使学生通过体验式学习方式在安全、受控的环境中进行更为直观、沉浸的技能训练，相较常规讲授型或媒体支持下的学习过程，这样能够更有效地提升学生的技能掌握程度和实践能力。此外，AI支持的姿态识别、行为监测技术可以对学生的技能操作进行智能分析，给出适切的改进建议，有助于学

生更快地掌握技能，提高技能培养的效果。

（3）引导情感态度价值观的塑造

从价值观本身的培养来看，通过创建的虚拟情境，学生可以身临其境地体验不同的社会角色和情境，从而更深刻地理解和体会不同的情境下价值观的形成与发展过程。此外，数智赋能下教学的便捷化交互也引发学生之间的交流和讨论，在集体智慧碰撞下帮助学生形成更加全面和深入的态度与价值观。从情感引导方面来看，基于表情识别、情感分析等技术，智能系统可以根据学生的情感表象与个体特征，提供个性化的情感引导和支持，这也有助于学生建立积极的情感，更有利于提升整体学习效果。

1.3.5 革新教育治理体系，实现科学高效决策

数据智能为教育治理提供了强大的数据支持和技术保障，通过客观精准数据分析实现对教育利益相关者行为发生、发展规律的深刻理解和精准把握，使得教育治理更加科学高效。

（1）以客观数据基础优化教育治理流程

数据智能收集、整合和分析教育全过程的各类数据，如学生的学习成绩/行为、教师的教学活动、学校运营情况等，一方面可以利用自动化数据处理和分析工具，快速生成各类报表和可视化图表，为教育管理者提供丰富直观的决策信息支持，让教育管理者更加准确地掌握实情；另一方面，通过模型实现教育状况的预测性分析，有利于及早发现潜在问题，并提供前瞻性的决策参考，辅助教育管理者制定科学、合理的教育治理策略。

（2）实现教育治理的精准化与协同化发展

数据智能支持下的教育治理可以更加精准化，通过对学习者个体数据的分析，可以了解每个学习者的学习特点、兴趣爱好、能力水平等信息，为学习者提供个性化的学习方案和教育服务。对于教师、学校等不同层面的教育利益相关者，数据智能也可以提供针对教师特征、学校状况的精准决策支持，以满足不同群体的需求。此外，通过数据共享和协同工作平台，不同利益相关者可以共同参与教育管理的决策过程，实现信息的实时交流和共享。这种协同决策方式可以使得教育治理更加全面、公正和有效，提高教育治理的整体效能。

参考文献

[1] 梁文鑫. 大数据时代——课堂教学将迎来真正的变革[J]. 北京教育学院学报(自然科学版)，2013，8(1)：14-16.

[2] 杨现民，唐斯斯，李冀红. 发展教育大数据：内涵、价值和挑战[J]. 现代远程教育研究，2016(1)：50-61.

[3] 黄皓，李志方，王嘉伦，等. 基于 GPU 的关系型流处理系统实现与优化[J]. 华东师范大学学报（自然科学版），2019（5）：178-189.

[4] 郑庆华. 人工智能赋能创建未来教育新格局[J]. 中国高教研究，2024（3）：1-7.

[5] Big Data for Development：Challenges & Opportunities[R/OL]. https://www.unglobalpulse.org/ document/big-data-for-development-opportunities-and-challenges-white-paper/.

[6] 国务院关于印发促进大数据发展行动纲要的通知[J]. 中华人民共和国国务院公报，2015（26）：26-35.

[7] 教育信息化 2.0 行动计划[EB/OL]. http://www.moe.gov.cn/srcsite/A16/s3342/201804/t20180425_ 334188.html.

2018-04-18.
[8] 中共中央、国务院印发《中国教育现代化 2035》[EB/OL]. http://www.moe.gov.cn/jyb_xwfb/s6052/moe_838/201902/t20190223_370857.html. 2019-02-23.
[9] 杨现民，唐斯斯，李冀红. 发展教育大数据：内涵、价值和挑战[J]. 现代远程教育研究，2016(1)：50-61.
[10] 管培俊. 建设高质量教育体系是教育强国的奠基工程[J]. 教育研究，2021，42（3）：12-15.
[11] 王道俊，王汉澜. 教育学[M]. 新编本. 北京：人民教育出版社，1999：290.
[12] 张志华，王丽，季凯. 大数据赋能新时代教育评价转型：技术逻辑、现实困境与实现路径[J]. 电化教育研究，2022，43（5）：33-39.
[13] 蔡剑桥. 基于大数据的教育决策模式演进与趋势研究[J]. 教育科学研究，2018（2）：35-41.

第 2 章

数智驱动下的教育理论革新

2.1 传统教育的反思

数智时代的到来预示着社会已经进入全面转型期，在这轮新信息和科技浪潮中，社会各领域秩序重整。教育要在社会新一轮变革中体现自身价值，引领并服务社会发展，就必须与时俱进。无论是教育理论还是教育实践，都会在社会发展和知识论转向的现实中暴露出一些弊端。在进行变革实践之前，我们要先对传统教育进行审视和反思，包括教学、学习、评价与管理四个层面的审视和反思。这样的审视和反思是建立在教育实践基础上的，以教育理论与教育实践之间的矛盾为契机，有实际的内容和明确的价值导向，可为教育理论革新提供支撑。

2.1.1 教学理论的演化与反思

教学理论是研究教学活动规律和教育教学实践问题的一门学科，其理论涉及广泛。教学理论的演化，作为教育学研究的核心议题，其历史脉络深植于人类文明的发展进程之中，随着时代变迁、科技进步和教育理念的发展而不断演进。

（1）古代教学思想的萌芽

教学理论的起源可以追溯到古代，那时的教学思想虽然尚未形成系统的理论体系，但已经蕴含了丰富的教育智慧。在中国，教学思想可追溯至先秦时期，以孔子为代表的儒家教育思想强调“有教无类”与“因材施教”，注重道德教化与经典学习，通过“六艺”培养全面发展的人才。《学记》作为最早的教育学专著，提出了“教学相长”的师生观，倡导理论与实践相结合的教学方法。而在西方，古希腊时期的教学思想同样璀璨，苏格拉底通过“问答法”引导学生自我发现真理，柏拉图则在《理想国》中构想了以哲学王为培养目标的教育体系，强调理性与美德的教育。亚里士多德则进一步发展了教学理论，注重实证与逻辑，为西方教学思想奠定了坚实的基础。这些古代教学思想的萌芽，虽各具特色，却共同为人类文明的传承与发展贡献出宝贵的智慧。

（2）近代教学理论的奠基与发展

进入近代，随着社会的变革和科技的进步，教学理论开始进入一个新的发展阶段。夸美纽斯的《大教学论》是这一时期的标志性著作，它系统地论述了教育改革的主张，提出了教育要适应自然的原则和班级授课制，并适用至今。随后，赫尔巴特在《普通教育学》中，首次尝试将教育学建立在心理学与伦理学的基础之上，他提出的“明了、联想、系统、方法”四阶段教学论，以及强调教师主导作用和系统知识传授的观点，对近代教学实践产生了深远影响。这些理论家的贡献，不仅构建了近代教学理论的基本框架，还为后来的教育家提供了丰富的理论资源与实践指导，推动了教育学向更加科学化、系统化的方向发展。

（3）现代教学理论的变革与创新

20世纪初，随着实用主义哲学思潮的蓬勃兴起，教育领域迎来了一场深刻的变革，其中，杜威的实用主义教育思想无疑是最为耀眼的。他旗帜鲜明地反对传统教育中教师、教材和课堂的绝对中心地位，转而倡导以儿童为中心、以生活为中心、以行动为中心的新型教育理念。这一思想如同一股清流，极大地冲击了当时僵化的教育体系，推动了教学理论向更加注重学生个体经验、实践能力和创新精神的方向发展。与此同时，凯洛夫的《教育学》的问世，进一步强化了教育在人的全面发展中的主导作用，并提出了共产主义教育的统一过程，为社会主义教育体系的建设提供了坚实的理论基础。在这一时期，布鲁纳的结构课程论、赞科夫的教学与发展新教学体系理论以及瓦根舍因的范例教学理论等纷纷涌现，这些理论虽各具特色，但共同指向了课程现代化的目标，它们不仅丰富了教学理论的内涵，更为教育实践提供了多元化的路径选择，促进了全球范围内教育改革的深入发展。

（4）当代教学理论的发展与挑战

随着全球化进程的加速推进，各国之间的文化交流与融合日益频繁，这不仅为教育理念的更新提供了丰富的资源，还促使教学理论呈现出更加多元化的趋势。在这一过程中，各国纷纷积极引进国外先进的教学理论，以期借鉴其成功经验，提升本国教育质量。新中国成立以来，我国的教学理论经历了从学习引进到独立探索，再到受挫停滞，最终迎来发展繁荣的曲折历程。特别是改革开放以后，我国教育界大量译介国外教学理论著作，积极吸收国际先进教育理念，同时深入挖掘和整理我国历史上的教学论遗产，形成了既具有中国特色又兼具国际视野的教学理论体系。

在这一背景下，新兴教学理论如建构主义、主体发展教学理论以及研究性学习理论等应运而生，它们不仅关注人的全面发展，更强调学生在学习过程中的主体性、实践性和社会性，倡导通过情境创设、问题探究、合作交流等方式，激发学生的学习兴趣，培养学生的创新思维和实践能力。此外，信息技术的快速发展为教学理论带来了新的变革。多媒体、网络等信息技术手段在教学中的广泛应用，不仅极大地丰富了教学资源，也为教学模式和教学方法的创新提供了无限可能。这些新技术的应用，使得教学不再局限于传统的教室和黑板，而是可以打破时空的限制，实现更加灵活、高效的教学方式。同时，信息技术也为教学评估与反馈提供了更加精准、即时的工具，有助于教师更好地了解学生的学习情况、调整教学策略、提高教学效果。因此，当代教学理论的发展必须紧跟信息技术的步伐，不断探索新技术在教学中的应用，为教学理论的创新与发展注入新的活力。

在教学理论不断演进的过程中，我们有必要对其进行深刻的反思。①理论与实践的脱节。当前教育理论与教育实践之间存在一定程度的脱节现象。许多教育理论在提出时往往基于特定的社会背景和教育需求，但在实际应用中可能受到各种因素的制约和影响，难以完全达到预期的效果。②对学生主体地位的忽视。在传统教学中，学生往往处于被动接受的地位，其主体地位难以得到充分保障。现代教学理论强调学生的主体性和创造性，鼓励学生积极参与学习过程，自主探索和发现知识。③知识传授与能力培养的不平衡也是当前教学理论与实践研究中需要重点关注的问题。在知识爆炸的时代背景下，如何平衡知识的传授与学生能力的培养，提高学生的综合素质与竞争力，成为教学理论研究的重要课题。

随着教育的进步和技术的发展，越来越多的教育者逐渐意识到传统教育的不足，并形成以学习者为中心的教育共识，也认可技术将给教学带来重大机遇。教学要关注学生外部行为和内部认知的变化，要关注学生的个性和差异，以学定教，为学而教，真正实现从“教为中心”转向“学为中心”，而技术则需要为这个转变提供支持与保障。基于技术的教学理论强调利用现代技术来支持和增强教学过程，尤其是数智化技术的引入，为个性化教学的展开提供了前所未有的支持。那“以学为中心”的个性化教学如何展开？数智技术如何与教学内容和方法深度融合？这些成了当前教学领域急需解决的问题。如果已有的教学理论已经不能解答新的教学问题，那么就需要反思并克服已有教学理论存在的症结，并提出新的理论。

2.1.2 学习理论的发展与反思

时代的变迁要求我们重新思考知识的本质，获得有关学习更好的理解。学习理论的发展促使人们重新思考应该学什么、怎么学及怎么评价学习。

20 世纪前半期，学习领域的研究主要受行为主义的影响，该理论强调以一种线性的、连续的方式通过实践和重复积累事实及技能，个体的学习被视为外部刺激的反应结果。行为主义学习理论为传统工厂式的教育范式提供了基础，目前大部分的教育实践和政策依然受行为主义观点的影响，如事实知识和技能仍是最主要的课程框架，并成为测试的主要内容。学生常用的学习方式是机械记忆与重复训练，每个学生都以同样的方式学习，接受同样的教学时间、同样的教学方法和内容。由于每个学生有着不同的兴趣爱好、个性特征和学习风格，这种学习方式使得他们在规定时间内所习得的知识技能不可避免地出现差异。部分学生在没有掌握当前学习内容的情况下，又不得不接受新内容的学习。随着年级的升迁，未掌握的知识和技能越来越多，特别是在有层级结构的学科中，课程设置都遵循着由易到难、前后连贯的原则，前一内容缺失势必会影响后一内容的理解。最终，这部分学生会被贴上“学困生”的标签。还有一部分学生，由于天生资质聪慧或者偏好某些学科，对于同一内容的学习，如果其他学生需要半小时达到理解的程度，他们可能只需要 10 分钟，剩下的 20 分钟就浪费在等待中了。这部分学生通常被称为“快生”或“优秀生”。如果在相同的教学时段内，他们所接受的教学内容与其他学生一样，即使评价结果为优秀，也不能称之为得到了“充分”的发展。特别是对一部分极具学习天赋的学生来说，普通的学校教育根本不能满足他们的学习需求。这样，慢生和快生之间的差距越拉越大。慢生会因为赶不上教学进度而产生厌学情绪，快生也会因为经常要浪费时间等其他人而失去学习兴趣。

不难发现，在这样的学习理论支持下，学生只能接受、输入并储存，不需要积极地参与、主动地创造。教师在教学中主要依赖于教科书和其他教科书出版商提供的相应的辅助教材，学生的学习活动主要有做笔记、打开教材、参与结构化的研究活动、识记内容要点、用恰当的方法应用所学内容。学校教学强调的是对信息的识记，一般是独立的知识单元，称为内容，很少教授解决问题的技能，很少教学生如何用这些内容进行思考。大部分学生的假设、评价、推理等高阶思维没有得到充分的发展。

由此，大约从20世纪60年代开始，学习理论研究出现了两个重要的理论：一是认知建构理论，二是社会文化理论。认知建构理论关注个人认知的发展，关注复杂的概念化过程，如高阶思维、意义理解。该理论认为学习者带着某些背景知识进入新学习情境，教师在帮助学生获得新知识的时候必须建立在学生最初的理解上。如皮亚杰的认知建构学习、布鲁纳的认知结构学习、奥苏贝尔的意义接受学习、加涅的信息加工学习等。认知理论重新定义了知识的本质，改变了有关“人是如何学习”的理解。社会文化理论则强调社会文化因素对人类认知能力发展的作用，它认为人的发展是在不断变化的社会文化交往活动中进行的，如班杜拉提出的社会学习理论等。参与社会活动不但发展了人的能力，而且人能在社区中得到身份认同并成为其中一员。这就从社会交往和文化的角度扩展了有关学习的观点，学习需要在各种真实的社会活动和交往中进行。可以肯定的是，认知建构主义学习理论强调学习在情境中展开的积极主动的内部加工过程，而社会文化理论则将关注对象从学习个体转向了共同体，学习成为某一个共同体成员参与实践经验获得交流能力的过程。这两种理论将个体被动的刺激与反应式的接受学习，转向了小组学习、合作学习、情境学习等方式，这都是非常有意义的。

然而，随着信息技术的普及和发展，人类的学习方式从印刷时代跨入数字化时代，计算机和互联网成了新的知识传播媒体，各类新技术丰富了个性化智能化学习服务，这样就重新定义了我们与文本、时间、空间的关系。数智技术的应用使得知识不再是单一线性的流向，在真实的生活世界里，只要有移动设备和网络，学习者可以随时随地获取所需的信息。数智技术，如AI、大数据分析和VR等，不仅能提供丰富的学习资源，还能根据学习者的个性化需求进行智能推荐和调整。如此，学生的学习可以跨越时空，不再孤立于自然与社会环境之外。学生从消极的知识接受者转向积极的知识生产者，从而形成了一种超越时空的新型学习方式。通过数智化技术的支持，学习者可以自主探索、合作交流，实现更深层次的学习和创新。

2.1.3 学习评价的方法与反思

评价是检验教育能力达成与教学效果的核心方法，评价的方式受课程和教学观念的影响，分为科学的量化评价和人文主义的质性评价。根据评价的目的，评价可分为将学生分等级或分类的评价、将学生按其自己的学习进度进行比较的评价。具体来说，常见的评价分类有总结性评价和形成性评价、标准参照评价和常模参照评价、真实评价和高风险评价三类。

总结性评价一般发生在一项教育活动的结束，目的是对学生的进步下结论或进行判断；而形成性评价是过程性的，帮助教师明白在教学过程中哪些需要改进以更好地满足学生的学习需求，它通常是间隔发生的，以保证恰当的、有效的学生学习。标准参照评价是以规定的学业标准为参照，判断学习者是否达到了标准及达到了哪个标准，它用来解释学生取得的成绩，不用根据其他学生的表现情况，而是根据学生所掌握的知识或技能的数量来确定；常模参照评价是将学习者个体的成绩与所在小组的平均成绩或其他常模进行比较，以确定其处在小组的哪个等级中。真实评价是指评价学生在真实的环境中应用知识、技能和态度的能力，如档案袋的使用，它表示了学生掌握学习的一个过程；高风险评价通过标准化形式来评价学生，可以将他们所取得的分数进行统计分析，测试的结果与随后的责任相关，如学生没有通过考试就不能获得文凭或不能上大学。

目前学校常用的学习评价方式主要有三类。第一类是标准化测试，它是一种通过统一命题、统一考试和评分标准来评估学生学业成绩的方式。这种测试通常用于大规模评估和比较分析，常见于全国性或地区性的考试，如中国的高考、美国的 SAT（Scolarstic Accessment Test，学术能力评估测试）等。其优点是客观性强，易于比较和分析，适用于大规模评估；缺点是很可能忽视学生的个体差异和创造性，学生容易产生应试压力。第二类是期中、期末考试这类评价，是在学期中或学期末进行的集中测试，评估学生对所学内容的掌握程度。这种方式广泛应用于各类学校的常规教学评估中。其优点是可以对知识的系统掌握情况有较全面的了解，且易于实施；缺点是考试压力大，可能导致学生的短期记忆和应试行为，可能无法全面反映学生的综合能力。第三类是作业和项目（assignments and projects），即通过布置课后作业和项目来评估学生的理解和应用能力。作业包括日常的书面练习，而项目通常涉及更复杂和长时间的任务，如研究报告、实验项目等。其优点是可以鼓励学生自主学习和探究，能评估学生的实践能力和综合素质；缺点是教师批改工作量大，评价标准难以统一，部分学生可能依赖他人完成作业。

传统学习评价通常依赖于考试成绩和标准化测试，关注学生对知识点的记忆和再现。采用“一刀切”的标准，所有学生被要求达到相同的标准，难以体现个性化学习的成果。这样的评价标准往往忽视学生的个体差异、创新能力和批判性思维的发展，忽视学生在情感、态度和技能等方面的发展，并且学生的实践能力、社会交往能力和解决实际问题的能力往往未被充分评价。此外，传统评价多为教师单向反馈，学生被动接受评价结果，缺乏互动和交流的机会，这种方式往往使学生难以理解自己的学习状况和改进方向。传统评价多注重结果，对学习过程的关注较少，学生的努力、参与度和学习态度等过程性因素常被忽略。

对传统学习评价的反思促使我们认识到，现代教育需要构建多元化、个性化、过程化和互动化的评价体系，以全面、科学地反映学生的学习状况和发展潜力。随着技术的进步，技术支持下的学习评价方式利用现代信息技术，如大数据、AI、在线平台和移动设备等，对学生的学习过程和结果进行更为精准、全面和即时的评估。通过结合数智技术，如学习分析、智能评估系统等，可以展开实时监控和分析学生的学习表现，并提供即时反馈和指导，这样就可以增强评价的科学性和个性化，实现评价的精准和高效，也为学生的持续进步和全面发展提供有力支持。

2.1.4 教育管理的反思

教育管理是教育管理者运用一定的理论与方法，在特定的条件下，合理配置教育资源，引导、组织教育人员完成教育任务，实现教育目标的一种组织活动。教育管理一般分为宏观的教育管理——教育行政和微观的教育管理——学校管理两个方面。教育行政就是国家对教育的管理，包括中央的教育行政和地方的教育行政。从教育行政的范围而言，大到方针、政策法规和教育体制的构建，小到具体规章制度的制定及其实施，都应包括在教育行政之中。学校管理是学校管理者采用一定的措施和手段，充分利用学校的有限资源，引导和组织师生员工实现学校育人目标的一种活动[1]。从过程来分，教育管理活动一般有计划、执行、监督检查、总结反馈等几个环节。从管理的要素来看，教育管理活动可分为人、财、物、信息、时空的管理。从教育工作的角度看，管理又可分为教学工作的管理、思想政治工作的管理、科研工作的管理、体育卫生工作的管理、科技开发工作的管理、后勤工作的管理等。

宏观的教育管理大多依靠政府的行政手段加以规划和管理，负担比较沉重，在决策和管理上也很难做到科学化和民主化。这种自上而下、科层决策结构为主导的管理体制，虽然能在一定程度上实现快速、整齐、可靠和高效的工作目标，但从长远来看，在科层制中，权力控制是核心，标准化是准则，每一个组织成员的个人特性受到压抑。它关注的是服从、严厉、特权、政治影响力，因而会产生抗拒变迁、信息垄断、遏制创新等后果。并且，单纯利用行政手段去规划和管理，很难做到教育资源的有效配置，导致教育资源利用率低下、教育资源浪费及发展不均衡现象产生，城乡和地区之间的教育质量差距也会明显增大。

微观层面的学校管理，包括教学管理、教师管理、学生管理和总务管理。传统学校在以追求效率为主的现代工业理念的影响下，其教学内容被划分为一门门的课程，并且有标准化的统一设计，教学目标以提升成绩分数为主，教师的教育教学工作成了简单的重复性劳动，学校管理注重控制与规则。这种管理以实现最显著的教育目的为旨归，过于关注达到教育管理目标的手段，却忽略了教育管理目标本身——人本价值，即忽视了教师与教师、学生与学生之间存在的差异性以及学校教学任务的特殊性。在这种管理方式下，教师和学生的主要任务是服从，而不是创造与创新。同时，决策制定者大多基于经验的主观判断，难以真正了解现实的教育情况，对教育管理过程的价值关注较少，一些管理决策难免失之偏颇，也难以服众。

可以说，传统教育管理的方式集中在政府主导的管理模式上，强调中央集权、科层制管理、标准化和行政命令等方式。尽管这些方式在特定历史阶段发挥了重要作用，但也存在一些局限性，如缺乏灵活性、多元参与和创新空间。随着社会的发展和教育需求的变化，传统的教育管理已经难以完全适应现代教育的要求，需要从“教育管理”向“教育治理”转型。2019 年，中共中央、国务院印发的《中国教育现代化 2035》明确提出“推进教育治理体系和治理能力现代化”的战略目标，强调必须加强和创新教育治理，强化教育治理中的社会协同作用和科技支撑力度，加快推进教育治理现代化[2]。这里的教育治理现代化是指通过引入现代管理理念、数智技术和多方协同机制，提升教育系统的科学性、效率和透明度，实现教育决策的民主化、资源配置的优化和教育质量的全面提升，从而适应社会发展的需求，推动教育公平与创新，促进教育事业的可持续发展。利用大数据和 AI 技术，我们可以提高教育治理的科学性和效率，更精准地进行政策制定和资源配置。

2.2 数智驱动下教育理论的重构

面对数字化、智能化的时代趋势，传统的教育模式已难以满足未来社会对人才的需求。2019 年，联合国教科文组织发布《北京共识——人工智能与教育》。该文件作为首个指导 AI 技术融入 2030 年教育议程的重要文献，强调了 AI 与教育的系统融合，全面创新教育、教学和学习方式，并利用 AI 加快建设开放灵活的教育体系，确保全民享有公平、适合每个人且优质的终身学习机会，以推动可持续发展目标和人类命运共同体的实现[3]。要重构新的教育体系，我们必须深度融合数智技术，全面创新教育理论，实现教学、学习、评价和治理的根本性变革。这不仅要求我们从人本逻辑出发，转变思维模式，还要借助数智技术的力量，打破传统教育的壁垒，推动教育向个性化、智能化、终身化发展，以培养出适应未来社会需求的创新人才。

2.2.1 数智驱动下的教学理论

在以物联网、云计算等技术的成熟为基础的大数据时代，人才需求日趋多样化。教育需要培养富有个性和创新精神的人才，以适应未来信息化和知识化社会的变革与发展。经济合作与发展组织（Organization for Economic Co-operation and Development，OECD）在其报告《教育政策展望 2023》中强调了个性化教育在应对当前全球教育挑战中的重要性。报告指出，教育系统必须适应多样化的社会需求，通过个性化学习路径来满足学生的独特需求和兴趣[4]。个性化教育不仅有助于提升学业成绩，还能促进学生的全面发展，包括社交能力和情感素质的发展。在我国，《中国智慧教育蓝皮书（2022）》提出构建个性化终身学习体系的目标，通过科技支持和数据驱动，全方位赋能教育变革，系统性构建教育与社会关系新生态，为每个学习者提供适合的教育[5]。在数智驱动下，可以实现微观层面的个人发展与宏观层面的社会发展全面高度统一，让因材施教变成现实。因此，数智驱动下的教学理论在教学目标、教学方式和教学评价方面都具有鲜明的特色。

1. 教学目标：培养有个性的“智慧人”

传统教育理论更注重知识的传授和学科能力的培养，而现代社会对学生的要求已经超出了仅仅掌握知识的层面。大数据时代，数字化信息在表现、存储、检索方面具有先天的优势，不仅传输速度快、存储空间小，而且检索非常方便，尤其是有了网络的支持后，信息获取变得非常简单、便捷。一方面，浩如烟海的信息远远超过了人类的记忆能力；另一方面，由于信息获取的便捷性和信息的时效性，有些信息变得无须记忆。在智能机器人不断地代替普通的劳动者、软件代替人的背景下，智能技术的发展倒逼人类向更高层次的创新创造进化，不断走向更高层次的创新创造，人才培养目标由“知识人”转向“智慧人”。

智能技术可以帮助学生发展综合素养，如创造力、批判性思维、人际交往能力等。在重构教育理论时，应该将知识传授与综合素养培养结合起来，使学生全面发展。具体来讲，在教育过程中，帮助学生与知识建立紧密的认知联系，帮助学生去感受、体会知识的美和价值，培养学生自觉传承知识并能够发现新知的探究精神，培养学生在新的环境和要素中的创造精神，培养学生个性的全面发展并帮助其成长为全面且自由发展的个体，培养学生的数字素养和数据素养以使其更好地适应数智时代这个大环境。同时，我们也需要关注教育平等的问题，教育要面向全体，避免因个体差异导致不平等现象的发生，确保每个学生都能够得到公正的培养。

2. 教学方式：人机协同的个性化精准教学

人机协同，是指人与机器各自执行自身最擅长的工作，取长补短，实现人机共同感知、共同思考、共同决策、共同工作、互相理解、互相制约。在这个过程中，人与机器能够在协同工作的过程中发挥各自优势，从而完成一些超越人类智慧和机器智能的复杂任务与工作。人机协同，传统意义上是指“人”与“计算机”之间的协同，是指学习者通过操作计算机完成一些低层次、单调性、重复性的学习任务，运用计算机强大的运算能力替代学习者完成一些超越人类认知范畴或需要浪费人类大量认知资源的复杂任务，如资源检索、拍照搜题、作业批改、文本翻译等，以此减轻学习者的学业负担。

随着物联网、大数据、AI 等新兴智能技术的快速发展，技术介入教育的过程越发自然，人机协同的个性化教与学将成为未来教育无法回避的实践形态。机器的智能化水平得到大幅提升后，机器逐渐从被动地完成简单的学习任务到能够参与到具体的学习决策过程中，人机协同的“机”向“AI 技术”的含义转变。智能技术不仅可以对学生学习过程进行建模、诊断和干预，而且还能优化学习环境、提升学习效率、革新学习服务，为实现学生的个性化学习提供有效支持。人机协同的个性化教育主要体现在课前智能诊学、课中智能助学、课后精准测评、学习资源个性化推送以及学习情感态度干预等环节，为学习者打造面向多元学习场景的智能化学习支持服务体系，满足学习者多样化的学习需求[6]。

同时，数智驱动下的教学是一种精准教学，它以大数据技术为手段，在精准把握学习者学业状况的前提下，实现教学目标、教学内容、教学活动、学生评价、教学决策的精准化，并使教学过程与教学结果可量[7]。教师可以利用 AI 和大数据清楚地了解每个学生的学习状态，能够使用最佳鼓励方式，帮助学生选择最适合每一天所学的知识。同时，借助大数据技术分析学生的学习数据，教师可以了解每个学生的学习特点、兴趣爱好和学习需求，为其量身定制个性化的学习计划和教学内容；可以根据学生的学习进度和表现，自动推送适合其水平和能力的学习资源与作业；还可以借助智能化辅导系统，根据学生的错题、薄弱知识点等数据信息，针对性地进行辅导和指导，帮助学生解决学习难题，实现各个层面的精准定位。

3. 教学评价：数智驱动的多元化评价

在数智驱动的教学评价中，教师和学生的各种行为数据都以数字化形式存储在媒介终端或云平台上，借助数据挖掘与学习分析技术，实现如学科能力诊断、知识完成度、学困生的识别等，进而为教师的教学评价和决策提供精准的支持。数智驱动的教学评价，通过不断获取、整合、分析学生在学习过程中的文字、声音、图像、视频与人体感知等多模态数据，对教学和学习活动的信息流与运行轨迹做出观测、解释和反馈，以帮助教育相关者发现教育中存在的问题，进而实现个性化教育。在数智驱动的教育环境中，全景评价、过程性评价和增值性评价是三种重要的评价方式。它们各自有独有的特征和应用场景，能够全面、动态和长期地评估学生的学习过程与成果。

基于数据挖掘的全景评价是一种全面、多维度的评价方式，通过综合各种评价工具和数据，全面了解学生的学术表现、行为习惯、情感发展和社交能力。它不仅关注学术成绩，还注重学生的整体发展。其特征有：综合性，即整合多种评价数据，包括学术成绩、课堂参与、作业完成情况、行为观察、情感发展等，形成全面的学生画像；多维度，即从多角度、多维度评估学生，注重知识、技能、态度和情感的发展；长期跟踪，即通过持续的数据收集和分析，跟踪学生的长期发展情况，发现学生的成长和变化。常见的应用场景如学生档案，通过建立学生的综合档案，记录学生的学术和非学术表现，便于教师、家长和学生了解其全面发展情况。同时，根据全景评价结果，为学生提供个性化的学习指导和支持，促进学生全面发展。

过程性评价是一种在教学过程中进行的持续性评价，通过对各种多模态学习数据如作业数据、课堂参与数据、考试数据等进行动态收集，实现对学生认知、能力、情感状态的立体化、综合化、科学化建模分析与评价。其特征有：实时性，即评价在学习过程中进行，及时收集和反馈学生的学习表现和进展；互动性，即注重师生之间的互动，通过讨论、问答和反馈等方式，促进学生的学习反思和改进；个性化，即根据学生的学习需求和进度，提供个性化的指导和支持，帮助学生克服学习困难。常见的应用场景如在课堂活动中，通过课堂问答、小组讨论、即时测试等方式，实时评估学生的学习状态，并及时调整教学策略，以及利用学习管理系统（learning management system，LMS）为学生提供即时的学习反馈和建议，帮助学生改进学习方法。

增值性评价是一种评估学生在一定时期内学业进步和增长的方法，主要通过比较学生在不同时间点的学业成绩，来衡量学生学业增长情况；可以以学生的学业进步为主要评价目标，注重教学的实际效果和改进；也可以利用学生的学业增长数据，评估教师的教学效果和贡献。对于学生，其可以利用大数据分析技术，构建学业增长模型，从而预测学生的学习进步情况。对于教师，其可以通过机器学习算法，分析教师教学行为与学生学业进步之间的关系，从而评估教师的教学效能。也就是说，增值性评价可以用于衡量学生随时间推移的进步、评估不同教学方法的有效性以及量身定制反馈以提高个人学习成效[8]。如，利用机器学习模型分析不同教师的教学方法对学生成绩提升的影响，从而识别出最有效的教学策略。学校也可以利用增值性评价数据，为教师提供有针对性的培训和支持，促进教师的专业发展。

可见，基于数智技术的多元化评价是现代教育评估的关键创新，它利用大数据、AI、学习分析等技术手段，对学生的学业表现、行为习惯及综合素质进行全面、科学和动态的评估。它不仅关注学术成绩，还评估学生的综合素质、实践能力和个性化发展。其通过多元化评价，了解学生的独特需求和发展潜力，为个性化教育提供支持。教师可以根据评价结果优化教学策略和方法，提高教学效果。随着数智技术的不断进步，多元化评价将变得更加高效和精准，为教育提供更多支持，其数据和分析结果将推动个性化教育的普及，帮助每个学生挖掘潜力，推动教育公平的发展和教育质量的全面提升。

2.2.2 数智驱动下的学习理论

大数据驱动下的教育关注学生的学习需求，其理念是“支持学生的个性化学习”。互联网、大数据和云平台为学习者提供了全球性、系统性及开放性的教育资料，学生可以通过各种终端按需获取学习资源，随时随地进行学习，这打破了传统教育在学习内容和学习方式上的局限，强调联通学习与量化学习。

1. 数智驱动下的学习理念

（1）联通学习

联通主义是加拿大学者西蒙斯提出的学习理论。过去的学习理论，不论是行为主义、认知主义或建构主义，关注的总是学习者内部（头脑或者行为）发生的事情，而不关心学习者外部和组织中是否也发生着学习。作为数字时代的学习理论，联通学习响应了当前的社会需求和变化，反映了“互联网+”时代的联通新本质。在大数据时代，信息的获取变得轻而易举，相对于掌握具体知识，获取知识的方法与解决问题的能力更加重要，个体获取知识的速度远不及知识本身更新的速度。联通主义正视了这一点，认为具有社会属性的知识、人、组织之间的相互联系和交流互动形成了个人的知识网络，而学习是个人知识网络的联结。对于某一个新知识的学习，最好的方式其实是迅速找到相关领域知识的研究，然后与该领域的人不断交流学习，吸收他人的智慧与经验，从而快速地了解一个领域，快速掌握大量的知识。这就表达了一种“关系中学”（learning by relationships）的观念，它的起点是个人，个人的知识组成了一个网络，这种网络被编入各种组织与机构，反过来各组织与机构的知识又被回馈给个人网络，促进个人的继续学习[9]。

联通主义不只是对学习现象的再认识，更反映了一种共建共享的大资源观和互联互通的组织生态观，揭示了知识的新本质、新内涵，提供了一种认识和改造世界的新方法论[10]。联通主义作为“互联网+教育”的本体论，有利于教育回归生活，服务于个人的终身发展。同时，还有利于促进联通正式学习、非正式学习、学校教育、校外学习、家庭教育、生活中的学习，以及企业与组织学习等各种类型正式、非正式、非正规学习体系。打通学前教育、基础教育、高等教育、继续教育、职后教育与培训，能够让教育真正服务于人的生活需求、社会需求和未来的发展，构建一个具有高度开放性、灵活性、适应性和多样性的能服务于每一个个体的终身学习生态体系。

（2）量化学习

数智时代，学习从维持性向创新性转变。大数据通过“量化一切”实现学习的数据化，彻底改变认知和理解知识的方式，通过采集用户学习数据，对学习者的学习内容需求和个人学习习惯有所掌握，从而进行基于全量数据的学习分析，为学习策略的选择和调整提供参考，以达到能够为用户提供个性化分析、判断、人性化推送与服务的目的[11]。量化学习是大数据时代所特有的学习方式，指通过数据收集和统计分析，对学生的学习行为、学习效果和教学过程进行量化评估。它强调使用量化指标和数据分析工具，对学习过程中的各个环节进行精确的测量和评价。其目的在于更好地让学习者认清自己，及时调整以改进学习。大数据时代，一切学习资源、学习行为均可量化。作为学习者，我们所需要做的，仅仅是利用各种成熟的工具来发现这些数据背后的规律，透过数据更好地认识自己，从而改进自己的学习。

在日常生活中，我们经常在购物平台上通过查看好评率或者顾客评价来帮助我们购买商品，也经常在各个平台上查看自己的步数排名，这种思想也可以用于学习，我们可以根据学习数据来为自己量身定做一套适合自己的学习方案。首先是资源选择量化。互联网让资源呈爆发式增长，但这些资源良莠不齐，即便是网络课程，也存在同一个主题多门课程的情况，要想在最短的时间内找到适合自己的资源，那就可以借助量化的思想，因为不管是书籍、论文，还是音频、视频，我们都可以从点击率、下载量、好评率等多个方面进行综合的排比和筛选。其次是学习过程量化。当我们参与各种线上活动时，系统会及时给予反馈，如学习时间、答题时间、正确率、答题次数等。借助这些信息，我们可以随时调整自己的学习进度、学习路径，为自己制订最适合的学习计划，以最佳的状态来投入学习之中。此外，利用工具我们可以很轻松地发现学习网络中的虚拟伙伴，与伙伴一起学习能够大大减轻在线学习的孤独感，降低自身掌握新知的时间成本。

（3）人机互助学习

人机互助学习（human-machine collaborative learning）是一种新兴的学习模式，强调人类与智能体（如 AI、机器学习系统等）之间的相互学习和相互成就。与传统的单一主体学习模式不同，人机互助学习不仅包括人类学习者，还包括智能体，二者在学习过程中相互影响、共同进步。人机互助学习的基本原理是人类学习者与智能体之间通过交互和反馈机制，促进双方的学习与进步。智能体可以根据人类学习者的表现提供实时的反馈和指导；反过来，人类的输入也可以帮助智能体优化其算法和学习模型。如，智能体利用大数据和机器学习技术，分析人类学习者的大量数据，从中提取有用的信息和模式，优化自身的学习模型。

在个性化学习中，智能体分析人类学习者的数据，为人类学习者提供个性化的学习路径和资源。同时，智能体在学习过程中为人类学习者提供即时反馈和帮助，增强学习效果。当然，通过人类学习者的反馈，智能体不断优化其算法和模型，提高其辅助学习的能力。因此可以说，人机互助学习强调人类学习者与智能体的协同合作，通过共同学习，实现互惠互利的目标。通过人机互助学习可以实现：①项目协作，人类学习者与智能体共同参与项目，通过协作完成复杂任务；②知识共享，人类学习者与智能体之间共享知识和经验，促进双方的共同进步；③创新与创造，通过协同学习，激发人类学习者与智能体的创造力和创新能力，推动知识和技术的发展。

（4）具身学习

具身学习（embodied learning），作为当代教学理论中的一个新兴且引人注目的领域，强调身体在学习过程中的核心作用。这一理念打破了传统教学中将心智与身体割裂开来的旧有观念，认为认知、情感及行为是紧密相连、不可分割的整体。具身学习理论认为，学习者的身体活动、感知体验及其所处的物理环境，都是影响知识获取、理解及记忆的关键因素。因此，它倡导通过模拟真实情境、动手操作、身体互动等体验式学习方式，来促进学习者的深度学习，使抽象知识变得具体可感，从而增强学习者的学习动机，提高其解决实际问题的能力。进一步而言，具身学习不仅关注学习内容的身体化表达，还强调学习环境的构建应与学习者的身体经验相契合。这意味着，教室布局、教学工具乃至整个学习生态系统的设计，都应考虑到如何促进学习者的身体参与和感知体验，以最大化学习效果。

数智时代的具身学习，是一种深度融合数字技术与身体体验的学习模式。在这一时代背景下，学习者不仅通过传统的书本知识获取信息，更通过 VR、AR 等先进技术，实现与数字环境的直接互动，使学习过程更加生动、直观。具身学习强调在数智环境中，学习者的身体感知、动作体验与认知过程紧密结合，促进知识的深度理解和长期记忆。通过模拟真实或虚构的场景，学习者能够在安全、可控的环境中实践探索，提升解决实际问题的能力，为未来的职业和生活做好准备。此外，数智技术不仅丰富了具身学习的手段，还拓展了其应用场景，让学习者能够在任何时间、任何地点，通过身体与环境的互动进行高效且个性化的学习。可以说，数智时代的具身学习是技术与人本理念的完美结合，它利用先进的信息技术重塑了学习体验，让学习变得更加生动、高效和个性化。因此，关注如何在现实教学环境中有效运用技术增强的具身体验式学习，迫切需要在技术、设计及教学法融合领域开展更多研究[12]。

2. 数智驱动下的学习方式

在传统教育教学时期，人们总是习惯用自己的情感和理智去抉择事情，而大数据技术让我们对学习方式有了更多的选择。大数据技术的应用为学习提供了更多元化、个性化、科学化的方式和方法，在动态优化建模与动态决策的基础上实现大数据环境下的定制化高效率学习，有助于提高学习效果和培养学生的综合能力。大数据驱动下的学习方式包括自适应学习、混合学习、泛在学习、终身学习等。

（1）自适应学习

大数据时代产生的学习分析、自适应、学习工程和用户体验设计等技术，已构建出一个自适应学习平台，它在保留一般学习平台的学生选课、课程学习、线上互动、教学展示和作业管理等功能的基础上，强调了大数据或AI技术支持的学习服务功能，如平台整合各种学习资源到课程模块中供学习者选择，后台自动记录学习者数据，持续更新学习档案，并主动识别学习者的学习发展需求，最终针对不同学习者提供个性化的学习方案，使学习者成为真正的学习主体。在这种智能化的技术平台支持下，形成了新的教学形式——自适应学习。从学习机制来看，自适应学习使学习者能按个人偏好学习，自己掌控学习时间、学习内容、学习方法、学习进度等。它能根据学习者的知识能力、认知风格等特征自动安排学习活动和最佳学习内容，并通过对学习者互动的持续分析（如，当前的行为与答案、过去的成绩、现在的有效状态）提供适合每位学习者的独立帮助（如，暗示和指导），从而促进学习者学业进步[13]。从技术视角看，自适应学习是一种个性化的学习推荐机制，通过“按需推送资源”“按学习能力推送资源”等，实现学习资源的差异分配，并在突出学习者主体性的同时强化教学服务功能，实现由学习者选择的教育服务模式。

自适应学习诊断是实现自适应学习的前提条件，学习者在学习开始前、学习过程中、学习结束后都需要进行学习诊断。学习开始前的诊断，主要是获知学习者的原有认知能力，结合学习过程的历史数据（如，练习/测试、浏览辅助资源、交流反馈、用户检索信息等），对学习者的知识能力进行测评。系统会适应性地动态组织、呈现学习内容，并给出个性化学习建议。学习过程中的测试，可实时发现学习者的学习薄弱环节并及时提供巩固性练习，如果学习者在测试过程中遇到困难，则相应地降低测试难度，同时呈现前项、相关知识使其重新学习，使学习者达到应该掌握的知识水平；如果学习者认知能力很高，那就相应地提高测试题目难度，同时呈现后项知识使其继续学习，直到达到知识的熟练应用或者精通。学习结束时的测试，主要是对学习者学习结果的成就性检测，若达到预期学习目标，则建议学习者终止学习或进行新知识学习。反之，则建议学习者进行单元补习，直至满足或超越其最近发展区。因此，自适应学习集个性化学习诊断、学习路径规划、学习资源的个性化推荐于一体，是实现数智时代个性化教育的主要方式。

（2）混合学习

混合学习是学习者的一部分学习发生在受监督的传统教学环境中，另一部分学习发生在网络环境中，其中学习者能在一定程度上对学习时间、地点、路径和进度进行控制。在传统课堂，教师的授课内容、授课节奏以及授课时间是不变的，唯一的变量就是学生的学习能力，教学结束时，教师并不能确保让所有学生都完成预期的学习目标和达到预期的学习效果。而混合式学习加入线上学习部分，既可以保证线下面对面教学的效果，又能让学生通过线上学习弥补学习短板，并且过程中由学生自己掌控在线学习时间，使得学习更加个性化；同时，教师的精准指导、线上的即时反馈和同伴的帮助，能充分满足学生在不同的时空环境下的交互，从而促进知识的建构和学习者身份的建构。

混合学习是面对面学习与在线学习的有机整合，而不是简单的叠加，它产生的积极学习结果也不应简单归因于媒体和技术的使用。学习者在线学习的过程，就是一个不断产生学习数据的过程，同一道题，有多少人答对了、有多少人答错了、答对的人尝试了多少次？学习者线上学习的时间段是如何分布的？看视频的时候哪些地方快进、倒退或者停顿？哪些学习者成为学习网络中的重要节点？在这个过程中，学习者既是数据的产生者，又是数据的获益者，老师可以根据采集到的数据，对教学资源、教学策略进行调整，同时对学习者提供精准的一对一指导。对于线上没有解决的问题或者是教学的拓展和深化，则可以在实体课堂中进一步地学习与探索。这种学习方式由教师主导，促进了学习者更多的自主学习和协作，为学习者提供了更多和教师以及学习伙伴交互的机会，真正实现了“结合两个世界最好的部分”。

（3）泛在学习

泛在学习（ubiquitous learning），又称为无缝学习、普适学习或无处不在的学习，是一种强调学习无处不在、无时不在的新型学习模式。作为一种无处不在、无时不在的学习方式，它为移动学习提供了更广阔的学习空间和更灵活的学习方式。泛在学习由马克•威士于 1991 年提出的“泛在计算”衍生而来，强调在任意时间和任意地点，以各种方式获取信息和处理信息。泛在学习是指在信息技术的支持下，任何人都可以不受时空、形式和途径的限制进行学习，即在任何时间、任何地点，用任何设备、以任何方式来学习，享受无处不在的学习服务。从本质上来说，泛在学习基于联通主义学习理论，是网络学习和移动学习的延伸，但它强调环境智能化、资源开放性和学习个性化，强调在真实的教学情境中以学习者为中心，为学习者充分利用资源进行终身学习提供了支持，也促使教育更加个性化和定制化。

泛在学习的实现是信息技术不断发展、知识生产与学习科学研究深入以及劳动市场结构和学习新特征等多重因素共同作用的结果，具有历史的必然性[14]。泛在学习的应用模式主要有三种：基于用户主动探究的泛在学习、基于环境感知和资源推送的泛在学习以及混合式的泛在学习[15]。泛在学习自出现以来，在较短的时间里经历了从 3A（anywhere，anytime，any device）到 4A（anyone，anytime，anywhere，any device）再到 5A（anyone，anytime，anywhere，any device，anyway）之学习理念变化的过程。在泛在学习理念的指导下，学习者根据自我、职业和雇佣的需求，随时随地进行自主的、个性化的、持续的课程学习，学习者也可以学习上传到网络的来自世界各地的优质课程，并获得相应的学分或课程学习证书，甚至进行学历学习[16]。

泛在学习的一个典型场景即移动学习（mobile learning），主要是利用便携设备和无线通信技术，使学习者能够随时随地接入学习资源，进行个性化学习，也是泛在学习得以实现的重要手段之一。依据第 52 次《中国互联网络发展状况统计报告》统计，截至 2023 年 6 月，我国手机网民规模达 10.76 亿人，网民中使用手机上网的比例为 99.8%，这就为移动学习提供了最基本的硬件条件。可以说，移动学习目前已经成为基于互联网学习的主要方式之一。学习环境是移动的，教师、研究人员、技术人员和学生也都是移动的。学习者不再被限制在教室内，他们可以自由自在、随时随地进行不同目的、不同方式的学习，提升碎片化时间的利用效率。移动学习以最平易近人的方式，提供了独一无二且无与伦比的学习机会。移动学习将为前面所提到的“混合式学习”“联通学习”提供良好的载体，移动端也终将成为采集教育大数据的重要入口，成为“量化学习”的重要数据来源。

对于移动学习，我们还需要区分两个概念，即“正式学习”和“非正式学习”。“正式学习”是指发生在学校等实体场所的有监督的学历教育或继续教育；而“非正式学习”指在非正式学习时间和场所发生的，通过非教学性质的社会交往来传递和渗透知识，由学习者自我发起、自我调控、自我负责的学习[17]。比如说，学习者在学校的课堂学习了大数据的概念，这是正式学习，但是学习者想进一步学习大数据的相关内容，课后学习者可以从中国专业IT社区（Chinese Software Developer Network，CSDN）的一篇博文或者书籍中去详细了解滴滴、美团等公司的大数据架构，这就是非正式学习。目前诸如微信、知乎、小红书等一大批易于实现内容分享的社交软件成为知识分享、碎片化学习的前沿。学习者可以用“作业帮”来解决自己的知识薄弱点，用“中国大学MOOC”来学习其他大学的课程，用“百词斩”来记单词。诸如此类，移动学习实现了让学习处处可发生、时时可发生。

如果说移动学习实现随时随地的知识获取，泛在学习提供无缝学习环境，那么社会化学习则强化了学习过程中的互动与合作，为泛在学习尤其是移动学习注入了更多的互动性和社会情境元素。在数智时代，社会化学习展现出了前所未有的活力与潜力。随着大数据、AI等先进技术的深入应用，学习不再局限于传统的教室或书本，而是跨越了时空的界限，融入了人们的日常生活。社会化学习，强调的是学习者与他人的互动、协作与知识共享。通过社交媒体、在线论坛、协作平台等数字化工具，学习者能够轻松连接到全球的学习社群，与来自不同背景、拥有不同专长的人进行交流与合作。这种跨地域、跨文化的互动不仅丰富了学习内容，还拓宽了学习者的视野，促进了全球知识的流动与融合。

进一步地，数智时代为社会化学习提供了强大的技术支持与个性化服务。利用大数据分析，学习平台能够精准捕捉学习者的兴趣、需求与学习进度，为学习者推荐合适的学习资源、学习伙伴或学习活动。同时，AI技术的运用使得学习系统能够模拟真实的学习场景，提供沉浸式的学习体验，增强学习者的参与感与互动性。这些技术不仅提升了社会化学习的效率与效果，还使得学习变得更加有趣、有意义。因此，在数智时代，社会化学习不仅是一种学习方式的革新，更是推动个人成长、社会进步与知识创新的重要力量。

（4）终身学习

终身学习是指社会每个成员为适应社会发展和实现个体发展的需要，贯穿于人的一生的、持续的学习过程。数智技术下的终身学习，主要体现了现代科技与教育理念的深度融合，为学习者提供了更加灵活、高效和个性化的学习路径。在数智技术的支持下，学习不再受时间和空间的限制，学习者可以随时随地获取所需的知识和技能。这种灵活性使得终身学习成为可能，也为人们的职业发展和生活质量的提升提供了有力保障。数智技术通过在线教育平台、远程教育等方式，将优质教育资源传播到更广泛的地区，缩小了区域、城乡、学校之间的教育差距。学习者可以通过智能设备随时随地访问学习平台，获取学习资源和支持服务，智能设备包括课程视频、电子书籍、在线测试等。学习者还可以与其他学习者进行互动交流，分享学习心得和经验。这种学习方式打破了传统学习的时间和空间限制，使得终身学习更加便捷和高效。这种全天候的学习方式使得学习更加便捷和高效。

另外，VR 和 AR 技术为终身学习提供了新的可能。通过这些技术，学习者可以身临其境地体验不同的学习场景，如模拟实验、历史重现等。这种沉浸式的学习方式能够激发学习者的学习兴趣和动力，提高学习效果。同时，VR 和 AR 技术还可以为特殊人群（如残障人士）提供定制化学习体验，实现教育公平。AI 辅助教学系统可以根据学习者的学习情况和需求，提供个性化学习建议和资源推荐。此外，AI 还可以帮助教师进行教学管理和评估，提高教学效率和质量。借助 AI 辅助教学，终身学习可以更加精准和高效。

总之，数智技术环境下的终身学习实现了学习资源获取渠道更加多样化。学习者可以通过在线学习平台、VR 和 AI 辅助教学系统等多种方式获取所需的学习资源。这种多样化的学习资源获取渠道有助于满足学习者不同的学习需求和兴趣爱好。同时，数智技术环境下终身学习的实现方式具有高效性和互动性强的特点。学习者可以通过在线学习平台随时随地进行学习，并通过 VR 和 AI 辅助教学系统获得更好的学习体验与效果。这种高效性和互动性强的学习方式有助于提高学习者的学习效率与效果。此外，数智技术环境下终身学习的实现方式有助于促进教育公平和社会进步。通过在线学习平台和移动学习等方式，学习者可以突破地域和经济的限制获取优质的学习资源，VR 和 AI 辅助教学系统也可以为特殊人群提供定制化学习体验。这种普及化学习方式有助于缩小教育差距，促进教育公平。

3. 学习空间重构

由于教学模式和学习方式发生了巨大改变，首当其冲受到巨大影响的就是我们赖以学习的环境——学习空间。当前的学习空间与 19 世纪出现的传统工业革命前教育模式向工厂模式的历史性转变一样。在工业革命前的传统教育下，学生的学习空间总是与“教室”联系在一起。然而，世界已经从由物理空间和人类社会空间组成的二元空间进入了由物理空间、人类社会空间和信息空间组成的三元空间。信息空间创造了全新的场景、要素、关系和知识，使得资源共享化、信息众筹化、行为数据化、时空灵活化、关系网络化。智能时代的信息空间功能更加丰富，既能支持学习者在情境中进行学习，又可增强学习者的学习体验[14]。在新的学习理论和数智技术的推动下，学习空间扩大了，出现了协作学习空间、技术增强的学习空间、以学生为中心的学习空间、未来课堂等研究术语，在这里我们将其分为数智化物理空间、虚拟学习空间、虚实融合学习空间以及教育元宇宙。

（1）数智化物理空间

物理空间形态丰富多样，如课堂、校园、图书馆、实验室、阅览室、博物馆和田野等，多样的物理空间为正式学习和非正式学习提供支持。比如传统的课堂集体讲授被认为是正式学习，学习者在图书馆、博物馆等的自主学习则被认为是非正式学习。同时，一些学校实现了学科教室和普通教室的整合，实现了物理空间多功能的集成。在物理空间，教室一般会配有智慧辅助系统以收集教育数据。教师在由互动白板、平板或智能手机、即时反馈系统、智慧助教或实物提示机等构成的智慧化教室中进行教学，其中也包括遥控器、接收器等辅助教学智能设备，教师利用教学互动系统采集、统计、处理和分析学生学习数据，促进学生在课堂上的个人学习行为，改善课堂教学。依托技术辅助手段，整个教学过程将教师端、学生端在互动教学活动中产生的数据挖掘并积累起来，同时将大数据传送到云端进行整合分析，这为智慧教育提供了可能，为开展高效课堂教学提供了保障。

（2）虚拟学习空间

虚拟学习空间利用先进的计算机技术和网络技术，构建出一个不受物理限制、全天候开放的学习环境，是保障学习者访问到丰富多样的数字化学习资源，如在线课程、电子图书、教学视频等，满足不同的学习需求和兴趣偏好的关键。此类学习环境主要有三个特点。一是无界性，虚拟学习空间打破了传统学习环境的物理界限，学习者可以随时随地通过网络接入学习平台，获取所需的学习资源，进行学习活动。这种无界性使得学习不再受时间和空间的限制，极大地提高了学习的灵活性和便捷性。二是资源开放性，虚拟学习空间中的信息和资源是全开放的，学习者可以根据自己的需求和权限获取丰富多样的学习材料。这些资源不仅包括传统的电子书籍、教学视频等，还涵盖了各种互动式的模拟实验、在线讨论社区等，为学习者提供了多元化的学习体验。三是交互性强，通过在线讨论、协作工具等功能，虚拟学习空间促进了学习者之间的互动与合作，增强了学习的参与感和趣味性。

（3）虚实融合学习空间

虚实融合学习空间是在虚拟学习空间的基础上，进一步融合现实世界的元素创造出的一种新型的学习环境。它利用传感器、物联网、AR、MR（mixed reality，混合现实）等技术，将虚拟世界与现实世界紧密连接起来，为学习者提供更加沉浸式和互动性的学习体验。虚实融合学习空间的主要特点有三个：一是提供沉浸式体验，通过 AR/MR 技术，将虚拟信息叠加到现实世界中，使学习者身临其境地参与学习过程，增强学习的真实感和代入感；二是交互性增强，不仅支持在线讨论和协作，还能通过传感器等设备捕捉学习者的动作和反馈，实现更加自然和直观的人机交互；三是提供情境学习，能够根据学习内容的需要，构建出与现实世界相似或相关的情境，帮助学习者在模拟的真实环境中学习和应用知识。

（4）教育元宇宙

教育元宇宙是元宇宙技术在教育领域的高级应用形态，它构建了一个平行于现实世界的在线数字空间，集成了 AI、VR/AR、区块链、通信技术、云计算、大数据等多种新兴技术，为学习者提供了一个虚实融合、高度交互的智慧教育环境。教育元宇宙不仅具备虚拟学习空间和虚实融合学习空间的所有特点，还进一步拓展了学习的边界和可能性。其主要特点有三个。一是全面交织的虚实融合。教育元宇宙不仅停留在空间的仿真复制上，还将教育的现实要素（如教育内容、教育目的、角色关系等）融入虚拟世界，实现虚拟与现实的全面交织和深度融合。二是高度个性化的学习体验。利用 AI 和大数据分析技术，教育元宇宙能够精准捕捉学习者的需求和兴趣，为每位学习者提供定制化的学习路径和资源。三是开放的社交和交易平台。教育元宇宙构建了一个开放的社交和交易平台，学习者可以在其中与其他用户进行互动和合作，甚至参与虚拟商品和服务的交易。

总之，数智化物理空间、虚拟学习空间、虚实融合学习空间和教育元宇宙代表了教育技术发展的不同阶段和形态。它们各自具有独特的特点和应用价值，共同推动了教育模式的创新和发展。当然，这些都需要研究者去探索可能更好地指导这些物理/虚拟社交学习空间内的学习的理论，以及探讨其平台可扩展性、社交可扩展性和现实可扩展性[18]。随着技术的不断进步和应用场景的不断拓展，这些学习空间将为学习者提供更加优质、高效和个性化的学习体验。同时，在教育大数据的支持下，学习者成长、个性化发展、虚拟空间学习无缝连接等都将一一实现[19]。

2.2.3 数智驱动下的教育治理

教育是一个典型的复杂领域。就学生而言，他们在成长经历、家庭背景、心性气质、观念认识、诉求期待、行为习惯等方面都存在着各种各样的差别，这些不同差别的学生汇聚在一起，既能通过相互作用与适应形成整体有序的状态，又处在一个不断生成的混沌状态，具有多向发展的可能性和不确定性。教师的某种言行、班级的某些措施、学校的某种管理等作用于不同的学生，就变成了一个既能预测又无法预测的过程。就学校而言，生源质量、师资状态、领导素质、硬件设施、社区环境等各种因素以复杂的形态相互作用，构成学校之间不对称的发展轨迹，当其中某个局部因素发生变化时，有可能导致整体式的变化。就区域教育而言，历史传统、自然禀赋、经济发展、政府扶持等既可能是制约教育发展的因素，也可能转化为推动教育发展的因素。面对这种复杂的局面，如果用传统的方式进行管理，往往显得捉襟见肘。通过大数据应用，可以将个体、局部、微观与群体、全部、宏观联系在一起，去认识教育、引导教育、发展教育[20]，从而使封闭的教育管理向开放的教育治理转型，由自上而下的单向管理向协同治理转型，由被动响应向主动服务转型，由经验式决策向数据化决策转型，以适应数字化和大数据时代经济社会发展的新要求，建立现代化教育治理体系。

（1）政策导向的宏观教育治理

在宏观教育治理层面，国家和地方职能部门可以通过大数据的海量和多元化采集与分析，发现教育数据之间、教育数据与其他行业数据之间往往存在各种联系，根据这种联系构建系统性教育发展模型，为国家教育政策的制定与调整提供参考依据。比如，将学生的学籍信息数据与家庭、教师、学校等数据结合起来，通过数据分析制定全国高考招生与录取政策、学生就业政策、资源分配政策、学生择校政策等。大数据还可以完善质量监控体系，为实时、全面、动态的质量管理奠定基础，不论是初等、中等教育，还是高等教育，都可以建立全面的、实时的、动态的教育质量监控体系，在此基础上，可以对影响教育质量的因素进行调控，进而保障教育质量。

（2）数智赋能下的中观校园管理

在中观学校治理层面，数据驱动的教育能使学校和教师利用教育数据来深入了解教学过程，并根据学生需求做出数据驱动的教育决策。利用大数据可以预测和干预教育现象，并且能够通过大数据进行可控制的教育教学实验，这样我们对于教育领域的预测能力和规避风险能力都将得到极大的提升。在教学管理上，大数据平台能够依托领先的大数据采集挖掘能力、文本分析能力及算法和模型，帮助学校获取全网教育资讯、实时监测和管理高校舆情、动态跟踪校内外人物等，能够将数据分析的结果融入学校的日常管理与服务之中，成为学校信息化管理的重要工具。通过大数据与教育的深度融合，将大数据深度融入日常的教学活动、教育评价、教育管理与决策等关键环节，推动教育公共管理在内容、模式、形态、质量监控等方面的现代化治理进程，加快推进我国教育治理现代化。

（3）个性化支持的微观课堂管理

具体到课堂这种微观的教与学环境，对教师而言，数智赋能能够实现对教学行为、教学过程和教学成果的动态管理，有助于教师优化教学，使传统的经验式、粗放式课堂教学向数据化、精准化教学转变；对学生而言，数智赋能能够全面跟踪和掌握学习行为、学习过程，分析学习特点，准确地进行学习评价，有助于满足学生的个性化、个别化学习需求；对于教学内容而言，通过数智赋能，不同阶段的知识体系得以建立，形成知识图谱；对教育管理者而言，数智赋能可以充分利用大数据的思维、方法对海量教育数据进行分析应用，为教学活动、教学评价、教育服务、教育决策等教育事务，构建一个以大数据为基础的现代化教育治理体系。

2.3 数智驱动下的新教育伦理价值保障

AI 的复杂性要求在教育背景下为 AI 制定一套全面适用的伦理原则[21]。当前关于大数据和 AI 使用的讨论充斥着对数据治理和道德问题的担忧，例如共享数据标准、数据安全和用户隐私、算法歧视和不透明、教育主体情感交流危机等。而数智驱动下的智能教育也必然会围绕着“收集什么、由谁收集、目的是什么”及其涉及的各种伦理问题。教育数智伦理问题是技术促进教育变革进程中的必然产物，是教育伦理的有机组成部分。它是对教育数据产生、采集、存储和分析利用过程中所应秉持的道德信念和行为规范的理性审视，是数智时代教育场域中有关道德重构的哲学研究[22]。海量数据分析有大面积披露数据隐私的潜在危险；AI 算法在教育中的应用可能引入偏见，导致教育资源分配不公、机会不均等问题；数据主导决策模式的无差别适用逐渐磨灭学生创造力、限制和剥夺其自由发展的权利与机会。这些问题凸显了教育数智伦理问题治理的迫切性。

2.3.1 数据安全和隐私

大数据和 AI 带来的最大伦理危机是个人隐私权问题。AI 系统通常需要大量的学生数据进行训练和优化，这些数据包括学习行为、考试成绩和个人信息等。特别是那些学生和教师的个人身份信息，可能包含非常个人化、非常具有识别性的信息，这些数据在学校环境之外以及教育目的之外具有相当大的商业价值。未经授权的数据收集、存储和处理可能导致数据泄露和滥用，给学生带来严重的隐私风险。因此，确保学生的隐私不被侵犯，确保数据在整个生命周期中的安全性，制定严格的数据保护政策，实施数据匿名化处理，成为重要的伦理要求。

数据安全和隐私隐患会出现在整个教育过程中。教育数据的收集和存储涉及大量个人信息，未经同意的数据收集或数据存储的不当管理可能导致数据泄露和滥用。例如，未加密的数据存储容易被黑客攻击，导致大规模数据泄露。在数据处理和分析过程中，AI 算法可能带来隐私风险。机器学习模型需要大量数据进行训练，如果数据匿名化处理不当，可能导致个人身份被重新识别，侵犯隐私。教育数据在不同部门和机构之间共享时，需要确保数据传输的安全性。如果数据共享过程中缺乏严格的访问控制和加密措施，可能导致数据在传输过程中被截获或篡改。

要解决数据的安全和隐私问题，可以使用以下措施。首先，在数据收集和存储过程中，通过匿名化处理，去除或模糊化个人身份信息，减少数据泄露带来的隐私风险，也可以使用先进的加密技术对数据进行加密存储和传输，确保即使数据被截获，也难以破解和利用。其次，建立严格的权限管理制度，确保只有授权人员才能访问和处理敏感数据，定期审查和更新权限，防止数据被未经授权的人员访问。对数据访问和操作进行详细的日志记录和监控，及时发现和应对异常访问和潜在的安全威胁。再次，在数据收集和处理前，明确告知学生和家长数据的使用目的、方式和可能的风险，获得他们的知情同意。公开数据使用政策和处理流程，确保数据处理过程透明，增进学生和家长的信任。最后，定期对教育工作者、技术开发者和管理者进行数据安全和隐私保护的培训，增强其数据保护意识和能力。同时，开展面向学生和家长的数据安全教育，提高他们对数据隐私的认识和自我保护能力。

2.3.2 算法偏见和歧视

AI 和机器学习技术被广泛应用于教育领域，用于个性化学习、智能评估和学情分析。然而，这些技术在带来便利和效率的同时，也引发了关于算法偏见和歧视的伦理问题。从互联网收集的大多数数据都包含一种固有的偏见，即它仅限于互联网用户，尽管互联网使用量在增长，但他们的人口统计数据仍然不能充分代表世界人口或任何国家的人口，因此会存在对某些群体或某种认知倾向的偏见。同样，由于教育工作者不可避免地会在教学决策中依赖不相关或不适当的因素，这可能无意中影响他们的决策，例如，教师是在午餐前还是午餐后给学生文章评分，结果可能就不一样。机器分析可能提供一致性，但这并不等同于客观性。算法分析可能与人类决策一样有偏差。

例如，AI 系统在个性化推荐学习内容和资源时，可能会因训练数据中的偏见而导致不公平的推荐。某些群体的学生可能被推荐较少的优质资源或被忽视特定领域的内容，从而限制了他们的学习机会和发展潜力。AI 系统用于自动化评估作业和考试成绩时，可能表现出对某些学生群体的不公平对待。这种不公平可能源于训练数据中的偏见，导致系统在评分时对某些特定群体（如性别、种族、社会经济背景群体等）存在系统性歧视。在招生和选拔过程中，AI 系统也有可能基于历史数据进行筛选和推荐，如果历史数据本身存在偏见，AI 系统的决策也会延续这些偏见，导致某些学生群体在入学机会和资助申请等方面受到不公正对待。

造成算法偏见和歧视的原因有多个方面。一是训练数据存在偏见。AI 系统的性能高度依赖于训练数据的质量。如果训练数据存在偏见（如性别、种族、社会经济背景等方面的偏见），AI 系统就会学习并延续这些偏见。二是算法设计存在偏见，即算法设计本身也可能引入偏见。例如，在目标函数的选择和模型参数的设定过程中，如果没有充分考虑公平性和多样性，算法可能会倾向于某些群体或特定特征，导致决策中的不公正。三是数据收集过程中的偏差也会导致算法偏见。例如，如果数据主要来自于某些特定地区或群体，那么 AI 系统的训练数据就不具有代表性，从而在应用时表现出偏见。

算法分析依赖于概率，数据驱动的教学、评估和证书不能反映特定环境的独特方面。研究者曾发表过一项针对普渡大学一年级本科生的调查结果，该调查涉及学生使用红绿灯系统隐喻的学习分析系统的体验。一方面，该研究结果显示了积极的结果，超过一半的学生支持在学习中使用学习分析技术。另一方面，一些表现不佳的学生认为，定期通过电子邮件提醒他们的表现对他们来说是一种威胁[23]。现在，这些预言似的陈述已经生效，并对结果产生了负面影响。因此，有必要进一步研究更合适、更实用的方法来对待有风险的学生。

要解决教育大数据中存在的偏见和歧视问题，确保数据驱动的决策更加公平、准确、包容，可以考虑从以下几个方面入手：首先，建立公平、透明的算法模型和评估方法。在数据分析和算法设计中，应该纳入多样性和包容性的考量，以便在决策和预测中不偏袒某个群体，确保算法模型的设计和训练过程是公平、透明的，避免对特定群体的偏见。此外，还要保证评估方法能够识别和纠正潜在的偏见，保证算法对不同群体都能产生公正的结果。其次，加强算法结果审查和监督。需要为算法模型设立独立的审查机制，对算法结果进行定期审查和监督，确保算法不存在歧视性或偏见。若发现问题，还需及时纠正并调整算法模型。最后，考虑多元参与和跨学科合作，在算法设计和应用中，加强与社会科学、伦理学等领域的合作，从不同维度审视算法结果，减少潜在的偏见。同时，引入多元的参与者，包括教育专家、社会代表和学生家长，以确保算法不会忽视某些群体的需求和权益。

2.3.3 结果误导和滥用

教育大数据的分析结果可能被滥用或误导。数据分析的复杂性和多样性增加了理解和解释结果的难度，教育工作者和决策者可能缺乏必要的数据分析技能和背景知识。这样可能会造成 AI 和大数据分析结果被误解或错误解释，导致教育决策中的误导。例如，数据分析结果显示某种教学方法对大部分学生有效，但忽略了对少数学生的不利影响，导致决策者误认为该方法适用于所有学生，或者将分析结果作为唯一的评价标准。此外，有些教育机构对技术过度依赖，忽视了技术应用的伦理和法律边界。商业利益驱动技术公司推动技术在教育中的应用，却未充分考虑伦理后果。这样可能导致教育机构滥用 AI 算法，用于监控和控制学生的行为。例如，使用面部识别技术监控学生的上课表现可能侵犯学生的隐私权和自由权。还可能因为教育数据管理制度的不完善，缺乏明确的法律和政策保护学生数据的隐私和使用范围，导致教育机构和技术公司在数据使用上存在利益冲突，出现数据滥用的情况，包括未经同意的数据收集和使用，或者数据被用于与初衷无关的目的。例如，学生的学习数据被用来进行商业营销，而非提升教育质量。

当前，教育大数据分析陷入一个误区，即认为数据越多越好，不断创造无处不在的监控空间，导致收集的学生信息类型越来越多。然而，这种持续的监控记录可能使学生在表达观点多样性和冒险精神方面出现寒蝉效应。以技术为媒介的教育环境能够在学习过程中收集和捕捉学生的实验和错误，使得学生的每个行动都可能被纳入数字版的成绩单中。这样做会将学生早期的错误保留下来，以供后续审查和挖掘新的算法推断。需要注意的是，过去的错误不应该过度限制未来的机会。学生总是处于不断地成长、发展和变化过程之中，而过去收集的关于学生的教育数据却是固定不变的，这些数据及数据的预测功能可能限制学生的发展。随着存储成本的降低和快速检索的出现，教育数据保存的时间更为长久且易于存取，这会进一步加剧学生的发展性与过去数据的不变性之间不可调和的矛盾。因此，评估人员需要极其谨慎地对待过去的数据，客观判断这些信息与今天的学生是否存在关联。

另外，评价者应用大数据和智能技术的初衷是希望借助教育数据挖掘和学习分析，为学习者提供个性化学习计划、方案。这在一定程度上降低了学生走弯路、犯错误的概率和成本，但与此同时，这些对学生在各方面可能性的预测，不仅仅会影响学生的行为，还将改变学生未来的格局，由一片开阔空间转变为预定义的、拘泥于过去的狭窄区域。综上，大数据所规定的人的发展路径，虽然可以给人带来最好的理性发展路径，却也限制了非理性带给人的发展的无限可能性。

关于误导和滥用的治理，保障数据在教育领域的合理使用，可以从以下各方面展开。一是建立健全配套数据治理框架。应为教育领域配备适当的数据治理框架，明确数据访问和使用的规则和条例，规定数据的合法使用范围、目的和方法，确保教育数据只用于教育目的，防止滥用和误导行为的发生。二是加强合法合规的监管。应强化对教育大数据使用的监管，切实提高数据权人的管控能力，确保机构和个人在使用数据时遵循法律法规，若查处到违规使用者应进行严肃的责任追究。三是利用技术手段防止数据欺诈，降低丢失风险。应引入技术手段，如数据验证和身份认证，以确保数据的真实性和完整性，防止数据被篡改或伪造。同时，应加强数据备份和恢复机制，防止数据丢失。四是提高数据管理结构的透明度和强度。应建立透明的数据管理结构，明确数据的管理责任和权限，加强数据审核和监督，确保数据能被正确使用。

2.3.4 技术挑战和数字鸿沟

随着大数据、AI、VR 等技术的快速发展，教育面临新的技术挑战，同时也加剧了数字鸿沟。教育对数智技术的依赖日益增加，但很多教育部门，尤其是在农村和偏远地区，仍然缺乏必要的基础设施和设备。这导致技术在教育中的应用受到限制，无法普及和推广。基础设施的不足限制了学生获取优质教育资源的机会，进一步加剧了教育不公平。例如，无法接入互联网的学生无法参与在线课程和使用数字学习资源。此外，复杂的数智技术应用需要专业的技术知识和技能，许多教育工作者和学生在使用这些技术时面临操作难度和技术障碍。这可能导致教育工作者和学生的学习曲线陡峭，影响教学效果和学习体验。例如，使用 VR 进行教学需要专业的设备和软件操作技能，教育者可能需要额外的培训。

因此，教育数智分析需要专业的技术和深入的领域知识，但在一些地区和学校可能存在技术挑战和数字鸿沟的问题，难以对教育数据进行分析。造成这种情况的技术挑战包括数据收集和存储成本高，构建数据挖掘算法具有复杂性，需要消耗大量时间，数据库未链接，智能化系统缺乏等。数字鸿沟是不同群体对于信息技术使用的巨大差异，表现在可及、应用、知识和价值四个方面，其中知识鸿沟指不同群体或个人在通过互联网获取知识方面存在的鸿沟[24]。数字鸿沟会导致教育资源分配不均，农村和欠发达地区的学生难以获得与城市和发达地区学生相同的教育资源和机会。例如，富裕家庭的学生可以参加更多的课外辅导和在线课程，提升学业表现，而不富裕家庭的学生可能因经济原因无法获得这些资源。在数智时代，随着移动互联网和云计算的普及，数字鸿沟正在缩小，然而，"鸿沟"虽然逐步缩小，但将长期存在，如何进一步缩小鸿沟会变得越来越突出，也越来越重要。

对于数智教育带来的技术挑战和知识鸿沟，可以从几个方面进行应对。首先，政府和教育机构应加大对教育技术基础设施的投入力度，特别是在农村和欠发达地区，确保所有学生都能平等地接入和使用数智技术。其次，针对提供技术培训和支持方面，教育从业者、教师和技术人员需要掌握数据科学和分析的基本概念与技能，亟需针对教育大数据和智能设备应用的培训，这能够帮助他们掌握数据分析和处理技能以应对日益增长的教育数据和技术需求，缩小技术鸿沟，更好地利用数据支持教育决策。最后，针对促进教育机构与技术企业间的交流合作方面，鼓励搭建共同价值平台，这样技术企业可以在为教育机构提供技术支持的同时，从教育机构获得实际需求和反馈，促进技术的创新和优化。此外，还要鼓励教育机构之间的合作与共享，建立数据共享平台，使数据被更广泛地利用，促进共同的教育研究，缩小各学校、地区之间的知识鸿沟。

2.3.5 强化伦理教育与价值观引导

随着 AI、大数据等先进技术的广泛应用，教育领域经历着前所未有的变革。然而，技术的快速发展也带来了一系列伦理挑战和社会责任问题，这就要求我们在享受技术带来的便利的同时，必须加强对学生的伦理教育和价值观引导。

首先，强化伦理教育有助于培养学生正确的科技伦理观。在数智时代，技术的力量日益强大，但同时也伴随着潜在的风险和危害。教育者应当引导学生正确认识技术的本质和作用，帮助他们理解技术并非万能，而是需要在伦理和法律的框架内合理使用。通过伦理教育，学生可以学会如何在技术发展中保持审慎和负责任的态度，避免技术的滥用和误用。

其次，价值观引导在数智时代尤为重要。随着信息的爆炸和多元文化的交融，学生的价值观念容易受到各种思潮的影响。教育者应当积极引导学生树立正确的价值观，帮助他们分辨是非、善恶，培养他们的道德判断力和社会责任感。通过价值观引导，学生可以形成积极向上的人生态度，更好地适应数智时代的发展需求。

为了实现强化伦理教育与价值观引导的目标，教育者需要采取一系列有效措施。一方面，教育者应当将伦理教育和价值观引导融入日常教学中，通过课程设计、教材选择等方式，确保学生在学习过程中接受到正确的伦理观念和价值导向教育；另一方面，教育者还应当注重自身伦理素养的提升，以身作则地践行伦理规范和价值观引导的职责。教育者应当不断学习和更新自己的知识，了解最新的伦理动态和技术发展，以便更好地指导学生。

总之，数智技术给教育带来的变化不是通过不假思考地实施新技术而悄然实现的，相反，它们是经过深思熟虑选择的结果，需要足够公开透明，并且允许公众监督。这意味着要在学习环境中对信息和隐私采取更多的问责制或预防措施，需要政府、教育机构、科技企业和社会各界的共同努力，在保护隐私、确保公平、避免滥用和解决技术挑战等方面进行有效的治理。同时，也需强化对学生的伦理教育与价值观引导，这些方面不仅关乎教育的本质与目的，还深刻影响着技术如何被合理、负责任地应用于教育领域。

参考文献

[1] 孙绵涛. 教育管理学[M]. 北京：人民教育出版社，2006：133.
[2] 中国教育现代化 2035[EB/OL]. http://www.gov.cn/zhengce/2019-02/23/content_5367987.htm. 2019-02-23.
[3] 联合国教科文组织正式发布国际人工智能与教育大会成果文件《北京共识——人工智能与教育》[EB/OL]. https://www.gov.cn/xinwen/2019-08/28/content_5425382.htm. 2019-08-28.
[4] OECD. Education Policy Outlook 2023[EB/OL]. https://www.oecd.org/en/publications/education- policy-outlook-2023_f5063653-en.html. 2023-11-20.
[5] 中国教育科学研究院隆重发布智慧教育蓝皮书与发展指数报告[EB/OL]. http://www.moe.gov.cn/jyb_xwfb/gzdt_gzdt/s5987/202302/t20230213_1044284.html. 2023-02-13.
[6] 祝智庭，戴岭，赵晓伟. “近未来”人机协同教育发展新思路[J]. 开放教育研究，2023，29（5）：4-13.
[7] 万力勇，黄志芳，黄焕. 大数据驱动的精准教学：操作框架与实施路径[J]. 现代教育技术，2019，29（1）：

31–37.
[8] Xu Y，Zhang K，Liu P，et al. Value-added evaluation strategies in C language teaching[C]//2023 Congress in Computer Science，Computer Engineering，& Applied Computing（CSCE）. IEEE，2023：1181–1187.
[9] 王佑镁，祝智庭. 从联结主义到联通主义：学习理论的新取向[J]. 中国电化教育，2006（3）：5–9.
[10] 陈丽，徐亚倩. 联通主义的哲学观及其对教育变革的启示[J]. 教育研究，2023，44（1）：16–25.
[11] 姜强，赵蔚，李松，等. 个性化自适应学习研究：大数据时代数字化学习的新常态[J]. 中国电化教育，2016（2）：24–32.
[12] Marianna I，Andri I. Technology-enhanced embodied learning[J]. Educational Technology & Society，2020，23（3）：81–94.
[13] 菅保霞，姜强，赵蔚，等. 大数据背景下自适应学习个性特征模型研究：基于元分析视角[J]. 远程教育杂志，2017，35（4）：87–96.
[14] 原昉，乜勇. 智能时代泛在学习的基础和教学支持服务研究[J]. 现代教育技术，2019，29（5）：26–32.
[15] 余胜泉，毛芳. 非正式学习——e-Learning 研究与实践的新领域[J]. 电化教育研究，2005（10）：19–24.
[16] 郭璨. 从规制到赋能：面向泛在学习时代的本科教学管理制度重构[J]. 现代教育管理，2022（1）：101–108.
[17] 王怀波，杨现民，李冀红. 泛在学习应用研究的发展与典型模式分析[J]. 中国远程教育（综合版），2015（12）：18–26+79.
[18] Scavarelli A，Arya A，Teather R J. Virtual reality and augmented reality in social learning spaces：A literature review[J]. Virtual Reality，2021，25（1）：257–277.
[19] 李珩. 教育大数据：开启教育信息化 2.0 时代[M]. 重庆：重庆大学出版社，2019.
[20] 杨晓峰. 大数据时代的教育：展望与行动[J]. 高等教育研究，2016，37（12）：7–12+20.
[21] Nguyen A，Ngo H N，Hong Y，et al. Ethical principles for artificial intelligence in education[J]. Education and Information Technologies，2023，28（4）：4221–4241.
[22] 刘三女牙，杨宗凯，李卿. 教育数据伦理：大数据时代教育的新挑战[J]. 教育研究，2017，38（4）：15–20.
[23] Arnold K E，Pistilli M D. Course signals at Purdue：Using learning analytics to increase student success[C]//Proceedings of the 2nd International Conference on Learning Analytics and Knowledge. ACM，2012：267–270.
[24] 岳瑨. 大数据技术的道德意义与伦理挑战[J]. 马克思主义与现实，2016（5）：91–96.

第3章

数智背景下的教学改革论

数智时代，教和学的方式发生了革命性改变。教师不再是知识的唯一传授者，而是整个学习网络中的一个重要节点。学生的学习也不再仅仅限于课堂，而是课内外学习相结合、线上线下学习相结合、正式与非正式学习相结合，学习呈现出高度的自主性和个性化。因此，我们需要对传统教学进行反思和重新评估，要根据学生的需求、学科的需求和可用资源重新设计教学，改革现有的教学内容和方式。

3.1 数智背景下教学改革的基本要求

教学改革是一种教育实践，有自己的实践逻辑，其基本路线是发现问题—诊断问题—方案设计—实验改革—实践推广，而改革的主体、改革的客体、改革的方法以及改革的目标则构成了教学改革的基本要素。当前大数据引领下的教学变革，正逐步形成从知识理解到知识创造的教学价值逻辑、从有效教学到有效学习的自适应学习逻辑，以及从结果监测到过程测评的学业质量评价逻辑等三大逻辑[1]。现有文献提供了关于AI在教育领域应用的多元视角，这些视角不仅涵盖了非教学辅助功能（如课程时间安排、资源有效分配、学生进度跟踪以及向学生家长或监护人提供详尽的学生信息报告），还深入探讨了其在促进教学个性化方面的巨大潜力，包括定制化的评估体系设计与自动评分、为学习者提供个性化课程支持的AI应用程序，以及监测并适应学习过程中学习者参与度动态变化的策略[2]。在这里，我们将从教育核心要素人、方法、结构、评价、技术五个方面来考虑数智背景下教学改革的基本要求。

3.1.1 人的审视

教学改革要实现对人的审视，需要从两个问题入手：一是“作为人的学习者应当是什么？”；二是“作为人的学习者应当做什么？”。数智时代的学习者，是主动的、有个性的终身学习者，具备适应时代要求的创造性问题解决等能力以及数字素养。因此，未来的教学需要基于全体学生的需要，着眼于学生的全面成长，促进学生认知、情感等方面和谐发展；关注学生的生活世界和独特需要，促进学生差异化发展；关注学生的终身学习的愿望和能力的形成，促进学生可持续发展。同时，大数据等技术的价值也必须以“人的发展”作为评判的基本尺度，任何偏离了这一目的的技术都将毫无价值。一方面，技术要发挥其功用价值，即通过技术提高教学活动效率，实现教学活动的科学化、规范化；另一方面，不能忽视技术的人文价值，即技术运用过程中具有满足人利用技术进行教育的作用，即人利用技术展示人的理性、创造性、人文性的过程，负载着人的教育价值观[3]。总之，无论在哪个层面，都需要把“人”——学习者作为改革的重心去重新审视，将追求“育人为本”作为教学改革的根本目标。

3.1.2 方法的选择

教学改革最终要落实到实践层面，改革者首先要根据现有教学的问题从理论上建构变革的方法。数智驱动教育教学改革以数据为基础，基于 AI 与大数据技术手段，呈现出数据化、精准化、个性化、智能化四个特征，因此教学改革也以这四个特征为抓手。

数据化：指教学改革应基于全面的教育数据收集和分析，在各类教育信息化系统平台上采集学生学习全过程行为数据（如行为发生的时间、行为发生的方式等），借助大数据技术工具对学习行为的过程与结果进行跟踪、记录等，并据此展开数据挖掘与分析。

精准化：指通过对课前、课中以及课后教学全过程数据的全面实时采集与深度挖掘分析，教师能够精准识别班级群体以及学生个体的知识与技能掌握状态、存在的共性以及个性学习问题、学科能力优势与缺陷等，进而做出精准化教学干预，优化教学过程和结果。

个性化：指利用数据统计、分析、挖掘等学情分析技术，对学生的行为过程及结果数据进行分析，诊断学习风格、学业与心理状况，辨识学习需求等，教师做到对学情全面了解，以便提供有针对性的教学策略和个性化学习支持。

智能化：指基于对学情数据的分析，利用个性化推荐技术（如知识图谱技术、认知诊断技术、协同过滤技术等），教师可为学生推送自适应的学习资源，补短板、扬优势，为教育政策制定和资源配置提供支持。

3.1.3 结构的调整

当信息技术的发展重心从技术设备构建转向数据信息生产时，信息技术将从本质上改变人类的知识图景，彻底消弭知识生产者和知识消费者之间的清晰界限，使得每个人都成为知识的生产者和消费者，“知识创新”这一理念就会被深深地植入教育活动，促进技术与教育活动的深度融合，实现教育系统的结构性变革，从而也驱动教学活动的结构性变革[4]，而教学结构的调整就是为了用最适切的教学形式来促进学生的发展。

富资源：教育大数据的多方来源极大地丰富了教学内容。教学内容不再局限于课程资料和教材，而是包含以互联网为载体的海量数据信息和数据知识。视频共享课、网络课程、数字教材、虚拟课堂、远程同步教学、学科资源中心、数字化学校等均可为教学提供丰富的资源支持，学习者不再局限于课堂环境，更可以进行自主探究，以实现知识建构，这必将带来课程与教学的形式变化。

时空拓展：数智时代，AI、大数据技术的支持可以极大地拓展教学时空。学习发生的场地不再局限于传统教室，各类学习云空间、MOOC 等在线平台也可以为学习者提供丰富且个性化的功能服务支持，学生可以随时随地使用各类终端，获取自己所需要的信息，这使得教室再也无法成为封装教学信息的闭合空间，而是变成无限广阔的聚合教学信息的开放空间，实现了课堂空间的无限扩展，从而使学习者轻松地获取与教学内容相关的数据信息和数据知识。正是由于教学空间被极大地改变和拓展，学习者可以根据意义建构的需要在任何时候将相关的知识和数据整合在一起，从而打破了遵照知识发生发展的逻辑进程及出现顺序而展开的教学过程，这在一定程度上改变了教学时间的线性特征。而且，信息技术改变了人类的时空结构，使得任何学习者获取知识不再局限于学校教育阶段，拓展和延伸了学习空间，为非正式学习提供了环境。

教学模式重构：新技术和新空间对教与学要素及其互动样态产生了影响，从而改变了教与学的内在运作逻辑，需要构建新的教学模式。一是混合教学模式，即把在线学习和课堂教学有机结合在一起，利用智慧课堂环境，给予学生更多样化、个性化的学习空间。根据线上资源和线下教学的特点来最大化地发挥其各自的优势，以突破传统教学局限，实现更多样化、动态化且双向互动式的教学。二是以“数据驱动”和“个性化”为关键思路的精准教学模式。数据驱动的精准教学包含精准化教和个性化学，二者互融互通。从“精准化教”的视角出发，需要从融合课前、课中、课后三个教学环节进行考虑，将学生的学习行为、教师的教学行为以及大数据的技术支持全部纳入该环节中去，厘清每一个教学环节中教与学之间的关系，重点关注教学行为的变化，依托大数据技术，使得教师讲授教学内容高效精准、设计教学结构精巧紧凑、诊断教学问题一针见血等。从“个性化学”的视角来看，需要从融合学习资源、学习过程、同伴互动、学习环境四个维度去考虑，通过资源、人力、数据、技术、环境等方面的支持，以学生为本，形成数据生成—数据分析—数据决策的个性化学习闭环数据流，支持因材施教[5]。

3.1.4 目标的达成

教学改革改的是不适应教学发展需求的方面，增补适应时代需求的内容，向更好的方向努力，这就需要统一的、明确的目标，以便规划具体的步骤，设计具体的内容和可操作的流程。而目标是否达成需要进行评价，即对学生特定行为或活动的结果做出有价值的判断。在学校教育中，评价是帮助学生及时发现自己长处和短处的有效手段。大数据背景下，大数据提供技术、方法和思维的支撑，会促进教育评价的全面、客观开展。大数据不仅能够变革教育评价观念，拓展教育评价范围，还能够为教育评价的开展提供技术和方法支撑。基于大数据技术建立的评价体系具有科学性、发展性、多样性、及时性及公平性的特点。

科学性：教育大数据来源的真实客观，奠定了在此基础上开展的学生评价的科学性。学生是多维数据源的存在。具体而言，在学校中，学生的年龄、性别、年级、各科考试分数与总成绩，课堂上注意力较好集中的时间段与较差集中的时间段，与同学和教师交互的次数，以及父母的职业与收入；在课堂学习中，学生识字的准确率，作业的完成率和正确率，积极参与课堂教学的次数，回答问题的次数、时长与正确率等，这些方面的数据经过收集、分类、整理、统计、分析，构成学生评价中重要的教育大数据。以学生的考试成绩为例，如果一个学生的考试成绩是 80 分，那么 80 分只是一个数字的概念，只有将这个分数与其背后所蕴含的一系列元数据结合起来，如学习基础、学习能力、学习态度、智力水平、教学质量、家庭背景、社交关系等，才能解读数据的真正含义，才能算是有效的数据挖掘。

发展性：评价最重要的意图不是证明，而是改进。这就要求我们在对学生进行评价时，必须坚持发展性原则，注重评价的发展性功能，发挥评价的发展性作用。通过教育大数据的动态性，实现评价促进学生发展的目的。首先，需要采集学生现阶段各方面的信息数据，了解学生现有的发展水平；其次，采集学生学习过程的信息数据，展现学生的发展过程，了解学生发展的细节、特点和趋势；最后，通过了解学生学习过程，帮助学生设定下一步的学习目标，对学生实施针对性指导，实现促进学生发展的目的。教育大数据展现学生的发展过程，是指在大数据情境下，学生各方面的发展都能够被教育数据平台记录下来，通过学生各方面的数据予以体现。

多样性：教育大数据的差异性是实现学生评价、学生发展个性化的基础。微观教育大数据是指学生个体的有关数据，包括学生的个性倾向（兴趣、爱好、需要、信念等）和个性心理特征（能力、气质、性格等）以及学生的其他信息数据（年龄、性别、种族、城乡、认知储备、智力类型、学习风格、学习态度等）。学生之间是有差异的，因此基于个体的微观教育大数据也是具有差异性的。这就需要充分利用教育大数据的差异性，对学生个体实行差异性的评价，促进学生个体的差异性发展。就数据内容而言，有关于学生知识与技能、过程与方法、情感态度与价值观等的数据，有关于学生个性倾向及个性心理特征的个性化数据，还有关于学生学习基础、学习行为、学习过程、学习兴趣、学习态度、学习风格、学习策略、学习结果等数据，这些均体现了学生评价内容的全面性，要求学生评价方法、主体、结果呈现具有多样性。

及时性：教育大数据的及时性是指就学生的学习常态而言，依据预先制定的相对标准，当学生实时的学习行为数据发生显著变化时，通过一定的机制发出预警，从而提醒教师对学生的学习状况进行有针对性的分析，进而对学生的学习活动进行干预，帮助其及时解决问题，改善不良的学习状态。学生的学习受到学习基础、学习兴趣、学习投入、学习方法等众多因素的影响。如果学生的学习行为数据与常态数据相比，偏离了相应的范围，那么数据系统或平台就会有所显示，进而向教师发出预警信息，帮助教师进行原因分析，让教师采取的措施更加具有针对性和有效性。换而言之，大数据技术的支持让评价与教学同时进行，与教学融合、共存，使教师及时掌握学生学习情况，及时肯定学生取得的成绩，激励学生再接再厉，也可以发现学生学习中存在的问题，并给予及时指导和帮助，将错误和问题消灭在萌芽状态。其实，学校里发生的事件、学生的活动情况、教师的一言一行都可以被搜集起来并及时转化为数据，成为大数据教育变革中所需要研究和处理的对象。只有尽可能快地去挖掘、分析多样化的海量数据并用于决策，才能生成大数据的价值。

公平性：学生评价的公平性是教育大数据应用于教育教学评价的更高诉求。借助数智新技术，教育者能够真正做到以同一标准进行学生评价。也就是说，学生评价应面向全体学生，而不是面向少数学生；应促进全体学生的发展，而不是仅促进少数学生的发展；应实现全体学生的共同进步，鼓励不同能力的学生都发挥最大潜能，取得最大进步，获得最大成功，而不是相互之间恶性竞争和相互攀比。简而言之，大数据在教育领域的应用，让学生评价不落下每一个学生。学生评价的全员性是学生评价公平性的基础。顾明远先生提出，最终的教育公平，应该是每个学生都能通过教育而激发潜力、得以发展，通过教育而获得人生路上的成功[6]。要实现这个目标，则需广泛推行因材施教，实施鼓励个性发展的个性化教育，以取代陈旧的教学模式。借助教育大数据分析与预测的功能，个性化学习理念得到进一步普及。基于数据之上的个性化评价能够促进个性化教学，让每个学生的潜力都得到最大限度的开发。

总之，全过程数据支持下的学生评价让我们有机会了解每一个学生的真实学习情况，为每一个学生提供优质、个性化的教育资源，不断促进个性化学习、教育公平目标的实现。基于数据的教学评价特点为大数据时代的评价改革提供了崭新的思路：其一，形成发展性、增值性教育评价观，强调以教育评价对象的主体性发展为目的，从学生的需要出发，重视学习过程、学习体验和师生交流；其二，扩大教育评价范围，强调教育评价对象不仅限于学生，还应涵盖诸如课程、教师、学校等对教育活动有重大影响的内容；其三，对教育的评价更加全面，在教育评价中依靠大数据对教育的方方面面进行更为全面、客观的解读。需要强调的是，学生评价是一种教育行为，只有注重数据背后的学生，并以促进学生的发展为目的，才能体现数据的价值和意义。从片面评价到全面数据，再由数据回到学生，是大数据时代评价改革所面临的思维挑战。大数据在评价中起着革故鼎新的作用，最终回到学生，发现数据背后的学生才是大数据时代评价改革的应有之义。

3.1.5 技术的支持

AI 技术是大数据收集和整合的核心技术，它因智能属性优势在精准教学场域下扮演三个重要角色：数据的智能采集者、数据的智能分析者以及服务的智能适配者。图像识别、语音识别等 AI 技术是采集学习行为数据的主要手段，并通过自然语言处理技术及智能算法对采集的数据进行深度挖掘、行为建模、智能分析，形成个性化的个人成长报告，再结合自适应学习分析技术为学生的千人千面画像配置上万种学习计划（如制定学习目标、学习路径、学习内容等）。智能可视化工具可以获得、分析学习行为数据并自动以散点图、气泡图、雷达图、矩形树图等可视化图表呈现，借助这一工具教师易于找出相关数据之间的关联性。这既减少了教师对相关数据的搜索量，又增加了教师对数据的感知，方便教师从可视化图表中发现隐藏的教与学问题，及时做出决策干预。

平台需要集智能题库系统、智能阅卷系统、数据分析系统、个性化教学资源推送系统、学管服务系统、作业系统、互动教学系统、教学评价系统等于一体，建立统一的数据标准，打通各项业务之间的数据流动，最终产生结构性良好的、具有相互关联性的、有价值的数据。就学情分析功能而言，平台能够利用数据统计、分析、挖掘以及数据可视化等学情分析技术，基于对大量结构化、非结构化多元信息化教与学数据进行分析，精准把握学情，精确研判问题所在，实现提供基于分析的精准支持服务。收集到的数据经过处理并建模才可以体现其背后的教与学规律。建模主要包括：①通过整合学习者知识、动机、元认知和态度等详细信息进行学习者模型的构建，预测学习者未来学习发展趋势。②探索和改进包含最佳教学内容和教学顺序的领域模型。③研究各种学习软件所提供的教学支持的有效性。④通过构建包含学习者模型、领域模型和教育软件教学策略的数据计算模型，促进学习者有效学习的发生。

机器（包括线上系统、移动终端等）主要负责重复性及单调性工作，教师主要负责创造性、创意性及情感方面的工作，二者合理分工，促进课堂教学的轻负高质。具体而言，依托智能技术的机器自动采集学生的各类学习行为过程数据，进行智能分析，并自动呈现可视化的结果，减轻教师手工记录与人脑分析数据的负担，教师根据采集到的数据进行灵活性教学，调整教学计划、教学方案等；机器能够自动出题，并且对学生提交的作业或试卷进行自动批改，教师依据批改的结果进行学情分析；通过建立学科的知识图谱，机器能够自动诊断学习障碍，分析学生的知识缺陷，帮助教师发现问题、及时提供干预；智能机器能够根据学情推送自适应的学习资源，强化练习；机器借助人脸识别、眼动追踪技术能够精准识别学生学习过程中的学业情绪，基于此，教师能够及时帮助学生调节情绪。除常规的数智技术应用以外，当前还出现了一些高端的智能技术用以辅助教与学。

社会各界面临的关键问题在于，如何在复杂的知识过程中，如学习、意义构建和决策等，实现人类与人工认知系统之间的有效相互作用[7]。有研究者提出需要更好地理解 AI 时代不断变化的人类与智能机器的关系，以消除偏见，为更好地使用智能机器做出决策奠定基础[8]。此外，探索如何将这些认知系统融入教育领域，以提升人类的学习效率和决策能力，成为当前研究的重要方向。因此，建立跨学科的研究团队，结合心理学、计算机科学和社会学等多领域知识，对于促进人机协同教与学的发展至关重要。

（1）GenAI 在教学中的应用

GenAI 通过自然语言处理技术，可以实现自动化的问答。它不仅能快速、准确地回答学生的问题，还能根据学生的需求提供个性化的解释和建议。例如，GPT-4、百度文心一言等大型语言模型能够理解和生成自然语言，为学生提供即时的学习帮助和资源推荐。GenAI 还可以应用于自适应学习，根据学生的学习进度和表现，动态调整教学内容和难度。这种个性化的学习体验能够显著提高学生的学习效果和积极性。

（2）元宇宙与 AI 的具身体验学习

元宇宙结合 VR 和 AR 技术，为学生提供沉浸式学习体验。学生可以在虚拟环境中进行模拟实验、探索历史事件或进行科学探究，从而加深对知识的理解和记忆。AI 技术可以进一步增强元宇宙情境下的学习体验，通过具身认知（embodied cognition），让学生在虚拟环境中进行互动和实践。例如，学生可以通过虚拟实验室进行化学实验，或在虚拟博物馆中学习历史文化，这种互动式学习方式能够提高学生的参与感和学习兴趣。

（3）情感识别与心理辅助

情感识别技术可以通过分析学生的面部表情、语音语调和生理信号，实时监测学生的情感状态。例如，当学生在学习过程中感到困惑或沮丧时，系统可以自动检测并提供相应的支持和帮助。通过情感识别和大数据分析，教育系统可以提供个性化心理健康支持，帮助学生管理情绪和压力。情感计算技术还可以用于设计更具吸引力和互动性的学习内容，提升学生的学习体验。

（4）多学科跨模态分析与认知诊断

跨模态分析技术能够整合来自不同模态的数据，如心理数据、生理数据和学习数据，从而全面了解学生的学习状况和心理状态。例如，通过分析学生的眼动轨迹、心率变化和学习行为，可以评估他们的注意力和理解程度。通过跨模态数据分析，教育系统可以进行精准的认知诊断，识别学生在学习过程中遇到的具体问题和困难。这有助于教师有针对性地调整教学方法和内容，提高教学的针对性和有效性。

（5）默会知识显化与教师专业发展

默会知识（tacit knowledge）是指那些难以通过语言或文字表达的知识和技能。AI 技术可以识别和显化教师的默会知识，帮助他们在教学过程中更好地传递这些隐性知识。AI 技术还可以支持教师的专业发展，通过分析教师的教学行为和学生的反馈，提供个性化的培训和发展建议。例如，通过分析课堂视频，系统可以为教师提供具体的改进建议，帮助教师提升教学能力和效果。

总之，利用大数据和智能技术，教学有了颠覆性的变革。在宏观层面，通过教育大数据的描述性、预测性、指导性分析，发现学生和教师群体行为规律和总体需求，为教育决策层提供客观、科学的依据；在中观层面，利用教育大数据和学习分析得到的群体规律和总体需求，结合师生个体的数据特性，分群体、分层级地监控、管理和优化教学过程，为教育管理层提供科学、有针对性的教学决策和教学设计；在微观层面，基于数智技术得到数据模型，融合学习者“个体数据”的深层次挖掘，为每位学习者构建面向个体的学习诊断、预测、干预等教育模型，提供个性化学习支持服务，真正做到“因材施教”。

3.2 数智背景下教学改革的知识论

越来越多的证据表明，AI 在教育中发挥的作用是“促进知识、认知和文化的转变”[9]。在研究数智背景的教学改革时，首先要探讨知识论问题。知识论是有关知识的理论，是“以知识为对象而作理论的陈述”[10]，主要回答“什么是知识”的问题。就教育领域而言，知识是构成教学活动最基本的元素，教学围绕知识的传递和学习而展开，并从中促进学生的多方面发展。也就是说，知识论解决的是教学过程中“教什么”的问题，对于知识的不同理解直接影响着教师的教学活动和学生的学习过程。此外，知识论还包括教师和其他教育工作者对知识的认识和理解，以及学生对知识的认识和态度。因此，知识问题可以说是教学改革中的一个关键性要素，比如，知识的性质问题直接影响着哪些内容可以进入学校课程领域而成为学生学习的内容，知识的获得方式问题直接影响教与学的方式。

3.2.1 知识论转型与教学变革

所谓知识，就是指人类在长期的社会实践中，通过个体的经验与社会文化之间的相互作用而形成和积累起来的对客观现实的认识。在教育领域，它是学习者发展的资源、起点和手段，同时能引发新知识的生成和积累[11]。首先，在教学中，知识的基础地位不可动摇；其次，知识的内容、功能、来源和获取途径是随着人类认识实践的变化而不断更新和扩展的；最后，新知识会在人类的不断反思和完善中和社会发展中生成。学校是传播高级学问的地方，这些高级学问必然是同时代公认的最有价值的知识。最有价值的知识经过精心组织后就成为学校里传授的课程。什么知识最有价值？学校应该提供哪些课程来培养学生的心智，使他们获得必需技能及实质性知识？这些是教育过程中不可回避的问题，也是学校存在的核心价值。

舍勒认为，不管什么知识，只要是人为的都是“关于这个世界的相对的自然观点”，会随着历史的发展而不断变化，而不是绝对不变的[12]。在教育教学领域也是一样，从古至今，知识论转型与教学变革是交织在一起的。回顾教育发展史，我们也可以发现每一次重大的教育变革都会伴随着对知识论的讨论，甚至是由知识论的转变而引发的。300 多年前，夸美纽斯建立班级授课制，此后，现代教育体系不断完善。在这个过程中，国际课程与教学领域中主流与逆流——双轨与单轨、综合课程与分科课程、学科中心与学生中心、传统与现代、保守与激进、理论与实践——不断角逐。在我国，自 20 世纪 50 年代起，人们对教育知识的讨论主要集中在“双基”问题上，即基础知识和基本技能；80 年代初，人们又注意到了知识学习和智力发展问题，引发知识与能力的关系问题讨论；90 年代开始，“应试教育”与“素质教育”的讨论不断升温；至 21 世纪，随着新课程改革的有力推进，建构主义心理学、批判教育学、后现代主义哲学、多元智力理论、信息技术与课程整合等在理论上不断冲击，对教与学的知识论作出了新的理解和诠释。至此，传统的教学知识论发生了整体性破裂，新教学改革随之层出不穷。

当前，在互联网+新技术的支持下，信息资源极大丰富且易获取，知识内涵和生产方式被重新定义，知识变成了免费的商品，就像空气和水一样，在任何能接入互联网的地方都能获取到。并且，信息社会、终身学习社会的出现蚕食了学校几千年来的正统地位，相对于各种媒体提供信息量来说，学校所传递的知识简直可以说是微乎其微。随着 AI 时代的深入发展，万物互联，万物皆可数据，经验世界和网络世界都可以镜像为大数据，通过对大数据的存储、分析、挖掘和可视化，发现其中所包含的知识。由此，除了经验知识和理性知识外，大数据成为知识新的来源，大数据知识成为知识新的形态[9]。海量数据相互支持与融合，将产生出前所未有的生产知识的能力，大数据背景下的新知识论必将引发新一轮的教学改革。

3.2.2 数智赋能下的知识论与教学改革

对于数智赋能下教学改革视野中的知识论新体系，从内部结构看，其包括知识的本质、知识的价值、知识的类型、知识的获得等相关理论的革新。

数智时代的知识本质是基于经验世界和网络世界“万物源于数”本体思想的回归，其焦点是用于解释教育教学现象的相关性和因果性，从传统知识范畴衍生至包括由“数智模型”发现并内含的深层次默会知识。这些知识，尤其是训练有素的 AI 大模型所产出的知识，实质上为人类揭示并存储了全新的高阶知识——它们具有高度隐含性与高度共线性，虽不直接显现于人类直观感知，却实实在在地影响着我们的认知边界。

在这一背景下，教学过程中的大数据知识价值显著。教学过程中大数据知识生产的主体是教师和学生、智能设备，发现对象主要是教与学过程中各种数据来源积累与动态生存的大数据集合。教育大数据知识不仅追求对教学过程客观实在的真实反映，同时也是提高教学管理效率的重要依据。尤为重要的是，训练好的 AI 大模型所蕴含的高阶知识，虽难以直观捕捉，却为教育带来了前所未有的洞察力。教师可以用这些来表征、描述、解释、预测教学现象并作出决策，其价值在于求真、求效，提高教育教学水平。

从知识类型看，大数据知识可以是师生的行为与经验，也可以是已经确证或固化于书本的知识，包含表格、图形、图像、视频、文本等多类型及多模态的数据形式。各类结构化、半结构化和非结构化的数据以原生态样貌被实时收集和处理，甚至包括生活世界中的“情感”“行为”等不可数字化的现象，也可以通过侧重于描述和解释的富含价值与意义的叙事被“数据化”，其表征生活世界的全息投影生成了可被认知的“数据世界”，成为一种外显于生活世界本体的“数据实在”和“知识本体”[13]。此外，大数据知识的范畴还涵盖了由数智模型揭示并蕴含的深层隐性知识，这些知识可能涉及复杂的模式、关联或规律，它们往往难以通过简单的数据分析手段直接获取，而需要借助高度智能化的模型进行挖掘和解释。

大数据知识的获得是一个数据驱动的过程，即对象信息—数字化信息—去数字化信息—成体系知识—形成智慧。具体来说，它起始于对现实世界中对象的精准信息捕捉，进而将这些信息转化为数字化的格式，便于存储与分析。随后，通过复杂的数据处理技术，去除数字化信息中的噪声与冗余，提炼出有价值的数据精华。这一过程不仅要求技术精湛，更需思维创新，以构建出成体系的知识框架。最终，当这些知识体系在实践中不断被验证、优化，并逐渐融合人类的智慧与洞察力时，便形成了真正意义上的智慧。对于教学而言，教育大数据来源于学生、教师、学术机构、教育环境等，见图 3.1[14]。它如同一座宝藏，蕴含着丰富多样的教育教学知识。通过先进的数据分析工具，教师可以从中识别出那些有效的、新颖的、潜在有用的信息，再经过深入的理解与内化，将这些宝贵的知识转化为自己专业领域中的独特见解与智慧，从而不断提升教学质量，推动教育创新与发展。

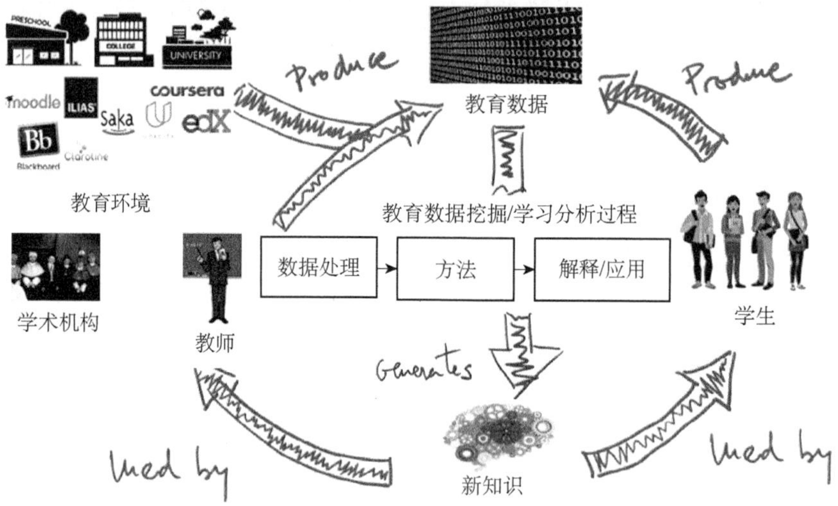

图 3.1 教育数据挖掘与学习分析知识发现循环过程

资料来源：Romero C，Ventura S. Educational data mining and learning analytics：An updated survey[J]. WIREs Data Mining and Knowledge Discovery，2020，10（3）：e1355.

从外部结构看，数智背景下教学改革的知识论与知识内容、知识获取和知识的传授等方面相关。数智背景下的教学改革，要落实以学习者为中心的教育思想，利用智能技术开展大规模的个性化高可靠教育。

在知识内容上，除了课程标准和教材上规定的确定性知识，还应该尝试构建学科知识图谱，加强课程标准与学科教学的科学衔接。并在新知识论背景下，通过知识图谱技术，分析学科知识的核心结构与发展历史，通过挖掘分析对学科与跨学科知识之间的相互联系进行可视化，揭示知识的动态发展规律，组建学科结构化的知识库[15]。

在知识获取和传授上，将知识创造作为教师教学和学生学习发展的重要目标，融入人机相互学习、共同发展的理念，强调在这一进程中师生与智能机器的协同能动作用。知识创造的前提依然是知识发现，而其根本则在于问题意识的培养。在这一框架下，树立问题意识不仅对人类学习者至关重要，同样适用于指导智能系统的学习与进化，促使它们从单纯的数据处理者成长为具有问题识别与探索能力的智能伙伴。同时，明确师生及智能系统既是知识的生产者也是消费者的双重身份，是推动这一协同学习模式的关键。这意味着，师生不再仅仅是知识的被动接受者，还通过与智能系统的互动，主动建构知识、验证假设、创新理论，成为知识创造的积极参与者。同时，智能系统通过机器学习、深度学习等技术，从海量数据中提取洞见，为师生提供新的视角和工具，促进知识的深度理解和广泛应用。人机协同视角下，教育环境转变为一个动态、互动的知识生态系统，其中师生与智能系统相互启发、相互挑战，共同推动知识的边界拓展与价值升华。

3.2.3 教学改革中的其他知识问题

除上述问题以外，数智背景下的教学改革还需要关注知识的多样性、动态性、深度和广度，提高知识的可靠性和可信度，培养学生的应用与创新能力。同时，教师和教育机构也应更新教学理念和方法，充分利用大数据和智能技术，为学生提供个性化、真实可信的知识学习环境。

（1）知识的多样性与动态性

数智时代，知识的形式和内容呈现出更加多样化、动态化的特点。传统教学模式往往以固定的教材和知识体系为基础，而数智技术可以帮助我们更好地了解知识的多样性和动态性。因此，在教学改革中，需要关注知识的变化和更新，及时更新教材和教学内容，使学生能够获取到最新、准确和全面的知识。

（2）知识的深度与广度

数智时代，知识的广度和深度都呈现出扩展的趋势。传统教学中，由于时间和课程限制，教师无法将所有的知识都传达给学生。而在数智背景下，教师可以通过教育技术和智能化系统，提供更广泛、深入的知识资源，满足学生的个性化学习需求。同时，教师也需要具备更广泛、深入的知识背景和能力，为学生提供更多元的学习路径。

（3）知识的可靠性与可信度

教育大数据中既有着丰富的知识宝藏，同时虚假信息和误导性知识也随处可见。因此，在教学改革中，教育机构和教师需要加强对知识的筛选与评估，确保所提供的知识具有可靠性和可信度。通过引入大数据分析技术，教师可以对知识来源和传播途径进行实时监测，过滤不准确或低质量的信息，为学生提供高质量、真实可信的知识。

（4）知识的应用与创新

数智赋能下，培养知识的应用和创新能力成为重要的教学目标。传统教学注重对知识的传授和吸收，而在数智时代，学生需要具备将知识应用于实际问题解决的能力以及创新思维。因此，在教学改革中，教师需要引入项目化学习、实践性任务等教学方式，培养学生的问题解决能力和创新意识，使他们能够灵活运用所学知识去解决实际问题。

总而言之，数智时代下人类思维发生了重大改变，即全样而非抽样、混杂而非精确、相关而非因果[16]，这影响了人们认识世界和改造世界的方式。知识的生产、流通、分配和消费过程更加复杂，它使每个个体都成为知识生产者、传递者和消费者，撼动了教师或专家学者的权威地位。同时，依托教育数据库、数据挖掘和学习分析技术等，教师能精准获取所需信息，提炼出数据集中反映的教学问题，并找出不同教学现象或规律间的相关关系，达到知识发现的目的，使教学成为一种师生共同发现知识、理解知识和建构知识的活动。

3.3 数智背景下教学改革的方法论

教学改革的前提是某种或某类教学现象在课堂教学中存在，并且上升为一种教学公共问题，需要教育界共同关注。方法论，即关于方法的理论，就是关于方法的基本性质、结构、类型、作用以及合理性标准等内容的理论系统[17]。教学改革的方法论就是研究教学改革方法的基本性质、结构、类型及其在教学改革活动中的合理性条件的理论。当已有的教学改革方法不能满足变革需求时，新的教学改革方法必然会出现。特别是当前信息技术、智能技术、大数据技术革命的发展，带来了教学观念、新知识等方面的巨大变化，新的教学范式改革也就迫在眉睫。

3.3.1 自下而上的教学范式变革

当代教学改革从行进路线上可分为两大类：第一类围绕课堂改革进行攻坚，随着改革的推进，有可能进入学校层面乃至区域层面，直至在国家层面上一定程度地发挥辐射作用，其行进路线是以课堂教学改革为核心，自下而上地生成式拓展；第二类从国家层面层层往下落实，进入学校、班级层面，其行进路线是自上而下的聚焦式深化[18]。从效果上看，自上而下的变革方式对那些初始表现较差的教育系统来说更为有效，因为它能在短时间内达到变革的效果，从而增强变革参与者们继续变革的信心。但是若要使教育系统变革真正达到成功并持续进行下去，自下而上的变革方式才是最佳的。因为只有真正从教育变革最直接相关者（教师、学生）的需求出发进行变革，他们才会从内心认同变革，才会真正投入变革的过程中。

范式变革源自美国著名科学哲学家库恩，他认为新范式形成“不是一个累积过程，是一个在新的基础上重建该研究领域的过程，这种重建改变了研究领域中某些最基本的理论概括，也改变了该研究领域中许多范式的方法和应用”[19]。因此，教学范式变革是延伸某一特定时期或特定范围内的教学模式，在同一教学范式内的利益相关者有着共同的价值观、信念和对未来的愿景。教学的范式转变，不是一个原理或一种方法的改变，而是整套教学思维及实践在学习、教学、评价上都有根本的转变，是一种系统性改变，不单是教学结构技术的改变，还是教学文化信念的改变。

数智背景下的教学变革既是一种自下而上的变革，也是一种整体性范式变革，需要对有关教学计划、任务、内容、方法、制度进行总体的、协调的变革。当然，在具体教学变革过程中并不存在单一的或主导的范式，往往呈综合运用的状态，并且随着大数据全面融入日常生活与社会实践，大数据在观念、思维、方法等层面挑战了传统教学，人们更关注对不同主体需求的满足，因而地方或学校层面的自发性教学变革大量出现。这类变革主要依赖学校或教师的经验总结，是指向现实教学问题解决的一种具体化行动，它使学校成为教学变革主场域，教师成为推动教学变革的核心力量，逐渐摆脱过去制度主义、整体主义的牵制，在满足人才培养的价值目标统一要求下，形成了一种“自下而上”的混合教学变革范式[20]。

3.3.2 基于循证的教学变革路径

循证（evidence-based），即强调基于科学研究证据展开实践，并据此做出决策与行动。

基于循证的教学变革就是教育者综合运用基于大数据知识发现的多元化、高质量的证据评价并改进教学，这与传统依据教师经验甚至主观愿望做出教学判断并改进的方法有着本质的区别，从很大程度上提高了教育教学改革的合理性和可靠性。受 AI、大数据技术的影响，近些年循证实践重回教育研究者的视野，成为提升教育实践科学化和高质量发展的有效途径[21]。作为一种新型的教学形态，循证教学是教师应对“互联网+教育”的挑战，并提升教学的合理性与科学性的重要路径，具体体现为个性化和差异化教学旨趣、学习者中心的教学主体观、基于证据的教学过程、兼重结果与过程的发展性教学评价[22]。数智时代，全过程教育数据的高效储存和即时链接丰富着人类的记忆选择，没有取舍、没有遗忘、没有“偏见”。社会个体的“错点”会被全部“绝对客观化”和“真理化”，可以有效避开教育研究者喜好的无意干涉和潜在影响，克服理论先入为主的偏见，强调让数据自己说话，弱化直觉和偏见的影响，力图为理性行为提供避免认知偏见和感知误差的相对可靠的认知来源。

证据不等同于数据，但数据可以转化为证据。有效的证据需要通过数据—信息—知识—证据的路径来实现转化。常规教育研究中的“证据”一般源于研究者收集的各种抽样调查数据和各类开放数据，可以称之为“小数据”。数智时代，随着教育资源的日益丰富和现代教育技术的不断发展，以及终身教育、泛在教育等理念的践行，教学证据不但囊括了教育教学过程中教与学的全部数据，也可以从那些被描述为生活世界中不断产生的、承载教育意义并具有教育研究价值的大数据集合中获取。基于这些海量的、动态的客观数据证据，学校教学变革的依据从政策、经验、主观决断转变为更科学规范的证据。

教学证据收集是一个人机协同的过程，需要遵循课前、课中和课后的流程来收集有关学生学习行为和教师教学行为的数据。在课前准备阶段，教师通过 AI 对学生数据进行全方位采集，包括学生的学习预期、学习偏好、学习习惯、知识接受速度、已有的认知水平等。这些数据通过平台将学生课前预习的状态予以可视化证据呈现，为教师及时调整教学设计和课堂组织方式提供依据。在课中阶段，教师可以采用在线试卷、量表、问卷以及计数器、投票器、可穿戴设备等方法获取学生参与行为、互动行为、学习结果、学习态度、学习动机等方面的证据。在课后阶段，证据主要是学生学习的结果，包括优势和不足之处，以为后期的学习和教学提供改进的依据。当然，除这些操作性数据、课程学习数据和交互数据以外，教师还可以基于在线学习平台和视频技术，从文本、面部表情和音频等维度采集学习者的情感数据。

借助现代智能技术和数据处理技术，搜集过程性和结果性数据，并利用大数据技术和学习分析技术，教师可对所搜集到的数据进行去伪存真、归类整理、效果评估，从而获得具有科学性、真实性和实效性的证据。根据学校发展愿景，学校管理人员可基于证据对学校教学进行全方位诊断，并据此推进学校教学的整体性变革。通过历史与实时数据的融合，发现其整体教学规律，分析其教学质量的增减态势，并对其潜在的教学问题进行预测判断。如果说智慧教室解决了教育大数据问题，那么大数据则撬动了准确的教学方法论。

AI 赋能教育的应用，其独特之处在于超越了传统工农业及服务业中单纯追求生产效率与产品质量的范畴，深入触及教育的本质与长远目标。教育不仅仅是知识的传授与技能的训练，更关乎学生创新思维、批判性思维、元认知能力等深层次、长期性素养的培养。因此，为确保 AI 赋能教育的有效性与可持续性，实施多轮实证验证至关重要。这一过程应与基于循证的变革路径紧密关联，以科学研究证据为基础进行决策，确保改革措施的科学性与有效性。在实证验证过程中，不仅要关注短期内的效率提升与效果改善，更要着眼于教育质量的长期可持续发展。这意味着需要特别留意那些可能因技术应用不当而被忽视的潜在风险，如过度依赖技术导致的创新思维退化、元认知能力削弱等问题。通过持续监测与反馈调整，及时发现并纠正这些偏差，确保在AI技术赋能教育的同时不偏离教育的本质与初衷。同时，基于循证的变革路径也要求建立持续反馈与调整机制，确保AI赋能教育的实践始终沿着科学、合理的方向前进。

3.3.3 研究范式的转型

大数据的兴起，标志着数据处理方式的变革。它代替了人工收集处理、简化的数据环境，直接由源自生活世界的原始、复杂的数据世界驱动归纳推理过程，这一变化不仅限于教育研究对象和认识对象的出新，更显于世界观与方法论层面的思维革命[12]。在方法论的层面，大数据带来的最大变革莫过于，抛弃对因果关系的追求而仅仅满足于获得相关关系[23]。舍恩伯格就坚信，相关关系而不是因果关系能够帮助我们更好地了解世界。“新的分析工具和思路为我们提供了一系列新的视野和有用的预测，我们看到了很多以前不曾注意到的联系，还掌握了以前无法理解的复杂技术和社会动态”“就像望远镜能够让我们感受宇宙，显微镜能够让我们观测微生物，这种能够收集和分析海量数据的新技术将帮助我们更好地理解世界”[24]。

数据处理方式的变革进一步引发了研究范式的革新。如果说互联网技术扩展了人们的生存空间，从真实的物理实在世界扩展到“镜像化”（即对物理世界的虚拟映射）的网络世界，那么大数据技术就将这两个世界全部囊括，并以数据化方式构建起一个强大的数据世界[15]。相较于传统教育教学研究方法，大数据通过全息投影的方式多维度表征三重世界，突破教育研究者自身和传统研究工具的认知极限，相较于传统抽样方式具有了全景视野，为研究者提供不同维度的视角。作为信息时代经济社会发展的重要资源和科学研究的关键要素，大数据及其相关技术的产生与发展为人类认识和改造教育世界的活动带来了全新视角。大数据试图在生活世界本体和数据世界之间寻求链接与统一，给教育研究范式带来了认知变革和新方法论。

在宏观维度，大数据可以通过打破时间和空间维度的限制，在时空维度实现对宏大研究场域的拓展，比如，学习者通过“谷歌图书”项目解读教育史变迁，通过“百度搜索热点”掌握教育舆情走向，通过“知网”数据挖掘呈现学术知识图谱等。从统计学角度来看，这种拓展是从样本到全体的方法突破。通过抽样调查的方式获取的样本有限，只能利用相关统计方法，从样本推知事物的整体。而“面向全体”的大数据正可以减少因抽样带来的选择性偏差以及因奇异值、极端值造成的统计性误差，类型多样的海量数据，能够较为全面地反映事物的属性或形态，有助于检验数据信息之间的相关性，提高预测的准确性。在微观维度，智慧教室、数字化学习空间、物联网、可穿戴设备等技术的发展为捕捉和分析微观教育现象提供了可能：通过大数据技术实时收集个体于分秒中产生的教育数据，生成个体的动态数字肖像和数字档案，为个性化教学、适应性学习等研究领域提供微观尺度的细粒度描绘，实现教育实践的个体观照。

在大数据和智能技术的支持下，教学与学习两大场景下的研究范式和研究方法发生了显著变化。这种变化不仅拓展了研究的深度和广度，也为教育研究提供了新的视角和工具。

（1）教学场景中的研究范式转型

1）数据驱动的教学研究。传统范式的教学研究主要依赖于教师的经验和少量的学生成绩数据，数据的获取和分析烦琐且不全面。研究方法使用传统的定量和定性方法，如问卷调查、访谈和观察。有了数智技术后，传统的研究范式和研究方法都有了显著的变化，数据驱动的教学研究更加科学和精确。利用大数据技术收集和分析海量的教学数据（如课堂互动数据、在线学习数据、考试成绩等），以获得更全面和细致的教学效果评估。应用机器学习算法对教学数据进行深度分析，识别影响教学效果的关键因素，预测学生学习表现，优化教学策略。使用智能教学系统实时监测教学过程中的数据，提供即时反馈，帮助教师调整教学方法。

2）个性化教学法研究。传统研究范式多集中于普适性教学方法，缺乏对个性化教学的深入研究，并且主要依靠教师的主观判断和少量的学生反馈。而数智技术的应用，使得研究个性化教学方法变得更加可能。个性化推荐系统利用 AI 技术，根据学生的学习行为和兴趣推荐个性化学习内容和路径。学习分析与自适应学习系统的应用即通过了解学生的个性化需求，动态调整教学内容和方法，满足不同学生的学习需求。然而，在追求个性化教学时，我们也必须警惕一些潜在的问题。例如，GenAI 应用代理的一个显著局限就是其“一刀切”的服务模式——无论服务对象的个体差异如何，它们都提供相同的内容生成。这显然与个性化教学的理念背道而驰。为了克服这一局限，实现真正的个性化教学，我们必须深度融合 GenAI 与个性化技术。这包括增强 AI 的个性化识别能力，通过机器学习算法理解学生特性，以生成贴合其需求的内容。同时，引入用户反馈机制，让学生评价生成内容，作为训练数据优化算法。此外，结合自适应学习系统，形成闭环的个性化学习生态系统，其中 GenAI 负责个性化内容生成，自适应学习系统则根据学生学习进度和反馈动态调整教学。如此，我们方能真正开启个性化教学的崭新篇章。

3）虚拟与混合教学模式研究。传统教学研究多集中于传统课堂教学模式。随着 VR 和 AR 技术、教育元宇宙的发展，虚拟与混合教学模式的研究成为热点。研究者可以创建 3D 虚拟教室，学生可以在其中与同学和老师进行虚拟会面与互动，并进行科学实验、物理模拟、生物解剖等学习活动，这种互动可以跨越地理限制，使得来自全球的学生都能参与到同一个学习环境中，研究者可以探索虚拟环境中的教学效果和学生的学习体验。例如，利用 VR 技术创建虚拟实验室，研究不同教学模式对学生理解和掌握知识的影响；也可以通过设计和实施混合学习模式实验，评估不同教学模式对学生学习效果的影响。特别是在教育元宇宙的框架下，这些虚拟与混合教学模式得以在更加广阔、互动和沉浸式的环境中展开，为教育的创新与发展开辟了全新的可能。

4）教学评估与反馈机制研究。传统教学评估主要依赖于期末考试和定期测验，评估方式单一且反馈滞后。在数智技术支持下，智能评估系统与即时反馈机制的融合，使得教学评估研究呈现出更加多样化和实时化的特点，并实现了过程精准量化与问题自动溯因的飞跃。例如，研究者借助先进的在线测验工具和学习分析平台，不仅能够实时监测学生的学习进展和效果，还能够对这些数据进行深度挖掘，实现学习过程的精准量化。通过这一方式，教师可以清晰地了解到学生在各个学习阶段的具体表现，以及他们面临的具体困难和挑战。更重要的是，智能系统能够自动溯因，即根据学生的学习数据，自动识别出问题的根源所在，从而为教师提供精确的反馈和建议。这样，教师就能根据即时反馈和智能分析的结果，迅速且有针对性地调整教学策略，以最大化地促进学生的学习成效。

（2）学习场景中的研究范式转型

1）学习行为分析与建模。学习行为研究主要依赖于问卷调查和访谈，数据获取方式单一，样本量有限，而且使用传统的统计分析方法，分析结果局限于小规模样本。数智技术、大数据分析使得学习行为研究更加精准和全面。对于教育研究者或指导者而言，利用大数据技术，可以实时收集和分析学生的学习行为数据（如点击率、学习时长、互动频率等），进行深度行为分析；应用学习分析技术，构建学习行为模型，可以进一步探索不同学习行为对学习效果的影响，预测学生的学习表现；智能监测系统实时监控学生的学习行为，可为学生提供个性化反馈和指导。

2）自主学习与终身学习研究。传统自主学习和终身学习研究多集中于理论探讨，缺乏实践验证和具体案例。数智技术提供了丰富的自主学习、终身学习资源和平台，研究者可以通过实证研究和案例分析，探索自主学习和终身学习的实现路径与效果。一方面，应用在线学习平台与数据分析，如通过 MOOC 平台和在线学习社区，实时收集和分析学生的学习数据，研究者可探究不同自主学习策略和终身学习路径的效果；另一方面，利用丰富的在线学习案例，研究者可开展实证研究，验证、优化自主学习和终身学习的策略与方法。此外，通过大数据技术，教师可以跟踪和分析学生的学习路径，了解他们的学习习惯和需求，提供个性化学习支持。

3）学习动机与情感研究。传统学习动机和情感研究主要依赖于自我报告和观察，数据获取方式主观且有限。情感计算技术和大数据分析使得学习动机与情感研究更加客观、科学。对于教育研究者或指导者而言，应用情感计算技术，如利用面部表情分析、语音情感分析和生理数据监测，可以实时了解学生的情感状态和学习动机；应用大数据技术，分析大量学生的情感和动机数据，可探索不同教学环境和学习任务对情感与动机的影响；借助智能系统，可动态评估学生的情感状态和学习动机，提供即时反馈，帮助学生调整学习策略和方法。

4）具身化研究范式。数智技术支持下的具身化研究范式，是以具身学习为对象与核心特征的新型研究路径。在这一范式中，研究者借助先进的数智技术，如可穿戴设备、动作捕捉系统以及 VR 等，来深入探索身体动作、感知与环境互动如何影响学习过程与认知发展。研究过程包括设计具身学习任务，利用数智工具精确记录并分析学习者的身体行为数据、生理反应及环境交互信息，进而揭示具身学习的内在机制与效果。通过构建模型、实验验证与数据驱动的分析方法，该范式旨在深入理解具身学习如何促进知识内化、技能提升及情感发展，为教育创新与实践提供科学依据。

在数智技术支持下，教学与学习场景的研究范式发生了深刻的转型，研究范式从经验驱动转向数据驱动。这种转型不仅提升了研究的科学性和精准性，也为教学实践提供了更加有效和个性化的指导。教育研究者可以深入理解和探索教育过程中的各种复杂现象，为教学改革和学习提升提供科学依据与实践指导。当然，无论是教学还是学习的研究范式转型，均应始终以“人”的发展为核心，利用数智技术推动教育的全面进步和创新。

3.4 数智背景下教学改革的价值论

教学改革活动在本体意义上需要新的理论作为指导，而价值是实现教学改革目的的内容手段。教学改革的价值论，是指在变革教与学过程中表达出来的对该活动的客观认识和主观判断，是评判教学改革的基本标准和尺度。从外部意义上看，受功能主义和理性主义的影响，教学改革的价值论会受到时代发展的影响。随着 AI 时代的深化，大数据成为人们获得新的认知、创造新价值的源泉。大数据时代的数据价值就像漂浮在海洋中的冰山，人们第一眼只能看到冰山一角，而其绝大部分隐藏在海平面之下。数智与教育的深度融合，将成为驱动新一轮教育教学改革与发展的动力源泉。教育大数据的研究与实践价值不是为了建立教育的过程数据集，而在于帮助教育行业的利益相关者从过程数据集中发现隐含的教育关系，以变革和优化教育教学行为[25]。它涉及教学的价值目标、意义以及价值追求，关注的是教学改革所带来的社会和个体效益。数智背景下的教学改革价值在于实现个性化教育、提升教学效果、落实核心素养和促进社会发展。

3.4.1 数智教学的价值本质和起源

大数据和智能技术支持下的教学改革的本质在于通过数据驱动和智能化手段优化教育过程，提升教学效果，实现个性化学习。这种改革以数据为基础，通过智能技术（如 AI、机器学习等）实现教育资源的高效配置、学习行为的精准分析和教学策略的智能优化。具体表现为：①数据驱动，通过收集和分析学生的学习数据，了解每个学生的学习进度、兴趣和薄弱环节，从而提供个性化的学习方案；②智能优化，即利用智能技术自动分析教学效果，优化教学内容和方法，提高教学效率和效果。

对数智驱动下的教学改革价值进行讨论，缘起于以下三个方面。一是技术驱动。大数据技术和智能技术的发展为教育数据的收集、分析和应用提供了强有力的工具支持，随着这些技术的日益成熟与广泛应用，教育领域经历了一场前所未有的深层次变革，这些技术的应用不仅挑战了传统的教学模式，更为教育的高质量发展开辟了新的可能。二是教育需求。日益增长的社会发展与对高质量人才的需求，凸显了教育、科技、人才三位一体的紧密趋势。在这一背景下，科技人才强国的战略需求愈发迫切，也进一步推动了教学改革的不断深化。特别是在个性化和智能化教育需求愈发强烈的背景下，大数据和智能技术为满足这些需求提供了可能。三是规约和政策支持，其中包括数据与服务标准规范、法律政策等的改革和制定，为大数据和智能技术在教育中的应用提供了坚实的保障与强大推动力。政府和教育机构积极支持与投入，依据这些规约和政策，加速了这些技术在教育领域的广泛发展与实际应用。

3.4.2 数智教学的价值结构和衡量标准

数智教学凭借其融合大数据、AI 等先进技术的优势，极大地提升了教育的效率与质量，其核心价值在于能够个性化、精准地促进每位学生的全面发展，同时为社会培养具备创新思维、数字智能、道德情操及实践能力的复合型人才，以满足新时代社会主义建设对德智体美劳全面发展人才的需求，推动教育公平与社会进步。数智教学的价值结构的确立亦包含“为谁培养人”“培养什么样的人”这两个教育核心问题，即应以培养德智体美劳全面发展的社会主义建设者和接班人为主要目标。基于这一目标导向的人才培养需要，数智教学的价值结构可划分为三个部分，分别是个体价值、系统价值和社会价值。

1）个体价值。数智教学凭借大数据与AI技术的深度融合，实现了对学习个体需求的精准定位与潜能的深度挖掘。这一创新教学模式，能够为每个学习者量身定制独特的学习路径，从而极大地促进知识的高效吸收与技能的快速提升。在数智教学的引领下，学生的学习不再局限于传统框架，而是变得更加灵活多样，这不仅激发了他们的学习兴趣、提高了创新能力，还助力个体形成积极向上的人生观与理性抱负。通过数智教学，学生能够更好地认识自我，明确未来方向，进而实现自我价值的最大化。同时，数智教学通过持续优化教育资源的配置，为个体的终身学习提供强有力的支持，也显著提升他们的社会适应能力，为个体在未来的职场与生活中取得成功奠定坚实的基础。

2）系统价值。数智教学的系统价值在于其通过高度集成化的技术与服务，实现了教育全过程、多要素的高效协同与优化配置。这一系统性变革不仅促进了知识的精准传授，还极大地推动了个性化学习的发展，使得每个学生都能获得最适合自己的学习路径。同时，数智教学还注重教学环境的生态化构建，通过创造互动、开放、协同的学习氛围，为学生的全面发展提供了有力支持。这种系统性的提升，不仅显著优化了教学效果，有效达成了教育目标，更在宏观层面产生了深远影响。它促进了社会整体教育水平的提升，使得教育资源得以更加均衡地分配，同时也优化了人力资源的配置。通过培养具备创新精神和实践能力的人才，数智教学为社会的持续进步与发展注入了强劲动力，为构建更加智慧、公平、高效的教育体系奠定了坚实基础，进一步推动了社会的繁荣与发展。

3）社会价值。数智教学作为一种创新的教育模式，通过深度融合大数据、AI等先进技术，实现了教育资源的优化配置与个性化学习，展现了其广泛社会价值。在社会贡献上，它打破了地域、时间等限制，促进了教育的普及与公平，缩小了城乡、区域间的教育差距，同时推动了教育的国际化进程。在道德层面，数智教学注重培养学生的道德认知、社会责任感与公民意识，倡导诚信与尊重的价值观，为构建和谐社会奠定了坚实基础。在经济层面，数智教学提高了教育资源的利用效率，推动了教育产业的创新与升级，为经济增长注入了新的活力，并为社会培养了大量高素质、高技能人才。在人道主义价值方面，数智教学有助于关注弱势群体、偏远农村孩子的教育需求[26]，能为他们提供平等的学习机会和优质的教育资源。综上所述，数智教学以其全面的社会价值，为推动社会的可持续发展与进步作出了积极贡献。

数智教学改革是否有效需要有衡量标准。一是效果标准，即通过学生成绩提升、学习兴趣增强、学习习惯改善等具体指标来衡量教学改革的效果。例如，学生的考试成绩、学习积极性和课堂参与度等指标可以反映教学改革的实际效果。二是效率标准，即通过教学资源利用率、教学时间管理、教师工作负荷等指标来评估改革的效率，例如教师的备课时间是否减少、教学资源的利用率是否提高等。三是公平标准，即通过教育资源的公平分配、教育机会的平等获取等方面来衡量改革对教育公平性的影响，例如不同地区和学校的教育资源分配是否更为均衡、学生的学习机会是否平等。四是创新标准，即通过教学方法和手段的创新性、技术应用的先进性来评估改革的创新价值，例如新的教学方法和工具的应用情况、智能技术在教学中的创新应用等。

要确定数智教学改革是否有效，可以使用数据分析工具和评估模型，对教学改革的效果和效率进行定量与定性测量。通过学生成绩、学习兴趣、教学质量、资源利用率等指标进行综合评价。同时，建立持续的反馈机制，定期评估教学改革的效果，及时调整和优化。

3.4.3 数智技术教学应用的哲学反思

随着数智技术的不断发展，未来教育将更加个性化、智能化和高效化。数智技术将不仅作为辅助工具存在，还深度融入教育的各个环节和层面，形成全新的教育生态体系。但是，AI 思维往往是隐性的，对人类来说是一个黑匣子，因此需要努力描述 AI 的行为准则[27]。在这个过程中，哲学反思将发挥更加重要的作用，引导我们思考教育的本质、价值和方向，确保技术始终服务于人的全面发展和社会进步。

知识与真理的边界。数智技术通过大数据、AI 等手段，提供了前所未有的信息量和处理能力，使得知识的获取和传递变得极为便捷。然而，正如“有数据的无知”所揭示的，数据本身的精确无误并不一定意味着知识的真实可靠。数据的表征意义离不开人的解释，其中不可避免地融入人的偏见、误解和偏爱。因此，数智技术虽然扩展了知识的广度，但也可能模糊知识与真理的边界，使人们陷入对数据的过度依赖而忽视对知识本质的深入探究。

人文关怀与技术理性的平衡。数智技术在教学中的应用，往往侧重于效率、精确度和可量化指标的提升，但教育不仅仅是知识的传授，更是人文关怀的传递。哲学教育强调人的主观境界、思维方式和生命意义的探索，这些在数智化时代同样不可或缺。因此，数智技术教学应用需要注重人文关怀与技术理性的平衡，既要利用技术的优势提高教学效果，又要避免技术对人性的侵蚀，保持教育的温度和人本主义精神。

认知模式转变的挑战。数智技术改变了人们的认知模式，使知识获取更加便捷和高效。然而，这种认知模式的转变也带来了新的挑战。一方面，学生可能过度依赖数智技术，导致批判性思维和独立思考能力的下降；另一方面，数智技术可能加剧信息过载和认知负担，影响学习效果。因此，在数智技术教学中，应注重学生批判性思维和独立思考能力的培养，引导他们学会筛选、整合和评估信息。

技术伦理与责任。数智技术的应用还涉及技术伦理和隐私保护的问题。在教学中使用学生数据进行分析和反馈时，必须严格遵守相关法律法规和伦理规范，确保学生的隐私权和信息安全。此外，教师和技术开发者还需要承担起相应的社会责任，确保技术的正当和合理使用。

文化背景与价值观。技术应用应尊重不同文化背景下的教育习惯和价值观，避免文化冲突。大数据和智能技术促进教育资源的全球共享，但需关注文化多样性和本地化需求。在技术改革中，应注重传统文化和价值观的传承，避免文化同质化和传统教育价值的丧失。

总之，教育理论的最本质性的进展，就在于新价值的提出、阐释与辩护，然后据此来具体安排教育生活，最终带动整个教育思维方式的转变，从而使得教育教学理论实现革命性的变革。当前的教育教学变革既要立足于中国现代化建设实际，又要具有开拓创新的勇气，在把握传统与现实、中国与西方、理论与实践过程中，建立起一种适合于中国现代化建设的教育价值论体系。面对日益高涨的新技术革命，要重新认识工具主义，重视教育促进社会物质生产的经济价值，并通过发展教育去造就大批具有真才实学、开拓进取创新精神的人才，从而为民族复兴和国家强盛奠定基础。

参考文献

[1] 罗生全，赵佳丽. 大数据引领教学变革的机遇、逻辑与行动[J]. 中国教育科学，2020，3（4）：35-43.

[2] Fahimirad M，Kotamjani S S. A review on application of artificial intelligence in teaching and learning in educational contexts[J]. International Journal of Learning and Development，2018，8（4）：106-118.

[3] 左明章. 技术-教育-人的发展：教育技术价值论[M]. 北京：科学出版社，2018：96-106.

[4] 王天平. 大数据诱发的教学深度变革[J]. 教育研究与实验，2017（1）：20-24.

[5] 郭利明，杨现民，张瑶. 大数据时代精准教学的新发展与价值取向分析[J]. 电化教育研究，2019，40（10）：76-81，88.

[6] 顾明远. 教育公平与教育质量. 北京：教育科学出版社，2012.

[7] Siemens G，Marmolejo-Ramos F，Gabriel F，et al. Human and artificial cognition[J]. Computers and Education：Artificial Intelligence，2022，3：100107.

[8] Ren M L，Chen N Y，Qiu H. Human-machine collaborative decision-making：An evolutionary roadmap based on cognitive intelligence[J]. International Journal of Social Robotics，2023，15（7）：1101-1114.

[9] Hwang G J，Xie H R，Wah B W，et al. Vision，challenges，roles and research issues of Artificial Intelligence in Education[J]. Computers and Education：Artificial Intelligence，2020，1：100001.

[10] 金岳霖. 知识论[M]. 北京：中国人民大学出版社，2010：1.

[11] 张广君. 当代教学热点问题：价值论的视角[M]. 兰州：甘肃教育出版社，2007：3，82.

[12] 马克思·舍勒. 知识社会学问题[M]. 艾彦译. 南京：译林出版社，2012.

[13] 朱波，王坦. 大数据之于教育研究范式的价值及其限度[J]. 教育发展研究，2019，39（21）：11-17.

[14] Romero C，Ventura S. Educational data mining and learning analytics：An updated survey[J]. WIREs Data Mining and Knowledge Discovery，2020，10（3）：e1355.

[15] 郝祥军，顾小清. AI 重塑知识观：数据科学影响下的知识创造与教育发展[J]. 中国远程教育，2023，43（5）：13-23.

[16] 维克托·迈尔-舍恩伯格，肯尼斯·库克耶. 大数据时代：生活、工作和思维的大变革[M]. 盛杨燕，周涛译. 杭州：浙江人民出版社，2013：17-18，104.

[17] 汪馥郁，等. 教学方法论导论[M]. 北京：中国经济出版社，1990：16.

[18] 刘冬梅. 教学改革的原像：改革开放以来我国教学改革的回顾与透视[M]. 武汉：华中师范大学出版社，2019：38.

[19] 托马斯·库恩. 科学革命的结构[M]. 金吾伦，胡新和译. 北京：北京大学出版社，2003：78.

[20] 罗生全，赵佳丽. 大数据引领教学变革的机遇、逻辑与行动[J]. 中国教育科学，2020，3（4）：35-43.

[21] 牟智佳，刘珊珊，陈明选. 循证教学评价：数智化时代下高校教师教学评价的新取向[J]. 中国电化教育，2021（9）：104-111.

[22] 郑红苹，崔友兴. "互联网+教育"下循证教学的理念与路径[J]. 教育研究，2018，39（8）：101-107.

[23] 戴潘. 大数据时代的认知哲学革命[M]. 上海：上海人民出版社，2020：16.

[24] 张学义，彭成伦. 大数据技术的哲学审思[J]. 科技进步与对策，2016，33（13）：130-134.

[25] 刘桐，沈书生. 从表征到决策：教育大数据的价值透视[J]. 电化教育研究，2018，39（6）：54-60.

［26］ Wei N，Yang F，Muthu B，et al. Human machine interaction-assisted smart educational system for rural children［J］. Computers and Electrical Engineering，2022，99：107812.

［27］ Memarian B，Doleck T. Fairness，Accountability，Transparency，and Ethics（FATE）in Artificial Intelligence（AI），and higher education：A systematic review［J］. Computers and Education：Artificial Intelligence，2023，5：100152.

第二篇　数智赋能教学改革的机制与技术

第4章

数智驱动下的教育智能机制

以教育大数据、AI等为代表的数智融合是教育智能的基础，其驱动着教育内容、教学过程、教育模式等教育智能变革创新。“富技术”环境的迭代发展与应用引发了教育数字化、智能化转型，推动了传统教育格局的演化与变革[1]。教育智能机制从经验模仿和计算机辅助转变为数据和知识双驱动的新走向，旨在汇聚教育全过程的多维数据，采用多种技术手段挖掘教育数据背后的知识和教育规律，推动教育智能快速发展，最终实现数智化转型[2]。数智驱动教育智能机制本质上是一种以人为本的适性育人，其核心载体和交流方式由以“教师-知识-学生”为主转变为以“学习-智能机器-教学”为主的基本模式，重点是在数据和知识的双驱动下凸显主体素质的全面发展[3]。

数智赋能教育智能机制坚持人本主义，通过加强数据、知识、技术等数字资源的深度融合，整合与重构教育的数字化，赋予教育利益相关者教、学、管等全链条系统化能力，塑造教育智能化全过程，从而实现教育提质增效。本章将围绕数智赋能教育智能，从教育数据基础、关键支撑技术、服务对象等方面了解教育智能机制。

4.1 数据和知识双驱动下的教育智能机理

教育数字化成为教育新常态，越发强调教育全过程各环节的数智发展，包括：其一，数据驱动，关注如何从教育大数据中挖掘教育潜在关联，发现教育相关关系模式；其二，知识驱动，重在如何通过人类已有经验让教育机器自主学习知识，形成认知能力，尤其是学习经过检验的教育教学因果关系[4, 5]。因此，在数据密集型社会发展下，融合数据和知识双驱动是教育智能机制的核心，前者具有归纳能力，后者具备可解释性，两者互为补充。接下来，笔者将从数据/知识、技术、服务三个核心要素探讨大数据驱动的教育智能运作过程，阐释数据和知识支持下的教育智能机理，具体如图4.1所示。

由图4.1可知，数据知识双驱动的教育智能发展的关键是：秉承育人为本的理念，以教育数据/知识为基础、关键支撑技术为核心、教育服务为目的而联结形成一个闭环回路，进而形成全面综合的教育智能服务体系。

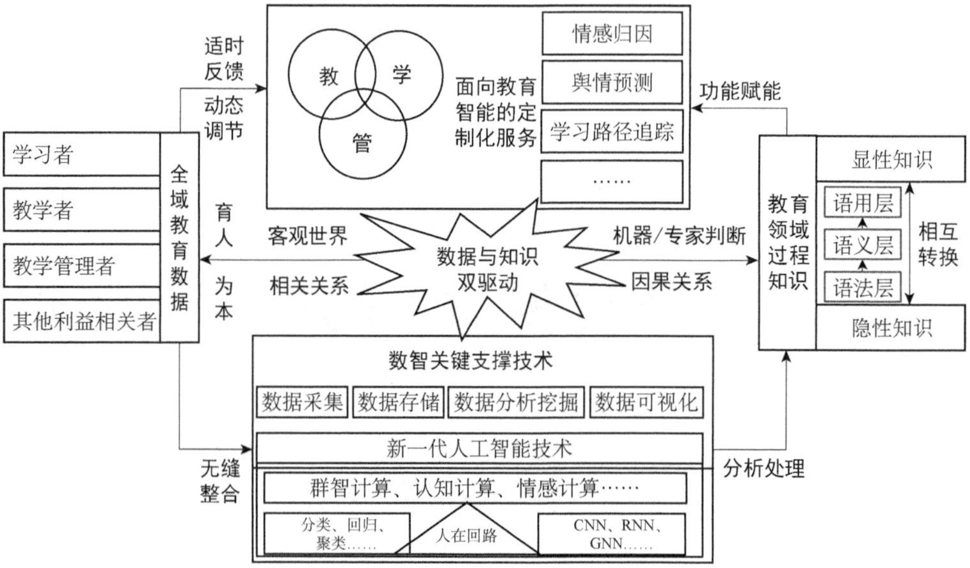

图 4.1　数据和知识双驱动下的教育智能机理图

1. 教育全过程数据/知识是基础

在数据方面，众多大数据技术的应用是建立在数据智能的基础之上的，教育全过程数据由学习者、教学者、教育管理者、其他利益相关者交互联结而成，且教育数据综合了线上、线下及跨域数据，涵盖教学实践中所产生的数据或与之关联的、可被采集到的数据集合，且都具备相应的数据生命周期特征[6]。基于全域教育数据能够挖掘和分析数据中隐含的教育价值与意义，及时发现潜在的教学问题，有效地进行预测与干预，借助学习预警系统、自适应学习系统等精准把握学习者的学习状态，从而有效提升学习质量，进而构建教学的新生态。

在知识方面，数据是客观事实的真实反映，为教育智能提供有效支撑，但单纯利用数据的统计特征建立的机器学习模型，很难实现解决复杂教育应用场景的多目标分析，同时鲁棒性差且可解释性不强，而知识是人类通过实践（包括学习、模仿、试验、生理等实践活动）认识到的客观教育的规律，是信息经过加工、整理、解释、挑选和改造而形成的[7]。使用教育知识来引导数据驱动的智能化处理模型，在极大提升评价效率的同时，可显著提升智能方法的可信度与有效性[8]。知识驱动方法的特点是擅长解决定义清晰的逻辑问题，如认知学习是如何发生的，其诱因是什么。而解决问题的规则通常由人为定义，因此教育知识推理的过程与人的认知过程相似，具有教育可解释性[9]。由此可知，数据和知识的深度融合，可以实现教育领域的知其然和知其所以然。

2. 数智关键支撑技术是核心

在了解教育大数据基础之上，学习者、教学者、教学管理者、其他利益相关者可对教育全域多维、大量的数据进行归纳整合，并根据自身的数据规模选择合适的技术采集、处理和应用好相关教育数据，为教学和管理提供一定的价值。数智关键支撑技术主要包含数据采集技术、数据存储技术、数据分析挖掘技术以及数据可视化技术等。其过程为：首先根据需要采集教育全过程的数据，将数据存储到可靠的介质上，防止数据丢失并提供可靠的访问性能；随后，对原始数据进行加工和计算，生成所需要的数据，通过统计分析或机器学习的方法对数据进行分析挖掘，提取数据中的有益信息；最终将数据分析结果以人们熟悉的方式进行呈现。教育大数据技术的实现是服务一切利益相关者的重要前提。

3. 教育服务是目的

无论是教育数据，还是数智关键技术，都是以各类教育利益相关者的需求为焦点的，只有明确教育研究的目的，才能够充分发挥其在教育教学活动中的优势。针对多种模态、大量的数据进行细粒度的挖掘分析，能够掌握学习者情感归因、舆情预测、学习路径追踪等，以此针对学习者的真实学习状况做出自适应的干预与推荐策略，同时为促进教学管的发展提供定制化服务，以达到教、学、管平衡发展的目的。因此，为教学者、学习者、教育管理者、其他相关利益者提供有效的服务才是教育智能的最终目的所在。

4.2 教育全过程中的数据/知识基础

教育大数据是指在教育领域产生、收集和处理的大规模数据。它涵盖了各个层面的教育活动，包括学生学习、教师教学、学校管理、教育政策发布等方面的数据。知识与数据密不可分，数据被组织加工后形成信息，信息经过归纳总结提炼后形成知识。接下来，本书从数据与知识来源、数据特征与价值以及知识特征与应用三方面阐释教育全过程中的数据/知识基础，旨在揭示教育领域的特点、问题和趋势，为教育决策、教学改进等提供科学依据和决策支持。

4.2.1 数据与知识来源

1. 教育全过程大数据来源

教育大数据直接产生于各种教育活动中，按照场景划分，教育活动既包括校园环境中的教学活动、管理活动、科研活动及校园生活，也包含家庭、社区、图书馆、博物馆等非正式环境中的学习活动；按照开展方式划分，教育活动既包括线上的教育教学活动，也包含线下的教育教学活动。教育大数据的核心数据来源是“人”和“物”，“人”包括学生、教师、管理者和家长，“物”包括信息系统校园网站、多媒体设备等各种教育设施[10]。由此看来，教育大数据的来源主要有以下几种。

教与学过程：在教育过程中直接产生的数据是教育大数据的最主要来源，如学生的学习行为数据（学生的学习成绩、学习习惯、学习时间、作业完成情况、学习资源使用情况等）、教师的教学行为数据（教师的教学记录、教学方法、教学效果、教学反馈等）、在线学习平台数据（学生交互数据、浏览平台时间、任务完成时间等）等。对学生在课堂上的表现进行记录和分析，教师可以深入了解学生的学习情况，从而及时调整教学策略，提高教学质量。同时，考试测评数据可以帮助教师评估学生的学习成果，为学生提供个性化辅导。此外，网络互动数据也反映了学生在课堂外的学习情况，有助于教师全面了解学生的学习进度和需求，为学生提供更加适切的资源和方法。

教育管理：教育管理活动中采集到的数据也是教育大数据的关键来源之一。这些数据包括学生的家庭信息、学生的健康体检信息、教职工基础信息、学校基本信息、财务信息、设备资产的使用情况等。通过对这些数据进行整理和分析，学校管理者可以全面了解学校的运营状况，制定合理的管理策略，提升学校的管理效能。例如，查看学生的健康体检信息可以及时发现学生身体状况方面的问题，采取相应措施保障学生的身体健康。

科学研究：科学研究活动中采集到的数据也是教育大数据的重要来源之一。这些数据涵盖论文发表、科研设备运行、科研材料采购与消耗等记录信息。通过对这些数据进行收集和分析，科研人员可以掌握科研项目的进展情况，优化科研流程，提高科研成果的质量。同时，这些数据还可以为教育政策制定者提供科学依据，促进教育改革和发展。

校园生活：校园生活中产生的数据也是教育大数据的重要组成部分。这些数据包括餐饮消费、上网行为、复印资料、健身洗浴等方面的记录信息。通过对这些数据进行整理和分析，学校可以更好地了解学生的生活状况，提供更符合需求的服务。例如，通过学生的餐饮消费数据可以了解到学生的饮食习惯和营养状况，为学生提供相应的饮食建议；通过学生的上网行为数据可以了解到学生的学习习惯和兴趣爱好，为学生提供个性化的学习资源和服务。

教育政策和社会经济背景：教育政策与社会经济背景数据包括教育政策的制定和实施情况，以及学生的社会经济背景和家庭环境等数据。该数据可以帮助政府和相关机构制定与评估教育政策，推动教育公平和教育发展。

2. 教育全过程的知识来源

知识作为教育的内容，是教育领域的核心要素之一。“知识是什么”一直以来受到广大学者的关注。智者学派认为知识来源于个人经验，由于人的感受不同，因此没有绝对意义的知识[11]。一般而言，知识是人类在实践中认识客观世界（包括人类自身）的成果，它包括事实、信息的描述或在教育和实践中获得的技能。知识是通过信息的合成、相关性、演绎和推理获得的，并且已被验证为准确和一般人相信的信息[12]。知识主要包含经验性知识和推理性知识，分别有不同的来源。

（1）经验性知识

经验性知识来源于人类对事物的直接感觉，通过视觉、听觉、嗅觉和触觉，利用眼睛看、耳朵听、味觉和嗅觉还有皮肤触感，直接获取近距离的真实对象或者事件的信息。这类知识主要来源于以下三个方面。

观察：通过观察周围的事物、事件和现象来积累知识。

体验：通过亲身体验来获取知识。然而，由于人类的时间、精力甚至生命是有限的，不能亲身去体验所有事物，因此通过阅读、听课、请教等方式从别人的经验中学习成为最重要的途径之一。

实验：通过设计实验来验证或证伪某种理论或假设。通过实验，我们能够快速找出问题所在，并做出调整，实现知识的快速迭代，大幅度缩短了获取有用知识的时间，最后通过实践验证假设并总结理论。

（2）推理性知识

推理性知识是从已有的数据、信息或者知识中分析出的一般规律或模式，主要来源于知识库和知识图谱两个方面。

知识库：知识库是指所有知识的集合，其囊括的更多的是非结构化、非系统化知识，可以通过知识抽取、知识融合和知识推理三个步骤来构建知识库，其包含了教育教学领域中多维、海量的知识。

知识图谱：知识图谱是严格按照实体和关系结构化、规模化的知识，本质上是一种大规模、结构化的知识语义网络，一般分为学科知识图谱和事件知识图谱。学科知识图谱以学科知识为核心，建立各个学科知识点的概念层级关系，知识点与知识点之间的关联关系，不同知识点之间的前后序关系。事件知识图谱是以事件类为节点、事件类关系为边构建的。对比传统知识图谱，事件知识图谱包含了更为丰富的语义信息，可以很好地展现客观世界中动态事件的发生和演化规律。上述两种知识图谱基于一定的关联规则挖掘信息之间的内隐联系，能够对海量数据中看似没有联系的信息进行相关性分析，进而建立关系，并图示化展现信息间的结构[13]。

4.2.2 数据特征与价值

1. 教育大数据特征

与传统教育数据相比，教育大数据的采集具有更强的实时性、连贯性、全面性和自然性，分析处理更加复杂和多样，应用更加多元、深入[14]。教育大数据的采集手段多样、来源丰富等，这使得教育数据的类型变得多样化、教育数据也呈现出海量性等多种特征，可归结为以下 5V 特征。

1）海量性（volume）。教育大数据的数量十分庞大，数据规模可能会达到 TB、PB、EB 甚至是 ZB 级。教育大数据来源于各种教育层面，如学校教育、家庭教育等，此外还来源于一些校外辅导等非正式教育活动。教育数据来源广泛，每种类型的教育都能产生巨大的数据量。研究发现，我国基础教育阶段一年的数据量可达到 12EB（12288PB）。网络上对 PB 级数据体量有这样一个说明：假设手机播放 MP3 的编码速度为平均每分钟 1MB，1 首歌曲的平均时长为 4 分钟，那么 1PB 歌曲可以连续播放 2000 年。所以，从规模上看，教育大数据的体量虽然尚未达到零售业、电信业等领域的规模，但已经超出了传统数据工具的处理能力[15]。

2）多样性（variety）。教育大数据具有多种类型，涵盖了学生、教师、学校等多个层面的数据。多样性具体体现在以下几个方面。学生学习数据：学生学习数据包括课程成绩、考试得分、作业提交情况等。教师教学数据：教师在进行教学活动时会使用各种数字化工具和教学资源，如教学材料使用情况、学生与教学资源的互动记录等。在线学习平台数据：越来越多的学校和机构提供在线学习平台，为学生和教师提供教学和学习支持，在线学习平台会记录学生的学习活动、学习进度、交互行为等数据。学校管理数据：学校管理数据包括学生招生信息、师资配置情况、学校运营数据等。教育政策和统计数据：教育行政部门及相关机构收集和维护着大量的教育统计数据，如学生入学率、毕业率、教师人数等。

3）高速性（velocity）。首先，教育大数据的产生速度非常快，这些数据的快速生成和流动要求平台有高效的数据处理能力和即时的分析能力。例如，学生在学习管理系统中的互动、在线课程的学习进度、教学资源的使用情况等，这些数据都是实时生成的。其次，教育大数据的高速性还体现在数据处理的速度上。随着技术的进步，尤其是 AI 和机器学习的发展，数据分析和处理的速度大大提高。这使得教育决策者能够快速获得洞察，并据此做出更加精准的教育决策。最后，教育大数据的高速性反映在数据的应用速度上。数据的快速应用能够帮助教育机构实现教育治理的高效化和精准化，比如在新生注册、精准资助、智慧思政、校园安全等方面的应用，都是基于大数据分析得出的快速响应。

4）价值密度低（value）。教育大数据的价值密度低是因为教育数据往往具有以下特点：首先，教育大数据规模庞大，包含大量的学生、教师、课程等信息；其次，数据来源多样，涉及各种教育活动，并且由于数据来源不同、数据处理方式不同、数据采集方法不同等，数据质量参差不齐；再次，数据价值难以量化，教育数据中包含大量的主观因素，如学生的情感状态、教师的教学风格等。价值密度是单位数据所产生的有价值的信息量。因此，数据量庞大并不代表数据价值密度高[16]。

5）真实性（veracity）。教育大数据的真实性指的是数据的准确性和可信度。在教育决策和评估中，数据的真实性至关重要，因为它直接影响教育政策的制定和教学质量的评估。大数据的质量、大数据的内容是与真实世界息息相关的，真实不一定代表准确，但一定不是虚假数据，这也是数据分析的基础。基于真实的交易与行为产生的数据才有意义。因此，为保证数据的真实性，需要考虑大数据来源的可靠性、数据收集的标准化、数据质量的控制以及大数据隐私保护的合规性，这样才能实现教育大数据价值最大化。

2. 教育大数据价值

教育大数据蕴含着无穷无尽的价值，这些价值不仅体现在对教育规律的探索上，而且为教育智能化的发展提供了坚实的支撑。具体而言，教育大数据的价值可从两个维度加以阐述：其一是表象价值，即直接可见、易于量化分析的数据价值；其二是内隐价值，涉及数据背后所隐含的深层次信息和潜在的应用价值。接下来将从这两个方面具体介绍教育大数据在教育领域发挥的价值。

（1）表象价值

教育大数据的表象价值体现在其通过数据统计和分析，为教育管理者、教师、学生以及家长提供一种直观、量化的方式来了解教学形势。在教育教学中产生大量的教育数据，通过一定的技术手段对相关数据进行收集、整理与分析，可以揭示学生的学习习惯、成绩趋势、知识掌握情况以及教学方法的有效性等方面的信息，为实现因材施教打下基础。例如，通过分析学生的在线学习行为数据，教师可以了解学生在哪些知识点上花了更多的时间，哪些内容引起了学生的兴趣，从而调整教学策略。教育管理者可以利用大数据分析结果，评估课程设置的合理性、教师的教学水平以及教育资源的配置效率，进而作出更加科学的管理决策。此外，教育大数据还可以揭示潜在的教育问题，如学生的学习差异、教育资源的不均衡分配等，为制订个性化教学计划和优化教育资源配置提供依据。因此，教育大数据的表象价值在于其能够以数据的形式，直观地反映教育过程中的各种现象，为教育参与者提供一个全面、客观的参考，辅助他们更好地理解教育现状，并做出更加明智的决策。

（2）内隐价值

教育大数据的内隐价值在于其能够通过深入分析，揭示出数据背后隐藏的模式、趋势和关联性，从而实现对教育现象的预测、推荐和归因分析。与传统数据相比，教育大数据的价值不再局限于通过单一学科来建构知识，AI 等技术支持下的跨学科领域知识，能更深入、全面地为教学管等全流程赋能。这种深度分析通常涉及复杂的数据挖掘技术和机器学习算法，使得教育决策更加精准和个性化。基于对学习者以往的学习数据的深入挖掘，可以构建模型来预测学生的未来表现，帮助教师和学校采取干预措施，如提供额外的辅导或调整教学策略，以改善学生的学习效果。此外，基于大数据分析的推荐系统可以为学生提供个性化的学习资源和路径，根据学生的学习进度、兴趣和能力，推荐最适合他们的学习材料和活动，从而提高学习效率和动机。归因分析则是通过分析不同因素对学生学习成果的影响，帮助教育者理解哪些教学方法、课程设计或教育资源对学生成绩有显著影响，从而优化教学实践和资源配置。教育大数据的内隐价值在于其能够揭示数据深层次的含义，为教育参与者提供更加深入的见解和行动指南，推动教育的个性化和精准化发展。

综上，教育大数据的价值体现在满足人们自由而全面发展的需求上，教育大数据的客观价值转化为人们主观价值的实现。这涉及人的主体性、教育大数据的客体性以及二者之间的相互关系，并最终体现在人的价值中。总的来说，目前教育大数据表象价值已被发现，随着应用范围和效果的不断积累，教育大数据的内隐价值也将逐步显现[17]。

4.2.3 知识特征与应用

1. 知识特征

知识是人类认识世界、改造世界的重要工具。知识具有一定的特征属性，包括知识的形态、组成元素、主要作用和存储主体等。知识是流动、动态的混合体，随着刺激和学习随时改变、更新。知识主要由经验、价值观、情景信息和专业洞察力组成，它提供了一个参考结构来评估和整合新刺激所产生的信息与经验，形成新的结构，并可以指导决策和行为。知识分为显性知识和隐性知识。显性知识是指可以明确表达、传授和记录的知识，可以通过文字、图表、公式等形式进行传递和共享；隐性知识是指个体在实践中通过经验、直觉和感知所获得的知识，难以明确表达和传授，它通常是个体在特定环境中通过实际操作和体验所积累的技能、洞察力和直觉。大模型帮人类发现并存储了新的高阶知识，这些知识具有高度隐含与高度共线性，我们人类虽然看不见，但已经习惯这类知识的存在，并充分利用好它们，使其为我们人类发展和社会服务贡献智慧。由上可知，显性知识和隐性知识相互依存、相互补充，二者能够在数据支持下相互转换，隐性知识经过分析、加工、提炼等形成可表达的显性知识，显性知识应用于教育场景中进而产生新的数据，如此不断反复[18]。教育全过程领域知识是引导数据驱动成为智能发展与应用的趋向，体现了从人工知识表达到大数据驱动知识学习的转化，为开展精准化教学、个性化人才培养提供了支撑。

知识的特征及属性具体表现在以下方面。

经验性：知识来源于人们的实践经验，是对客观世界的反映。它基于实际观察、实验和验证，建立在经验事实的基础之上。

正确性：知识应当是正确的，它需要经过验证，能够满足一定的真理标准。这是知识与意见或信念相区分的重要特征。

系统性：知识不是孤立存在的，它通常是有组织的、系统化的，形成了相互关联的知识体系。在这个体系中，不同层次和领域的知识元素相互作用、相互转化。

传递性：知识可以通过教育、交流等方式在人与人之间传递，这使得知识能够跨越时间和空间，被更多的人所共享。

实用性：知识具有实用价值，它能够帮助人们解决问题、创造价值，是人类文明进步的基础。

创造性：知识的创新和发展可以推动社会进步与技术革新，知识的创造性体现在其不断地更新和扩展上。

指导性：知识可以指导人们的实践活动，帮助解决实际问题，提供行动的方向和依据。

2. 知识应用

知识应用指依据已有的知识经验去解决有关问题，共有三个层次，分别为解释问题、解决问题、预测问题。下面将具体阐述知识应用的这三个层次。

解释问题：绝大多数人的知识应用，仅仅停留在解释问题层面，即知道了某些事情是怎么回事，知道了原因所在，更准确地说应该是知道了好多个问题的答案。在教育领域即指针对教育问题进行解释回答，掌握教育问题的答案。除此之外，教育还要由果溯因，从结果出发，逆向追溯导致这个结果的原因或条件。在教育领域，应用由果溯因，可以帮助我们深入理解教育现象、教育问题以及教育效果背后的原因和机制。

解决问题：解决问题的核心在于，你或者他人用了我们的“答案”（这里的答案可能是方法技巧，可能是一种建议，也可能是工具等）后，原先的困惑通过实际行动被解决掉了，知道了如何解决，而不仅仅是停留在思想层面，因为知道并不等于做到。我们可以回想一下，过往的人生经历中，给他人解决的那些问题或许真的只是解释问题而已，如学生会问一些关于演讲方面的问题，现在回想起来，我们只是解释了问题，至于他们有没有用“答案”去做就不知道了。因此，要先意识到我们扮演的是“解释”而不是“解决”的角色，当然，如果能成为“解决”者最好。

预测问题：随着认知深度越来越深入，我们可以站在更高和更长的维度去看待问题与事情，不仅解决了当下的问题，还可以根据所把握的规律预测到后面可能发生的事情和问题，从而进行提前规避和防范。这是获取知识的第三个层次，让知识真正为我所用，而不是成为知识的搬运工。

4.3 数智关键支撑技术

数智，简而言之即“数字化”与“智能化”的深度融合。“数字化”主要涉及物联网、5G 等技术，能够将任何事物状态及其发展转化为数据信息存储起来，上述教育领域海量、多模态的数据构成了教育大数据；“智能化”则侧重数据的应用，通过 AI 等技术实现上述教育大数据的领域知识价值。数智融合呈现出更高阶的教育发展形态，集聚了量化性、及时性、可视化、智慧化等教育智能优势，如打造教育元宇宙、AR/VR 增强的智慧环境为教育提供育人环境，实时分析学习者的投入度、细粒度情感等，以评估教育利益相关者的教育教学状况，全面掌握教育规律。数智关键技术重在汇聚教育教学全过程产生的多通道、多模态数据，对教学管等全流程的表现进行分析，诊断教育教学的问题及其诱因，并精准适配相应方案。本节将全面介绍各种数智关键支撑技术，其技术架构如图 4.2 所示。

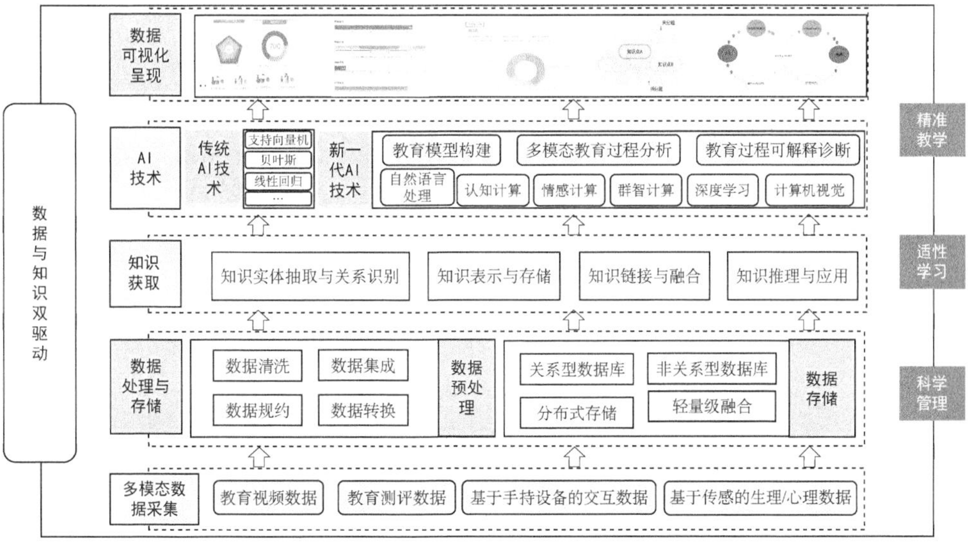

图 4.2　数智关键支撑技术架构

4.3.1　教育数据采集与预处理

1. 教育多模态数据类别

教育多模态数据通常包含表情、眼动、语言、手势、呼吸、动作、皮电等。这些数据模态一般被归为文本、语音、视觉以及生理四个方面。其中，生理数据是最难感知的，但可穿戴技术的发展与成熟使得对学习体征类数据（即生理数据）的捕获成为可能，也促使学习分析由关注学习显性行为数据分析转向整合学习心理数据和表现数据的分析与建模。学习数据的采集对于揭示过程表现下的学习规律（如学习情感、态度、行为以及知识状态等）、实现学习者精准评价有直接影响作用。现有研究基于多模态学习分析的空间结构，从模块分类视角对数据源进行分类，将其分为学习体征数据、人机交互数据、学习资源数据和学习情境数据[19]（图 4.3）。

图 4.3 中，中间层表示每一部分的数据分类，最外层表示数据采集的具体对象，从中间到外层表示数据逐步分类、学习行为表征的过程。其中，学习体征数据主要包括肢体行为、头部行为、生理行为等；人机交互数据包括移动界面、自然语言以及多通道交互；学习情境数据包括物理空间、网络空间、虚拟现实等数据；学习资源数据包括结构化资源与非结构化资源在应用过程中所产生的多感知、交互性数据。需要说明的是，该分类框架只是教育数据的基本分类，除此之外，还包括由学习结构要素间相互整合所衍生形成的其他数据，如学习活动、学习评价等，这些数据最终将根据其模态差异，分别从物联感知类、视频录制类、图像采集类与平台采集类等方面通过各类终端被采集和规整。

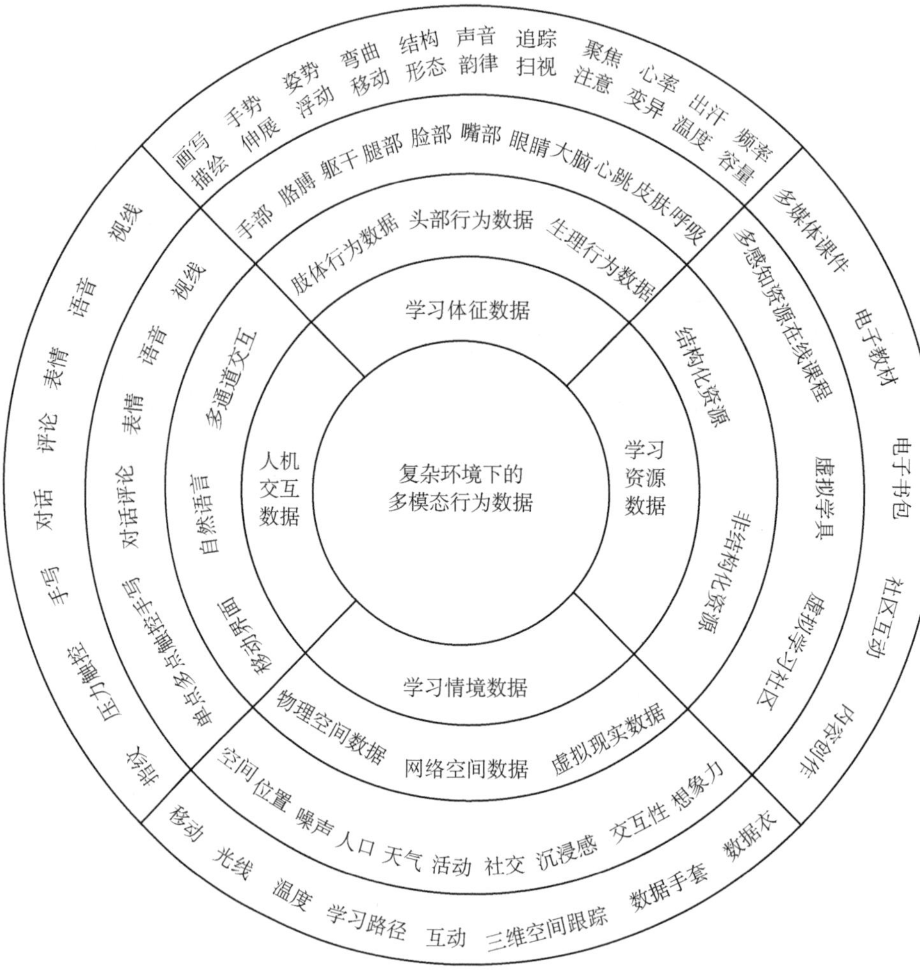

图 4.3　教育多模态数据分类

2. 教育多模态数据采集方法

教育多模态数据采集是整个教育智能流程的起点，采集教育数据时必须规范数据格式并进行预处理，以便于后续对其进行存储、管理与应用。数据采集的过程包括从分散的、不同类型的数据源中提取数据，如关系数据库、平面数据文件等，然后对数据进行清洗、转换和集成，最终将其加载到数据仓库或数据集中，为后续的数据分析和挖掘提供基础。由于教育数据来源广泛，所需要的采集技术也更加多样化，图 4.4 梳理了目前较为常见的教育数据采集技术。

（1）物联感知类技术

物联感知类技术是指将物联网技术将传感器、智能设备等部署在教育场所或学生身上，实时采集学生学习行为数据等。该数据可以用于分析学生的学习状态、学习习惯等，为教育提供更加精准和个性化的支持与指导。常见的物联感知类技术有如下几种。

物联网感知技术：物联网感知技术是实现物体互联的基础，通过传感器和标签等设备，实时采集物理世界的信息。在教育领域，可以利用物联网感知技术来收集海量的教育信息。例如，通过给教室设备、会议设备、实验器材等贴上 RFID 标签或安装传感器，可以实现对这些设备的统一管理和调度，同时也能够有效监测设备的工作状态。这样可以提高设备的透明度和管理效率，为教育提供更好的支持和服务。

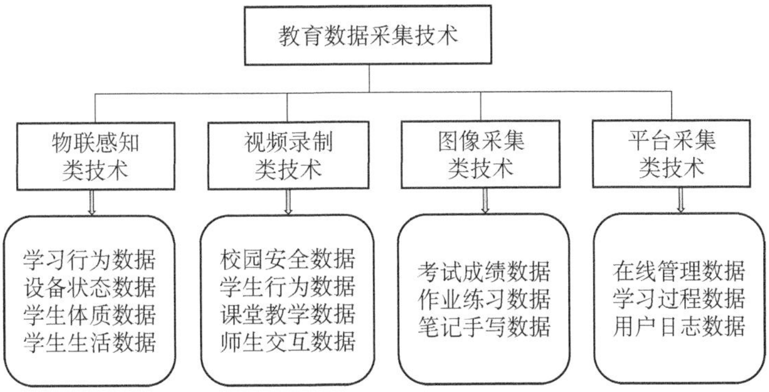

图 4.4　教育数据采集技术

可穿戴设备技术：近年来，可穿戴设备技术为教育领域提供了便利。智能手表、智能眼镜、智能手环等新型产品不断涌现，这些设备可以记录学习者的学习行为和环境信息，如学习时间、地点、使用的设备等。此外，可穿戴设备技术还可以与 VR、AR 等技术相结合，为学习者提供更丰富的学习体验和内容呈现方式。通过全息记录学习者的所见、所闻、所感，可穿戴设备技术为学习者提供了更全面的学习数据和个性化的学习支持。

脑功能分析技术：脑功能分析技术是当今科技发展的前沿领域，涵盖了诸如脑电图（electroencephalogram，EEG）、功能性磁共振成像（functional magnetic resonance imaging，fMRI）、功能性近红外光谱技术（functional near-infrared spectroscopy，fNIRS）等一系列先进的技术手段。借助便携式脑电图设备，人们能够探索群体间脑活动的同步现象与集体行为表现之间的深层联系，甚至预测整个群体的绩效表现。例如，利用创新的功能性近红外光谱技术，可以分析群体决策过程中学习者之间脑活动的同步程度，揭示群体思维动态和集体极化现象背后的神经机制。随着脑功能分析技术的不断进步，我们对于大脑在不同状态下的结构和功能作用有了更深入的理解。这些技术的应用不仅推动了对大脑内部运作机制的研究，还促进了对大脑之间互动与外部行为表现关联性的探讨。

（2）视频录制类技术

视频录制类技术可实时收集教学全过程中教师和学生的行为数据、面部表情数据等，为后续分析提供依据，主要包括视频监控技术、智能录播技术。

视频监控技术：视频监控技术是通过在不同的监控点安装摄像机，来收集全校数据，为学校管理中心、市教育局监控中心等监控单位提供实时的校园安全诊断服务。视频监控系统能够监测学生、教师以及外来人员进出校园的情况，及时预警校园异常情况。此外，视频监控系统还可以全面监控和管理校园设备，有效监控各个班级的情况。

智能录播技术：智能录播系统利用先进的流媒体和智能化全自动控制技术，实时、自动地获取课堂教学数据，并在校园网或互联网上实现视频直播和远程互动教学功能。通过在教室中安装智能录播系统，实时记录教师在课堂中的提问、引导和评价等教学行为，完整地记录教师使用课件的内容、时间和方法，并记录学生在课堂上的回答内容、记录、倾听和注意力分散等行为。

（3）图像采集类技术

图像采集类技术是 AI 领域的一个重要分支，它利用计算机对图像进行匹配、处理和分析，以识别不同模式的目标和对象，包括网评网阅技术、点阵数码笔技术和拍照搜题技术。

网评网阅技术：该技术主要用于收集学生考试成绩数据。阅卷系统依托计算机网络和图像处理技术，使用专业扫描阅读设备对各类考试答卷、文档进行扫描和处理，实现客观题的自动评卷和主观题的教师网络高效评卷。

点阵数码笔技术：该技术主要用于收集各种作业、练习和考试数据。它可以保存学习者的最终书写结果，并记录书写过程的信息，如书写方式、书写顺序和书写时间。此外，它还可以结合书写或绘画过程同步录入声音，采集书写时的情景信息。

拍照搜题技术：它除了能够检索题目答案，还可以通过拍照上传的方式存储学生的作业练习结果和过程数据。这些数据经过软件平台的处理和分析，可以有效地为教师的教学决策和学生的自我诊断提供服务。

（4）平台采集类技术

平台采集类技术主要包括在线学习与管理平台技术、日志搜索分析技术、移动 App 技术与网络爬虫采集技术。

在线学习与管理平台技术：在线学习与管理平台是当前教育数据采集的重要工具，通常用于收集课程学习数据，如课程信息、资源、作业、师生交互和考核结果等。

日志搜索分析技术：日志文件中存储了大量的用户和系统操作信息，日志搜索分析技术可以用于筛选有用的信息。通过这种技术可以详细记录用户的操作行为，如登录次数、时间、增删查改等，用于教师、学生和管理者的行为模式诊断。

移动 App 技术：移动 App 技术的采集渠道来自于移动终端，采集方式灵活、多样。学生可以通过无线网络，使用移动终端（如智能手机、平板电脑、PDA 等）与云端学习平台进行互动。通过结合移动终端的定位技术，系统实时采集学习者的学习地点、时间、内容和状态等信息，以服务于教师对学生学习情况的实时监测，进而实现个性化智能辅导。

网络爬虫采集技术：网络爬虫采集技术是通过自动下载网页的程序或脚本实现的。其在数据采集领域广泛应用，可以定期采集各大门户网站数据，监控社交网站、博客，自动抓取企业产品的相关评论。在教育领域，其可以实时监控、采集教育领域网络舆情数据，为有效处理各种突发事件提供可能。

3. 教育大数据预处理

通常，我们在真实的教育情境下拿到的数据可能存在大量的缺失值和噪声数据，也可能因为人工录入错误导致有异常点存在，这样非常不利于算法模型的训练。因此，在教育数据采集结束后需要对数据进行预处理，数据预处理的主要步骤为数据清洗、数据集成、数据规约和数据转换。接下来将简要介绍数据预处理的这四个步骤。

（1）数据清洗

数据清洗的结果是对各种脏数据进行对应方式的处理，得到标准的、干净的、连续的数据，提供给数据统计、数据挖掘等使用。数据清洗的主要思想是通过填补缺失值、光滑噪声数据，平滑或删除离群点，解决数据的不一致性，常见的操作有以下三种。

缺失值的处理：在教育数据采集过程中，会因各种原因使得数据丢失和空缺。针对缺失值，要基于变量的分布特性和变量的重要性（信息量和预测能力）选择不同的处理方法，主要包括删除变量、定值填充、统计量填充、插值法填充、模型填充、哑变量填充。

错误数据的处理：常见的错误数据有数值越界等，一般需要提前制定好各种错误类型检测的逻辑依据和处理办法，针对每类错误执行不同的处理。

重复数据的处理：重复数据可能来自同一个数据源，也可能来自多个数据源，对于重复数据的处理是识别出它们，并将多余的数据删除，只保留其中一条。

（2）数据集成

数据分析任务多半涉及数据集成模块。数据集成是将多个教育数据源中的数据结合、存放在一个一致的数据仓库中。这些数据源可能包括多个数据库、数据方或一般文件。在教育大数据领域，数据集成是对来自不同教育系统、平台和设备的数据进行整合，以获取更全面、准确的教育数据。在数据集成中，不同数据源的数据格式、结构和语义可能存在差异，需要进行数据转换和映射。此外，进行数据集成时还要考虑数据的一致性、完整性和安全性，确保整合后的数据质量和可靠性。

（3）数据规约

数据规约是指在尽可能保持数据完整性的基础上得到数据的规约表示，以缩减数据规模，最大限度地精简数据量。其主要方法有如下几种。

维度规约：用于数据分析的数据可能包含数以百计的属性，其中大部分属性与挖掘任务不相关，是冗余的。维度规约通过删除不相关的属性来减少数据量，并保证信息的损失最小。AI 时代，数据安全规约同样必不可少，在分析发现教学知识/规律的同时，不能暴露教育利益相关者的隐私。

维度变换：维度变换是将现有数据降低到较小的维度，尽量保证数据信息的完整性。常见的维度变换方法有主成分分析、因子分析、奇异值分解、聚类分析、线性组合等，可根据需要选择合适的方法。

（4）数据转换

数据转换包括对数据进行规范化、离散化、稀疏化处理，以达到数据适用于挖掘的目的。

规范化处理：数据中不同特征的量纲可能不一致，数值间的差别可能很大，不进行处理会影响到数据分析的结果，因此需要按照一定比例对数据进行缩放，使之落在一个特定的区域，便于进行综合分析。

离散化处理：数据离散化是指对连续的数据进行分段，使其变为一段段离散化的区间。分段的原则有基于等距离、等频率或优化的方法。

稀疏化处理：对于离散型的标称变量，在无法进行有序的标签编码时，通常考虑对变量进行稀疏化处理，这既有利于模型快速收敛，又能提升模型的抗噪能力。

4.3.2 数据存储与管理

对采集到的多维教育数据进行有效存储是数据处理流程中的关键步骤，将数据存储至计算机文件中后，就能够随时使用相关分析技术调用库中的数据进行分析、挖掘，以产生教育价值。常见的数据存储方式有以下几种。

（1）关系型数据库

关系型数据库是采用关系模型作为数据组织方式的数据库，其特点在于将每个具有相同属性的数据独立地存储在一个表中。对于这类数据库中的任一表而言，用户可以新增、删除和修改表中的数据，而不会影响表中的其他数据。当前主流的关系型数据库有 Oracle、DB2、Microsoft SQL Server、Microsoft Access、MySQL 等。关系型数据库具有以下特点。

数据的结构化：数据以表格的形式存储，每个表格都有固定的列和数据类型。

数据的一致性：关系型数据库支持数据的完整性约束，可以定义各种约束条件来保证数据的一致性。

数据的可扩展性：关系型数据库可以通过添加新的表和建立关系来扩展数据模型。

数据的安全性：关系型数据库提供了访问控制和权限管理机制，可以保证数据的安全性。

数据的高性能：关系型数据库使用索引和优化技术来提高数据的查询和操作性能。

（2）非关系型数据库

非关系型数据库是指采用非关系模型来组织数据的数据库，主要用于存储类型不固定也没有什么规律的数据。常见的非关系型数据库有 MongoDB、Redis、CouchDB 等。非关系型数据库具有以下特点。

灵活的数据模型：非关系型数据库可以根据应用的需求选择合适的数据模型，例如键值对数据库适合存储简单的键值对数据、文档数据库适合存储复杂的文档数据。

高可扩展性：非关系型数据库可以通过水平扩展来处理大规模数据和高并发访问。

高性能：非关系型数据库通常采用内存存储和索引技术，以提供快速的数据访问和查询性能。

分布式架构：非关系型数据库支持分布式存储和处理，可以在多个节点上存储和处理数据。

无固定模式：非关系型数据库不需要预定义的模式，可以动态地添加、修改和删除数据字段。

（3）分布式文件系统

分布式文件系统（distributed file system）是一种用于存储和管理分布式环境下的大规模文件数据的系统。它将文件数据分散存储在多个计算节点或服务器上，通过网络进行通信和协作，提供高容错性、可扩展性和高吞吐量的文件访问能力。分布式文件系统的设计目标是解决传统文件系统难以满足大规模数据存储和访问需求的问题。它将文件数据划分为多个小块，并在不同的节点上进行存储和备份，实现数据的冗余和容错。同时，分布式文件系统采用分布式算法和协议，实现了数据的分布式存取和一致性控制，支持并行处理和高效访问。常见的分布式文件系统包括以下几种。

Hadoop Distributed File System（HDFS）：HDFS 是 Apache Hadoop 生态系统的核心组件，适用于存储大规模数据集，并提供高吞吐量的数据访问能力。

Google File System（GFS）：GFS 是谷歌（Google）公司研发的分布式文件系统，用于存储和管理大规模数据文件。GFS 将文件数据划分为多个小块，并在多个计算节点上进行存储和备份。

Ceph：Ceph 是一个开源的分布式存储系统，通过对象存储方式提供高性能的数据存储和访问。Ceph 采用 RADOS（Reliable，Autonomic Distributed Object Store）作为底层存储，实现了数据的分布式和复制，支持横向扩展和容错恢复。

GlusterFS：GlusterFS 是一个开源分布式文件系统，由 Red Hat 公司开发。它使用分布式方式存储和管理文件数据，并提供高可用性和弹性可扩展性。GlusterFS 还支持各种不同的存储访问协议，如 NFS、SMB 等。

4.3.3 数据表示与分析

大数据处理技术是数智赋能教育智能的根本力量。在完成数据采集、数据存储等的基础上，就能够调用计算机的计算能力对数据进行分析。教育工作者采用各种分析手段，对数据进行各种算术、逻辑运算，进一步得到更多数据。

（1）数据的表示

在教育大数据分析中，数据的表示方式对后续的分析至关重要。选择合适的数据表示方法不仅可以提高数据处理的效率，还能提高模型的表现能力。以下是几种常用且重要的数据表示方法。

One-Hot 编码：One-Hot 编码是一种将分类变量转换为二进制向量的方法。对于每个分类特征，创建一个长度等于类别数的二进制向量。每个类别对应向量中的一个位置，该类别的位置为 1，其他位置为 0。例如，对于学生的性别特征，可以将“男”编码为[1，0]，将“女”编码为[0，1]。

Multi-Hot 编码：Multi-Hot 编码是 One-Hot 编码的扩展，用于处理一个样本可能属于多个类别的情况。在 Multi-Hot 编码中，每个类别对应一个二进制位，如果样本属于该类别，则对应位为 1，否则为 0。例如，对于学生选修的课程，可以使用 Multi-Hot 编码表示学生选修的多门课程，每门课程对应一个二进制位。

标签编码（label encoding）：标签编码将每个类别映射为唯一的整数。这种方法适用于有序的分类变量。例如，对于学生的年级，可以将“一年级”编码为 1、“二年级”编码为 2，以此类推。

二进制编码（binary encoding）：二进制编码首先将类别标签转换为整数，然后将这些整数转换为二进制代码，最后将每个位作为一个新的特征。这种方法在类别数较多时能够有效减少维度。例如，若有 8 个不同的类别，二进制编码可以用 3 位二进制数表示每个类别，如类别 0 编码为[0，0，0]，类别 7 编码为[1，1，1]。

特征向量表示（feature vector representation）：将样本的各个特征组合成一个固定长度的实数向量。例如，可以将学生的各项成绩、出勤率等特征组合成一个特征向量，用于对学生表现进行综合评估。

稀疏表示（sparse representation）：稀疏表示是一种高效的数据压缩和表示方法，特别适用于高维度、稀疏的数据。通过只存储非零元素的位置和值，可以大大缩小存储空间和减少计算开销。如，在推荐系统中，可以使用稀疏矩阵表示用户-物品的交互信息，其中大部分元素为 0，只有用户实际交互过的物品对应的位置为非零值。

高维嵌入表示（high-dimensional embedding representation）：高维嵌入方法通过深度学习技术，将复杂的高维数据映射到低维空间，同时保持数据的结构信息和特征关系。如使用自编码器将学生的多维学习行为数据嵌入到一个低维向量空间，以便进行聚类分析或异常检测。

图表示（graph representation）：图表示适用于描述复杂关系的数据结构，通过节点和边来表示实体及其关系。这在分析学生与课程、教师间的关系网络时尤为有用。例如，构建学生-课程图时，以节点代表学生和课程，以边表示学生选修某课程，用于分析课程之间的关联性或学生的社交网络。

时间序列表示（time series representation）：时间序列表示用于处理按时间顺序排列的数据，能够捕捉数据的时间动态特征。例如，记录学生的每日学习时间，将其表示为时间序列数据，用于预测学生未来的学习趋势或行为模式。

选择哪种适合的数据表示方法取决于具体的应用场景和分析目的。通过恰当地表示数据，提高数据分析的效率和准确性，挖掘出数据中蕴含的有价值信息，为教育决策提供可靠的依据。例如，在自然语言处理任务中，词向量和高维嵌入方法能够有效捕捉文本的语义信息；在推荐系统中，稀疏表示和图表示能够高效处理大规模用户与物品的交互数据。综合运用多种数据表示方法，可以更全面地捕捉数据的多维特征，提升教育大数据分析的效果，推动教育智能化发展。

（2）统计分析

教育大数据分析技术可以帮助教育机构和决策者从海量的数据中提取有意义的信息，并进行深入的洞察和分析。以下是几种常用的教育大数据统计分析技术。

趋势分析：趋势分析用于观察和预测数据的长期变化趋势。通过对学生学习成绩、学校招生人数、教师离职率等数据进行趋势分析，可以发现潜在的模式和规律，为制定教育政策和调整教学策略提供参考。

对比分析：对比分析用于比较不同组别或时间段的数据，以发现差异和相似之处。例如，可以比较不同年级学生的平均成绩，或者比较不同学校的师生比例。对比分析能够帮助识别出存在的问题和优势，进而采取相应的措施。

漏斗分析：漏斗分析用于分析学生在学习过程中的流失情况。通过追踪学生从注册到完成某个任务或达成某个目标的转化率，找出学生流失的瓶颈点，从而优化教学和学习环节，提高学生的参与度和成功率。

分组分析：分组分析用于比较不同组别之间的差异。例如，可以将学生根据性别、年级、学科等特征进行分组，然后比较各组学生的学习表现。分组分析可以用于发现不同群体之间的差异，了解影响学习结果的因素。

留存分析：留存分析用于观察学生在教育过程中的留存情况。通过追踪学生从入学到毕业或离校的流转情况，留存分析可以评估学生保持学习的动力和学校的留存率。留存分析对于发现学生流失的原因和改进学校管理具有重要意义。

（3）传统机器学习

传统的机器学习算法包含逻辑回归、决策树、支持向量机（support vector machine，SVM）、K-Means 等，这些数据挖掘技术可用于深入地挖掘隐含的教育价值，更加全面细致地解决教育问题，下面将简要介绍教育领域常用的四种机器学习算法。

逻辑回归：逻辑回归常常用于解决二分类问题，在教育研究中的应用场景非常广泛，它可以根据一系列自变量来预测学习者是否会通过考试、能否完成课程、是否会被大学录取等二元结果。例如，教育研究者可以使用逻辑回归来分析学生的 SAT 分数、平均绩点和课外活动数量等因素，以此来预测学生是否会被大学录取。还可以根据学习者学习数据进行辍学风险预测，并提供个性化的学习资源。

决策树：决策树是一种常用的机器学习算法，它通过树形结构来表示决策过程，用于解决分类和回归问题。可根据学习者的成绩、参与度、行为特征等属性，使用决策树对其进行分类，如区分高风险辍学学生和优秀学生等。决策树算法也用于教学效果预测，通过分析教学方法、学生背景、课程难度等因素，决策树可以帮助预测特定教学策略的效果。决策树还可以帮助分析学生的行为模式，例如，哪些因素会导致学生参与在线课程的讨论。此外，决策树也用于成绩预测以及个性化学习路径的推荐。

支持向量机：SVM 是一种强大的监督学习算法，它在教育领域中的应用通常涉及分类和回归分析问题。SVM 能够根据学生的成绩、参与度以及其他行为特征将学生分为不同的类别，如高成就组、中等成就组和低成就组。通过分析学生的历史数据，SVM 可以帮助预测哪些学生存在辍学的风险，以便及早进行干预。利用 SVM 分析教师评价数据，可以对教学质量进行评估和分类。基于学生的学习历史和兴趣，SVM 可以用于推荐个性化的学习材料和资源。

K-Means：K-Means 是一种广泛使用的聚类算法，适用于将数据集分组为预定数量的簇。根据学生的学习成绩、参与度等特征，K-Means 可以将学生分为不同的群体，比如高成就者、中等成就者等，有助于教师针对不同群体制订特定的教学策略。K-Means 也可以用来预测学习者的未来学习成绩，及早发现潜在的学习问题。此外，K-Means 也可以用于识别学生的行为模式，例如出勤率、作业提交频率等，以便更好地理解学生的学习习惯和需求。K-Means 还用于学习资源和学习路径的推荐，针对不同学习风格的学生，设计个性化的学习路径，以提高学习效率和成效。

（4）深度学习

以深度学习为代表的新一代 AI 技术是基于神经网络的机器学习方法，其能够通过大规模数据的训练和优化，实现对复杂任务的高效处理和智能决策，主要包括 CNN、RNN、Transformer、GNN。

CNN：CNN 即卷积神经网络，在教育领域应用广泛。①用于英文或中文作文评分，对学生的作文进行语法、风格以及内容的分析和评分。②用于学习者表情识别。教学过程中，CNN 可用于分析学生的表情变化，了解学生对课堂内容的理解程度和情绪状态。这种情感分析可以帮助教师调整教学方法，以更好地适应学生的需求。③用于学习资源/路径推荐。基于学生的学习历史和行为特征，CNN 能够智能推荐个性化的学习资料和学习路径，帮助学生更高效地达成学习目标。④用于学习者课堂异常行为检测。通过结合视频监控与 CNN 技术，可以实时分析学生的课堂行为模式，如注意力分散、瞌睡等异常行为，以便教师能够及时采取措施改善教学效果。

RNN：RNN 即递归神经网络，在教育领域的应用范围很广。①用于预测 MOOC 辍学率。MOOC 通常面临较高的辍学率问题，利用 RNN 结合其他机器学习方法，可以通过分析学生的在线学习行为数据（如登录频率、学习时长、互动次数等）来预测哪些学生可能会辍学。②用于学习资源/路径推荐。基于学生的学习历史、成绩和个人偏好，RNN 可以对大量的学习资源进行分类和推荐。此外，RNN 可以帮助设计个性化的学习路径，引导学生按照最佳顺序学习不同的概念和技能。③用于学习成绩预测。通过分析学生的历史学习数据，包括作业成绩、参与度、论坛讨论贡献等，RNN 可以用来预测学生在未来考试或课程中的表现。这种预测可以帮助教师及早识别那些可能需要额外帮助的学生，并为他们提供及时的干预和支持。

Transformer：Transformer 在教育教学中应用范围极广。①用于自动评分学生的主观题目答案。通过训练 Transformer 模型来理解和评估学生的答案，可以实现对学生答案的自动评分和反馈。②用于生成与学习材料相关的问题，这有助于教师创建互动式的学习活动和测验。通过分析课程内容，Transformer 模型可以产生多种难度层次的问题，从而帮助学生在不同层面测试和巩固知识。③Transformer 模型在机器翻译领域取得了显著的成功，在教育环境中，其可以提供多语言的学习材料，使非母语学生也能够访问和理解教学内容。此外，它还可以支持学生学习第二语言，提供实时翻译练习和与原文的对比学习。

GNN：GNN 即图神经网络，在教育领域是一种常见的深度学习技术。①利用 GNN 强大的表达能力，可以在有限的标注数据下，通过节点特征和拓扑结构进行半监督学习，对学习者和教育资源进行分类。②GNN 能够分析学习者之间的关系图，图中的边可以代表学生间的互动或相似度。③在学习者交流的过程中，GNN 可以通过分析对话或行为图中的情感模式进行情感分类。④GNN 能够处理多种类型的节点和边，可以在同一图中同时表示学习者和学习资源，分析它们之间的复杂关系并进行分类。

在教育领域，由于影响学习状况的因素较多且复杂，传统的机器学习方法不能很好地进行学习预测与判别。因此，借助深度学习技术能够将任何可向量化的教育数据作为输入且不需要特别的注解和标记的特性，可将其应用至教育中的资源推荐、成绩预测、情感分析等方面，以便获得较精确的预测效果。新型图神经网络（包含图卷积神经网络）模型能有效地处理具有复杂图结构的教育大数据，弥补了传统深度学习技术在非网格化数据建模上的不足，为研究图视域下教育数据建模、推荐、推理等提供了有力的技术支持。

4.3.4 知识表达与融合应用

知识是构成教育智能的要素之一，是教育利益相关者通过教育教学实践习得客观世界规律，再经过信息加工和改造而形成的教育领域知识。教育智能化首要解决的就是知识获取问题，知识的表达和融合过程是知识获取的重要环节。传统的知识获取流程需要人工来参与，即教育相关者中的专家从知识库或者知识图谱等知识源中获取所需的教育知识，通过相应的知识编辑器，将新生成的知识更新到相应知识源中。面对大规模数据量的增长，知识发现强调发掘数据中的内在关联和隐含信息，以帮助教育者理解数据之间的内在关系，辅助教育者做出精准的教育教学决策。

（1）知识获取

知识获取是从领域专家或其他机器学习手段来源获取和整理知识的过程。这个过程通常涉及自然语言处理和信息抽取等技术，以便从非结构化的文本数据中提取出结构化的知识。知识获取技术主要有以下四种。

专家访谈：这是一种直接从领域专家那里获取知识的方法，通常通过问卷、访谈、观察等方式进行。例如，为了构建一个教育评估系统，可以通过访谈教师来获取学生的学习情况、评估方法、教学方案等知识。

文本分析：这是一种从文本数据中自动或半自动地提取知识的方法，通常涉及自然语言处理、信息抽取、文本挖掘等技术。例如，为了构建一个地理知识图谱，可以从百科全书、地图、新闻等文本中抽取地理实体、属性、关系等知识。

机器学习：这是一种利用数据和算法来学习知识的方法，通常涉及分类、聚类、关联规则挖掘、神经网络等技术。例如，为了构建一个学生行为预测模型，可以利用大量的学生行为数据和机器学习模型来学习学生行为的规律知识，并通过一些机器模型可解释性技术，获取一些关于模型预测结果的决策性知识等。

教育因果分析：这是一种利用数据和算法来学习教育领域中的因果关系、因果机制和因果效应知识的方法。这个过程通常涉及因果推断、因果发现、因果分析、结构方程模型、贝叶斯网络、潜在变量模型、随机控制试验、匹配方法、倾向值分析等技术。例如，为了构建一个教育干预系统，可以利用学生的学习数据和教育干预数据以及因果推断模型来学习教育干预对学生学习效果的影响知识，并通过一些因果分析技术，获取一些关于教育干预效果的评估和优化知识等。又如，为了构建一个教育质量评估系统，可以利用学生的背景数据和学业成绩数据，运用结构方程模型，来学习教育质量的影响因素和路径知识，并通过一些潜在变量模型技术，获取一些关于教育质量的测量和改进知识等。再如，为了构建一个教育政策评估系统，可以利用学校的政策数据和学生的表现数据，通过随机控制试验，学习不同政策对学生表现的影响知识，并通过一些匹配方法和倾向值分析技术，获取一些关于政策效果的估计和比较知识等。

总之，教育知识获取有助于对教育领域的知识进行组织和管理，并为教学、研究和决策提供更全面、准确的知识支持。

（2）知识表示

知识表示是将获取到的知识转化为计算机和用户可以理解、处理的形式。这个过程通常涉及计算机科学和 AI 等领域的理论与方法，以便有效地存储、检索和利用知识。知识表示的技术主要有以下几种。

逻辑表示：这是一种利用数理逻辑语言来表示知识的方法，通常涉及谓词逻辑、一阶逻辑、描述逻辑等语言。例如，为了表示“所有的学生都需要参加期末考试”这个知识，可以用一阶逻辑语言写成“$\forall x$（学生（x）→参加期末考试（x））”。

网络表示：这是一种利用图结构来表示知识的方法，通常涉及语义网络、概念图、框架、本体等结构。例如，为了表示“数学是高中的必修课程”这个知识，可以用语义网络结构表示成一个节点“数学”和另一个节点“高中”以及一条有向边“必修课程”连接它们。

统计表示：这是一种利用概率分布或者向量空间来表示知识的方法，通常涉及概率图模型、隐含语义分析、神经网络嵌入等技术。例如，为了表示“微积分”这个概念，可以用神经网络嵌入技术将其映射到一个高维向量空间中的一个向量。

其他形式表示：还有一些可视化知识表达方法，可以帮助教育用户理解知识的结构和含义。①图表：这是一种利用图形、符号、颜色等元素来表示知识的方法，通常涉及柱状图、饼图、折线图、散点图等类型。例如，为了表示不同学科的考试成绩分布，可以用柱状图来显示每个学科的平均分、最高分、最低分等信息。②概念地图：这是一种利用节点和边来表示知识的方法，通常涉及概念、属性、关系等元素。例如，为了表示微积分的相关概念，可以用概念地图来显示微积分与函数、极限、导数、积分等概念之间的关系。③思维导图：这是一种利用树形结构来表示知识的方法，通常涉及中心主题、分支主题、子主题等元素。例如，为了表示微积分的学习内容，可以用思维导图来显示微积分的中心主题和各个章节的分支主题。④时序图：这是一种利用时间轴来表示知识的方法，通常涉及事件、时间点、时间段等元素。例如，为了表示微积分的发展历史，可以用时序图来显示不同时期的重要事件和贡献者。

（3）推理机制

推理机制是利用已有的知识推导出新的知识或做出决策的过程。这个过程通常涉及逻辑学和 AI 等领域的理论与方法，以模拟人类的思维过程。推理机制涉及的技术主要有以下几种。

演绎推理：这是一种从已有的一般性规则和事实推出新的特殊性事实的方法，通常涉及模态逻辑、归结原理、反向链接等技术。例如，已知“所有的学生都需要参加期末考试”和“小明是学生”，可以演绎出“小明需要参加期末考试”。

归纳推理：这是一种从已有的特殊性事实推出新的一般性规则的方法，通常涉及贝叶斯网络、决策树、支持向量机等技术。例如，已知“小明通过了期末考试”和“小红通过了期末考试”，可以归纳出“所有的学生都可以通过期末考试”。

类比推理：这是一种从已有的相似性事实推出新的相似性事实的方法，通常涉及结构映射、基于案例的推理、模拟等技术。例如，已知“小明通过了数学考试”和“小红通过了英语考试”，可以类比出“小明也可以通过英语考试”。

除了上述传统推理方法，近年来也出现了一些新的推理方法，主要利用深度学习和知识图谱等技术，以提高推理的效率和准确性。这些新方法主要有以下几种。

神经符号推理：这是一种结合神经网络和符号逻辑的推理方法，旨在克服纯神经网络的不可解释性和纯符号逻辑的不可计算性。例如，为了推理出“微积分是数学的一个分支”，神经符号推理系统可以利用神经网络从知识图谱中学习到“微积分”和“数学”的向量表示，然后利用符号逻辑从知识图谱中获取到“分支”的定义，最后结合向量运算和逻辑运算得到推理结果。

基于注意力机制的推理：这是一种利用注意力机制来选择和加权相关知识的推理方法，旨在克服传统推理方法的信息损失和计算复杂度。例如，为了推理出“微积分的基本定理是什么”，可以基于注意力机制的推理系统，利用注意力机制从知识图谱中筛选出与“微积分”和“基本定理”相关的知识，然后利用神经网络或者逻辑规则对这些知识进行加权和组合，最后得到推理结果。

基于记忆网络的推理：这是一种利用记忆网络来存储和更新知识的推理方法，旨在克服传统推理方法的知识冗余和过时问题。例如，为了推理出“微积分有哪些应用领域”，基于记忆网络的推理系统，可以利用记忆网络在知识图谱中存储与“微积分”相关的知识，并根据新的输入或者反馈对这些知识进行更新，然后利用神经网络或者逻辑规则对这些知识进行查询和匹配，最后得到推理结果。

（4）知识应用

知识应用是利用已有的知识来解决实际问题的过程。这个过程通常涉及计算机科学和

AI 等领域的理论和方法，融合发现的知识，以开发出实用和高效的应用系统。知识应用的技术主要有以下几种。

资源生成：以知识为核心构建教育知识资源，利用知识图谱建立起领域知识间的关联，知识点与不同版本的教材、教辅、讲义、视频、试题等各种教育资源间的关联，构成一个整体的教学资源库。

智能辅导：这是一种利用知识工程来提供个性化辅导的方法。例如，当学生在解决数学问题遇到困难时，智能辅导系统可以首先通过专家访谈或文本分析等方式获取数学概念和方法的知识；然后利用逻辑表示或网络表示等方式，将这些知识转化为计算机可以理解和处理的形式；最后利用演绎推理或归纳推理等方式，根据某学生的具体情况推导出适合其的解题策略。

智能问答：这是一种综合利用知识工程技术来回答自然语言问题的方法。例如，当学生提问“微积分是什么”，智能问答系统可以首先通过文本分析或机器学习等方式从大量的文本数据中获取微积分的定义和应用等知识；然后利用网络表示或统计表示等方式，将这些知识转化为计算机可以理解和处理的形式；最后利用归纳推理或神经符号推理等方式，根据用户的具体需求推导出可能的答案，并结合知识可视化表达等手段，给出用户易于理解和接受的回复。

科学管理：科学的教育教学能够汇聚教学各方利益相关者的综合知识，实现对教育教学的科学性与智能化管理。此外，来自教育教学全过程的多源数据还有利于多方利益相关者的相互监督与知识的协同创新，促进教学管理的不断优化。

4.4 数智驱动教育智能的服务对象与应用

教育大数据贯穿于整个教与学、教学管理、教学服务过程，在分析教育数据基础、关键技术的基础上，本节将分别从学习者、教师、管理者以及其他利益相关者方面来阐释教育大数据促进教育智能发展过程中涉及的服务对象与应用。

4.4.1 学习者

学习者是教育服务的主要目标，学习者自身特性、学习内容及学习过程等都是需要考虑的重点。教育大数据可为学习者提供多种服务。以下将从学习者用户画像、领域知识模型、教学模型三个方面阐释面向学习者的、数智驱动的教育智能发展。

（1）学习者用户画像

学习者用户画像从智能化角度分析学习者需求，利用数智驱动技术分析学习者的各类数据，了解学习者学习行为、情绪状态以及认知发展过程的画像，解释学习者在认知机理、情感产生等方面的抽象理论模型，即学习者在学习活动和外界环境交互过程中的心理特征变化及其相关关系；同时，将学习者已有的知识水平、先备经验等纳入到学习者模型中，作为个性化智能服务（如学习推荐、干预）的基础。

（2）领域知识模型

领域知识模型包含学习者所学科目的专业知识体系，用以表征将要学习的内容、范围或顺序，且涉及学习者对该知识技能的掌握状况。此外，领域知识模型包括教学全过程的知识，将教育领域的专家知识和经验总结成规则，以自适应的方式存入计算机系统，并建立学习全域多要素的自适应知识，为学习者提供及时的智能判断和决策依据。

（3）教学模型

教学模型中的智能体现在学习策略与学习工具的使用方面，以支持学习者使用多种学习策略开展自适应学习。如可以在基于问题的学习、自主学习、协作学习、探究式学习等多种学习形式中无缝切换，满足学习者对个性化智能服务的需求。另外，学习策略实施过程也离不开学习工具的支持，学习者可以利用协作学习工具（交互工具、认知工具、资源支持工具等）开展协作学习。此外，学习者可以在学习工具的支持下，根据实际的学习状态适性调整学习进度和学习策略，进而培养学习者运用综合知识与技能解决问题的能力。

学习者服务应用旨在强调以学习者为中心，分析 AI 技术在知识与能力结构的智能化表征、智能诊断与推荐、基于脑科学的智能辅助学习等方面的应用，以实现个性化教学。表 4.1 具体呈现了面向学习者的教育智能应用范畴。

表 4.1　面向学习者的教育智能应用范畴

应用领域	具体实现	技术手段
知识与能力结构的智能化表征	基于多源异构数据，利用 AI 技术，对各类知识进行深度表征	知识图谱是集数据科学、统计学、心理测量、内容绘图、标记等于一体的基础架构，能够根据知识点间的相互承接关系，精确定位学习者的学习掌握状态，旨在最大限度实现个性化
		学习认知地图是指一种能在语义和知识层面上仿真学习者知识结构与认知状态、表征学习者知识学习目标的可视化、开放性学习模型，能够为学习者提供适应性的学习资源、学习路径和人际网络服务
智能诊断与推荐	构建用户画像、资源画像及知识图谱，实现知识点掌握状态的智能诊断与资源的个性化推荐	利用实体识别、语义推理、关系抽取等技术，识别学习者在学习某个知识点时出现的学习障碍，构建领域知识点的逻辑结构关系帮助诊断
		综合利用各种 AI 技术，通过对学习者学习目标、学习风格、学习习惯以及知识点掌握状态的全面分析，准确刻画学习者的个性特征与学习需求；同时，对学习资源特性进行标签化标记；最终根据学习者的真实需求，智能化推送合适的学习资源
基于脑科学的智能辅助学习	深度融合神经科学和教育学等交叉学科，揭示深层次学习机制，为学习者分析与个性化学习提供依据	发展以大脑功能网络和能力模块为基础的测评系统，通过对基础学科的关键能力进行准确测试，找出学习问题背后的真正原因
		将脑科学的理念方法融入智能辅助学习中，培养学习者的注意力、反应力和自控力等学习能力，以及成长性思维、习惯养成、决策能力、情绪调节能力等
		通过教育大数据分析与大脑扫描技术，精准表征个体知识体系，构建全面系统的知识空间，根据个体能力匹配更符合大脑发展的个性化知识路径
		基于脑科学的可穿戴脑设备的快速普及和测量精度的提升，实现对个体学习状态、过程、注意力和情绪等的测量
智能机器人伴学	通过语音识别、图像识别、自然语言处理等技术，实现教育的功能	目前教育机器人在幼儿园和家庭中使用较多，主要实现陪伴娱乐、辅助学习和生活助手等儿童教育和生活看护陪伴功能；辅助教师教学，增强课堂生动性和趣味性；辅助教师语言教学，实现一对一口语练习；通过互动教学，提供 STEM 教育、编程学习，增强了儿童动手能力，提升学习兴趣；实时回答儿童各种问题，内置大量百科知识、儿童故事、诗词等
学习检测与预警		基于情感计算技术、人脸识别技术对学习者的面部表情、客观行为（如眼动、手势）以及声音等特征进行学习负担、倦怠等方面的监测与预警
智能学科工具辅学		学习过程中，智能学科工具能够收集海量教学和实践的学习数据，并进行细粒度分析，追踪学习者的知识和能力发展情况，提升学习分析的精准度，进而为学习者提供及时干预和学习辅助

4.4.2 教学者

对于教学者来说，在传统教育模式中，教师的主要精力在于备课、授课并为学习者创造丰富的学习环境，无法真正做到对每个学习者有教无类和因材施教，而教育大数据可为教师实施精准教学与专业发展提供有效支持。

（1）专业发展

在教师个人专业发展方面，教师可根据评估报告中的各项指标数据，重新审视自己的教学方法与策略，利用数据可视化技术，形成针对性的 TPACK 能力评估报告，获得专业的教师发展指导意见，为以后的教师职业发展规划制定提供依据。

（2）精准教学

在精准教学方面，教育教学全过程中产生的数据对教学者也有一定帮助，其以教育数据为基础，基于大数据核心相关技术，分析学习者的全过程学习数据，精准掌握学习者个体与班级群体的学习状态，进行智能答题、批改等服务，推荐个性化学习资源以及提供个性化评估报告。

教学者是数智教育服务对象的关键，新一代 AI 技术为教师提供了多种类型的教育服务，主要集中在教学、教研、教育评价、学生管理以及教师专业发展五个方面，表 4.2 具体展现了面向教师的教育智能应用范畴。

表 4.2 面向教师的教育智能应用范畴

应用领域	具体实现	技术手段
教学	智能辅导	通过人机交互技术协助教师为学生在线答疑解惑和远程授课，在不需要教师干预的情况下，能够及时进行智能指导与反馈
	智能答题	通过自然语言处理、因果推理、知识表示等 AI 技术，根据教育领域学科之间的不同特点和要求，构建能让机器充分理解，又能满足学科知识点之间关系的知识图谱，自动对已有的结构知识进行理解与加工，对给出的特定题目进行解答
	智能批改	利用图像识别、自然语言处理、数据挖掘等技术，针对不同学习情况自动批改，整理错题并定制个性化学习方案与计划
	个性化作业	根据个性化学习者知识模型，基于知识点/能力/层级等对题库中的所有题目进行语义化标注，进行个性化的作业发布
	个性化评估报告生成	实时获取学习者的评价数据和阶段性数据，对知识点覆盖情况、知识点能力层级、个体与班级对比情况等进行可视化，形成直观的、系统化的报告，并为反映出的问题提供诊断和指导
教研	教学设计生成	综合 AI 技术，通过对学习情境、授课内容以及学习者的分析，自动聚合、调整生成教学设计
	学期/年度总结生成	通过对阶段性、学期或年度的教学效果评估，自动生成对教师学期、年度总结，辅助教师反思教学方法与策略
	学生学习心理研究	利用可穿戴设备、软件监控系统等，通过分析心率、睡眠等指标预测学习者的心理健康状态或潜在、异常问题学习者；基于定位技术，追踪网络行为与语言特征，预测高危学习者或自杀风险
教育评价	利用 AI 技术对学习者的问题解决能力、课堂心理状态等进行多角度的综合评价	实际问题解决能力诊断评价：基于交互测评技术，实现教师对学习者问题解决过程的记录，并基于这些信息，对实际问题解决的过程进行诊断评价
		智能课堂评价：利用情绪识别技术、人脸识别技术等，分析学习者情绪，使教师了解学生的学习兴趣是否饱满、情绪是否正向，从而适应性调整自己的教学；利用自然语言处理技术，对学生的开放性答案进行自动标记与识别，将其及时反馈给教师，使教师及时调整教学策略
		利用 AI 技术根据每位学习者的知识和认知状况提供职业和其他规划建议方案，辅助学习者进行成长与发展规划，实现学生的适应性和个性化发展，比如基于学习者特征的选课系统

续表

应用领域	具体实现	技术手段
学生管理	口语陪练/测评	通过语音识别和语义分析技术辅助教师进行口试测评，减少教师口语陪练、口语考试测评及评分统计等相关的工作量
	学情分析	基于过程监测和大数据分析，形成对学习者个体画像与班级整体的学情分析报告，提供给教师，实现教师对学习者个体与班级群体的精准诊断，进行因材施教，提高教学效率
	课堂管理	根据学情报告中的各项指标数据，教师可以准确规划教学路径与资源、设计教学策略与方法，获得专业的指导意见。同时，利用AI技术实现自动化、常态化的课堂观察，大幅减少教学管理时间
	班级管理	基于后台学习成绩、学习进度、学习习惯等数据，通过智能分析技术，分析班级整体的学习氛围状况、薄弱知识点分布、成绩分布等学情信息，更高效地协助教师管理班级
教师专业发展	教师TPACK能力的整体评估	利用AI技术，可视化教师TPACK各维度的能力层级，辅助教师了解其在教学知识、技术以及知识等方面存在的优势与不足，为以后的教学起到指导作用

4.4.3　教育管理者

教育场景中的多源数据可为教育管理者带来重要支持，通过智能分析达到精准化与及时性反馈，助力教育教学管理的智能化。

（1）数据融合的微观层面

在教育管理智能化的进程中，多方力量的数据融合起着至关重要的作用。首先，它能够汇聚学习者、教师、教育管理者甚至家长等社会各方综合数据来源。有了这些丰富的数据，教育管理可以实现全面的自动化管理、实时监控与智能诊断，从而使教育管理更加趋于智能化与精细化。其次，数据融合促使各数据主体进行相互监督与监管。这种相互监督不仅有助于提高管理的透明度，还能实现信息的共享和协同管治，让教学管理更加公正、高效。

（2）教育管理的宏观层面

从教育管理的宏观层面看，各级教育管理部门应根据教与学的特点、创新人才培养与课程改革的要求，完善教育教学质量监控和教学管理体制，积极应对AI给传统教育教学管理模式和体制带来的冲击，实现学校、政府等各级教育部门的教学组织、评价和管理的互通与互助，提升教育管理的智能化水平。

利用数据驱动的教育决策将促使教育管理者以更高效与科学化的方法推动教育管理工作。教育管理者不仅要改进现有教育体系，满足学习者个性化需求，更要能够预见来自新技术的威胁并及时采取相应的应对措施。以下将从教育管理者从事的教务工作、人事行政、学校管理等方面阐释面向管理者的教育智能应用范畴，如表4.3所示。

表4.3　面向管理者的教育智能应用范畴

应用范畴	具体实现	技术手段
教务工作	选课、排课、分班	基于数据分析方法，综合分析学习者的选课情况、学习者成绩、教师教学质量等，进行智能选课、分班以及排课
	学生升学/职业规划	为升学、留学、求职等提供智能规划和申请服务
人事行政	学生考勤	运用FaceID、声纹识别、人脸识别考勤、人脸识别监考等技术统计学生的出勤率等

续表

应用范畴	具体实现	技术手段
学校管理	招生、咨询	提供智能咨询功能，并且能够根据招生结果分析营销渠道是否有效，对学习者标签与市场投放的广告进行智能匹配
	保卫、安防工作	校园视频监控识别、火灾监测、漏水监测、防盗监测、环境监测
	智能图书馆管理	根据学习者的学习内容和兴趣等情况，智能推荐书目，实现学习者自适应阅读

4.4.4 其他利益相关者

此外，其他利益相关者对教育智能发展具有不可忽视的指导与监管作用，接下来将从政府、企业和家长三方面来阐释面向其他利益相关者的教育智能发展。

（1）政府

政府通过获取与分析不同层级的教育大数据，深度分析国家以及全球教育趋势，合理调整教育管理方式和手段，针对性应用创新示范开展个性化学习服务、教育管理决策等，促进教育的核心利益最大化。

（2）企业

在教育大数据推动教育智能发展的过程中，企业要为教育出谋划策并提供资金、实践基地与合作交流机会等，在涉及教育发展的关键性问题上提供技术援助和政策建议。教育智能是否满足其发展诉求，决定着教育发展生态环境的优劣。

（3）家长

家长既是教育体系的重要组成部分，也是教育数据间接的服务对象与消费者，不仅关注教育成果，而且关注教育过程中的条件、学风等影响学习质量的外在因素。在大数据助力区域发展系统中，家庭是大数据应用的重要场景，家长可以借助数据开展精准助学、基于数据实现更好的家校协同。大数据平台能够将家长和学生连接起来，家长能够透过数据看到学生发展的真实表现，借助大数据给学生真正需要的助学指导，而不是盲目地报各种辅导班。但现阶段对家长层面关注较少，后续可关注教育大数据能为家长和利益相关者提供的帮助，打造家校协同的局面[20]。

面向其他利益相关者的应用服务主要集中在决策、设计、监管等方面，政府、企业和家长分别从不同层面对教育产生一定的影响，表 4.4 呈现了面向其他利益相关者的教育智能应用范畴。

表 4.4　面向其他利益相关者的教育智能应用范畴

应用范畴	技术手段
全面回馈信息	利用 AI 技术，通过综合分析“教、学、管”复杂场景下的大数据，全面把握数据背后隐藏的教育信息，支持其他利益相关者辅助教育管理者进行智慧决策
全新流程设计	基于对前期采集的教学、学习、考试、管理等教育场景数据的存储、加工，创建分析、度量、诊断、预测等各类教育模型，综合设计全教育业务流程
全程参与监管	基于教育管理数据、行为数据及相关行业数据，利用业务建模、数据可视化等技术手段，提供全程监控与协同管理等教育服务，全程参与对学校的校园管理、区域的教育管理与教育治理等教育工作

续表

应用范畴	技术手段
全局决策支持	运用新一代AI算法，进行企业、家、校、生等多元主体的动态诊断和反馈，形成横向与纵向维度的学习者个性成长图谱、教师的教学质量评估图；构建产业标准和大数据背景图，有效评估群体教育水平，为产业资源配置提供最优决策支持；为长短期的目标任务提供最优路径，提高资源利用率和学习效率，为超大规模团体提供长远教育的发展规划和目标达成检测

现阶段，新一代AI技术在教育中的应用主要作为辅助，并没有实现面向“教、学、管”不同教育场景下的全流程应用闭环，要想使AI与教育深度融合，人类不但要善用自身智能，更要善纳AI，以拓展可利用的智能资源，构建理想的教育应用形态，以推动AI在教学、管理、资源建设等方面的全景化、全流程应用。

参 考 文 献

[1] 贾超，常永才. 数智时代教师培训师素养的构成要素、驱动逻辑与发展指向[J]. 电化教育研究，2023(9)：122-128.

[2] 顾小清，郝祥军. 从人工智能重塑的知识观看未来教育[J]. 教育研究，2022，43（9）：138-149.

[3] 祝智庭，韩中美，黄昌勤. 教育人工智能（eAI）：人本人工智能的新范式[J]. 电化教育研究，2021，42（1）：5-15.

[4] Yang Y，Zhuang Y T，Pan Y H. Multiple knowledge representation for big data artificial intelligence：Framework，applications，and case studies[J]. Frontiers of Information Technology & Electronic Engineering，2021，22（12）：1551-1558.

[5] O'Connor K. Constructivism，curriculum and the knowledge question：Tensions and challenges for higher education[J]. Studies in Higher Education，2022，47（2）：412-422.

[6] 张誉元，张海. 数据生命周期视阈下教育数据伦理问题及规约之径[J]. 中国电化教育，2022（10）：118-125.

[7] 陈丽，郑勤华，徐亚倩. 知识的“技术”发展史与知识的“回归”[J]. 现代远程教育研究，2022，34（5）：3-9.

[8] 周东波，赵帅，肖明. 知识引导智能教育评价：内涵、机制与路径[J]. 教育研究与实验，2023(4)：118-127.

[9] 邱韵霏，李春旺. 智能情报分析模式：数据驱动型与知识驱动型[J]. 情报理论与实践，2020，43（2）：28-34.

[10] 邢蓓蓓，杨现民，李勤生. 教育大数据的来源与采集技术[J]. 现代教育技术，2016，26（8）：14-21.

[11] 杜华，顾小清. 人工智能时代的知识观审思[J]. 中国远程教育，2022（10）：1-9，76.

[12] Xu Z B. Four major tasks of data science[J]. Data Science and Management，2021（3），1-2.

[13] Li Z，Xu X L，Hang T，et al. A knowledge-driven anomaly detection framework for social production system[J]. IEEE Transactions on Computational Social Systems，2022，11（3）：3179-3192.

[14] 杨现民，王榴卉，唐斯斯. 教育大数据的应用模式与政策建议[J]. 电化教育研究，2015，36（9）：54-61，69.

[15] 孙洪涛，郑勤华. 教育大数据的核心技术、应用现状与发展趋势[J]. 远程教育杂志，2016，34（5）：41-49.

[16] 肖君. 教育大数据[M]. 上海：上海科学技术出版社，2019.

[17] 刘桐，沈书生. 从表征到决策：教育大数据的价值透视[J]. 电化教育研究，2018，39（6）：54-60.
[18] 贾君枝，崔西燕，任明. 数据与知识双驱动的知识组织系统构建框架研究[J]. 情报理论与实践，2023，46（10）：157-162.
[19] 牟智佳. 多模态学习分析：学习分析研究新生长点[J]. 电化教育研究，2020，41（5）：27-32，51.
[20] 邢蓓蓓，杨现民，李勤生. 教育大数据的来源与采集技术[J]. 现代教育技术，2016，26（8）：14-21.

第 5 章

数智驱动下的教与学增效技术

本章将深入探讨数智技术在优化教学过程和推动个性化学习方面的应用。内容涵盖数智驱动下的教学过程增效技术和个性化学习增效技术，以及这些技术的适配实现。在教学过程方面，本章将探讨如何通过大数据分析、智能推荐、教学要素自动生成等技术来提升教学准备、课堂教学、辅导答疑和教研等环节的效率。在个性化学习增效方面，本章将介绍基于教育大数据的学习者画像、学习内容生成、个性化推荐、学习过程表示及其演化规律发现等技术，旨在为每个学习者提供量身定制的学习体验。此外，本章还将重点探讨基于最近发展区理论的群智协同教学过程增效，以及基于 GenAI 的个性化学习内容生成，展示这些技术如何在实际教学场景中进行适配和实现。通过系统介绍这些数智技术在教育领域的创新应用，本章将为提升整体教学质量和学习效果提供新的思路与方法。

5.1 数智驱动下的教学过程增效技术

教学是教育过程中的核心环节，数智技术为教学提供了全方位的支持服务。数智驱动的教学从辅助教师教学的角度出发，覆盖备课、授课、作业与辅导、教研等多个环节。其通过大数据分析学生学情、智能推荐教学资源、自动生成教学设计方案、智能体辅助教学、智能辅导与答疑、人机协同教研等功能，有效提升教学效率和针对性。本节将详细阐述教学过程增效的概念与理论基础、数智驱动下的教学准备阶段增效技术、教学阶段增效技术、辅导答疑阶段增效技术，以及教研阶段增效技术。通过应用这些技术，教学过程的各个环节将得到优化和提升，从而实现整体教学质量的显著提升。

5.1.1 教学过程增效的概念与相关理论

1. 教学过程增效的概念

（1）教学过程

我国著名教育家李秉德在其著作《教学论》中将教学过程定义为“学生在老师的指导下，对人类已有的认知经验的认识活动和改造主观世界、形成和谐发展个性的实践活动的统一”。该观点突出了学生、教师双方的能动性，体现了教学过程是一个双方协同的过程。顾明远在其主编的《教育大辞典》中主张，教学过程是指师生在共同实现教学任务中的活动状态变换及其时间流程，由相互依存的教与学两方面构成。顾明远的观点与李秉德关于教学过程本质的理解有相似之处，都强调师生的共同参与，但同时也表明教学过程是一个流动变化的过程。

（2）教学增效

在《现代汉语词典》（第七版）中，效率一词有如下解释：①机械、电器等工作时，有用功在总功中所占的百分比。②单位时间内完成的工作量。本书中的效率是指单位时间内完成的工作量。在现代社会，追求效率已经成为各行各业的目标。教育作为培养人的社会实践活动，同样离不开对效率的追求。可以说学校产生以来，追求效率就成为它的重要目标之一。班级授课制及其教学理论的产生本质上就是为了提高教学效率，它是学校教育适应大工业生产需要大量熟练劳动力的产物。传统的班级授课制虽然在一定程度上提高了教学效率，但也存在明显局限性。它将教学局限于固定场景，采用统一的教学进度和内容，难以实现因材施教，无法满足学生的个性化学习需求，反而在某些方面制约了教学效率的进一步提升。因此，在本书中，增效特指在数智技术的帮助下，突破传统班级授课制局限，通过深入分析教学数据、优化教学设计、智能推荐教学资源、以及自动化教学评估等，使教师能够在相同的教学时间内更有效地传授知识，提高课堂的教学效率。这种效率的提升不仅体现在教学方法的改进上，更在于通过技术的应用，使教学过程更加精准地适应学生的学习需求，从而实现教师教学工作的最优化。

2. 教学过程增效相关理论

教学过程最优化理论。教学过程最优化理论是一种以提高教学质量和实现最优教学效果为目标的教育理论。它由苏联教育家巴班斯基提出，基于辩证唯物主义和系统论，将教学过程视为一个系统，通过对系统各组成部分及其相互关系的分析，找出优化教学过程的方法。巴班斯基认为教学过程有六个基本成分：目的、激发-动机、教学内容、操作-活动、检查-调节、评价-结果。在此基础上，巴班斯基将教学过程相应地划分为六个环节、三个阶段：教学的准备→教学的进行→教学的评价。其中教学的准备包含前三个教学环节：①掌握教学的目的与任务，并在研究学生的基础上使目的具体化；②使教学内容具体化；③制定计划，优化教学方法和手段。该阶段突显了将教学设计即备课阶段纳入教学过程，实现教师教学与学生学习相统一这种教学过程最优化理念。教学的进行阶段包括计划执行及自我检查两个环节，此阶段教师可以对教学计划进行适当的调整。教学评价阶段即为学习成效分析阶段。在该阶段，教师需查明在课堂教学中尚未解决的问题，以供下一轮教学参考。本章节主要借鉴巴班斯基“教学过程最优化”理论中的教学过程阶段范型，将教学过程划分为准备阶段、实施阶段、辅导答疑阶段和教研阶段，从横向的实践顺序来看，包括教学设计、教学实施和教学评估与反馈三个连续的活动状态；从纵向的时间流程来看，包括课前、课中、课后三个接连展开的程序结构。教学过程最优化理论通过详细规划各个教学环节，明确教学目标，优化教学内容和方法，进行有效的教学评价，从而不断改进教学过程，并最终为提升教学效果提供系统化的指导。教师可以在实际教学中借鉴该理论，对各个教学环节进行细致的分析和调整，最大程度发挥教学效益，实现教学过程的优化。

维果茨基“最近发展区”理论。维果茨基是苏联杰出的心理学家，他认为教学要想发挥好对学生的主导和促进作用，就必须走在学生发展的前面，因此提出了影响深远的最近发展区理论。最近发展区指的是学生当前独立解决问题的实际水平与在教师指导或与能力较强同伴合作下可能达到的潜在水平之间的差距。这一概念强调社会互动和协作在促进学习中的关键作用，为群智协同教学提供理论支撑。教师在教学前必须确定学生的以下两种水平：一是现有发展水平，也就是学生已经达到的水平；二是在学习后可能达到的发展水平。通过对比，得出两种水平之间存在的差距，即最近发展区，它代表着学生发展的潜能，也是教师制定教学目标、选择教学内容和教学方法的主要依据。在群智协同教学中，教师可以利用多样化的评估工具和数据分析技术，精确识别学生群体的最近发展区，并据此设计适应性的教学策略。通过整合多方智慧和资源，群智协同教学能够为不同学习水平的学生提供个性化的学习支持，使教学活动始终处于引领学生发展的最佳区间。这种方法不仅能激发学生的学习潜能，还能促进协作学习，让学生在与他人的互动中获得成长。同时，借助数智技术，教师可以实时监测和调整教学过程，确保教学活动持续匹配学生动态变化的最近发展区，从而最大化学习效果。这种基于最近发展区理论的群智协同教学模式，能够有效整合个体与群体的智慧，为每个学生提供最适合的学习挑战和支持，实现教学过程的整体增效。

群体动力理论。群体动力理论由德国心理学家卡特·勒温提出。该理论认为人的心理和行为取决于内部需要和环境的相互作用。当人的需求未能满足时，就会产生内部力场的张力，环境起着导火线的作用。基于该理论，在教学过程实践中，教师可以设计小组合作学习活动，利用群体互动促进知识建构；创造积极的课堂氛围，激发学生的学习动机；培养教师学习共同体，通过同伴互助提升教学效能。通过运用群体动力理论，教师可以充分利用群体互动的力量，创设更加高效和富有活力的学习环境，从而提高整体的教学效果。

联通主义理论。联通主义理论是乔治·西蒙斯提出的一种数字时代的学习理论。联通主义认为，在互联网与媒介技术高速发展的背景下，学习是在核心元素不断变化的模糊环境中发生的过程，它并不完全在个人的控制之下，而是存在于自身之外的一个组织或数据库中。学习主要是一种对特定信息集的连接，而这些能够促进学习更多知识的连接比当前的认知状态更重要。其主要观点是：能掌握更多知识的能力比掌握目前已知的知识更重要；培养和保持连接是促进持续学习的必要条件；能够发现领域、想法和概念之间的连接是一项核心技能；流通（准确、最新的知识）是所有联通主义学习活动的目的。在教学过程增效实践中，教师可以鼓励学生利用在线资源和社交网络进行自主学习；设计跨学科、跨领域的学习任务，培养学生建立知识连接的能力；利用数字工具和平台促进教学资源的共享和协作[1]。通过应用联通主义理论，教师可以帮助学生更好地适应信息时代的学习需求，提高信息获取和知识建构的效率，从而实现教学过程的整体增效。

人机协同理论。人机协同理论是一种强调人与智能系统协作的理论模型，旨在充分发挥人类和机器各自的优势，实现 1+1>2 的协同效应。该理论的思想可以追溯到 20 世纪 60 年代约瑟夫·利克莱德提出的“人机共生”概念，并在近年来随着 AI 技术的发展而得到进一步深化和应用。该理论认为，人类具有创造性思维建模、情感认知体验、复杂决策等优势，而机器在信息处理、数据分析、逻辑运算等方面具有优势。通过合理分工与协作，人机协同可以显著提升整体工作效率和质量[2]。在教学过程中，应用人机协同理论，教师可以利用智能系统辅助备课、课堂管理、作业批改等工作，将更多精力投入到与学生的互动交流中；学生可以借助智能学习系统进行个性化学习和练习，同时保持与教师和同学的有效互动。这种人机协同模式可以优化教学资源配置，提高教学效率，为师生提供更好的教与学体验。通过人机协同，教师可以在保持教育人文关怀的同时，充分发挥智能技术的优势，实现教学过程的整体增效[3]。

5.1.2 数智驱动下的教学准备阶段增效技术

数智驱动下的教学准备阶段增效技术是指运用大数据、AI 等先进技术手段，提高教学准备效率和质量的创新方法。该技术融合传统教学经验与现代智能分析，旨在帮助教师更精准地把握学情，实现教学备课增效。本节将重点介绍两个核心技术：基于机器学习的智能学情分析，以及数智技术赋能教学备课。基于机器学习的智能学情分析利用先进算法对学生多维度数据进行深度挖掘，为教师提供客观全面的学情洞察。数智技术赋能教学备课则着重于结合学情分析结果，利用各类数智技术赋能教学准备的各个环节，包括个性化教学目标设定、教学活动设计、教学策略设计以及教学反馈方案设计等方面。通过整合这些先进技术，教师可以更有效地进行教学准备，从而提高整体的教学质量和学生学习效果。

1. 基于机器学习的智能学情分析

智能学情分析是提高教学质量的重要手段，它运用先进的大数据技术和机器学习算法，克服了传统学情分析方法的局限性。随着大数据和 AI 技术的发展，学情分析技术能够快速收集和分析学生的多维度信息，如个人特征、师生互动、学习成果等，使评价更加全面客观。本部分介绍基于机器学习的智能学情分析技术框架，如图 5.1 所示，包括学情因素量化与影响因素判别、模型建立。该智能化的学情分析过程不仅能帮助教师更深入地了解学生的实际情况，还能为备课和教学设计提供可靠的数据支持。通过这种方法，教师可以获得更精准的学情洞察，从而制定更有针对性的教学策略，提高整体教学效果。

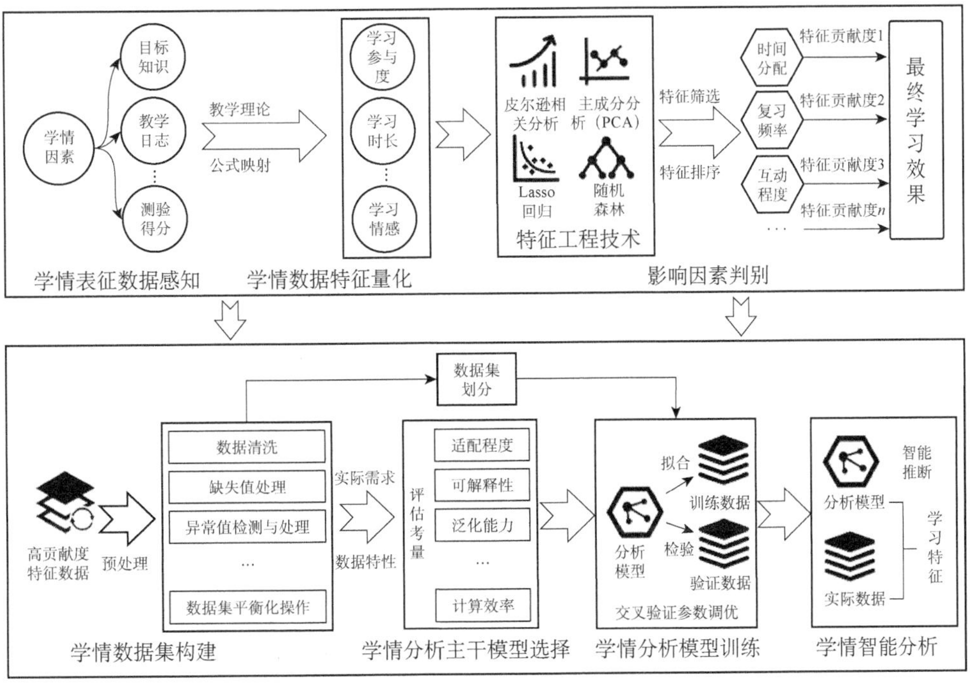

图 5.1　基于机器学习的智能学情分析技术框架

（1）学情因素量化与影响因素判别

学情表征数据感知：为实现精准的学情分析，需要收集和整理与学习过程相关的多维度历史数据。这些数据包括但不限于学习参与度（如课堂出勤率、发言频率）、活跃度（如在线学习平台的登录次数、停留时间）、学习内容相关度（如知识点掌握程度、错题分布）、学习情感（如课堂情绪、学习兴趣）、学习时长、作业/测试情况（如完成率、正确率）、学习者目标匹配度等。数据收集过程应考虑数据的完整性、准确性和代表性，涉及多种数据源，如课堂观察系统、在线学习平台日志、智能考试系统等，为后续分析提供高质量的输入。

学情数据特征量化：收集到的教育大数据需要进行系统化的特征量化处理。这个过程涉及将定性数据转换为定量指标，例如将学生的课堂参与程度量化为1—5的数值尺度，或将作业完成质量转化为百分比。量化过程应考虑不同特征的性质和重要性，涉及多种统计和数学方法，如标准化、归一化、离散化等，以确保量化结果能够准确反映学情的各个方面。此外，量化过程还需要处理缺失值、异常值，以及进行特征组合或降维，以提高数据质量和分析效率。

影响因素判别：在特征量化的基础上，需要识别对教学效果具有显著影响的关键因素。这一步骤可以采用多种统计和机器学习方法，如皮尔逊相关分析、主成分分析、随机森林特征重要性评估、Lasso回归等。目的是从众多学情因素中筛选出最具解释力和预测力的指标，例如可能发现学习时间分配、知识点复习频率、课堂互动程度等因素对学习效果影响较大。这些发现为后续的模型建立提供重点关注的方向，同时也为教师的教学策略调整提供依据。

（2）基于机器学习的学情分析模型建立

根据上述所有学情因素的影响程度，选取主要影响因素作为训练样本特征以实现学情分析模型的构建。将历史教学过程中产生的教育大数据作为模型的主要训练样本，基于机器学习算法实现学情分析建模。

学情数据集构建：首先需要对历史学情数据进行整理和预处理，包括数据清洗（如去除重复数据、修正错误值）、缺失值处理（如均值填充、回归插补）、异常值检测与处理（如采用箱线图法、3σ原则）等。然后将处理后的数据集划分为训练集（通常占70%—80%）和测试集（占20%—30%），以便于后续模型的训练和评估。数据集的构建应确保样本的代表性和均衡性，可能需要采用分层抽样或过采样/欠采样技术来处理不平衡数据，避免潜在的偏差。

学情分析主干模型选择：根据学情分析的具体需求和数据特性，选择适当的机器学习算法。常用的算法包括但不限于决策树（适合处理非线性关系和特征交互）、随机森林（提供特征重要性排序，抗过拟合）、支持向量机（适合高维数据，有较好的泛化能力）、神经网络（适合复杂模式识别）等。模型选择应考虑算法的解释性、泛化能力、计算效率等因素，以及与具体教学场景的适配度。例如，对于需要解释学生学习行为的场景，决策树或随机森林可能更合适；而对于预测学生未来表现的任务，神经网络可能表现更佳。

学情分析模型训练：使用构建好的训练集对选定的模型进行训练。训练过程中可能涉及参数调优（如使用网格搜索、随机搜索或贝叶斯优化）、交叉验证（如k折交叉验证）等技术，以提高模型的性能和稳定性。对于复杂的学情分析任务，可能需要考虑集成学习（如Bagging、Boosting）或深度学习方法（如长短期记忆人工神经网络，用于序列数据分析），以提高模型的预测能力。训练过程中应密切监控模型的学习曲线，防止过拟合或欠拟合。

学情智能分析：在模型训练完成后，使用测试集对模型进行评估和验证，采用适当的评估指标（如准确率、F1 分数、AUC-ROC 曲线等）确保能够全面评估模型在未见过的数据上的性能。然后，将训练好的模型应用于实际的学情分析任务中，为教师的备课工作提供数据支持。模型可以输出学生的学习特征（如学习风格偏好）、知识掌握程度（如各知识点的掌握水平）、潜在的学习困难（如易错知识点预测）等信息，帮助教师更好地理解学生的学习状况，从而制定更有针对性的教学策略。例如，模型可能识别出某些学生在特定类型的问题上表现不佳，教师可以据此在备课时增加相关的练习和讲解。

通过这种基于机器学习的智能学情分析方法，教师可以在备课阶段就获得对学生学习情况的深入洞察，从而制订更加个性化和有效的教学计划。这不仅提高了教学准备的效率，也为实现精准化、个性化的教学奠定了基础。例如，教师可以根据分析结果调整课程难度，设计针对性的教学活动，或为不同水平的学生准备差异化的学习材料，从而最大化每个学生的学习潜力。

2. 数智技术赋能教学备课

在教学备课过程中，教师常面临制定教学目标难以满足不同学生发展需要、教学活动缺乏针对性、教学策略不易优化以及进行教学评估有效性不足等挑战。数智技术的引入为解决这些问题提供了可行方案。通过深度解析学生的历史学习数据，智能学情分析可以为教师提供精准、全面的学情洞察，从而支持更加个性化和高效的备课过程。本小节将介绍如何结合学情相关数据，利用数智技术赋能教学备课过程，涵盖教学目标设定、教学活动设计、教学策略设计、教学反馈方案设计等主要备课环节。

（1）基于智能学情数据挖掘的教学目标设定

在教学目标设定过程中，利用智能学情分析结果可以显著提升教学目标的精准性和有效性。该过程主要包括学情特征提取、学习需求识别和教学目标生成三个核心步骤。

学情特征提取：对于智能学情分析获取的历史学情数据，采用深度学习技术进行特征表示学习，以获得更加抽象和有效的学情特征表示。考虑个体特征和群体特征，可以采用 GNN 技术，如图卷积神经网络（GCN）或图注意力网络（GAT），将学生之间的关系信息融入特征表示中。这样可以得到既包含个体特征又反映群体特征的表示。最后，通过注意力机制或池化操作（如差分池化 DiffPool）对学生群体的特征进行汇总，得到反映整体学情的类级别特征表示。

学习需求识别：基于学情特征编码的结果，智能学情分析系统使用机器学习算法自动识别学习需求。可以采用监督学习方法，如支持向量机或随机森林，训练模型来预测学生在不同知识点和能力上的表现。同时，使用异常检测算法（如隔离森林）识别可能存在学习困难的学生。通过将这些预测结果与预设的课程标准比对，可以自动确定需要重点关注的学习内容和技能。

教学目标生成：利用学情特征学习和学习需求识别的结果，结合预先定义的课程知识图谱和教学大纲，自动生成教学目标。这一步骤可以采用深度学习模型，如多层感知机（MLP）或 Transformer 结构，将学情特征提取结果和学习需求结果映射到预定义的教学目标类别或参数空间，这些类别或参数包括目标难度级别、涉及的知识点、技能类型等。然后，使用这些输出来选择或填充预先设计的教学目标模板。最后，利用一个经过微调的大型语言模型（如GPT系列）来润色和扩展这些模板化的目标，使其更加自然和具体。这个语言模型可以将模板化目标、课程知识图谱和教学大纲作为上下文输入，生成最终的教学目标。

（2）数据驱动的教学活动智能设计

数据驱动的教学活动智能设计是利用历史教学数据和智能学情分析，实现教学活动的精准规划和优化。该过程主要包括基于时序特征的教学事件分析、学情驱动的序列化教学活动智能推荐和基于GenAI的教学活动资源生成三个核心步骤。

基于时序特征的教学事件分析：旨在从历史教学实践的多模态数据中挖掘教学阶段、活动及其时序关系，为后续的教学活动设计提供全面的数据支持。首先，利用多模态数据处理技术整合文本、音频、视频等多源教学数据，通过多模态特征提取和融合算法（如Tensor Fusion Network）构建统一的教学事件表示。随后，采用时序模式挖掘算法（如PrefixSpan）从融合后的多模态数据中发现频繁出现的教学事件序列模式，并使用关联规则挖掘算法（如Apriori）探索教学事件之间的多维关联规则。最后，基于挖掘的时序模式和关联规则，构建多模态教学事件时序图谱，并采用图神经网络（如Heterogeneous Graph Transformer）对图谱进行表示学习，捕捉复杂的时空依赖关系和跨模态交互特征，从而全面理解教学序列事件的结构和动态特性。

序列化教学活动智能推荐：结合前一步骤的分析结果和目标学生群体的学情数据，生成个性化的教学活动序列。首先，利用多模态学习技术融合学生的历史成绩、学习行为、情感状态等多维度数据，构建全面的学情特征表示。然后，采用序列到序列模型（如BART），将学情特征和教学事件时序图谱作为输入，生成候选的教学活动序列。接着，设计多目标评估函数并使用强化学习算法（如PPO）对生成模型进行微调，优化活动序列的质量，确保其符合教学目标和学生需求。最后，基于协同过滤和内容过滤的混合推荐算法，结合相似学生群体的历史反馈，对生成的活动序列进行个性化调整和排序，提供最适合当前学情的教学活动方案。

基于GenAI的教学活动资源生成：根据智能推荐的教学活动序列，自动生成或推荐相应的教学资源，支持教师快速完成备课。首先，基于知识图谱和语义理解技术分析每个教学活动所需的资源类型和内容要求。随后，利用向量检索技术（如FAISS）在现有多模态资源库中快速检索相关资源，并采用深度语义匹配模型对检索结果进行精确排序。对于缺失的资源，使用大型语言模型（如类GPT模型）和多模态生成模型（如DALL-E）自动生成文本、图像、音频等多模态教学内容。最后，使用多模态内容理解技术评估生成资源的质量和适配性，并通过强化学习算法动态调整资源生成策略，确保生成的教学资源与推荐的教学活动序列高度匹配，同时满足个性化学习需求。

（3）过程表现归因赋能教学策略设计

过程表现归因赋能教学策略设计旨在通过分析学生历史学习过程的表现数据，发现影响学生学习效果的关键因素，从而为教师在备课阶段制定更加精准、有效的教学策略提供支持。这个过程主要包括历史学习表现数据的多维分析、学习表现归因模型构建和基于归因的教学策略生成三个核心步骤。

历史学习表现数据的多维分析：学习表现数据的多维分析是进行过程表现归因的基础。

首先，从学校的各个系统中收集并整合学生的历史学习数据，包括过去的考试成绩、作业完成情况、课堂参与记录等。然后，对这些数据进行预处理，包括数据清洗、标准化和结构化。接着，基于教育学理论和数据挖掘技术，提取反映学生长期学习过程的关键特征，如学习持久性、知识点掌握的稳定性等。最后，运用趋势分析、模式识别、聚类分析等方法，从多个维度深入分析学生的历史学习数据，揭示长期学习过程中的潜在模式和趋势。

学习表现归因模型构建：在多维分析的基础上，构建能够解释学生历史学习表现的归因模型是关键。首先，运用纵向数据分析技术，如交叉滞后模型或时间序列分析，探索学生历史学习过程中各因素之间的长期因果关系，识别对学习效果产生持续影响的关键变量。然后，基于这些分析结果，设计归因模型，可以考虑使用决策树、随机森林等解释性强的机器学习模型，或者采用 RNN 等能处理序列数据的深度学习模型。最后，通过历史数据的时间切分或留出法进行模型验证，评估归因模型在不同时期数据上的表现，并不断优化模型参数和结构，提高归因的准确性和可靠性。

基于归因的教学策略生成：基于归因结果生成针对性的教学策略，是实现备课增效的关键步骤。首先，基于教育学理论和历史教学经验，构建包含各种教学策略及其长期效果的知识库，涵盖针对不同长期学习问题和学习风格的多样化教学方法。随后，利用归因模型的输出结果，结合学生群体的历史特征和学习目标，从策略知识库中筛选和匹配最适合的教学策略，可以采用基于规则的推理系统或基于历史数据的协同过滤算法来实现。最后，基于历史数据中不同策略组合的长期效果，使用优化算法设计最优的教学策略组合，以同时针对学生群体中的多种学习问题，提供全面的教学支持。

（4）智能化教学评估与反馈方案设计

智能学情分析与 AI 生成内容（artificial intelligence generated content，AIGC）技术的结合可以为教学评估与反馈机制的设计提供有效支持。该过程可以分为三个核心步骤：机器学习支持的多维度评估指标体系构建、基于学情分析的个性化评估方案设计及自然语言生成的评估反馈模板制定。

多维度评估指标体系构建：多维度评估指标体系构建是设计智能化教学评估的基础。首先，利用智能学情分析的结果，构建全面的教学评估指标体系。这些结果提供了学生学习行为、学习成果、学习态度等多维度的深度洞察。然后，应用数据挖掘技术如因子分析和主成分分析，从海量学情数据中提取关键评估维度。接着，采用层次分析法或模糊综合评价法，确定各指标的权重，构建科学合理的评估指标体系。同时，利用聚类算法如 K-means 或 DBSCAN，对学生群体进行精确分类，为后续的个性化评估提供数据基础。

个性化评估方案设计：这个过程首先根据学情分析的聚类结果，确定每个学生群体在评估指标体系中的重点维度，如学习自主性强的群体可能更注重高阶思维和创新能力指标。随后，基于群体特征设计差异化的指标权重分配方案，调整不同维度在总体评估中的比重。这种设计还包括为每个群体选择匹配的评估方法组合，如使用智能化在线测试评估知识掌握度，项目式评估衡量实践应用能力等，确保能有效测量指标体系的各个维度。同时，制定动态调整的评估实施计划，使评估频率和时间点与指标特性相匹配，如对软技能指标进行更多的过程性评估。最后，构建一个能根据学生在各指标维度表现实时调整策略的自适应评估机制。这种紧密结合评估指标体系的个性化方案不仅能准确衡量不同群体的学习成果，还可以为教师提供精准指导，促进学生在指标体系定义的各个方面都得到发展。

自然语言生成的评估反馈模板制定：评估反馈模板制定是利用 AI 技术创建灵活、个性化的教学评估反馈模板的过程。首先，基于前两个步骤构建的评估指标体系和个性化评估方案，设计模板生成的输入框架。这个框架包含评估维度、学生特征、学习表现等关键要素。然后，利用大型语言模型（如 GPT-4 或 T5）微调一个专门的评估反馈生成模型。这个模型需要用大量高质量的教学评估样本进行微调，以确保生成的内容符合教育领域的专业标准。接下来，设计一套模板生成规则，包括反馈结构（如优点描述、改进建议、未来目标等）、语言风格（如鼓励性、建设性等）及针对不同学习阶段和学科的特定表达方式。还需要考虑如何在模板中嵌入动态元素，使其能够根据具体的评估数据自动调整内容。最后，实现一个交互式的模板生成系统，允许教师通过简单的参数调整来定制反馈模板，同时系统能够学习教师的偏好，不断优化模板生成过程。通过这种方法，创建出既标准化又个性化、既专业又富有人情味的评估反馈模板，大大提高教师撰写评估反馈的效率和质量。

5.1.3　数智驱动下的教学阶段增效技术

在数智驱动下，课堂教学正经历着深刻变革，从传统的讲授式教学向以学生为中心、注重互动与探究的新型教学模式转变。数智技术不仅为教师提供了精准的教学评估工具，还为课堂教学的阶段带来增效的可能。课堂教学过程中产生的海量实时数据，为深入分析教学的过程、优化教学策略、提升教学效果提供了前所未有的机遇。本节将探讨如何利用数智技术在课堂教学阶段实现增效，助力教学质量的全面提升。

1. 基于深度神经网络的教学行为分析

深度神经网络在教学行为分析中展现出巨大潜力，可以有效突破传统机器学习方法对复杂数据处理能力不足的问题。其强大的多模态数据处理能力为捕获和分析教学过程中的复杂特征提供新的可能。本节将介绍一个基于深度神经网络的课堂教学行为识别与分析技术框架，如图 5.2 所示。该框架包含数据采集与预处理、行为识别和行为语义分析三个核心步骤，旨在充分发挥深度学习在教学行为分析中的优势，为提升课堂教学效率奠定坚实基础[4]。

（1）课堂教学行为数据的感知采集、预处理

课堂实录视频采集：课堂教学行为分析的数据主要来源于智慧课堂录制的实录视频，这些视频能够提供丰富的原始素材。但并非所有素材都适合直接用于分析，因此，需要利用群智感知技术对收集到的视频进行初步筛选，剔除那些画面模糊、学生座位异常或其他不符合标准的素材。该步骤确保只有高质量、有代表性的视频才会被用作最终的训练样本和测试样本，从而提高后续分析的准确性和可靠性。

课堂教学行为数据标准化：智慧课堂实录视频通常由专业的教育录播系统进行录制。为提升视频的观感，后台管理人员往往会对原始视频进行一系列后期处理，如镜头切换、调色等。然而，这些处理可能会影响机器学习模型的训练效果。为构建高质量的数据集，需要采集多视角、多人场景的视频片段。这就要求将处理过的视频按照镜头进行切分。可以使用 FFmpeg 程序，结合多维语义驱动的数据优选方法，将智慧课堂实录视频精确地按镜头切分，从而实现对不同视频样本的标准化，确保它们满足模型输入的需求。

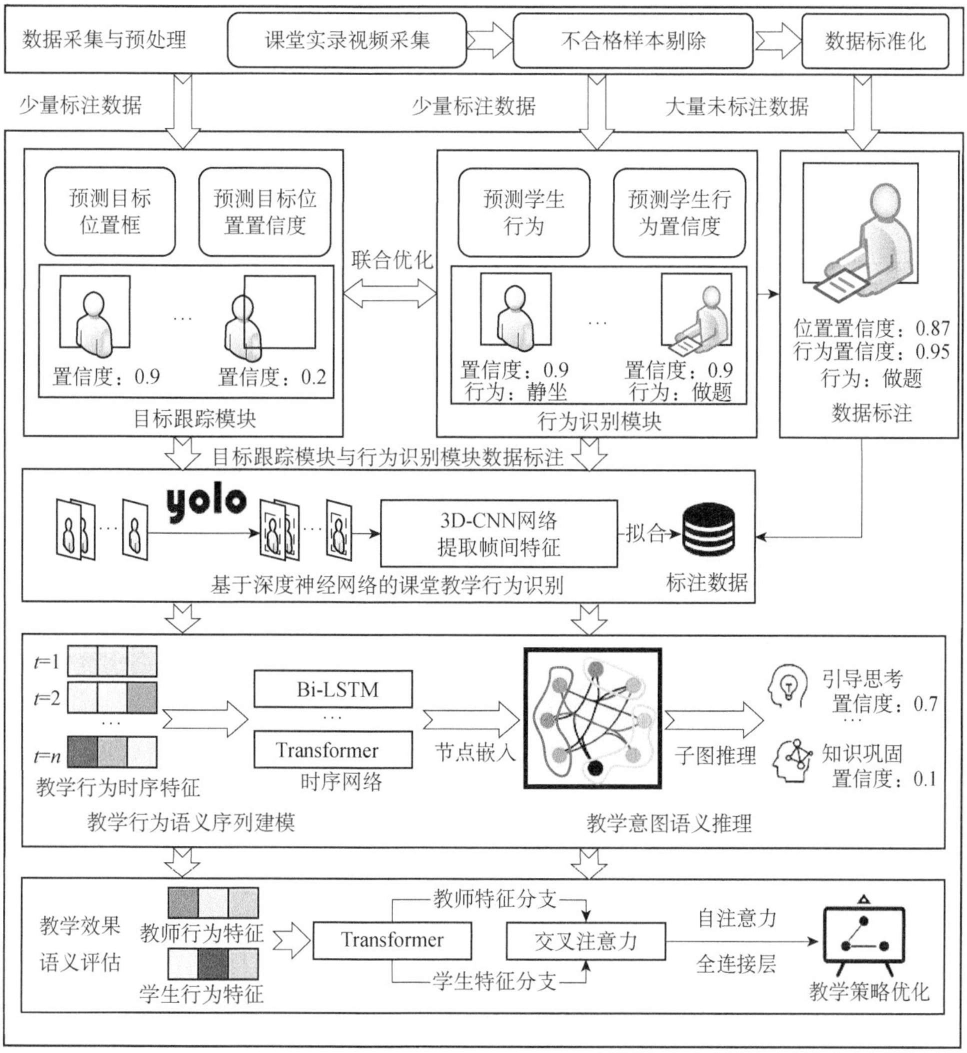

图 5.2　基于深度神经网络的课堂教学行为识别与分析技术框架

目标跟踪模块与行为识别模块数据标注：教学行为分析模型通常采用监督学习的方式进行训练。这种学习方法需要使用已标注的数据来训练模型，使其能够从输入数据中预测相应的输出。在多分类监督学习中常用多类交叉熵（cross entropy，CE）作为损失函数，其公式为

$$L_{CE}(y,\hat{y}) = -\sum_i y_i \log\hat{y}_i \quad （式 5.1）$$

其中，y 是真实的学生行为标签，对应的 $\hat{y}$ 即为模型预测的行为标签。为利用课堂视频数据训练教学行为分析模型，需要对这些数据进行额外的标注。目前主流的课堂教学行为分析模型通常包含目标跟踪和行为识别两个主要模块。对于目标跟踪模块，需要标注目标学生在连续行为片段中的位置；而对于行为识别模块，需要结合教学过程数据群智解析与语义融合技术，设计一套基于智慧课堂的学生行为分类指标，先对部分学生数据进行人工标注，然后利用智能标注技术自动标注剩余的图片数据。

（2）基于深度神经网络的课堂教学行为识别

课堂教学行为数据标注完成后，即可进行模型训练和部署。课堂教学行为识别主要采用

模式识别技术，其中 YOLO 和 YOWO 是两种具有代表性的算法。YOLO 将目标检测问题转化为单次回归问题，通过一次网络前向传播同时预测多个边界框和相应类别。相比传统目标检测方法（如 R-CNN、Fast R-CNN），YOLO 的效率更高。YOWO 则是针对视频目标检测和动作识别的深度学习算法，结合 YOLO 进行目标检测，并利用 3D-CNN 处理视频帧间时序信息，实现对视频中动作的高效识别。

课堂教学行为识别的具体应用步骤如下：

1. 将预处理后的标准化数据输入目标检测框架（如 YOLO）。

2. 使用深度卷积神经网络（如 DarkNet），通过卷积层和池化层提取图像高层特征。

3. 应用目标跟踪框架预测边界框。目标跟踪模型能够保存检测框中的特征，在目标被遮挡后重新出现时，通过特征对比重新定位目标，降低追踪失败的可能性。

4. 每个网格单元预测 k 个边界框及其置信度，反映目标学生在边界框内的概率。

5. 采用平滑 L1 损失函数作为边界框回归损失：$\mathrm{L}_{\mathrm{reg}}=\frac{1}{N_{\mathrm{pos}}}\sum_{i\in\mathrm{pos}}\mathrm{Smooth\,L1}(\hat{b}_i-b_i)$，其中 N 为正样本数量，N_{pos} 为学生目标跟踪数据中正样本的数量，$\hat{b}_i$ 是预测学生边界框的坐标，b_i 是真实学生边界框的坐标。

6. 目标检测算法的总损失还包括分类损失（交叉熵）和置信度损失：$\mathrm{L}_{\mathrm{conf}}=\sum_{i=0}^{S^2}\sum_{j=0}^{B}1_{ij}^{\mathrm{obj}}(\mathrm{IoU}_{ij}-\hat{p}_{ij})^2$，其中 IoU_{ij} 是预测边界框和真实边界框之间的交并比，$\hat{p}_{ij}$ 是预测的边界框中是否包含物体的概率。

7. 最终损失为三个损失函数之和。

8. 使用行为识别模块对目标学生的个体行为进行分类，得到每个网格单元预测 C 个课堂教学行为类别的条件概率。

9. 输出结果包含所有学生的跟踪边界框坐标、置信度及对应的课堂行为类别概率。

这种基于深度神经网络的方法能够有效识别和分析课堂教学行为，为教学过程的质量评估和增效决策提供重要依据。

（3）基于深度神经网络的课堂行为语义分析

课堂教学行为识别模型经过大量数据训练后，能够从未标注的课堂视频数据中提取出教学行为数据。然而，仅仅识别出行为还不足以全面理解课堂教学的动态过程。深度神经网络的强大语义理解能力为进行更深层次教学行为语义分析提供了可能。以下介绍几种课堂教学行为语义分析方法。

教学行为语义序列建模：教学行为语义序列建模识别课堂教学是一个动态过程，对教学行为进行时序语义建模，从而理解整个教学过程中行为的语义演变，捕捉教学行为的上下文语义关系，例如理解“提问-等待-解答”这样的教学行为序列的整体语义。其技术实现路线使用双向长短期记忆网络（Bi-LSTM）或 Transformer 编码器来处理时序数据，输入为连续时间步的教学行为特征，每个时间步的特征由前面所提到过的多模态融合模型生成，模型输出每个时间步的上下文化语义表示，此外还可以添加自注意力机制来增强长程依赖的建模能力，最后使用时序池化操作（如平均池化或注意力池化）得到整个序列的语义表示。通过分析这些语义序列，可以洞察教师教学策略的动态调整过程，帮助分析学生行为变化的趋势与原因，评估教学节奏的合理性，以及识别出有效的教学模式。

教学意图语义推理：教学意图语义推理在识别出的教学行为基础上，进一步推断教师的教学意图，从教学行为的语义关系中推断出更高层次的教学意图，如“引导思考”“知识巩固”等。其技术实现路线的构建基于 GNN 的模型，将教学行为视为节点，将行为之间的语义关系视为边，构建教学行为语义图，使用 GAT 或 GCN 进行消息传递，更新节点的语义表示，最后通过全局图池化操作得到整个图的表示，再通过 MLP 分类器推断教学意图。通过理解教师的意图，更好地评估教学设计的有效性，并为教师提供个性化的教学建议。

教学效果语义评估：教学效果语义评估通过对学生行为和教师行为的语义分析，建立教学行为语义与学习效果之间的映射关系，从而对教学质量进行语义层面的评估。其技术实现路线为设计一个端到端的深度学习模型，首先使用 Transformer 编码器分别处理教师行为序列和学生行为序列，然后通过交叉注意力机制建模教师行为和学生反应之间的互动关系，接着使用自注意力机制捕捉长期的教学效果演变，最后通过 MLP 回归器预测教学效果得分，可以引入课程学习（curriculum learning）策略，先学习预测短期教学效果，再逐步过渡到对长期教学效果的预测，通过分析教师行为和学生反应之间的语义互动，识别出最有效的教学策略，量化教学影响力，并为教学改进提供由数据驱动的指导。

2. 差异化适配下的智能体教学增效

教育智能体作为一种创新性的教学辅助工具，正在为教学实践带来新的可能。本书将教育智能体定义为学习环境中的虚拟角色，它通过多模态交互（如语音、文本、肢体动作和面部表情）为教学过程提供智能支持。本节将详细介绍差异化适配下的智能体教学增效框架（图 5.3），重点阐述如何结合行为分析方法来增强教育智能体的适应性，实现差异化教学。

（1）智能体教学情境差异化感知

教育智能体全面感知并深入理解复杂的教学情境，是实现差异化适配教学的基础。这部分主要包括三部分内容。

教学环境信息智能化感知：智能体通过先进的多模态传感技术，实现对教学环境的全方位智能化感知。智能体综合运用视觉、听觉和其他传感器，捕捉教室的物理环境参数。同时，监测教学设备的运行状态，如电脑、投影仪、电子白板等设备的工作情况和使用频率。此外，感知教室内的空间布局、座位安排以及学生的出勤情况。这种多维度的环境信息感知为智能体提供丰富的数据源，智能体能够构建一个动态、全面的教学环境数字模型，为适应性教学提供重要的上下文支持。

面向差异化适配的师生特征感知：为了扩展其感知能力以实现更精细的差异化适配，智能体需要综合利用多种传感器捕捉课堂中的师生动态行为。在此基础上，智能体需要进一步利用多模态深度学习模型，将课堂教学行为数据与个体特征数据结合起来，构建更全面的师生特征模型。对于学习者，智能体在识别基本教学行为的基础上，进一步获取学生的认知过程、学习策略和知识掌握程度等特征。例如，通过对学生作答过程的细粒度分析，智能体可

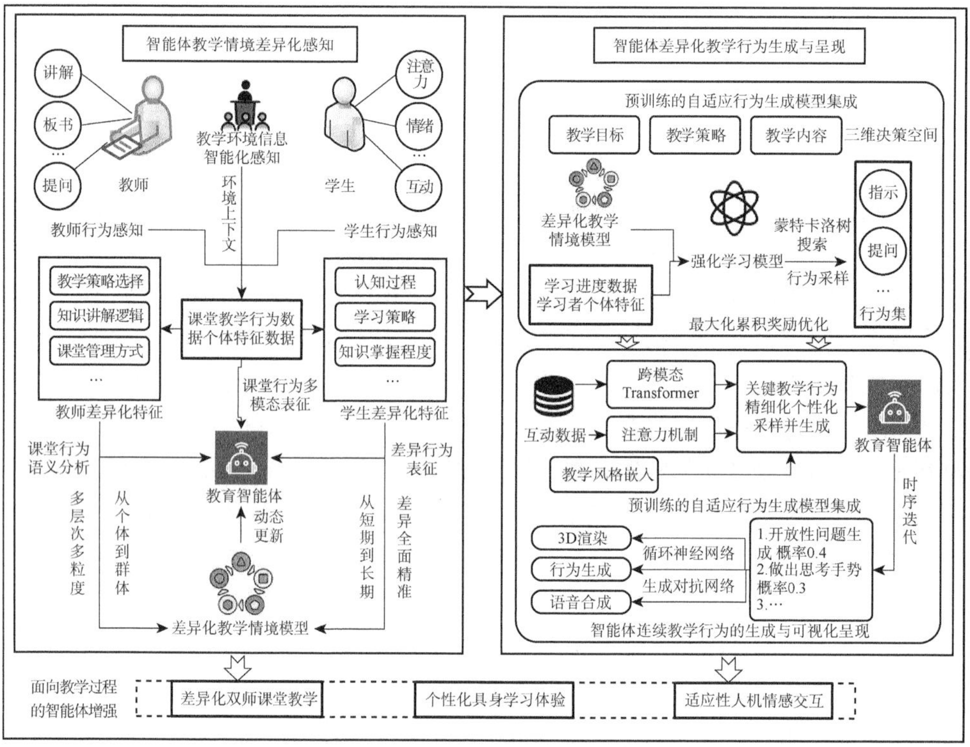

图 5.3 差异化适配下的智能体教学增效框架

推断学生的思维方式和问题解决策略。对于教师，智能体在识别教学行为序列的基础上，深入分析教师的教学策略选择、知识讲解逻辑和课堂管理方式。此外，智能体还能基于课堂行为语义分析结果，获取班级整体的学习氛围、互动模式和知识掌握水平的分布特征等。这种多层次、多角度的特征感知为智能体提供丰富的个体差异信息，支持更加精准和差异化的教学适配。

差异化教学情境模型建立：基于全面的教学环境和师生个体特征感知，构建一个面向智能体的动态、多维的差异化教学情境模型。该模型首先通过高级数据融合算法，整合来自不同感知渠道的异构数据，形成统一的情境表示。对每个学习者和教师，模型创建差异化支持的特征向量，包括知识状态、学习曲线和教学风格等维度。模型可以采用多层次、多粒度的表征方法，精确刻画从个体到群体、从短期到长期的教学情境差异。此外，模型具备实时更新能力，能够及时反映教学过程中的动态变化。这种差异化的情境模型为智能体提供全面而精准的教学场景理解，为后续的差异化适配教学决策和行为生成奠定坚实的信息基础。

（2）智能体差异化教学行为生成与呈现

基于差异化需求的教学行为决策：智能体首先通过分析学习者的个体特征、学习进度和当前教学情境，构建一个多维度的决策空间。这个决策空间包含教学目标、教学策略和教学内容三个主要维度。智能体运用强化学习算法，如深度 Q 网络（DQN）或策略梯度方法，在这个决策空间中选择最优的教学行为。决策过程考虑到即时反馈和长期学习效果，通过最大化累积奖励来平衡短期目标和长期教学效果。此外，智能体还采用蒙特卡洛树搜索等技术，模拟多步决策的结果，以选择最佳的教学行为序列。这种基于差异化需求的决策机制使智能体能够针对不同学习者和教学情境，生成个性化且适应性强的教学行为描述。

基于预训练模型的关键教学行为生成：智能体利用预先训练的大规模行为生成模型，将第一阶段生成的教学行为描述转化为具体的关键教学行为。这些预训练模型基于海量的教学视频数据和人机交互记录进行训练，具备强大的跨模态理解和生成能力。在生成过程中，模型首先将教学行为描述编码为高维向量，然后通过多头注意力机制和跨模态 Transformer 结构，生成一系列关键的教学行为表示。这些行为表示包括具体的语言内容、语音特征、面部表情和肢体动作等多个维度。例如，对于“引导学生思考”的教学行为描述，模型可能生成“提出开放性问题”的具体语言内容，配合“语调上扬”的语音特征，以及“眉毛微挑”和“做出思考手势”的非语言行为。模型的多样性采样机制确保生成行为的丰富性，同时保持与原始教学行为描述的一致性。此外，还可以整合教师风格嵌入，允许生成的行为保持特定的教学风格特征。这个阶段生成的关键教学行为类似视频生成中的关键帧，为后续的连续行为生成和渲染奠定基础。通过这种方式，智能体能够将决策生成的教学行为描述转化为具体、富有表现力的关键教学行为，为实现精细化和个性化的教学互动创造条件。

智能体连续教学行为的生成与可视化呈现：基于上述生成的关键教学行为，智能体需要将离散的行为转化为连续、流畅的可视化教学行为序列。系统将学生、教师和智能体自身在过去若干时间步长内的多模态特征作为输入，通过 RNN 或 Transformer 模型预测下一时刻的智能体行为，确保行为序列的时间连贯性。采用自适应采样和插值技术解决不同模态数据采样率不一致问题，并引入生成对抗网络（GAN）技术提高行为的真实感和多样性。预测的抽象行为随后转化为具体的视觉呈现，涉及语音合成、表情生成和肢体动作生成等多个模块的协同工作。这些模块的输出整合到统一的 3D 角色模型中，通过实时渲染技术呈现完整的智能体形象。系统可以采用物理引擎模拟技术，确保动作符合自然规律，增强真实感。通过这种方法，智能体能够以高度拟人化的方式呈现连贯、自然且富有表现力的个性化教学行为序列，为学习者提供沉浸式的学习体验。

（3）面向教学过程的智能体增强

随着数智技术的发展，教育智能体正在改变传统教学模式，为实现差异化教学提供新途径。教育智能体通过其智能特性，能在多个方面提升个性化教学效果，包括差异化双师课堂教学、个性化具身学习体验及适应性人机情感交互等。

差异化双师课堂教学：差异化双师课堂教学旨在优化人类教师和教育智能体共同参与的课堂教学场景，提供针对不同学习者需求的个性化教学。其技术实现路线主要包括：利用多模态传感技术和深度学习模型实时捕捉和分析每个学生的学习状态和需求差异；基于学生个体特征的互动模式识别算法，使智能体能够为不同学生提供差异化的教学介入；通过知识图谱和自然语言处理技术，智能体可以根据学生的知识基础实时补充个性化教学内容；利用自适应行为生成模型，根据学生个体差异动态调整介入策略，如提供个性化练习、针对性答疑等；结合教学过程挖掘技术，智能体能为人类教师提供每个学生的学习进展分析，辅助制定差异化教学策略。这种人机协作的教学模式能够充分发挥人类教师的创造性和情感引导能力，同时利用智能体的个性化指导优势，实现教学资源的最优配置，为每个学生提供量身定制的学习体验。

个性化具身学习体验：利用 VR、AR 等先进技术，结合教育智能体，创造适应不同学习者需求的个性化学习环境。其实现路径包括：基于学生个体特征和学习风格，利用3D建模和渲染技术构建个性化虚拟教学场景；集成计算机视觉技术实现动作捕捉与识别，根据学生的行为特点提供差异化反馈；整合多感官信息，为不同学习偏好的学生提供个性化的感知体验。在此基础上，教育智能体通过深度强化学习算法学习并展示适应不同学生需求的教学行为；基于知识图谱和语义理解技术，根据学生的认知水平对抽象概念进行个性化具象化。智能交互策略的实现使智能体能够根据每个学生的学习进度和偏好实时调整策略，规划个性化学习路径[5]。这种个性化具身学习体验不仅能提高学生的学习兴趣和参与度，还能促进每个学生的深度理解和知识迁移，实现真正的差异化教学。

适应性人机情感交互：适应性人机情感交互着重于提升教育智能体的情感智能，以适应不同学生的情感需求。其技术实现路线主要包括：利用多模态情感计算技术，教育智能体能够实时分析每个学生的情感状态，识别个体情感表达差异；基于大规模预训练情感对话模型，智能体能根据学生的个性特征生成具有情感共鸣的个性化回应；通过情感状态预测算法，智能体可以针对不同学生预判可能的情感变化，提前制定个性化的情感调节策略；结合个性化情感模型，智能体能够根据学生的性格特征和情感表达方式，制定差异化的情感交互策略；利用情感调节理论和认知行为疗法原理，智能体可以为每个学生设计并实施个性化的情感干预措施。这些技术使教育智能体不仅能够准确理解和回应每个学生的独特情感需求，还能主动营造适合不同学生的学习氛围，从而有针对性地增强每个学生的学习动机、提高其学习参与度。

5.1.4 数智驱动下的辅导答疑阶段增效技术

在教育信息化快速发展的背景下，传统的辅导答疑模式已难以满足个性化、规模化教学的需求。数智驱动的辅导答疑技术通过融合AI、大数据等先进技术，为教学过程的关键环节——辅导答疑阶段提供创新解决方案。本节将重点介绍两种数智驱动的辅导答疑增效技术：人机智能协同的作业辅导和基于课程知识图谱的智能答疑。人机智能协同的作业辅导通过整合机器的数据处理能力和人类教师的专业判断，实现个性化、大规模的高效作业辅导。基于课程知识图谱的智能答疑则利用知识图谱技术构建课程认知模型，为学生提供准确、及时的智能答疑服务。这些技术不仅能提高辅导答疑的效率和质量，还能减轻教师工作负担，支持个性化教学，最终全面提升教学质量。通过这些数智驱动的技术手段，辅导答疑阶段的增效将为整个教学过程的优化带来积极影响。

1. 人机智能协同的作业辅导增效

AI技术的迅速发展为教育领域带来新的机遇和挑战。虽然机器学习在数据驱动的任务中表现出色，但在复杂推理和情感激励等方面仍逊于人类专家。同时，人类教师在大规模个性化辅导方面也面临能力和精力上的限制。因此，将AI与人类专业知识结合，形成人机智能协同的作业辅导模式，成为辅助教学增效的关键。本节介绍人机智能协同的作业辅导增效技术框架，如图5.4所示。该框架涵盖从数据采集、辅导目标确定到作业辅导的全流程，形成一个闭环的智能辅导系统。通过人机协作，不仅可以克服单一依赖机器或人类的局限性，还能够充分发挥双方优势，从而显著提升作业辅导的效率和质量。

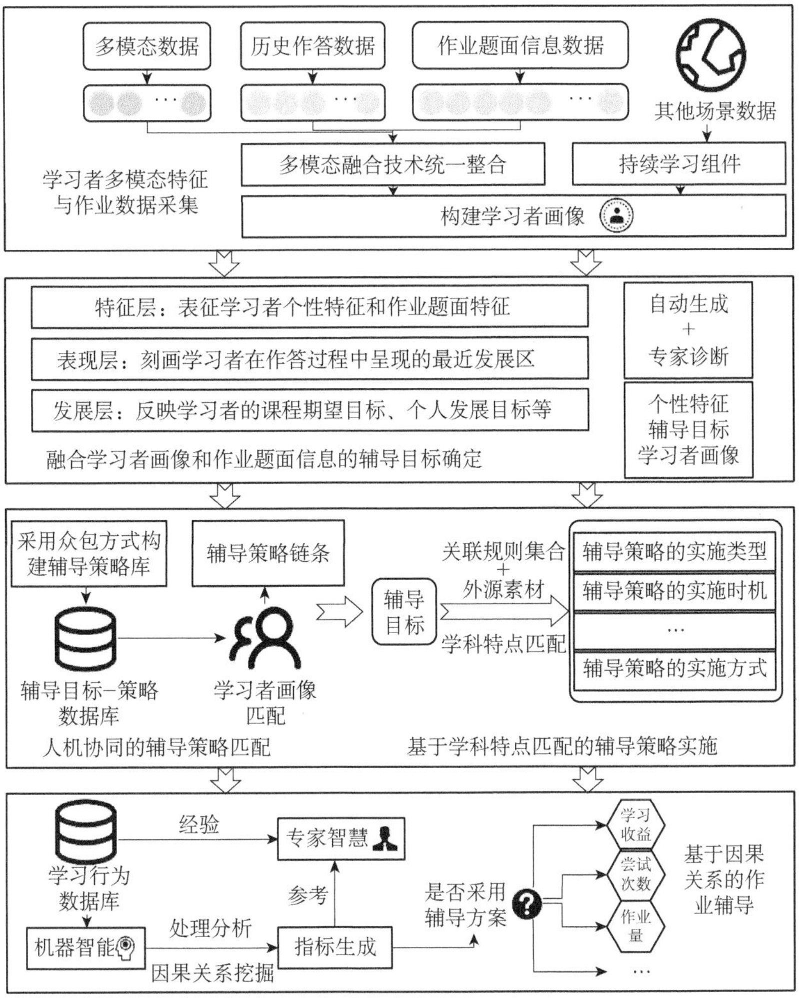

图 5.4　人机智能协同的作业辅导增效技术框架

（1）学习者多模态特征与作业数据采集

学习者多模态特征与作业数据采集是智能作业辅导的关键。该过程利用教学全过程数据群智感知技术，从多维度获取学习者信息，包括知识状态、能力水平、情感态度等。通过融合专家智慧和机器智能，构建群智感知网络，优化数据采集过程。采用多模态融合技术和深度学习模型，如多模态 Transformer，整合不同类型的数据，构建全面的学习者画像。多模态持续预训练方法确保模型动态更新，适应新的教学场景。通过上述方法与流程，可以提高数据采集的效率和质量，为个性化辅导提供精确的信息支持，为智能作业辅导策略的制定和实施奠定坚实基础[6]。

（2）融合学习者画像和作业题面信息的辅导目标确定

若要确定辅导目标，需对学习者画像和作业题面信息进行全面、准确、动态的刻画。构建题意理解和学习者画像模型是确定辅导目标的基础。本部分从特征层、表现层和发展层三个层面入手进行辅导目标的确定。

特征层：表征学习者个性特征（基本信息、学习风格、易错点等）和作业题面特征（作业类型、所属章节、考查知识点、学科能力层级等）；

表现层：刻画学习者在作答过程中呈现的最近发展区，即正确作答所需知识、能力层级与已有知识、能力层级的差距；

发展层：反映学习者的课程期望目标、个人发展目标等，通过问卷获取。

基于这三个层面的数据，建立作业辅导目标诊断模型，判断不同学习者的辅导目标。辅导目标实体具有五个属性：学习者当前知识体系框架、当前作业反映的学科能力属性、易错点情况、作业考查的知识点属性和学科能力属性。这些属性将结合机器智能诊断和专家经验进行协同决策。

（3）人机协同的辅导策略匹配

该部分基于众包机制的辅导策略标注，结合AI分析和人类专家判断，对策略试题进行标注，生成辅导策略库。辅导策略实体具有五个属性：策略名称；扩展内容描述（来源于外源数据库和人类专家补充）；策略类型（题意理解类、解题思路类、知识框架类、情感激励类、资源推荐类、综合评价类）；辅导时机；实施方式（专家辅导、机器辅导、人机协同辅导）[7]。

依据辅导目标与策略的关联关系，AI系统初步形成“辅导目标-辅导策略”关联规则集合。基于此关联规则集合，结合学习者个性特征，机器学习算法匹配初步的辅导策略链条。随后，通过人机智能协同决策，人类专家对系统生成的策略链进行审核，特别是对低置信度的策略链进行修正，确保辅导策略质量。这种人机协作模式既保证了策略匹配的效率，又确保了策略的适用性和有效性。

（4）基于学科特点匹配的辅导策略实施

基于学科特点匹配的辅导主要指由AI系统初步分析并明确辅导策略的实施学科，依据作业辅导的学科特点，自动化实施预先设定的组织框架。例如，数学学科的作业辅导需采用“审题-解题-拓展学习”三大步骤。其中，审题环节为题意理解的过程，解题环节为传达解题思路及知识点的过程，拓展学习环节为推荐学习资源和综合评价过程。在以上环节，AI系统初步选择合适的辅导策略，随后由人类教师进行审核和微调，确保策略的适用性。随后，智能系统依据当前学科特点，匹配不同辅导策略的实施类型、实施时机以及实施方式等属性，形成初步的个性化辅导方案。人类教师则根据自身经验和对学生的了解，对这一方案进行最终审核和优化，确保辅导方案既符合学科特点，又满足学生的个性化需求。

（5）基于因果关系的作业辅导

通过结合AI的数据分析能力和人类专家的经验判断，依据因果关系和学习者作业行为数据，通过学习收益、作业量、作业尝试次数等指标确定辅导效果，并据此确定优化方法。具体而言，AI系统首先对海量的学习行为数据进行快速处理和初步分析，生成辅导效果的量化指标。随后，人类专家根据这些指标，结合自身的教学经验和对学生的了解，对辅导效果进行全面评估。基于这种人机协同的评估结果，系统会自动推荐不同的优化策略，而人类专家则负责最终决策和实施。

根据辅导效果，采取不同策略：

1. 学习收益提高且作业量、尝试次数减少：AI 系统建议重新进入“辅导目标确定”环节，人类专家审核并确认这一建议。

2. 学习收益提高但作业量、尝试次数增加：系统自动返回“辅导策略实施”环节，人类专家根据系统提供的数据分析，重新审视学科特点，协同调整策略。

3. 学习收益不显著且作业量、尝试次数较多：系统自动尝试下一条策略，同时向人类专家发出警报。如果多次尝试后仍无效，系统判定辅导方案可能失效，并请求人类专家进行深入分析和干预。

对失效方案，采取如下处理方式：

1. 系统自动返回“辅导策略匹配”环节，同时邀请人类专家进行深入分析和修订。

2. 若修订后效果显著，系统自动更新关联规则集合，人类专家审核更新结果，确保系统能够继续优化服务。

3. 若效果仍不明显，系统建议返回“辅导目标确定”环节，人类专家根据系统提供的数据分析，协同修正学习者画像和题意理解模型。

4. 更新辅导目标，重新匹配策略并实施，直至达到预期效果。

这种人机智能协同的作业辅导效果评估与优化机制，充分发挥了 AI 系统的高效数据处理和分析能力，以及人类专家的经验判断和创新思维。AI 系统能够快速处理大量数据，识别潜在问题和优化方向，而人类专家则能够基于丰富的教学经验，对系统的分析结果进行解读和补充，做出更加全面和深入的判断。这种协同机制不仅能够及时发现和解决辅导过程中的问题，还能持续优化辅导策略和方法。通过人机智能的不断互动和学习，辅导系统可以不断进化，适应不同学生的需求和不同学科的特点，从而显著提升作业辅导的质量和效果，实现真正的个性化和智能化辅导。

2. 基于课程知识图谱的智能答疑增效

传统的课堂答疑模式面临诸多挑战，如教师工作量大、无法及时回应学生问题、重复性回答增加负担等。教学过程中，教师不能全天候在线，规模化的学生难以及时获得准确答案和及时的指导。这些问题导致学习过程中断，影响学生学习积极性和效果。为解决这些问题，可以利用知识图谱技术构建课程认知模型，形成课程知识图谱，为智能答疑系统提供知识支撑。基于课程知识图谱的智能答疑能够提高回答效率，帮助学生迅速、正确地解决学习问题，并设计基于智能答疑的个性化教学支持，从而提升教学质量。因此，本节将提供一个基于课程知识图谱的智能答疑增效方法，如图 5.5 所示，并从三个方面进行介绍。

（1）课程知识图谱的构建

课程知识图谱的构建主要涉及知识点实体的提取、问题和例题实体的衍生以及构建课程知识图谱实体，下面具体进行介绍。

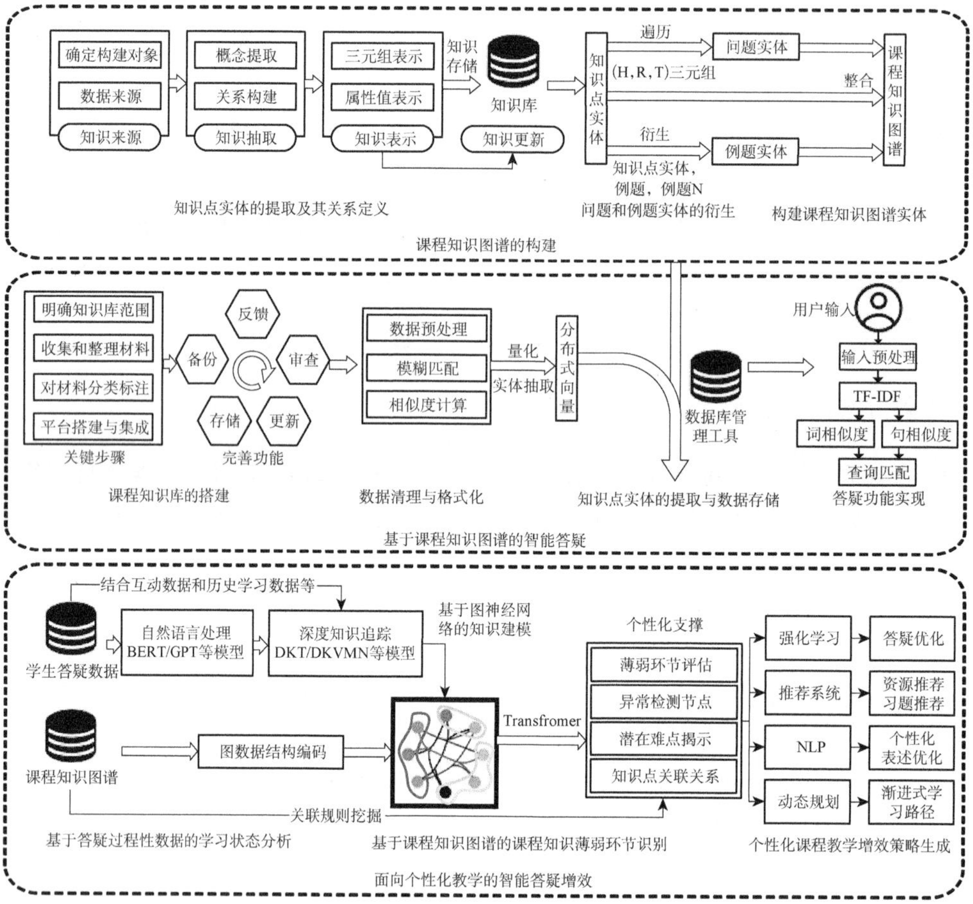

图 5.5　基于课程知识图谱的智能答疑技术框架

知识点实体的提取及其关系定义：知识点实体提取首先需要确定具体课程和数据来源，如电子教材、纸质教材和互联网资源。随后进行知识抽取，包括概念提取和实体关系构建，将教材的树状结构（章节标题层级）转化为更灵活的图结构。最后，采用 JSON 格式进行知识表示，将知识点实体间的关系表示为（H，R，T）三元组，其中 H 为头实体，R 为关系，T 为尾实体；同时，将实体属性表示为{＂Entity＂：＂Explain＂}，其中 Explain 可包含文字和图片解释。这种结构化表示方法使得知识点之间的关系更加清晰，便于后续的查询和推理。

问题和例题实体的衍生：问题实体通过遍历知识点图谱生成，基于（H，R，T）三元组创建不同类型的问题。例如，固定关系 R 时，可以生成以头实体 H 为核心的问题，答案为所有符合条件的尾实体 T 的集合。问题实体在课程知识图谱中以（知识点实体，问题，问题实体）的格式存储。同时，例题实体从知识点实体衍生而来，以“(知识点实体，例题，例题 N)”的格式存储，其中 N 为例题序号。这种方法不仅可以帮助学生更好地理解知识点，还能提高知识库的存储效率，为智能答疑系统提供丰富的问答资源。

构建课程知识图谱实体：课程知识图谱实体的构建将知识点实体、例题实体和问题实体整合成一个扁平结构，并在图谱中存储这些实体间的复杂关系。这种结构能够体现课程是由知识点、例题、问题及其之间的关系共同组成的整体。通过这种方式，课程知识图谱可以形成一个智能信息系统，能够支持对知识点的多角度理解、智能推理、深入学习和高效管理。

例如，当学生查询某个知识点时，系统可以同时提供相关的例题和常见问题，帮助学生全面理解该知识点。这种结构化的知识表示能够为智能答疑系统提供强大的知识支撑，使得系统能够更准确、更全面地回答学生的各种问题。

（2）基于课程知识图谱的智能答疑

构建基于课程知识图谱的智能答疑系统主要有下面几个核心步骤。

课程知识库的搭建：课程知识库的搭建是智能答疑系统的基础，需要明确知识库的范围，收集并整理包括讲义、课件、视频、音频、习题等在内的课程材料。关键步骤包括确定纳入的课程内容，对材料进行分类和标注，建立清晰的目录结构和标签体系。在技术实现上，需选择合适的平台，如知识管理系统（Knowledge Management System，KMS）或内容管理系统（Content Management System，CMS），设计用户友好的界面，集成搜索引擎支持全文和高级搜索。此外，还要考虑数据存储和备份策略，确保数据安全和可靠，并建立定期审查和更新机制，引入用户反馈，不断完善知识库内容和功能。

数据清理与格式化：课程知识图谱对数据准确性要求高，需要对不同来源的数据进行清理和格式化。对于纸质教材等学科教育资源，需使用光学字符识别（Optical Character Recognition，OCR）技术将其转化为纯文本，然后进行数据预处理，包括删除无用字符、繁简转换、英文转换、文本分段等。对于网络公开资源，如百度百科词条，可使用爬虫技术获取半结构化数据。对于公开的知识图谱数据，则通过特定学科的关键词词典进行模糊匹配和相似度计算，筛选出高相似度的数据。这些步骤能够确保数据的质量和一致性，为后续的知识点提取和图谱构建奠定基础。

知识点实体的提取与数据存储：知识点实体提取首先需要构建学科知识本体，定义三元组中的实体、关系和属性，梳理它们的层次关系。然后进行学科实体抽取，将输入文本转化为向量表示。近年来，分布式向量表示方法被广泛使用，能更好地捕捉潜在语义信息。依据上文的方法，进行知识抽取、问题和例题实体的衍生，最终构建出课程知识图谱。在数据存储方面，主要使用数据库管理工具存储三元组数据。考虑到知识图谱数据的特性（实体类型广泛、关系多样、属性各异），非关系型数据库通常更适合存储这类数据，可以避免关系型数据库在处理复杂查询时效率低下的问题。

答疑功能实现：智能答疑系统的功能实现主要分为关键词答疑和问句答疑两部分。关键词答疑通过对用户输入进行去停用词、分词、向量化和相似度计算，提取与用户问题最相关的实体，主要用于概念查询。具体方法包括使用 TF-IDF 进行词汇权重赋值，结合余弦相似度和 Jaccard 算法计算词语相似度。问句答疑则侧重于句子级别的相似度计算，通过分词、TF-IDF 权重赋值、特征向量生成和相似度矩阵构建，找出与用户输入最相似的问句。在该过程中，专业词汇会被赋予更高的权重，以提高匹配的准确性。这种双重答疑机制使得系统能够更全面地理解和回答用户的各类问题，提高智能答疑系统的效果和用户体验。

（3）基于过程表现分析与归因的智能答疑增效

基于过程表现分析与归因的智能答疑可以解决传统教学中的问题，通过以下三个核心技术步骤，实现个性化教学增效支持。

学习过程表现数据的多维分析与表现异常检测：该步骤基于学生在整个学习过程中的表现数据，进行全面分析并识别异常状态。首先，利用自然语言处理技术[如一种适用于文本分类的流行深度学习技术（BERT）或 GPT 模型]对学生在各个学习阶段的表达进行深度语义理解，包括课堂讨论、作业完成和测试答题等。其次，应用知识追踪算法（如 DKT 或 DKVMN 模型）结合学生的全面学习数据，追踪知识掌握程度的动态变化[8]。随后，结合课程知识图谱，使用图神经网络（如 GAT）对学生的知识状态进行全面建模，揭示不同学习活动中知识点之间的关联。最后，通过多模态融合技术，整合学习过程中的各类数据，构建全面的学习表现模型。在此基础上，应用表现异常检测算法识别学习过程中的异常模式，如学习进度异常、知识掌握程度异常等，为后续的归因分析奠定基础。

知识图谱支持下的学习异常归因分析：此阶段旨在对前一步骤中检测到的学习异常进行深入的归因分析。首先，采用基于注意力机制的序列模型（如 Transformer），结合课程知识图谱分析学生的学习历史，识别导致学习异常的关键事件或模式。其次，使用关联规则挖掘算法（如 Apriori）在课程知识图谱中探索知识点间的复杂依赖关系，深入理解学习困难的根源。接着，应用因果推理模型分析学习异常的潜在原因，建立学习行为、知识掌握和学习成效之间的因果关系。最后，结合课程知识图谱、专家系统和模糊逻辑，综合评估学生的学习特征，确保归因分析的准确性和教学价值。通过这一步骤，精确定位导致学习异常的关键因素，为制定针对性的答疑策略提供依据。

基于归因分析的自适应答疑策略生成：基于前两步的异常检测和归因分析结果，本阶段生成个性化的答疑和学习支持策略。首先，使用强化学习算法（如 DQN）优化自适应答疑策略，根据学生的学习异常类型和原因动态调整答疑方式和内容。其次，应用推荐系统技术（如 CF 或基于内容的推荐）为学生推荐针对性的学习资源和习题，以弥补检测到的知识漏洞或技能不足。然后，利用自然语言处理（Natural Language Processing，NLP）技术，如 GPT 模型，生成个性化的解答和补充教学内容，直接针对归因分析发现的问题。最后，采用动态规划算法设计自适应的答疑路径，确保从表面问题到根本原因的系统性解答，全面提升答疑效率和学习效果。这种基于表现异常检测和归因分析的自适应答疑策略不仅能满足学生的即时学习需求，还能前瞻性地识别和解决潜在的学习问题，实现全方位的教学过程增效。

5.1.5 数智驱动下的教研阶段增效技术

在教研阶段，如何充分利用数智技术提升教研效率和质量，成为当前教育领域的一个重要课题。数智驱动下的教研阶段增效技术，是指运用大数据、AI 等先进技术，对教研过程进行智能化支持和优化的一系列方法与手段。本部分主要介绍教师个性化研修路径智能动态生成、基于教学视频分析的人机协同教研等方法。这些技术通过对教师特征、教学行为等多维数据的智能分析，为教师提供个性化的专业发展支持，促进教学反思与改进，有效提升教研活动的针对性和实效性。

1. 教师个性化研修路径智能动态生成

本节将详细介绍如何利用 AI 和大数据技术，实现教师个性化研修路径的智能推荐。该过程主要包括三个关键步骤：教研数据的感知与预处理、面向智能教研的教师特征生成与研修路径表征及教师研修路径智能生成（图 5.6）。通过这些步骤，系统可以为教师提供量身定制的专业发展支持，有效提升教研活动的针对性和实效性，从而实现智能技术在教研阶段的增效应用。

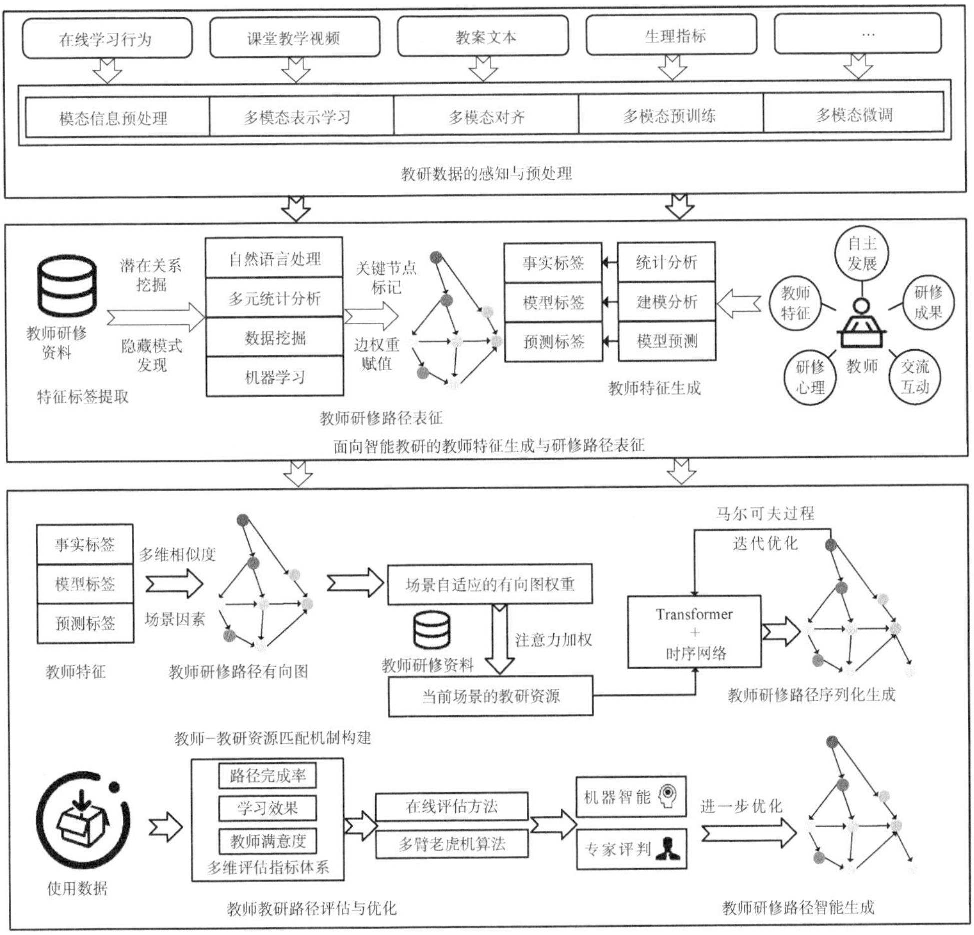

图 5.6 教师个性化研修路径智能动态生成技术框架

（1）教研数据的感知与预处理

教师教研数据的感知与预处理是一个复杂而系统的过程，旨在为后续分析提供高质量、结构化的数据基础。该过程首先利用群智感知技术全面采集多模态研修数据，包括教师在线学习行为、课堂教学视频、教案文本、生理指标等丰富多样的信息；接着采用多维语义驱动的方法将数据分类为核心、拓展和外延三类，以便更好地挖掘数据价值；随后运用多模态教学过程数据表示技术对数据进行系统预处理，包括去除异常值、融合异构数据、降维压缩、特征对齐和表示优化等步骤，确保不同模态数据的一致性、完整性和可用性；此外，还应用面向表示优化的教学多模态预训练与微调技术，进一步提高数据表示的质量和适应性，这一系列精细的处理为后续构建精准的教师画像和推荐个性化研修路径奠定坚实的数据基础，有助于实现更加精准和高效的教师专业发展支持。

（2）面向智能教研的教师特征生成与研修路径表征

特征标签提取：特征标签提取是教师特征生成和路径表征与推荐的关键环节，旨在从多维数据中全面分析和提取教师与研修资源特征。该过程采用多种先进技术，包括自然语言处理、多元统计分析、数据挖掘和机器学习等。具体而言，使用自然语言处理技术解析教学资料、论文和评价内容，提取文本中的关键信息；应用多元线性回归分析变量之间的复杂关系；

利用层次分析法比较不同特征的重要性，建立特征权重体系；通过文本挖掘技术揭示数据中的隐藏模式和潜在规律；同时，运用机器学习算法自动识别教师与研修资源的独特特征。这种多技术融合的方法使得特征提取过程更加全面和精准，为后续的教师特征生成、研修路径表征与推荐奠定坚实的数据基础。

教师特征生成：教师特征生成是在特征标签提取的基础上，构建结构化、多维度的教师特征模型。该过程基于研修核心数据，将教师特征分为教师特征、研修心理、交流互动、自主发展和研修成果五大类别。这里采用统计分析、建模分析和模型预测等方法，生成三类标签：事实标签、模型标签和预测标签。事实标签通过直接统计基本信息获得，如教龄、学历等；模型标签通过规则定义或模型计算得出，例如通过分析学习历史数据获得内容关注标签；预测标签则利用聚类和预测算法生成，如通过识别高频浏览资源预测教师未来的学习需求。这种多层次、多维度的特征生成方法不仅可以全面刻画教师的特征，还通过智能算法实现特征的动态更新和未来预测，为后续的个性化研修路径推荐提供精准的数据支持。

教师研修路径表征：教师研修路径表征是将复杂的研修过程转化为可计算、可分析的数据结构，为后续的研修路径生成提供表征基础。该过程主要包括路径节点定义、节点关系构建、路径序列化、分支设计、权重分配、里程碑标记、资源关联、反馈机制、多维标签系统和适应性结构等方面。具体而言，将研修过程中的关键环节定义为包含 ID、内容类型、主题标签、时间属性和难度级别等信息的节点，并通过先导、并行和互补关系，构建节点间的有向图结构。研修路径被表示为有序的节点序列，并设置分支点以表示不同的学习选择。通过为节点和边分配权重，标记关键里程碑，关联学习资源，设计反馈循环，以及建立多维标签系统，以全面描述研修路径的特征。同时，引入条件属性使得路径能够根据学习者特征进行动态调整。这种结构化的表征方法不仅准确描述研修过程的复杂性，还保持良好的可计算性，能够为实现智能化的教师研修路径推荐奠定坚实的数据基础，便于后续算法进行个性化推荐和动态调整。

（3）教师研修路径智能生成

个性化研修路径是根据教师的学习偏好、认知风格、能力素养水平、学习需求和环境因素定制的学习活动路线和知识序列。智能推荐系统通过多元算法实现研修路径的动态生成与优化，完成教师研修路径智能推荐，实现教研阶段增效。

教师-教研资源匹配机制构建：教师-教研资源匹配机制构建是智能推荐的基础环节，建立在前述教师特征生成和研修路径表征的基础之上。首先，建立多维相似度计算模型，综合考虑教师特征向量与研修资源特征向量的语义相似度、内容相关度等多个维度。这些特征向量包含教师特征、研修心理、交流互动、自主发展和研修成果等多方面信息。其次，设计基于深度学习的教师-资源表示学习方法，将教师和资源映射到同一潜在空间，通过向量距离衡量匹配程度。该过程充分利用事实标签、模型标签和预测标签等多层次特征。此外，构建知识图谱，利用图神经网络捕捉教师、资源之间的复杂关系，提高匹配的准确性。最后，引入注意力机制，根据不同场景动态调整各维度的权重，提高匹配的灵活性，实现对教师个性化需求的精准响应。

教师研修路径序列化生成：教师研修路径序列化生成推荐是智能推荐的核心步骤。首先，采用基于深度强化学习的序列生成方法，将研修路径推荐建模为马尔可夫决策过程。该过程能够考虑路径节点定义、节点关系和路径序列化等特征。其次，设计基于 Transformer 的序列到序列模型，利用自注意力机制捕捉路径中的长期依赖关系，有效处理分支设计和里程碑标记等复杂结构。然后，引入记忆网络，存储教师历史研修经验，实现个性化的路径生成，这可以充分利用教师的历史行为数据和预测性特征。最后，应用多任务学习框架，同时优化路径的连贯性、多样性和个性化程度等多个目标。这种方法能够生成既符合教师个人需求、又能保证学习效果的研修路径。

教师教研路径评估与优化：教师教研路径评估与优化是确保智能推荐系统持续改进的关键步骤。首先，构建多维评估指标体系，包括路径完成率、学习效果、教师满意度等。这些指标能够全面反映研修路径的实际效果。其次，设计基于 A/B 测试的在线评估方法，比较不同推荐策略的效果。这种实时评估机制能够快速识别最有效的推荐策略。然后，利用多臂老虎机算法，在探索与利用之间寻找平衡，持续优化推荐策略。这种方法能够在保证当前推荐效果的同时，不断探索潜在的更优策略。最后，引入专家反馈机制，结合 AI 和人类专家的判断，不断迭代优化推荐系统。这种人机协作的方式能够综合利用数据分析和专业经验，确保推荐系统的持续优化和适应性调整。通过该系列评估与优化步骤，智能推荐系统能够不断自我完善，为教师提供越来越精准和有效的研修路径。

2. 基于教学视频分析的人机协同教研

课堂教学视频分析为教师专业发展和教学改进提供了宝贵资源，但传统人工分析方法往往耗时费力且存在主观偏差。本节介绍如何利用 AI 技术分析教学视频，为教研活动提供客观、全面、深入的数据支持，助力教师更有效地开展教学反思与改进。基于课堂教学视频智能分析的人机协同教研框架包含三个核心步骤：面向教研的教学视频智能分析、面向全过程友好的教研阶段人机交互机制构建，以及课堂分析报告生成与教学反思，如图 5.7 所示。这一框架旨在充分发挥 AI 的数据处理能力和教师的专业判断，实现高效精准的教研过程。

（1）面向教研的教学视频智能分析

课堂教学视频的智能分析是人机协同教研的基础，主要包括以下几个方面。

教学行为的智能识别：用深度学习算法（如 GCN 和 GAT）构建教学行为分析模型，自动识别和量化课堂中的教学行为。该模型可以精确捕捉教师的板书、提问、巡视等行为，以及学生的举手、回答等互动行为。这些数据为教研团队提供了丰富的分析素材，使教研讨论能够聚焦于具体的教学策略执行情况。例如，教研人员可以通过分析不同教学方法的使用频率和时长，评估教学策略的实施效果；通过考查提问-回答模式的分布，审视课堂互动的有效性；通过识别教学中的关键时刻，为深入讨论特定教学片段提供依据。模型输出的行为时间分布和 S-T 曲线图直观呈现教学行为的动态变化，有助于教师在教研过程中反思教学节奏和结构的合理性，从而在教研活动中制定更加精准的教学改进方案。

师生话语的智能分析：结合语音识别和自然语言处理技术，对课堂对话进行深入分析。系统自动转录对话内容，提取关键词，分析语义和情感倾向。这种分析为教研活动提供了宝贵资源，使教研讨论能够深入到课堂交流的质量和效果层面。在教研过程中，教师可以评估自身教学语言的质量，如考查提问的认知层次是否能有效激发学生高阶思维；分析师生互动模式，识别有效的对话策略和常见的沟通障碍；追踪关键概念的讲解和学生的理解程度，为

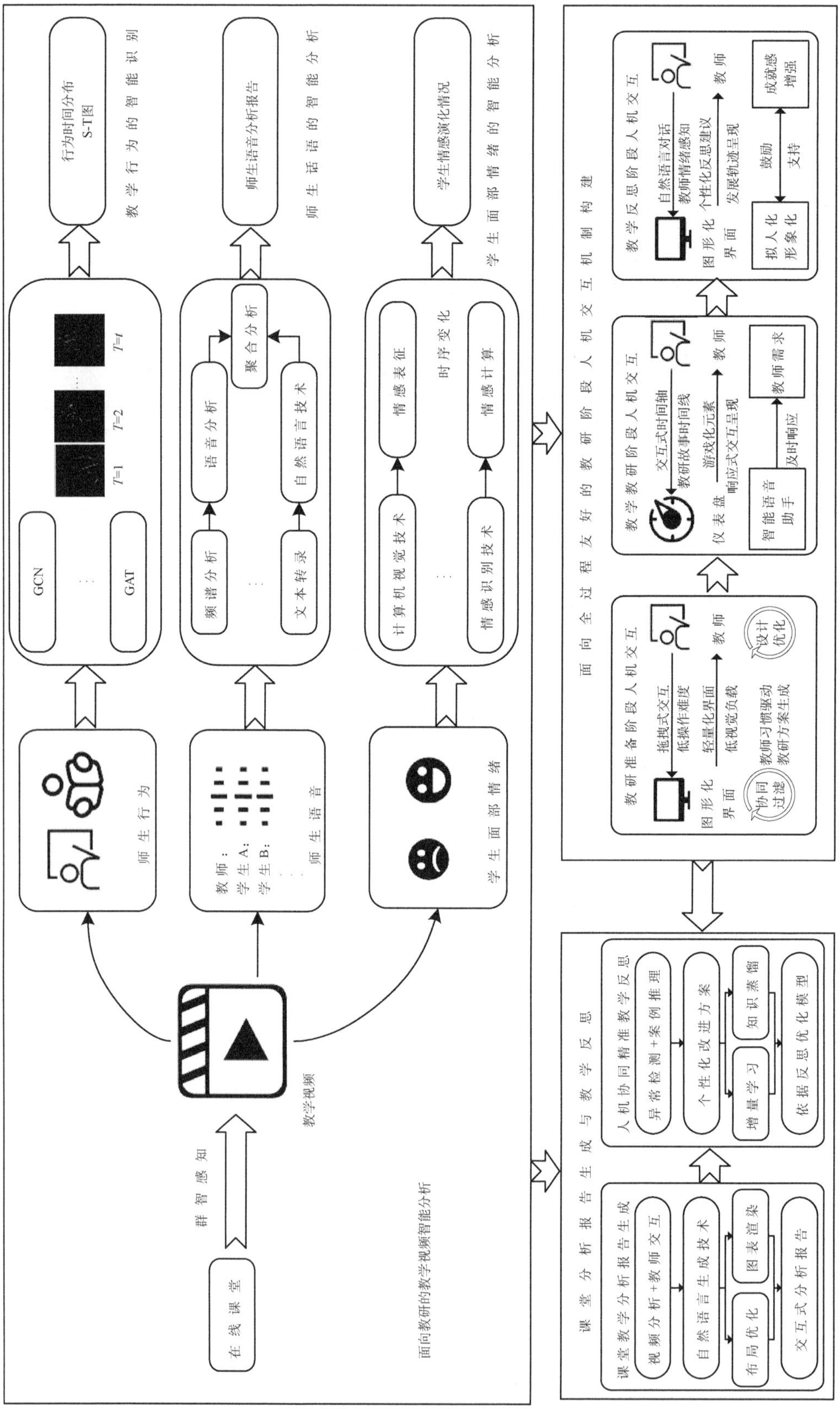

图 5.7　基于课堂教学视频智能分析的人机协同教研技术框架

课程内容优化提供依据。系统生成的多维度话语分析报告可以帮助教研团队全面把握课堂交流的质量和效果，从而使其在教研活动中制定更加有针对性的教学改进策略，提升课堂对话的质量和教学效果。

学生面部情绪的智能分析：运用计算机视觉和情感计算技术，实时分析学生的面部表情和情绪变化。这种分析为教研评估和改进提供了独特视角，使教研活动能够从学生的情感参与度角度评估教学效果。在教研过程中，教师可以识别最能吸引学生注意力的教学环节，优化教学设计；发现可能引起学生困惑或不适的教学内容，及时调整教学策略；评估不同教学方法对学生参与度的影响，选择最有效的教学手段。通过情绪波动曲线和热力图等可视化方式，教研团队可以直观了解学生的情感参与状态，为营造积极的学习氛围提供指导。这些情感数据在教研讨论中可以作为重要参考，帮助教师更全面地理解学生的学习体验，从而制定更加以学生为中心的教学策略[9]。

（2）面向全过程友好的教研阶段人机交互机制构建

基于前述智能分析结果，本部分构建一个面向教研全过程友好的人机交互机制，旨在充分发挥 AI 和教师专业判断的优势，实现高效教研过程。这个机制通过直观易用的设计和友好的交互方式，让教师在与系统协作时感到舒适和自在。

教研准备阶段人机交互：以友好的界面自动处理各类教学数据。教师可通过直观的“拖拽式”图形界面轻松设定关注的教学维度和指标，减少操作负担。采用自然语言理解技术，允许教师用口语化表达来描述需求。基于教师的使用习惯，可以通过协同过滤算法智能推荐分析维度，形成个性化且易于理解的教研方案。系统还提供温馨的视觉设计和鼓励性提示，减轻教师面对复杂分析的心理压力。

教学教研阶段人机交互：通过富有美感的多维度可视化仪表盘呈现教学分析结果，将数据转化为生动的视觉故事。教师可使用类似视频编辑的交互式时间轴，直观流畅地探索教学数据。集成智能语音助手，支持教师通过自然对话方式进行数据探索和见解记录。系统及时响应教师需求，动态调整数据呈现方式。此外，可以引入适度的游戏化元素，如里程碑和成就徽章，提高教研过程的趣味性和教师的成就感。

教学反思阶段人机交互：该阶段整合多源数据分析结果和教师见解，通过拟人化的对话界面，以温和友好的方式提供个性化反思建议。教师可通过自然语言对话深入探讨教学问题，可以基于最新研究成果提供有理有据且易于理解的反馈，同时还能识别教师情绪状态，适时提供鼓励和支持。此外，可以运用形象化的“教学成长树”等可视化工具，直观展现教师的专业发展轨迹，增强教师教研的成就感。

这种全过程友好的人机交互机制，不仅充分利用了 AI 的数据处理能力，也能创造一个令教师感到舒适、受尊重且富有成就感的教研环境。这种机制在保证效率的同时，更注重提升教师的使用体验，有效提高教研过程的质量和教师的工作满意度。

（3）课堂分析报告生成与教学反思

课堂教学分析报告生成：采用基于模板的自然语言生成技术，将根据课堂教学视频得到的智能分析数据和教师交互信息整合成结构化的分析报告。报告内容涵盖教学行为、师生互动和学习投入三个核心维度，并通过深度学习模型对每项指标提供详细解释和教学效果关联分析。还可以集成智能图表生成引擎，根据数据特征自动选择合适的可视化类型，生成交互式图表展示教学过程的关键特征。此外，报告采用自适应布局算法，确保在不同设备上呈现最佳阅读体验。

人机协同精准教学反思：基于生成的课堂教学分析报告，运用异常检测算法识别教学过程中的优势和待改进点。教师可通过交互式数据探索工具，深入分析特定教学行为的影响。整合基于案例推理的教学改进建议生成模块，结合历史成功案例和当前教学情境，为教师提供个性化的改进方案。教师的反思结果通过增量学习算法持续优化系统的智能分析模型。同时应用知识蒸馏技术，将教师的专业判断融入机器学习模型，不断提升 AI 辅助教研的效果。

5.2　数智驱动下的个性化学习增效技术

随着 AI、大数据等数智技术的快速发展，个性化学习成为教育领域的重要趋势。个性化学习是指通过因材施教的策略，根据每个学习者的特定需求、兴趣、能力和学习风格，调整学习内容、方法和环境，尊重个体差异，让学习过程与学习者的特性紧密契合的教育方式。本节将详细介绍基于教育大数据的学习者画像技术、基于 AI 的学习内容生成技术、面向学习资源与学伴的个性化推荐技术、学习过程表示及其演化规律发现技术，以及面向学习活动的个性化经验知识推荐技术。这些技术涵盖从学习者特征分析、内容生成到个性化推荐的全过程，为实现真正的个性化学习提供全方位的技术支撑。通过这些创新技术的应用，系统能够更好地理解学习者的需求，优化学习资源和路径，最终实现学习效果的显著提升。

5.2.1　个性化学习增效的概念与相关理论

1. 个性化学习增效概念

个性化学习增效是一种以学生为中心的教育理念和方法，旨在通过数智技术手段，为每个学习者提供量身定制的学习体验，从而满足学习者的个性化需求，充分发挥其潜力，提高学习效果和效率。该概念建立在以下几个核心要素之上。

个体差异识别：利用数据分析技术，收集和分析学生的学习进度、成绩表现、兴趣偏好等多维度数据，深入了解每个学生的独特学习特点和需求。

定制化学习方案：基于对学生个体差异的识别，系统地设计和提供符合学生个性化需求的学习内容、方法和资源。

自主学习支持：为学生提供更大的学习自主权，允许他们根据自身兴趣和需求选择学习内容和方式，同时系统提供智能化的学习资源推荐。

持续优化机制：通过实时数据反馈和分析，不断调整和优化个性化学习方案，确保学习过程的有效性和针对性。

全面发展促进：不仅关注学习效果的提升，还注重激发学习动力、培养学习兴趣，以及帮助学生更好地认识自我，制定明确的学习目标。

在个性化学习增效的概念中，数智技术扮演着关键角色。AI 和大数据技术的应用使得精准的学情分析、学习者画像构建、个性化推荐等成为可能，从而为实现真正的个性化学习提供技术支撑。这种数智驱动的个性化学习模式，打破传统“一刀切”的教学方式，可以实现更高效、更有针对性的因材施教。同时，它也为教育者提供了更深入、更全面的学生学习情况洞察，有助于持续改进学习策略和方法。

2. 个性化学习增效相关理论

布卢姆教育认知目标分类理论：布卢姆及其同事于 1956 年提出了教育目标分类学，后经安德森等人修订。该理论将认知过程分为六个层次：记忆、理解、应用、分析、评价和创造。这一分类为个性化学习提供了重要的理论基础，有助于教育者为不同学习者设计适合其认知水平的学习目标和内容。在个性化学习中，可以根据学习者的认知水平，逐步提高学习任务的复杂度，从而促进学习者认知能力的全面发展。结合数智技术，系统可以通过 AI 算法分析学习者的表现数据，精确定位其在各认知层次的水平，并自动生成适合其认知水平的个性化学习内容和任务。同时，大数据分析可以追踪学习者在各认知层次的进步情况，动态调整学习路径，确保学习难度始终处于最佳挑战区间，从而实现个性化学习的持续增效。

多元智能理论：霍华德•加德纳提出的多元智能理论认为，人类的智能不是单一的，而是由多种相对独立的智能组成，如语言智能、逻辑-数学智能、空间智能等。这一理论为个性化学习提供了重要启示，强调应根据学习者的智能优势和偏好设计多样化的学习体验，以充分发挥每个学习者的潜能。在数智技术支持下，系统可以通过多模态数据采集和分析，如语音识别、图像处理和行为分析等，全面评估学习者的多元智能特征。基于这些数据，AI 系统可以为每个学习者推荐最适合其智能优势的学习资源和活动，如为语言智能突出的学习者提供更多的语言交互任务，为空间智能强的学习者提供可视化学习工具[10]。此外，VR 和 AR 技术可以创设多样化的学习环境，满足不同智能类型学习者的需求，从而实现个性化学习体验的全面增效。

自我调节学习理论：由齐默曼等提出的自我调节学习理论强调学习者在学习过程中的主动性和自主性。该理论认为，有效的学习者能够主动设定目标、监控学习进程、调整学习策略。在个性化学习中，这一理论支持开发能够培养学习者自我调节能力的学习环境和工具，如提供自我评估工具、学习策略建议等。结合数智技术，可以开发智能学习管理系统，通过机器学习算法分析学习者的学习行为数据，自动识别其自我调节能力的强弱项。基于这些分析，系统可以提供个性化的学习计划建议、进度跟踪和策略调整提醒。此外，通过可穿戴设备和情感计算技术，系统可以实时监测学习者的专注度和情绪状态，在适当时机提供干预和支持，帮助学习者更好地调节学习状态。这种智能化的自我调节支持系统能够显著提高个性化学习的效率和效果。

5.2.2 基于教育大数据的学习者画像技术

随着 AI 和大数据技术的快速发展，个性化学习得以迅速推进。学习者画像通过收集和描述个人特征数据，构建一个多维度的标签系统，以精准评估学习行为。它为分析学习者在问题解决、任务完成、知识获取等方面提供丰富的数据资源，支持个性化学习策略的制定，是大数据在教育领域应用的重要基石（图 5.8）。

本书的学习者画像定义为一种标签化的学习者模型，它基于学习者的基本属性以及他们在学习过程中的表现和学习成果，进行抽象化的描述。这种模型旨在捕捉学习者的核心学习需求和偏好，进而为推荐个性化的学习路径提供支持。本书通过分析学习者的基本属性、学习过程和知识能力三个关键维度，进行学习者画像技术介绍。

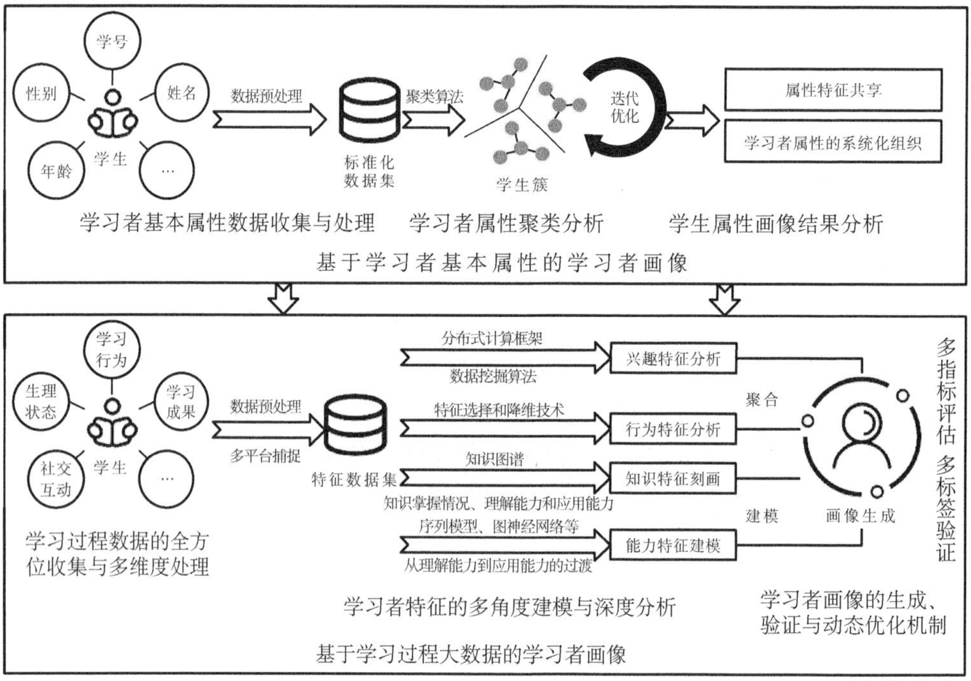

图 5.8　学习者画像技术框架

1. 基于学习者基本属性的学习者画像

学习者的基本属性包括姓名、年龄、性别等基本信息。这些属性通过标签化处理，能够有效地用于对学习者的共性分析，帮助识别他们在不同学习阶段的共性需求。例如，小学生可能更需要图文并茂的教学内容，而中学生则可能更需要逻辑性强的知识结构。通过共性分析，可以为不同阶段的学习者提供更有针对性的学习支持。该过程主要包括以下方面。

（1）学习者基本属性数据收集与处理

学习者基本属性数据收集与处理是构建学习者画像的首要步骤。这个过程涉及收集学习者的基本信息数据，如学号、姓名、年龄、性别、学科和学段等。收集完成后，需要对这些数据进行预处理，包括数据清洗、编码转换等操作，将定性数据转换为定量数据，并对数值型数据进行标准化处理，比如将性别“男、女”转换为“1、0”，或者对年龄进行归一化处理。随后，为每位学习者分配唯一的标识符，如以学号作为主键，并构建学习者信息库，形成一个包含所有学习者及其属性的结构化数据集。这一系列步骤旨在将原始的学习者信息转化为可用于后续分析的标准化数据集，为学习者画像和个性化学习提供基础数据支持。

（2）学习者属性聚类分析

$$d\left(\boldsymbol{x}_i,\boldsymbol{C}_j\right)=\sqrt{\sum_{l=1}^{n}\left(x_{il}-c_{jl}\right)^2} \quad \text{（式 5.2）}$$

其中，$d(\cdot)$为用于测量属性差异的距离函数，n代表学习者数量，l为变量，表示第 l 个学习者。学习者 $\mathbf{x}_i$ 被分配到最近的聚类中心 $\mathbf{C}_j$ 所代表的簇中。重复执行聚类过程，直到聚类中心不再显著变化，确保学习者被正确分配。除了 K-means，还可以考虑使用层次聚类或 DBSCAN 等算法，根据数据特点选择最优算法。最后，通过轮廓系数、CH 指数等指标评估聚类效果，确保结果的合理性。

（3）学生属性画像结果分析

学生属性画像结果分析是构建学习者画像的最后一步，旨在基于聚类结果构建具有相似属性的学习者簇向量。首先根据不同的中心属性（如年龄、性别、学科、学段）构建相应的簇向量，每个簇向量包含具有相似属性的学习者信息。例如，以年龄为中心的簇向量 **N**（Age）包含所有年龄相似的学习者信息，以性别为中心的簇向量 **N**（Gen）聚集性别相同的学习者，以此类推。然后，通过迭代执行分组和重新计算集群中心的步骤，确保所有学习者都被纳入最合适的文本集群。最后，通过合并最相似的簇，逐步减少簇的数量，直到所有学习者都被合理地分类到不同的簇中，形成一个包含相似属性学习者的集合库。

通过这一系列步骤，系统不仅为每位学习者建立了包含其基本属性的向量集合，还成功构建一个集合库，该库中的每个成员都共享一组相似的属性特征。这种方法可以有效促进学习者属性的系统化组织，为进一步的分析和应用奠定坚实基础。

2. 基于学习过程大数据的学习者画像

学习过程大数据为构建精准和动态的学习者画像提供了丰富的信息源。这种方法综合考虑学习者的认知水平、学习行为、兴趣特征以及知识结构等多个维度，通过对学习过程中产生的大量数据进行深入分析，形成对学习者的全面理解。与静态的基本属性画像相比，这种动态画像能够更好地反映学习者的发展趋势和潜力。

学习者画像通常包含知识水平、行为特征、兴趣特征以及能力发展等多个方面。知识水平反映了学习者在不同学科领域的认知发展状况。行为特征包括学习参与度、交互程度和专注度等，体现学习者在学习过程中的实际表现。兴趣特征涵盖学习风格、媒体偏好和学习兴趣等个性化因素。能力发展则关注学习者的创新能力、系统思维能力等高阶能力的培养情况。

构建这种动态学习者画像的过程涉及数据收集、特征提取、模型构建和验证等多个步骤。通过使用数据挖掘、机器学习等先进技术，可以从海量的学习过程数据中提取有价值的信息，形成对学习者的多维度描述。这种基于大数据的学习者画像为实现精准化、个性化的教育提供了坚实的基础。下面介绍学习过程数据的收集与处理、特征建模，以及学习者画像生成与验证的具体步骤和方法。

（1）学习过程数据的全方位收集与多维度处理

学习过程数据的收集与处理是构建学习者画像的基础。这一过程主要依托智能学习平台、物联网技术和知识图谱等多种方式，实现对学习者行为的全方位、实时监测。收集的数据涵盖学习者在线上和线下的各种学习活动，包括在线学习行为、课堂表现、社交互动、知识结构以及情感和生理状态等。智能学习管理系统记录学习者的资源访问、学习进度和在线互动等数据；智能教室设备捕捉课堂参与、情绪状态和专注度等信息；通过分析学习者在论坛和协作平台上的交互，了解其社交网络和协作模式；利用现有的知识图谱，获取学习者在不同课程或知识领域的表现和成就；通过可穿戴设备等收集学习者的情感变化和生理指标。数据处理过程包括数据清洗、整合、转换和降维等步骤，旨在提高数据质量和可用性。通过这种全方位的数据收集和处理，系统可以形成对学习者的多维度、动态化理解，为后续的学习者画像构建和个性化学习支持奠定坚实的数据基础。

（2）学习者特征的多角度建模与深度分析

在收集和处理数据的基础上，特征建模是构建学习者画像的关键步骤。这一过程主要包括兴趣特征分析、行为特征筛选、知识特征刻画和能力特征建模等方面。兴趣特征分析利用大数据分布式计算框架，如 Hadoop 和 Spark，通过各种数据挖掘算法（如关联规则分析、聚类分析等）挖掘学生的学习兴趣，识别频繁项集，生成关联规则，从而深入了解学生的兴趣特征之间的关系。行为特征筛选采用各种特征选择和降维技术，如主成分分析、线性判别分析、正则化方法（如 Lasso、Ridge）等，对提取的行为特征进行筛选和优化，以识别最重要的行为特征，降低特征空间的维度，提高模型的效率和泛化能力。知识特征刻画利用知识图谱数据，从多个维度（如丰富性、多样性和分化程度等）详细刻画学习者的知识掌握情况、理解能力和应用能力，包括分析学习者对新旧知识点及其相互关系的掌握情况，以及在创新、创造能力和系统思维能力等高阶能力方面的表现。能力特征建模则结合行为数据和知识图谱，分析学习者从理解能力到应用能力的过渡情况，评估创新和系统思维等高级能力的培养情况，这可能涉及各种机器学习技术，如序列模型、图神经网络等。

（3）学习者画像的生成、验证与动态优化机制

学习者画像生成及验证是确保画像准确性和可靠性的重要环节。首先，画像生成利用各种机器学习算法，如决策树、随机森林、支持向量机、深度学习模型等，对提取的特征进行建模，生成高精度的模型标签，完成学习者画像的精细化构建。选择适当的算法通常需要考虑数据的特性、模型的解释性需求、计算资源等因素。

其次，标签准确性验证包括数据验证、形成性画像验证和发展性画像验证等方面。数据验证使用分布式计算框架进行大规模数据分析，进行数据分布检验、相关性分析等统计分析。形成性画像验证包括知识技能标签验证、创新思维标签验证和学习策略标签验证，主要通过比较标签预测与标准化测试结果的一致性，设计开放性问题和创新性任务，以及分析实际学习行为数据，来验证标签的准确性。发展性画像验证包括纵向进步追踪验证、能力迁移标签验证和元认知能力标签验证，通过建立时间序列模型追踪长期发展趋势，设计跨学科任务验证能力迁移，以及分析自我反思报告和学习日志来验证标签的预测准确性。

此外，还需要进行性能评估，计算各种评估指标如准确率、精确率、召回率、F1 分数、AUC 等。为确保验证方法的可靠性，还需要进行交叉验证和误差分析。最后，建立动态更新机制，根据持续收集的学习数据和验证结果，定期调整和优化标签。

通过这种综合的画像标签验证方法，系统可以确保学习者画像的准确性和可靠性，不仅考虑了学习者当前状态的准确描述，还包括对学习者发展趋势的精确捕捉，为后续的个性化学习支持和教育决策提供坚实的数据基础。

5.2.3 基于 AI 的学习内容生成技术

随着 AI 技术在教育领域的广泛应用，学习内容的自动生成成为一个重要的研究方向。这项技术不仅能够显著提高教育资源的生产效率，还能为个性化学习提供丰富的内容支持。通过分析各领域的内容生成应用，本书将基于 AI 的学习内容生成分为四个主要流程：学习内容生成需求分析、面向内容生成的多情境数据集构建、面向学习内容生成的模型建立、学习内容资源生成与优化调整（图 5.9）。

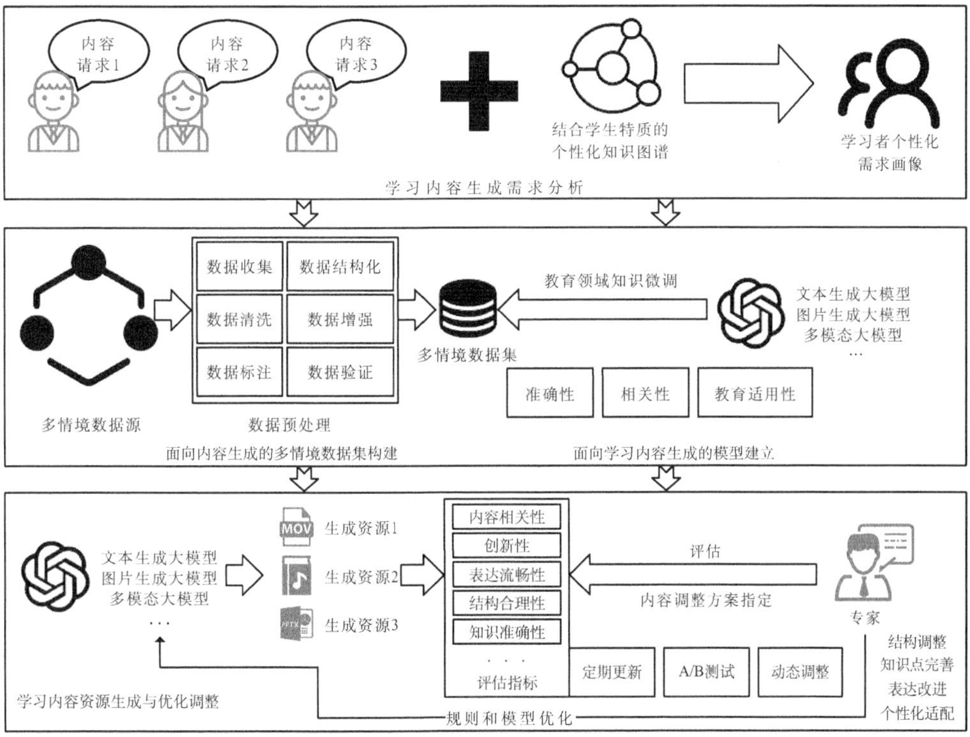

图 5.9　基于 AI 的学习内容自动生成服务框架

1. 学习内容生成需求分析

学习内容生成需求分析是整个自动生成过程的起点和基础。这个阶段主要包括学习者内容生成需求分析和面向学习内容生成的数据集构建两个方面。学习者内容生成需求分析旨在精确把握学习者的需求，为后续的内容生成提供明确的目标和方向。这一过程通常包括学习者特征分析、学习目标确定、学习情境分析、兴趣点识别和知识图谱构建等步骤。通过全面分析学习者的年龄、学历背景、知识水平、学习风格等特征，明确学习目标，考虑学习环境和条件，识别兴趣点，构建个性化知识图谱，以形成一个全面的学习者需求画像，为后续的内容生成提供精准的指导。

2. 面向内容生成的多情境数据集构建

面向学习内容生成的数据集构建是 AI 模型训练的关键。这个过程通常包括数据收集、数据清洗、数据标注、数据结构化、数据增强和数据验证等步骤。首先，需要从各种来源收集相关的学习材料，包括教科书、学术论文、在线课程和教学视频等。然后对收集的原始数据进行清洗，去除无关内容，纠正错误，统一格式。接下来，对清洗后的数据进行标注，包括主题分类、难度等级和知识点标记等，这一步骤可以借助自然语言处理技术进行半自动化处理。随后，将标注后的数据按照预定义的结构组织，便于模型学习和提取特征。为了提高模型的泛化能力，还可以通过同义词替换、句子重构等方法扩充数据集。最后，对构建的数据集进行质量验证，确保其准确性、完整性和代表性。通过这一系列步骤，可以构建一个高质量的、面向学习内容生成的专业数据集，为后续的模型训练奠定坚实的基础。

3. 面向学习内容生成的模型建立

完成需求分析和数据集构建后，下一步是建立面向学习内容生成的AI模型。这个阶段主要涉及模型选择、模型训练、评估指标设计和模型优化等方面。

首先，根据学习内容的特点和生成需求，选择适当的AI模型。常用的模型包括基于深度学习的自然语言生成模型、基于知识图谱的内容生成模型和多模态学习模型等。近年来，大型语言模型（large language models，LLMs）在内容生成领域表现出色，其中GPT系列大模型（如GPT-3、GPT-4）能够生成高质量的文本内容，包括教案、课程大纲、习题等。这些模型经过海量文本数据训练，具有强大的语言理解和生成能力，能够适应各种教育内容生成任务。此外，多模态大模型如DALL-E、Stable Diffusion和Midjourney等，能够同时处理文本和图像信息，可以根据文本描述生成相应的图像，这在教育资源制作中具有广泛应用，例如生成教学插图、课件背景等。另一类多模态模型如CLIP则擅长理解图像和文本之间的关系，可用于教育内容的多模态理解和生成。

选定模型后，使用构建的数据集对模型进行训练。这个过程通常包括在大规模通用数据集上进行预训练，然后使用特定领域的数据集进行微调。对于教育内容生成，可以使用教育领域的专业数据集进行进一步的微调，以提高模型在教育场景下的表现。通过不断调整参数和结构来迭代优化模型性能，最终建立一个能够满足特定学习内容生成需求的AI模型。

在模型优化过程中，需要特别注意模型生成内容的准确性、相关性和教育适用性，确保生成的内容符合教育标准和学习需求。

4. 学习内容资源生成与优化调整

为了衡量所生成内容的质量，需要建立一套全面的评估指标体系。常用的评估指标包括内容相关性、创新性、表达流畅性、结构合理性和知识准确性等。内容相关性衡量生成内容与学习目标的匹配度，创新性评估生成内容是否具有新颖性和启发性，表达流畅性检查生成内容的语言表达是否自然流畅，结构合理性考察生成内容的组织结构是否清晰合理，知识准确性评估生成内容中知识点的正确性。基于这些评估指标，我们可以不断优化模型，提高其生成能力。优化方法包括参数调优、结构改进和集成学习等。通过微调模型的超参数、调整模型的网络结构、结合多个模型的优势，可以逐步提升模型的整体性能，最终建立一个能够满足特定学习内容生成需求的AI模型。

模型建立完成后，就可以开始生成学习内容资源。这个阶段主要包括内容生成、内容评估、内容优化、版本迭代、内容集成和效果追踪等步骤。首先，使用训练好的模型，基于学习者需求和知识图谱，生成初步的学习内容。这些内容可能包括文本内容（如课程大纲、章节内容、习题等）、多媒体内容（如教学图表、演示幻灯片、教学视频脚本等）和交互式内容（如问答对、情境模拟脚本等）。生成的内容需要经过全面评估，包括使用预设的评估指标进行自动评估、由领域专家进行人工审核，以及收集小规模学习者的使用反馈。

基于评估结果，模型需要对生成的内容进行优化调整。优化方向包括知识点完善、结构调整、表达改进和个性化适配等。此外，模型需要补充缺失的知识点，纠正错误信息，优化内容的组织结构以提高学习效果，提升语言表达的准确性和生动性，并根据不同学习者的特点进行内容定制。为了持续提升内容质量，模型还需要建立内容与版本管理机制，通过定期更新、A/B 测试和动态调整等方式进行版本迭代。定期更新可以根据学科发展和教学实践情况进行内容更新，A/B 测试允许对不同版本的内容进行对比测试以选择最佳方案，动态调整则能够根据学习者的实时反馈及时调整内容。

优化后的内容需要整合到现有的学习系统中，确保其与其他教学资源的一致性和互补性。同时，还需要建立长期的效果追踪机制，收集学习者使用自动生成内容的学习数据，为后续的模型改进和内容优化提供依据。通过这一系列生成和优化过程，模型可以持续产出高质量的、个性化的学习内容资源，有效支持学习者的学习需求。

总的来说，应用基于 AI 的学习内容生成技术不仅能够大大提高教育资源的生产效率，还能为学习者提供更加精准、丰富的学习内容，从而提升整体的学习效果。随着 AI 技术的不断发展，可以预见，这种智能化的学习内容生成技术将在未来的教育领域发挥越来越重要的作用，为个性化学习和教育资源的丰富提供强有力的技术支持。

5.2.4 面向学习资源与学伴的个性化推荐技术

数智教育时代，个性化推荐技术已经成为提升学习效果和教学质量的重要工具。学习资源和学伴的个性化推荐技术，以其卓越的实用性和显著的效益，在教育领域展现出日益重要的价值和影响力，提高学生的学习效果，更提升教育的智能化水平，为教学个性化、多样化、优质化提供有力支持[11]。

1. 常见个性化推荐方法介绍

推荐模型旨在深度挖掘项目信息和用户个性特征之间的潜在关联，为用户推荐个性化的内容。该模型的核心是将项目特征与用户特征匹配，并推荐用户可能感兴趣的项目。

形式上，推荐系统可定义为：设所有用户的集合为 $U=\{u\}_{u=1}^{M}$，所有项目集合为 $I=\{i\}_{i\in N_u}$，函数 $f(u,i)$ 表示计算用户对项目的感兴趣程度。最符合用户偏好的项目集合 R 使 $f(u,i)$ 取得最大值的非负实数有限序列。

通常采用贝叶斯个性化排名（BPR）作为优化目标，其表达式为

$$\operatorname{argmin}\left(-\sum_{u=1}^{M}\sum_{i\in N_u}\sum_{j\notin N_u}\ln\sigma\left(f_{ui}-f_{uj}\right)\right) \quad （式 5.3）$$

其中，将用户 u 交互过的项目 i 视为正样本，意味着用户 u 有类似的交互行为偏好；将用户 u 未交互过的项目 j 视为负样本，代表用户 u 对其不感兴趣；以上优化函数是将用户与其交互过的项目的距离拉近，将与其未交互过的项目拉远，从而使模型 f 可以深度地挖掘用户的个性偏好，据此为用户推荐个性化的项目。模型 f 可以设计出较多方法，以下对几种典型方法进行介绍。

基于矩阵分解的推荐方法：这类方法的代表如 SVD++，通过分解用户-项目评分矩阵来揭示潜在特征。SVD++在传统奇异值分解（SVD）的基础上，融合了用户的隐式行为信息，显著提高推荐准确性。其核心思想是将大型稀疏矩阵分解为低维密集矩阵，从而捕捉用户和项目之间的潜在关联。这种方法不仅能处理显式反馈（如评分），还能利用隐式反馈（如浏览历史），使推荐结果更加全面和个性化。

基于关联规则挖掘的推荐方法：Apriori 算法是这类方法的典型代表，用于发现项目间的隐含关系。它通过分析项目的共现频率，识别频繁项集和强关联规则。支持度用于评估项集的普遍性，而置信度则衡量规则的可靠性。例如，如果许多用户在购买商品 A 后经常购买商品 B，Apriori 算法可以发现这种模式，并据此为购买了 A 的用户推荐 B。这种方法特别适合发现项目之间的关联关系和顺序模式。

基于智能优化的推荐方法：智能优化推荐方法是一种全局优化性能强且通用性广泛的现代启发式方法，其中，模拟退火算法（SA）和遗传算法（GA）是两种典型的方法。模拟退火算法通过全局概率局部搜索优化参数，在复杂搜索空间中逼近全局最优，进而提供推荐列表。遗传算法模拟进化过程以搜索最优解，通过定义适应度函数、交叉、变异等操作，生成最佳推荐结果。这些方法具有较强的全局搜索能力和自适应性，能够逐步优化推荐结果。

基于神经协同过滤（NCF）的推荐方法：神经协同过滤是一种结合深度学习与协同过滤的先进方法。它通过整合广义矩阵分解（GMF）和 MLP，能够同时捕捉用户和项目之间的线性和非线性关系。GMF 负责模拟简单的交互模式，而 MLP 则处理复杂的高阶特征交互。这种结构使 NCF 能够适应各种复杂的场景，从而提供更准确和个性化的推荐。NCF 的优势在于它能自动学习特征交互，无须人工特征工程，适应性强。

基于图神经网络的推荐方法：这是近年来备受关注的方法，它将用户与项目之间的关系建模为一个二部图。通过设计精巧的消息传递机制，图神经网络能够有效地捕获高阶交互关系。例如，它可以发现“朋友的朋友”这样的间接关系，或者发现项目之间的深层次关联。这种方法的优势在于能够充分利用图结构信息，挖掘复杂的社交网络和知识图谱，从而提供更加精准和个性化的推荐。此外，图神经网络还具有良好的可解释性，能够帮助理解推荐背后的逻辑。

基于大语言模型的推荐方法：使用 LLMs 进行推荐系统的实现有两种主要思路。一种思路是将 LLMs 作为主干，利用其训练策略来适应特定的推荐任务。例如，早期的 BERT4Rec 在训练时通过让模型猜测缺失的项目，从而让模型学会补全缺失的信息。另外，UniSRec 和 P5 分别利用预训练和微调，以及预训练和提示的流程，来提高推荐系统的性能。另一种思路是将 LLMs 作为现有推荐系统的增强模块。例如，可以将 LLMs 作为一个嵌入生成器，以生成更好的用户、项目和上下文的表示。不仅如此，除了生成嵌入向量，LLMs 还可以生成描述用户的文本，随后将 LLMs 生成的额外信息整合到现有的推荐模型中。这种方法可以带来更好的个性化推荐效果，提高推荐系统的表现。

2. 学习资源个性化推荐

学习资源推荐旨在为学习者推荐适合其学习需求和兴趣的学习资源，如课程、练习题等，以帮助学习者更好地选择和了解学习的重点内容，促进学生对知识的深入理解和应用，并协助教师高效地完成教学目标。学习资源个性化推荐系统的实现大致可分为三步，分别是学习资源特征分析、学习者个性偏好分析和学习资源推荐模型设计，如图 5.10 所示，以下将具体描述学习资源推荐技术的实现过程。

（1）学习资源特征分析

学习资源特征分析在推荐任务中至关重要。通过深入分析学习资源的不同方面，可以提供更准确的推荐。技术实现方面，通常利用机器学习和数据挖掘方法。文本挖掘，旨在结构

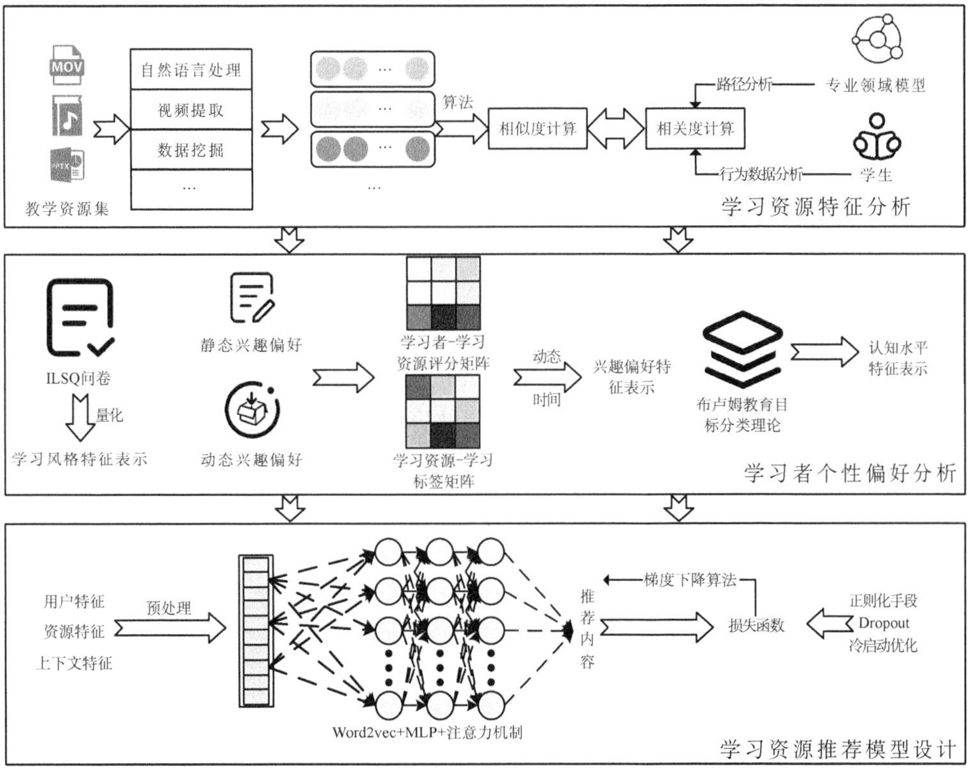

图 5.10　学习资源的个性化推荐

化处理文本内容，提取关键信息；协同过滤和聚类，则通过将相关学习资源聚类，便于推荐；深度学习，即挖掘深度语义特征，高效处理多源异构数据；自然语言处理，旨在分析语义信息，提高推荐质量。综合利用这些方法，为推荐算法提供全面的学习资源特征。

此外，学习资源相关度分析也是推荐中的重要环节。通过建模学习资源的相关性，学习者和教师可以更准确地理解资源之间的联系。以下是相关性度量方法。

视频相似度度量：首先利用视频特征提取技术，如帧间差异、颜色直方图、光流特征等，将视频内容转换为特征向量进行表示；然后基于相似度计算，通过比较视频特征向量之间的相似度来度量视频内容的相似度。常用的相似度计算方法包括欧氏距离、余弦相似度等。

文本相似性度量：通过比较学习资源之间的文本相似度来度量它们的相关性。文本相似度计算通过各种相似度指标，如余弦相似度、欧氏距离等度量。实现步骤如下：

1. 文本预处理：对学习资源进行文本预处理，包括分词、去停用词、词干化等操作。

2. 特征提取：利用文本表示模型（如词袋模型）或者词嵌入（如 Word2Vec、TF-IDF）技术将文本转换为向量表示。

3. 相似度计算：通过计算文本向量之间的相似度指标，如余弦相似度、欧氏距离、Jaccard 相似度等，来度量文本学习资源之间的相似度。

专业领域模型度量：利用专业领域的模型或知识图谱来度量学习资源的相关性。首先构建领域知识图谱，包括学习内容结构化表示和构建关联关系知识图谱；然后通过抽取实体关系，根据学习内容的实体和关系信息，基于知识图谱中的路径分析算法来度量学习内容的相关性。

学习者反馈与行为分析度量：通过分析学习者学习行为和反馈信息来度量学习内容的相关性。首先收集学习者数据，采集学习者学习行为数据、反馈信息，如学习记录、收藏、评分等；然后利用机器学习技术或数据分析方法对用户数据进行分析，识别用户对不同学习内容的喜好和评价，从而度量学习内容的相关性。

（2）学习者个性偏好分析

学习者个性偏好分析阶段旨在对学习者的个性特征数据、学习行为数据和学习情境数据进行采集与处理，形成对学习者全方位、综合性的动态识别、分析与诊断，奠定学习资源推荐的基础。学习者个性偏好分析包括对学习风格特征、兴趣偏好特征以及认知水平特征三方面的深度挖掘，以下是这三个部分的详细介绍。

学习风格特征表示：学习风格特征是指学生在学习过程中偏好的学习方式和方法。有些学生喜欢通过视觉方式，如图表和图像进行学习，而另一些学生可能更倾向于通过听觉或动手实践来学习。分析学生的学习风格可以帮助教育者设计更具针对性的教学策略，以提供更有效的学习支持。学习风格的概念是 1954 年由美国学者赛伦首次提出的，用来反映学习者生理、心理等需要。学习风格研究为学习者模型的个性化要求提供了依据。以 Felder-Silverman 风格模型为基础，以所罗门学习风格量表（Index of Learning Style Questionnaire，ILSQ）为手段，个性化推荐系统从感知、输入、处理和理解 4 个维度对学习者的学习风格进行量化，分析获取的 ILSQ 量化结果，进而对学习者的学习风格特征进行提取。学习风格特征量化的具体流程如下。

1. 以四元组 $<L_i,V_i>(i=\{1,2,3,4\})$ 的形式表示学习风格量化结果，L_i 表示 ILSQ 的第 i 个维度；V_i 表示在 L_i 维度下的学习风格倾向的量化数值，其形式化定义为 L_s。

2. 学习者填写 ILSQ 量表，量表共 44 道题，每题包含两个选项 A 和 B，答题结果的值定义为 P_j，其中 j 表示题号。

3. 根据 P_j 的结果筛选处理，分类累加，最后的累加结果用 a 和 b 表示。

4. 对 a 和 b 值的大小进行判断，如果 $a>b$，则 $V_i=(a-b)\ a$；如果 $a<b$，则 $V_i=(b-a)\ a$。

5. 学习风格特征的测试结果四元组 L_s 则为学习者的学习风格特征量化结果。

兴趣偏好特征表示：学习兴趣偏好特征涉及学生对不同学科或主题的兴趣程度。了解这些特征可以使教育者更好地选择教材和设计教学内容，以激发学生的学习兴趣，提升学习效果，包含静态兴趣偏好和动态兴趣偏好两种类型。静态兴趣偏好特征通过人工标注和自动标注相结合的方法提取，并通过问卷获取。动态兴趣偏好特征则通过学习者的行为信息反映，包括浏览、收藏、分享、下载和评价行为。以下是兴趣偏好特征量化的主要步骤。

1. 行为分类及权重计算：根据学习者的不同行为（如观看视频、完成作业、参与讨论等）分配相应的权重。这些权重反映每种行为对学习效果的隐含偏好程度。例如，完成作业的权重可能高于观看视频的权重，因为前者更能体现学习者的主动性和理解深度。

2. 学习者-学习资源评分矩阵构建：依据学习者的行为及其对应的权重，构建学习者-学习资源评分矩阵。该矩阵记录每个学习者对不同学习资源的评分，反映学习者对各资源的兴趣和使用情况。

3. 学习资源-学习标签矩阵构建：建立学习资源-学习标签矩阵。该矩阵通过标签来表征学习资源特征。例如，某视频可能被标记为“数学”“基础知识”等，以帮助学习者更好地理解和分类学习资源。

4. 动态兴趣偏好行为特征表示：通过动态兴趣偏好矩阵表示学习者的行为特征。该矩阵能够动态更新，反映学习者在不同时间段内的兴趣变化。例如，某个学习者在期末考试前可能更关注复习资料，而在平时则更关注新知识的学习。

5. 时间因素调整：使用时间衰减函数对动态兴趣偏好特征进行调整。时间衰减函数可以根据时间的推移，逐渐降低过去行为的权重，从而更准确地反映学习者当前的兴趣和需求。例如，最近的学习行为会比几个月前的行为有更高的权重。

认知水平特征表示：认知水平特征反映学生的认知能力和学习水平，对个性化教育至关重要。基于“布卢姆教育目标分类理论”，我们可将学生对特定知识点的掌握程度分为六个等级，这不仅能够反映学生的整体认知能力，还能显示他们在不同知识领域和时期的表现差异。通过分析学习资源中的知识点和相应的测试成绩，教育者可以评估学生当前的认知水平，识别学习中的强项和弱项，制定个性化的学习路径，并调整教学策略以满足学生的特定需求。这种方法使教育者能够提供更有针对性的指导，从而促进学生的持续进步和全面发展。因此，认知水平特征成为了解学生独特学习需求和潜力的重要工具，为创造更加个性化和有效的教育体验提供基础。

（3）学习资源推荐模型设计

每种方法都有其独特的优势和适用场景。在实际应用中，教师往往会根据具体的个性学习需求，选择合适的方法或结合使用多种方法，以达到最佳的推荐效果。这里以基于深度学习网络的学习资源推荐模型为例，介绍学习资源推荐模型设计的主要内容。

推荐模型架构概述：基于深度学习的学习资源推荐模型通常采用多层神经网络结构，主要包括输入层、嵌入层、特征交互层和预测层。输入层处理多源异构数据，嵌入层将离散特征转换为稠密向量，特征交互层捕捉复杂非线性关系，预测层生成最终推荐得分。这种架构能够自动学习特征表示和交互模式，为个性化推荐提供强大的支持。

输入特征处理：输入特征主要包括用户特征、资源特征和上下文特征三大类。用户特征包含基本属性、学习偏好和历史行为；资源特征包括内容属性、元数据和文本特征；上下文特征涵盖时间、设备和位置信息。通过对这些特征的全面处理和整合，模型能够全面刻画推荐场景，为后续的深度学习提供丰富的输入信息。

深度网络学习结构：深度网络学习结构通常包括嵌入层、特征交互层和预测层。嵌入层使用 Word2vec 等技术将离散特征映射到低维稠密向量。特征交互层采用 MLP 或注意力机制捕捉特征间的非线性关系，可考虑使用残差连接和批归一化提高性能。预测层使用 softmax 或 sigmoid 函数输出推荐得分，可采用多任务学习框架同时预测多个目标。

推荐模型训练与优化：模型训练与优化涉及损失函数选择、优化算法设计和正则化技术应用。损失函数可根据任务选择交叉熵损失、BPR 损失等，在多任务学习场景下可加权组合多个损失。优化算法常用 SGD 及其变体，配合学习率调度策略。为防止过拟合，可应用 Dropout、L1/L2 正则化等技术。此外，还需考虑冷启动问题的处理、模型部署和在线更新等实际应用问题，以确保推荐系统的实用性和可持续性。

3. 基于注意力驱动 CNN 的个性化学伴推荐

学伴推荐是一种通过分析学习者的学习行为、兴趣和偏好，为其推荐合适学习伙伴的技术，旨在促进学习者间的互动、合作和交流，从而增强学习效果和体验。在该过程中，学习者的交互行为可分为两类：学习者-学习资源交互和学习者-学习者交互。前者反映学习者与教学内容或学习材料之间的直接互动。这种交互可以促进知识的理解和记忆，因为学习者能够通过操作、探索和实践来直接与学习内容接触。后者则体现的是学习者之间通过讨论、合作和分享等方式进行的社交互动。这种交互有助于培养批判性思维、沟通技巧和团队合作能力。在学伴推荐中，交互强度被定义为学习者之间互动的频繁程度和质量。学伴推荐技术正是通过利用这两种情境中蕴含的交互信息来实现的。该技术通过综合分析用户在学习过程中的各种行为和互动数据，计算学习者间的交互强度，并基于这些信息生成个性化的学伴推荐，从而创造一个更加互动、协作和高效的学习环境。下面以在线学习推荐情形为例。

（1）基于动态交互三部图的交互表示

为了捕获交互信息，我们构建一个动态交互三部图（dynamic interaction tripartite graph，DITG），包含学习者、交互行为和学习内容三个顶点集。DITG 中的每条边表示一个学习者通过某种交互行为与某个学习内容发生关联。DITG 的形式化定义如下。

定义 1：给定学习者集合 $L=\{l1,l2,\cdots,lm\}$，交互行为集合 $I=\{i1,i2,\cdots,ik\}$，学习内容集合 $C=\{c1,c2,\cdots,cn\}$，将无向 DITG 表示为 $G=(L\cup I\cup C,E)$，其中 E 为边集，L、I 和 C 为三个不相交的顶点集。

交互行为可以分为浏览、关注、评论、转发和发布 5 类，并赋予不同的权重。学习内容可以分为基础内容和热门内容两类，每类内容又可进一步细分为文本、图像、音频、视频和动画 5 种特征。DITG 可以全面表示学习过程中的复杂交互关系。

（2）基于注意力驱动 CNN 的交互强度计算

为了计算学习者之间的交互强度，本技术采用一种基于注意力机制的 CNN 模型。该模型首先利用 DITG 中的信息构建输入向量，包含学习者属性、学习内容属性和交互行为信息。然后通过一个缩放层对输入进行预处理，以补偿可能的信息损失。缩放层的操作可表示为[12]

$$\boldsymbol{X}_i^{'}=k(\boldsymbol{X}_i)=\{\alpha_1 x_{i1},\cdots,\alpha_d x_{id}\} \quad （式 5.4）$$

其中，$\boldsymbol{X}_i$ 为原始输入向量，其分量为 x_{ij}，$j=1,2,\cdots,d$，d 表示属性总数，$\boldsymbol{X}_i^{'}$ 为缩放后的向量，α_j 为缩放因子。

接着使用注意力机制根据学习内容的特征动态调整交互行为的权重。注意力分数的计算公式如下：

$$\beta(i,n,l)=\boldsymbol{w}_2^T\phi(\boldsymbol{w}_{2l}\boldsymbol{l}_i+\boldsymbol{w}_{2x}x_{nl}+\boldsymbol{b}_2)+c_2 \quad （式 5.5）$$

其中，$\boldsymbol{w}_{2l}$、$\boldsymbol{b}_2$、$\boldsymbol{w}_{2x}$ 和 c_2 为模型参数，i 是学习者的索引，$\boldsymbol{l}_i$ 为学习者 i 的潜在向量，x_{nl}

表示输入向量x_n的第l个分量，T表示矩阵转置操作，$\phi(\cdot)$为 ReLU 激活函数。

最后通过 CNN 网络提取深层特征并计算交互强度得分。交互强度得分的计算公式为

$$\hat{R}_{ij}=\left(\boldsymbol{l}_i+\sum_{n\in\hat{R}(i)}\beta(i,n,l)\,p_n\right)^t v_j \qquad（式 5.6）$$

其中，$\hat{R}_{ij}$为学习者i和j之间的交互强度得分，p_n为学习内容n的辅助特征向量，v_j为学习者j的潜在向量，$\beta(i,n,l)$为注意力权重。

该模型能够自适应地调整不同交互行为的重要性，从而更准确地刻画学习者之间的交互模式。

（3）基于多目标优化的学伴推荐

在得到交互强度矩阵后，采用多目标优化方法来生成最终的学伴推荐列表。具体而言，同时考虑交互强度、多样性和新颖性三个目标：交互强度衡量推荐学伴与目标学习者的互动程度；多样性度量推荐列表中学伴的差异化程度；新颖性反映向学习者推荐未知但可能感兴趣的学伴的能力。

多目标优化问题的目标函数可表示为

$$F(\boldsymbol{M})=F_1(\boldsymbol{w}_1\otimes\boldsymbol{M})+F_2(\boldsymbol{w}_2\otimes\boldsymbol{M})+F_3(\boldsymbol{w}_3\otimes\boldsymbol{M}) \qquad（式 5.7）$$

其中，$\boldsymbol{M}$为学伴选择矩阵，F_1、F_2和F_3分别表示交互强度、多样性和新颖性目标函数，$\boldsymbol{w}_1$、$\boldsymbol{w}_2$和$\boldsymbol{w}_3$为各目标的权重向量，$\otimes$表示 Hadamard 积。

通过遗传算法求解该多目标优化问题，可以得到一组平衡这三个目标的非支配解，从而为不同偏好的学习者提供个性化的推荐结果。该方法在推荐准确性、多样性和新颖性等指标上均有不错的表现。特别是在动态学习环境中，注意力驱动 CNN 模型能够更好地捕捉学习者间不断变化的交互模式，从而提供更加个性化和适应性的学伴推荐。这种基于注意力驱动 CNN 的个性化学伴推荐方法为在线学习环境中的学习支持提供了新的思路，有助于促进学习者之间更有效地协作与交流。

5.2.5 学习过程表示及其演化规律发现技术

学习是一个复杂的动态过程，涉及知识获取、技能培养和认知发展等多个方面。为了深入理解学习过程的内在机制，有效支持学习者的个性化发展，需要对学习过程进行系统化表示，并从中发现有价值的演化规律。本节将介绍时序大数据支持下的学习过程表示与学习演化规律发现技术，这项技术有助于教师更好地理解学习者的认知轨迹、互动模式和能力发展过程，为个性化学习支持、教学设计优化和学习资源配置等方面提供重要依据，从而促进学习效果的持续提升。

1. 时序分析支持多维视角学习过程表征

学习过程的表示是将学习活动中的内容、行为和知识状态以结构化、逻辑化的方式进行呈现和组织，以便教师更好地理解、分析和优化学习过程。在时序大数据的支持下，学习过程表示不仅可以通过传统的序列化、层次化和图结构等形式呈现，还可以融入时间维度，形成动态、多维的表示方式。每种表示方式都有其独特的特点和适用场景，而时序分析的引入

则为这些表示方式提供了新的视角和深度。

学习过程序列化表征：序列化表征将学习过程视为按特定顺序排列的活动或状态，强调学习的线性进展。为支持后续的时序分析，系统可以进一步丰富表征：通过时间戳标注为每个学习活动或状态添加时间信息，反映实际学习过程中的时间分布；持续时间分析记录每个学习活动的持续时间，揭示学习者在不同任务上的时间投入；间隔重复模式通过分析学习者重复访问某些概念或任务的时间间隔，优化间隔复习策略；学习速度曲线根据时序数据绘制学习效率变化曲线，反映学习者在不同阶段的进展情况。这种表示方式适用于需要逐步积累知识的学科，如语言学习和历史研究。其优点在于简单直观，便于进度管理和效果评估，并能通过时序数据揭示学习节奏和效率。但在表达复杂知识结构和多样化学习方式时可能存在局限性。

学习过程层次化表征：层次化表征将学习过程组织成多层次结构，展示知识体系的整体架构和内部关联。时序分析支持下的层次化表示可以实现以下内容：动态知识图谱，随时间推移，概念之间的关系强度可能发生变化，通过时序分析可以捕捉这种动态演化过程；认知深度追踪，记录学习者在知识层次中的纵向移动，分析其对不同层级概念的理解程度随时间的变化；概念掌握时序，为每个知识点添加时间维度，展示学习者从初次接触、基本理解到灵活应用的时间跨度；层级间迁移模式，分析学习者在不同抽象层级之间跳转的时序模式，揭示知识迁移和整合的过程。这种表示方式适用于系统性强的学科，如自然科学和工程学。其优点在于可以提供清晰的知识结构和灵活的学习路径，并能通过时序分析反映认知体系的动态构建过程。但是，在定义层级和划分知识点时需要准确把握概念间的逻辑关系和难度梯度。

学习过程图结构表征：图结构表示使用节点和边构建学习过程，描述学习内容、活动和状态的多种关系。在时序分析的支持下，图结构表征可以实现以下内容：动态图演化，随时间推移节点和边的权重、属性可动态更新，反映学习过程中各要素关系的变化；时序路径分析，通过分析学习者在知识图中的探索轨迹和停留时间，揭示个性化学习模式；概念流动可视化，利用时序数据，可视化知识在认知网络中的传播和整合过程；关键路径识别，基于时间约束和学习效果，识别最优学习策略，为个性化指导提供依据；协同学习模式，通过分析多个学习者在图中的时序行为，发现群体学习模式和知识共建规律。这种表示方式特别适用于复杂的跨学科学习过程，能反映知识的多维关联和学习的非线性特点。其优点在于高度灵活性和适应性，能够通过时序分析捕捉复杂的学习动态。但在学习过程设计和管理方面面临挑战，需要复杂的算法支持。

2. 事件驱动的时序图神经网络学习过程演化分析

事件驱动的时序图神经网络为分析学习过程演化提供强大工具。该方法结合图神经网络的结构化数据处理能力和时序分析的动态特性，能够有效捕捉学习过程中的关键事件和长期依赖关系，为后续学习过程演化规律发现提供基础。

异质多粒度时序图构建：将学习过程表示为动态的异质多粒度时序图结构。该过程融合前述的时序增强的序列化表示、动态演化的层次化表示和时序驱动的图结构表示的优点：异质性，图中的节点可以代表不同类型的实体，如学习者、学习活动、知识状态等，边则表示它们之间的各种交互或关系；多粒度，根据时间尺度（如事件、课时、学习单元、学期等）

对图结构进行多尺度划分，实现不同粒度的时序表征；动态更新，随时间推移，图结构动态更新，反映学习状态的实时变化；时间编码，为节点和边添加时间戳，捕捉学习过程中的时序信息；自组织增量学习，基于自组织增量学习方法发现隐藏节点与边信息，丰富交互特征；多维属性，节点和边可包含多维属性，如学习效率、任务完成质量、概念理解深度等。

学习过程事件编码与表征：设计特定的编码机制，将学习过程中的关键事件（如完成任务、参与讨论、概念掌握等）映射到图结构中，作为节点或边的属性。①事件类型编码：为不同类型的学习事件设计独特的编码方案。②事件影响量化：根据事件的重要性或影响程度，为事件赋予不同的权重。③情境嵌入：考虑事件发生的背景信息，如先前的学习状态、环境因素等。④多模态融合：整合来自不同数据源（如文本、音频、视频）的事件信息。

多层级时序注意力机制：引入多层级的时序注意力机制，使模型能够关注学习过程中的关键时刻和重要转折点，提高对长期依赖关系的捕捉能力。①局部注意力：聚焦于短期内的关键事件和状态变化。②全局注意力：捕捉长期学习过程中的重要模式和趋势。③层级注意力：在不同时间尺度上应用注意力机制，如事件级、日级、周级等。④交叉注意力：分析不同类型节点（如学习者和知识点）之间的相互影响。

异质图神经网络层：利用异质图神经网络技术，如异质图卷积或异质图注意力网络，对不同类型的节点进行特征聚合和更新，捕捉学习者之间的交互影响和知识传播。①类型特定聚合：为不同类型的节点设计专门的聚合函数。②元路径基础更新：利用预定义的元路径指导节点特征更新。③动态权重调整：根据节点的重要性和时序信息动态调整聚合权重。④多跳信息传播：考虑高阶邻居信息，捕捉复杂的知识传播模式。

多尺度学习时序过程演化分析：结合高级时序模型，如时间卷积网络（TCN）、LSTM 或注意力机制增强的循环神经网络（Attention-RNN），对学习轨迹进行多尺度建模和预测，揭示学习过程的演化规律。①短期预测：预测近期的学习行为和成效。②长期趋势分析：识别长期学习模式和发展轨迹。③关键点预测：预测学习过程中的重要转折点和突破性时刻。④多任务学习：同时预测多个相关的学习指标，如知识掌握度、学习效率等。

通过这种复杂的时序图神经网络方法，系统可以深入分析学习者的知识获取过程、能力发展轨迹和认知状态变化。这种分析不仅能够提供对个体学习者的深入洞察，还能揭示群体学习模式和知识传播规律，为下面的学习过程演化规律发现提供模型基础。

3. 基于神经网络符号回归的学习过程演化规律提取

基于前述的时序图神经网络学习过程演化分析，系统可以进一步利用神经网络符号回归方法来发现学习过程的演化规律。这种方法结合神经网络的强大表达能力和符号回归的可解释性，能够从复杂的学习数据中提取出有意义且可理解的规律。以下是该方法的核心步骤。

关联拆解与符号回归。为了降低整体求解的复杂性，首先对学习过程中的关键要素进行解耦拆分，形成以下内容：行为显隐性特征，包括学习者的可观察行为（如任务完成、讨论参与）和潜在行为（如注意力分配、思考过程）；认知层级方面，基于布卢姆教学认知目标分类法等理论，将认知过程分为不同层级（如记忆、理解、应用、分析、评价、创造）；学习效果，包括知识掌握程度、技能熟练度、学习满意度等指标。

神经网络符号化解析。为了发现学习过程的演化规律，需要应用神经网络的符号化解析方法。这种方法在时序图神经网络的基础上，利用蒙特卡洛树搜索模型，通过以下步骤构建可微分的符号回归学习器。①选择：根据当前状态和策略，选择最有前景的动作。②展开：执行选择的动作，生成新的状态。③模拟：从新状态开始，进行随机模拟，直到达到终止条件。④反向传播：将模拟结果反向传播，更新节点价值和访问次数。该过程可以用以下公式表示：

$$\mathrm{UCT}(s,a)=\mathrm{argmax}Q(s,a)+c\times\sqrt{\frac{\ln(N(s))}{N(s,a)}} \qquad （式 5.8）$$

其中，$Q(s,a)$表示在状态s中采取动作a的平均回报，$N(s)$表示状态s被访问的次数，$N(s,a)$表示在状态s中已采取动作a的次数，c是控制探索-利用平衡的常数，$\ln(\cdot)$表示以e为底的对数函数。

高置信度规律提取。为了在计算效率和回归结果质量之间取得平衡，采用最大化置信上界（UCB）策略。这种策略既考虑了已知的回报，也鼓励探索未知的选项，能够在有限的计算资源下找到较优的解。通过这种方法可以得到以下内容。①高置信度关联规则集合：这些规则描述学习过程中各要素之间的强相关性，揭示不同学习行为、认知状态与学习效果之间的内在联系。②微分方程表达：用数学方程精确刻画学习过程中各关键要素随时间的动态变化关系，为理解学习轨迹提供定量依据。③逻辑规则：以 if-then 等形式表达学习过程中的条件-结果关系，为制定学习策略和预测学习成效提供直观指导。

通过这种基于神经网络符号回归的方法，系统能够从复杂的学习数据中提取出有意义且可解释的学习过程演化规律[13]。这些规律不仅能帮助学习者更深入地理解学习的本质，还能为教育实践提供科学的指导。从个体学习者的认知发展到群体学习的动态过程，从单一学科的知识获取到跨领域的能力培养，这种方法揭示了学习过程的多维度演化特征。

5.2.6 面向学习活动的个性化经验知识推荐技术

随着各种学习平台的广泛普及和应用，平台在学习者学习过程中积累了大量宝贵的经验知识。如何有效地管理和利用这些经验知识，为学习者提供个性化的推荐支持，已成为教育领域的一个重要研究课题。面向学习活动的个性化经验知识推荐技术是指根据学习者的个人特征、学习行为和学习情境，从已有的经验知识库中智能筛选并推荐最适合该学习者的经验知识的技术。以下将从两个方面探讨这一技术：首先，构建面向学习活动的经验知识库，包括学习活动本体模型的设计、经验知识资源的建设框架以及具体的知识库构建方法；其次，基于构建好的经验知识库，提出个性化经验知识推荐的相关模型和方法，包括基于学习活动序列的推荐以及基于知识图谱的个性化推荐。

1. 学习活动经验知识库构建

学习活动经验知识是学习者在学习过程中积累的宝贵知识财富，它往往以隐性的方式存在于学习活动之中。如何有效地管理和利用这些经验知识，是实现个性化经验知识推荐的基础。因此，构建面向学习活动的经验知识库成为首要任务。

（1）学习活动本体模型构建

学习活动模型的设计原则：在构建学习活动经验知识库时，需要遵循一定的设计原则。

首先，以学习活动为中心，充分挖掘和刻画学习活动的各个要素，为后续的知识建模和应用奠定基础。其次，兼顾多维视角，除了活动本身，模型还应涵盖学习者、环境、交互等多个维度的概念和关系，以全面反映学习活动的复杂性。再次，注重对学习者个体特征的描述，包括学习者的角色、兴趣等，为个性化推荐提供支撑。最后，关注学习活动的情境因素，如学习工具、学习资源等，以更好地理解和表达学习活动的全貌。

学习活动模型的基本结构：基于上述原则，学习活动本体模型的具体结构包括活动事件、活动内容、环境和交互等。活动事件是模型的核心概念，用于描述一个完整的学习活动过程。它包含活动主体、目标、结果等要素。活动内容描述学习活动涉及的具体内容，如文本、图像、视频等资源。环境描述学习活动所依托的工具、平台等环境要素。交互描述参与者之间以及参与者与环境之间的各种交互行为。这些元素之间通过属性和关系进行连接，形成一个完整的学习活动本体模型。在具体实现时，可以采用 OWL 等语义 Web 技术对模型进行建模和描述，为后续的知识处理和应用奠定基础。

（2）经验知识资源建设框架

SECI（Socialization，Externalization，Combination，Internalization Model）知识创造螺旋模型指导的知识创造：根据该模型，知识的创造是显性知识和隐性知识之间动态交互的持续过程。具体包括以下四种方式。①社会化阶段：隐性知识通过人与人之间的互动和交流而转化为新的隐性知识，如面对面的交流与互动。②外化阶段：将隐性知识转化为可以被理解的显性知识，包括记录原始活动、建立活动本体模型，以及对活动知识进行标注和实例化等步骤，完成隐性知识向计算机可理解状态的转化。③组合阶段：对不同来源的显性知识进行整合和加工，产生新的显性知识，如利用推理机对已有的显性知识进行推理和重构，输出新的显性知识。④内化阶段：将显性知识转化为个人的隐性知识，体现在将新的活动序列反馈到原有的隐性知识源中，触发新一轮的知识创造螺旋。

经验知识资源建设框架的流程：基于该模型的指导，设计如下经验知识资源建设框架。①学习活动：这是知识创造的起点，是隐性知识的原始来源。②活动记录：将学习活动过程中产生的各种元数据记录下来，存入活动记录库。③本体标注与实例化：根据预先建立的活动本体模型，对活动记录进行语义标注，并构建相应的本体实例，存入本体实例库。④知识资源库构建：活动记录库、本体库和本体实例库共同构成完整的经验知识资源库。根据学习活动的形式的不同，知识资源库可分为序列式和知识图谱式两种形式，下面将以此流程为依据，对两种形式的经验知识库进行构建。

（3）经验知识库构建

序列经验知识库的构建：首先，记录活动日志，主要是记录学习活动的时间顺序、参与者、使用工具、完成情况等关键信息，形成有序的活动序列。其次，标注活动元素，旨在根据预先定义的活动本体模型，对活动日志中的参与者、工具、目标等概念实体进行语义标注，建立起活动步骤与元素之间的对应关系。再次，挖掘序列模式，旨在分析标注好的活动序列，发现其中蕴含的常见模式，例如某些活动步骤的组合、参与者角色的分工等。这些模式反映协作学习活动的经验规律。最后，构建序列知识库，即将标注好的活动日志、发现的活动模式等存储到序列知识库中。这个序列知识库可以为后续的个性化经验知识推荐提供输入，包括学习者的历史活动序列以及常见的活动模式。

基于知识图谱的经验知识库构建：首先，在活动本体模型的基础上，构建涵盖学习活动各方面的知识图谱本体，对学习经验中的概念、实体和关系进行明确定义。随后，通过机器学习方法，从活动日志、讨论记录等数据源中抽取实体和关系，这些元素代表具体的学习行为、参与者、资源和环境因素。抽取的信息被融入知识图谱，形成表达学习经验的语义网络，其中节点代表实体（如学习者、学习活动、知识点），边表示实体间的关系（如参与、包含、前置）。最后，利用图谱中的概念关系和推理规则，系统可以发现隐含的知识联系，生成新的经验知识，进一步丰富知识图谱。这种结构化的表达方式不仅捕捉学习经验的多维度特征，还能通过语义关联反映经验知识间的复杂互动，为后续的个性化推荐提供丰富而精准的语义基础。

2. 个性化经验知识推荐

基于前述对学习活动经验知识的建模和知识库构建，下一步的关键是如何将这些经验知识有效地推荐给学习者，以支持其个性化的协作学习过程。个性化经验知识推荐，是指根据学习者的个人特征、学习状态以及所处的环境，从经验知识库中智能地挖掘和筛选出最贴合其需求的经验知识，并主动推荐给学习者使用的过程。这种个性化推荐不仅能够提高学习效率，也有助于促进学习者对经验知识的接受和内化。

（1）经验知识序列推荐模型

学习活动序列模式匹配：将学习者的历史行为序列作为输入，系统将通过复杂的相似度计算，与知识库中存储的各类序列经验进行精确匹配，找出与当前学习者最为相关的序列模式。常用的相似度计算方法包括以下几种。①欧式距离：计算两个序列间各个元素值的欧式距离，距离越小表示相似度越高。②动态时间弯曲距离：其允许序列在时间维度上的非线性对齐，能较好地处理序列长度不一致的情况。③最长公共子串距离：计算两个序列的最长公共子串长度，作为相似度的度量。通过上述相似度计算方法，系统能够准确地识别出当前学习者的行为模式，并与知识库中的序列经验进行匹配。匹配度越高的序列经验，就越可能是当前学习者所需的个性化推荐内容。这种基于序列模式的个性化推荐，不仅能够识别学习者的整体行为特征，还能挖掘出隐藏的行为规律，为学习者提供更加贴合需求的经验知识推荐。

个性化序列经验知识推荐：基于前述的序列模式匹配，系统能够识别出当前学习者的行为特征，并与知识库中的序列经验进行精确对比。下一步就是根据匹配结果，构建个性化的序列经验推荐模型，为学习者提供最贴合需求的推荐内容。一般采用基于 RNN、注意力机制、马尔科夫链等模型方法，以下将以基于注意力机制的序列推荐模型为例，说明个性化序列经验推荐的流程。

注意力机制让模型在建模过程中对用户的不同行为施以不同的注意力权重值，使“相关”行为对结果影响更大，“不相关”行为影响更小。DIN 算法将用户历史行为向量和经验知识库中的序列经验向量两者的差值、和值以及向量本身输入到全连接层训练，得到的输出作为权重，这种方法信息损失较少，能取得更好的推荐性能。DIN 算法的公式表示如下：

$$\boldsymbol{V}_u = f\left(\boldsymbol{V}_a\right) = \sum_{i=1}^{n} \boldsymbol{w}_i \boldsymbol{V}_i = \sum_{i=1}^{N} g\left(\boldsymbol{V}_i, \boldsymbol{V}_a\right) \boldsymbol{V}_i \qquad \text{（式 5.9）}$$

其中，$\boldsymbol{V}_u$ 是用户的序列特征向量，$\boldsymbol{V}_a$ 是候选经验知识序列的特征向量，$\boldsymbol{V}_i$ 是用户 u 的第 i 次

行为的特征向量，因为加入注意力机制，所以 V_u 从过去 V_i 的加和变为了 V_i 的加权和，V_i 的权重 w 就由 V_a 和 V_i 的关系决定，$g\left(V_i,V_a\right)$ 为注意力得分，n 与 N 为用户 u 的行为总数。

通过上述公式，系统能够综合考虑当前学习者的行为特征以及序列经验本身的重要性，计算出每个序列经验的个性化推荐得分。最终，系统将根据得分排序，推荐与当前学习者最为相关的 Top-N 个序列经验。

（2）基于知识图谱的经验知识推荐模型

知识图谱推荐方法是一种基于知识图谱的个性化推荐技术，通过利用知识图谱中的实体和关系信息为学习者提供更加精准的经验知识推荐结果。

$$M = a\mathrm{sim}\left(h,t\right)+\beta\mathrm{sim}\left(h,r\right)+\gamma\mathrm{sim}\left(r,t\right) \qquad \text{（式 5.10）}$$

其中，α、β 和 γ 为权重系数；$\mathrm{sim}\left(.,.\right)$ 表示两者的兴趣相似度。通过上式计算出学习者对不同经验知识的兴趣匹配度，进而展开推荐。在实际应用中，推荐者还可以根据具体的需求调整数学公式中的参数，以实现更好的兴趣匹配效果。

在基于知识图谱的个性化经验知识推荐方案中，系统输入基于知识图谱的知识库和用户的历史学习行为，分析这些数据，获得学习者对不同经验知识的兴趣程度，形成语义匹配矩阵。然后将语义匹配矩阵中的数据转化为特征向量，作为客观向量输入推荐模型中。采用加权模糊计算的方式得出经验知识的推荐层级，计算公式为

$$\alpha = \int \lambda\beta\frac{\eta}{2}d \qquad \text{（式 5.11）}$$

其中，λ 为推荐控制量，β 为经验知识实体在空间中的定位，η 为关联属性，d 为学习者的多维兴趣程度表征。为进一步明确个性化经验知识推荐的精度，需进行隶属度赋值，获得不同推荐结果与使用者兴趣的符合程度。个性化推荐的精度 c 的计算公式为

$$c = \sum_{q>1}\frac{\alpha}{w} \qquad \text{（式 5.12）}$$

其中，q 为经验知识的主动推荐次数，w 为推荐的边界范围。根据计算得出的个性化推荐精度，确定需要推荐的学习活动经验，将其与学习者的具体需求进行适配，从而完成基于知识图谱的经验知识推荐。

5.3 教学与学习增效智能技术的适配实现

5.3.1 基于最近发展区的群智协同教学过程增效

群智协同教学是一种高效教育模式，它利用大规模互联网用户群体提供的海量数据和计算资源来优化教学过程。为避免忽视学生的个性化发展需求，本节将结合“最近发展区”这一核心理念，将其作为群智协同教学的主要导向，介绍基于最近发展区的群智协同教学过程技术适配实现。如图 5.11 所示，这部分主要包括运用先进的数智技术对学习者或群体的最近发展区进行精确表征与计算，并将教学过程分为课前、课中、课后三个阶段，在每个阶段应用相应的教学增效技术，以实现更加精准和高效的个性化教学。

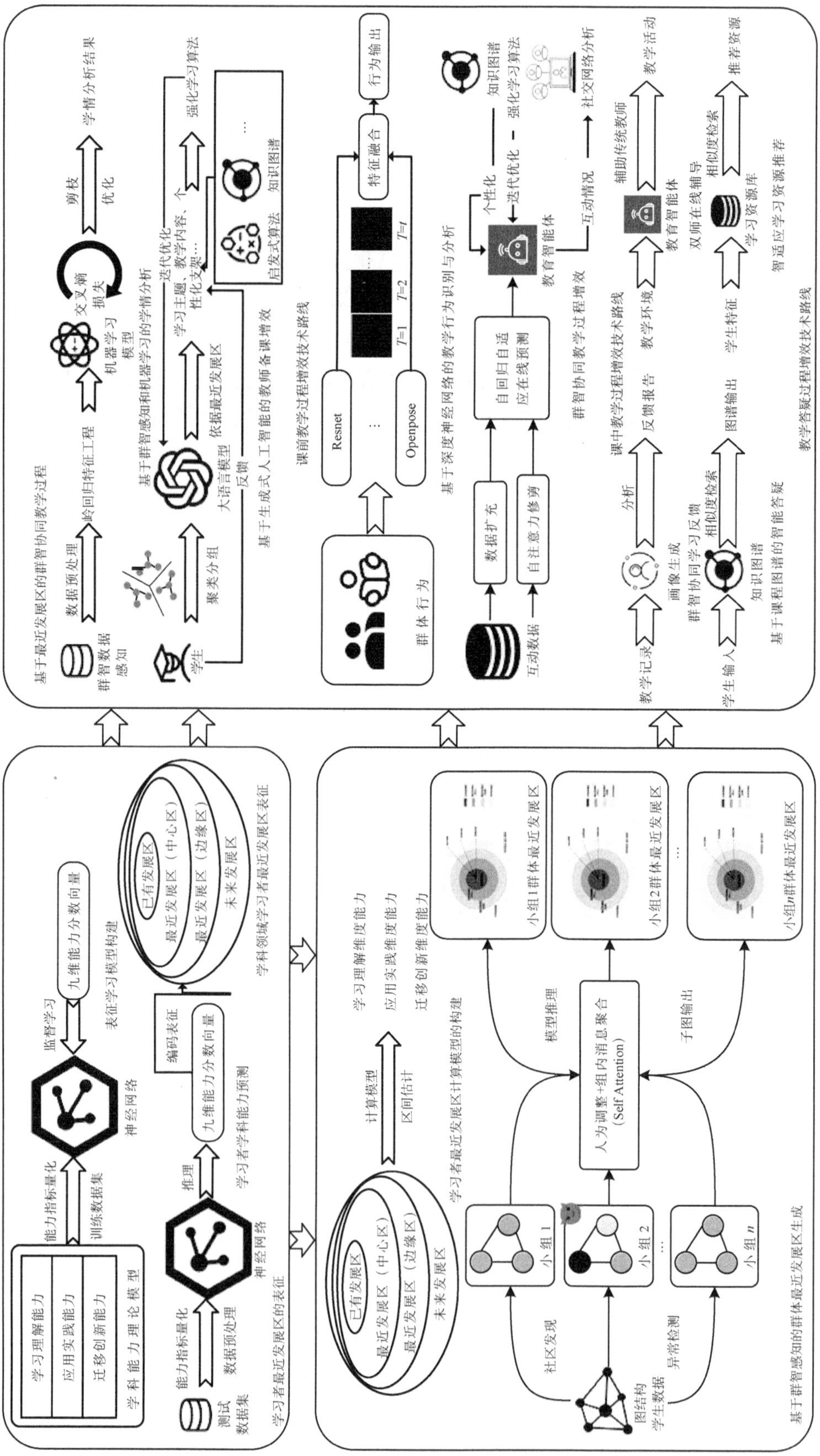

图 5.11 基于最近发展区的群智协同教学过程增效流程

1. 学习者/群体最近发展区的表征与计算

（1）学习者最近发展区的表征

学科能力 3×3 要素理论模型构建：学科能力发展模型将学科认识活动分为学习理解、应用实践和迁移创新三个层次，刻画了学生认知发展的动态过程。认知发展的结果是高级思维心理功能，其基础是对主题概念的掌握。这需要在真实或完整概念层次上进行思考，包括对完整概念的抽象、综合、比较、区分等，这些是发展高级心理的必要过程。概念掌握与逻辑思维的关系本质上是形式与内容的辩证关系。逻辑思维的发展与获得新行为和心智发展到更高阶段密切相关。学科能力是指学生顺利进行相应学科的认识活动和问题解决活动所必需的、稳定的心理调节机制。学科能力发展要素模型体现了学科知识和素养的进阶层级，能够刻画学生在一段时期的认知发展动态过程。该模型的理论依据是，将学科认识活动概括为三个层面：第一层面属于知识、经验输入过程，涉及识别与回忆、计算与操作、解释与交流等活动，可概括为学习理解能力；第二层面属于知识、经验输出过程，涉及分析与概况、推理与论证、问题解决等活动，可概括为应用实践能力；第三层面属于知识、经验高级输出过程，涉及综合应用、猜想与发现、探究与建模等活动，可概括为迁移创新能力[14]。

表征学习模型构建：可以构建教学全过程群智高效感知机制来为收集学生的多方面数据提供支持，这些特征与学科能力 3×3 要素理论模型密切相关。为对将学生高维特征映射到学习理解、应用实践、迁移创新所涉及的 9 维更高层语义特征的过程进行建模，在这里可以用神经网络里自动编码器学习各个学科能力要素的量化得分，其实现可以公式化为

$$\boldsymbol{h}=\sigma\left(\boldsymbol{W}_1\boldsymbol{x}+\boldsymbol{b}_1\right) \tag{式 5.13}$$

$$\hat{\boldsymbol{x}}=\sigma\left(\boldsymbol{W}_2\boldsymbol{h}+\boldsymbol{b}_2\right) \tag{式 5.14}$$

其中，$\boldsymbol{x}$ 为输入学生特征向量，$\boldsymbol{h}$ 为降维编码后的各个维度的学生学科能力要素的量化得分，最终重构的 $\hat{\boldsymbol{x}}$ 可以用于计算重构损失以优化模型，$\boldsymbol{W}$ 和 $\boldsymbol{b}$ 分别为用于拟合学生学科能力量化分的可训练参数与偏置项。另外，为使得学生的高维特征能够准确映射到 3×3 的学科能力要素，应采用监督学习的方法：首先需要人工根据学生表现为学生的各个学科能力要素打分；随后根据这些人工打分数据进行有监督模型训练，使模型能够准确地将特征映射为后续计算所需指标的量化得分。

学习者学科能力预测：通过上述学习者能力各要素的计算模型，可预测指定学习者的学科能力。具体步骤如下：

1. 利用过程感知技术采集各学习者的特征，确保特征维度与模型训练时使用的一致。
2. 将特征向量输入自动编码器模型的编码器模块进行预测。
3. 获得 9 个细分维度的学科能力要素量化得分，以 9 维向量形式表示。

学科领域学习者最近发展区表征：学生能力发展呈现多维度、连续、非线性的特征。根据最近发展区的定义，需明确学习者对核心概念理解的实际能力水平，以及在教师指导或与能力较强同伴合作时可达到的潜在发展能力水平。据此，将学习者认知发展区域划分为四个层次：已有发展区、最近发展区（中心区）、最近发展区（边缘区）和未来发展区。其中，已有发展区表示学习者已达到的能力水平；最近发展区（中心区）指需较少

学习支持即可达到的能力水平；最近发展区（边缘区）则需较多学习支持才能达到；未来发展区为目前阶段尚不能达到的能力水平。基于学科素养-能力表现-核心概念的统一编码体系，在学习理解、应用实践、创新迁移三个维度上对学习者已有能力水平及可能的发展能力水平进行全面表征。

（2）学习者最近发展区计算模型的构建

根据最近发展区理论，最近发展区（中心区）距已有发展区较近，通过少量学习支持即可达到；最近发展区（边缘区）则需更多支持。基于能力素养的最近发展区计算模型构建，计算这两个区在知识理解、应用实践和创新迁移三个维度上的区间范围及值。

① 多维度能力素养最近发展区区间计算

计算学习者能力素养的最近发展区（Zpd）需提供完整反馈测试，区分学习者的独立表现，预测学习潜力，并通过更难、更复杂的迁移题目了解学习者是否内化了先前中介。通过群智感知技术采集学习者在学习理解、应用实践、创新迁移三个维度上的学习数据，记录已有学科能力、不同学习支持下的学科能力和最终达成的学科能力，通过无提示得分和逐步提示得分加权得到最终分数。最近发展区（中心区）的计算公式如下：

$$\mathrm{Zpd}_{n1}=\left[\mathrm{fpre1}(x1,x2,x3),\mathrm{fpost1}(x1,x2,x3)\right] \quad（式 5.15）$$

$$\mathrm{Zpd}_{n2}=\left[\mathrm{fpre2}(y1,y2,y3),\mathrm{fpost2}(y1,y2,y3)\right] \quad（式 5.16）$$

$$\mathrm{Zpd}_{n3}=\left[\mathrm{fpre3}(z1,z2,z3),\mathrm{fpost3}(z1,z2,z3)\right] \quad（式 5.17）$$

其中，$x1$、$x2$、$x3$、$y1$、$y2$、$y3$、$z1$、$z2$、$z3$ 分别代表三个维度的三种评价指标，fpost1、fpost2、fpost3 代表逐步提示后三个维度的潜在发展能力，即最近发展区（中心区）可能的最外边界。fpre1、fpre2、fpre3 代表几乎无学习支持情况下三个维度的潜在发展能力，对应最近发展区（中心区）内边界。最近发展区（边缘区）的计算公式如下：

$$\mathrm{Zpd}'_{n1}=\left[\mathrm{fpost1}(x1,x2,x3),\mathrm{fpost1}'(x1,x2,x3)\right] \quad（式 5.18）$$

$$\mathrm{Zpd}'_{n2}=\left[\mathrm{fpost2}(y1,y2,y3),\mathrm{fpost2}'(y1,y2,y3)\right] \quad（式 5.19）$$

$$\mathrm{Zpd}'_{n3}=\left[\mathrm{fpost3}(z1,z2,z3),\mathrm{fpost3}'(z1,z2,z3)\right] \quad（式 5.20）$$

其中，fpost1′、fpost2′、fpost3′ 分别代表学习者进一步得到教学干预后在三个维度上的潜在发展能力，对应的是最近发展区（边缘区）的外边界。

② 多维度能力素养最近发展区（中心区）理论计算

计算学习者在三个维度最近发展区（中心区）的值。

学习理解维度：

$$\mathrm{LZpd}_{n1}=\frac{\mathrm{fpost1}(x1,x2,x3)-\mathrm{fpre1}(x1,x2,x3)}{\max S}+\frac{\mathrm{fpost1}(x1,x2,x3)}{\max S} \quad（式 5.21）$$

应用实践维度：

$$\mathrm{LZpd}_{n2}=\frac{\mathrm{fpost2}(y1,y2,y3)-\mathrm{fpre2}(y1,y2,y3)}{\max T}+\frac{\mathrm{fpost2}(y1,y2,y3)}{\max T} \quad（式 5.22）$$

创新迁移维度：

$$\mathrm{LZpd}_{n3}=\frac{\mathrm{fpost3}(z1,z2,z3)-\mathrm{fpre3}(z1,z2,z3)}{\max U}+\frac{\mathrm{fpost3}(z1,z2,z3)}{\max U} \quad（式 5.23）$$

其中，fpost1、fpost2、fpost3 分别表示对应维度反馈提示后的能力素养，fpre1、fpre2、fpre3 分别表示对应维度无提示的能力素养，$\max S$、$\max T$、$\max U$ 分别表示对应维度能力素养的最大值。

③ 多维度能力素养最近发展区（边缘区）计算模型

计算学习者在三个维度最近发展区（边缘区）的值。利用最近发展区测量范式计算得出的最近发展区（中心区）值，作为影响因素之一。结合文献分析，采集相关学习过程数据和心理特征数据，确定测量指标集，最近发展区计算公式如下：

$$\mathrm{LZpd}_{N1} = 系数x1 \times \mathrm{LZpd}_{n1} + 系数x2 \times 学习者特征x2 + \cdots + 系数xn \times 学习者特征xn \quad （式 5.24）$$

$$\mathrm{LZpd}_{N2} = 系数y1 \times \mathrm{LZpd}_{n2} + 系数y2 \times 学习者特征y2 + \cdots + 系数yn \times 学习者特征yn \quad （式 5.25）$$

$$\mathrm{LZpd}_{N3} = 系数z1 \times \mathrm{LZpd}_{n3} + 系数z2 \times 学习者特征z2 + \cdots + 系数zn \times 学习者特征zn \quad （式 5.26）$$

其中，LZpd_{n1}、LZpd_{n2}、LZpd_{n3} 为上一步计算所得的学习者在知识理解、应用实践、创新迁移三个维度的最近发展区（中心区）的值。

采用多元逻辑回归算法建立最终计算模型。多元逻辑回归适用于多分类问题，用于建模离散多类别因变量与特征变量间关系。其优化函数 l 为

$$l = \sum_{i=1}^{N}\sum_{k=1}^{K} y_{ik} \log\left(P\left(\boldsymbol{Y}_i = k \middle| \boldsymbol{x}_i\right)\right) \quad （式 5.27）$$

其中，$\boldsymbol{x}$ 用于指示预测的每个类别的概率，K 表示类别数，k 则是类别索引，N 表示批量大小，i 表示当前批量的第 i 个样本，y_{ik} 表示样本实际标签。

（3）基于群智感知的群体最近发展区生成

准确估计群体最近发展区是进行群智协同教学过程增效的重要环节，本部分简要介绍其实现的主要核心步骤。

① 数据收集。通过群智感知技术全面收集学生数据，包括：生理表征，如心率、脑电波等；行为举止，如肢体语言、表情变化等；注意力情况，如眼动轨迹、专注度等；学习过程数据，如作答情况、互动频率等。这些多模态数据为后续分析提供了丰富的信息源。

② 特征抽取。使用 MLP 对每个学习者的高层特征进行抽取。

$$\boldsymbol{Z}^{l} = \sigma\left(\boldsymbol{W}\boldsymbol{X}^{(l-1)} + \boldsymbol{b}\right) \quad （式 5.28）$$

其中，$\boldsymbol{X}$ 为输入特征，在这里相当于某个学生最近发展区信息的向量化数值表示，$\boldsymbol{Z}$ 为降维后的输出特征，l 表示层号，$\boldsymbol{W}$ 为可学习的线性层参数矩阵，$\boldsymbol{b}$ 为可学习的偏差，$\sigma(\cdot)$ 为非线性激活函数。该步骤将学习者的原始特征映射到更具语义的高层特征空间。

③ 图结构表示。将课堂学生表示为属性图结构，节点表示学生个体，包含学生的属性信息；边表示学生间的交互，包含交互类型、频率等信息。这种表示方法能够捕捉学生间复杂的关系网络。

④ 图表示学习。使用 GNN 进行图结构数据的表示学习：

$$\boldsymbol{H}^{(l+1)}=\sigma\left(\widetilde{\boldsymbol{D}}^{-\frac{1}{2}}\widetilde{\boldsymbol{A}}\widetilde{\boldsymbol{D}}^{-\frac{1}{2}}\boldsymbol{H}^{(l)}\boldsymbol{W}^{(l)}\right) \quad \text{（式 5.29）}$$

其中，$\boldsymbol{H}^{(l+1)}$ 为第 $l+1$ 层的输出，$\widetilde{\boldsymbol{D}}$ 为标准化后的度矩阵，$\widetilde{\boldsymbol{A}}$ 为标准化后的邻接矩阵，$\boldsymbol{W}$ 为可学习的参数矩阵。GNN 通过聚合邻居信息来更新节点表示，有效捕捉图中的局部和全局结构信息。

⑤ 学生分组。采用社区检测算法对学习者图进行分组，常用算法包括：Girvan-Newman 算法，通过迭代删除边来寻找社区结构；Louvain 算法，通过局部模块度优化快速检测大规模网络社区。这些算法能够识别图中具有密切联系的节点群体。

⑥ 分组质量评估。使用异常子图检测算法评估分组质量，将每个分组抽象为一个节点；使用图神经网络对分组进行表示学习；采用多种技术（如邻接矩阵重构、消息聚合等）计算异常得分。对检测出的异常分组进行人为调整，确保分组的合理性。

⑦ 小组信息聚合。使用自注意力机制聚合小组信息：

$$\text{Attention}(\boldsymbol{Q},\boldsymbol{K},\boldsymbol{V})=\text{Softmax}\left(\frac{\boldsymbol{QK}^{T}}{\sqrt{\boldsymbol{d}_{k}}}\right)\boldsymbol{V} \quad \text{（式 5.30）}$$

$$\alpha_{ij}=\frac{\exp\left(e_{ij}\right)}{\sum_{k=1}^{n}\exp\left(e_{ik}\right)} \quad \text{（式 5.31）}$$

$$\text{Attention}(\boldsymbol{Q},\boldsymbol{K},\boldsymbol{V})=\sum_{j=1}^{n}\alpha_{ij}\boldsymbol{V}_{j} \quad \text{（式 5.32）}$$

其中，$\boldsymbol{Q}$、$\boldsymbol{K}$、$\boldsymbol{V}$ 分别表示查询矩阵、键矩阵和值矩阵，e_{ij} 是 Attention 函数计算后第 i 个位置与第 j 个位置的值，n 表示矩阵序列长，α_{ij} 表示序列中第 i 个位置与第 j 个位置的注意力分数值，T 表示矩阵转置，$\boldsymbol{d}_k$ 是键向量的维度，自注意力机制能够有效捕捉序列内的长程依赖关系，适合处理小组内复杂的交互信息。

⑧ 群体最近发展区确定。基于聚合后的小组表示，采用特定的分类器（如 MLP）确定该小组的最近发展区：中心区，需较少学习支持即可达到的能力水平；边缘区，需较多学习支持才能达到的能力水平。

通过这种群智协同的方式得到每个小组的最终表示，并据此分类到该小组所述的最近发展区，最终得到其最近发展区（中心区/边缘区）的完整信息，以为后续基于群体最近发展区的协同教学增效提供指导。

2. 基于最近发展区的群智协同教学过程实现

（1）课前教学过程增效技术路线

学情分析是教学设计的起点，是因材施教的重要基础，本部分基于群智感知的数据，利用机器学习算法进行学情分析，此外在学情分析时纳入个体/群体最近发展区因素，并将学情分析情况可视化呈现，为教师备课提供支持。

基于群智感知和机器学习的学情分析：首先，利用群智技术收集多维度学生数据，包括个体和群体的最近发展区、参与度、学习需求等。通过群体智慧协同收集的数据更加全面且互补。随后，使用均值化法等技术对这些因素进行量化，并应用岭回归（ridge regression）等算法判别影响因素，选取最相关的 k 个特征。该步骤充分利用群体数据的优势，提高特征选择的准确性。在模型构建阶段，采用随机划分法将群体数据分为训练集和测试集，选用回归决策树（regression decision tree）作为主要模型进行学情分析，并通过交叉熵（cross-entropy）损失函数优化模型参数。模型训练过程中，融合群体学习行为的特征，提高模型的泛化能力。最后，使用信息增益（information gain）准则进行特征划分，通过剪枝（pruning）技术优化树结构，最终输出预测的个体和群体学情分析结果。整个过程结合群智感知、特征工程、监督学习和模型优化等技术，不仅提供准确且可解释的个体学情分析，还能反映群体学习动态，为群智协同教学提供坚实的数据基础[15]。

基于 GenAI 的教师备课增效：首先利用 GPT-4 等大语言模型，结合群体学情数据和个体学生画像，生成符合学生最近发展区的学习主题。该步骤充分利用群体数据的丰富性和 AI 模型的生成能力，为教学主题设计提供创新思路。在学生分组方面，采用协同过滤算法和 K-means 聚类进行异质分组，促进学生间的互补协作。这种基于数据驱动的分组方法能够最大化群体学习效果，充分发挥每个学生的潜力。教学策略设计中，强化学习算法（如 Q-learning）的应用使得教学内容能够根据学生反馈动态调整。同时，知识图谱技术的引入有助于构建个性化学习支架，为不同学习水平的学生提供适当的支持。这种自适应教学策略充分体现了群智协同学习的灵活性和针对性。在教学过程监控方面，实时数据分析和可视化技术（如 D3.js）的应用使得教师能够及时掌握学生的学习进度和反馈。这不仅可以提高教学的响应速度，也为教学决策提供数据支持。最后，通过启发式算法（如遗传算法）优化教案结构，将教学目标、策略和活动有机融合。整个备课过程充分利用群体智慧，如众包式资源共享和协同编辑平台（如 GitLab），实现教学资源的高效整合和优化，有效利用 AIGC 技术赋能备课增效。

（2）课中教学过程增效技术路线

基于深度神经网络的教学行为识别与分析：利用先进的计算机视觉技术对课堂教学行为进行实时识别与分析，从而诊断教学情况及个体/群体最近发展区达成情况。该系统主要包含三个核心模块：视觉特征提取模块，采用 ResNet-22 网络结构结合通道注意力机制和空间注意力机制，提取学生目标区域的高维视觉特征；行为姿态分析模块，基于 OpenPose 姿态估计算法，生成置信度图和亲和场，以提取学生精确的行为姿态信息；特征融合与分类模块，将视觉特征和姿态特征通过全连接层进行融合，随后使用 Softmax 分类器对融合特征进行多类别行为分类。整个网络通过最小化包含视觉特征损失、姿态特征损失和分类交叉熵损失的联合损失函数 $L_{\text{Loss}} = L_c + \lambda L_v + \mu L_p$ 进行端到端优化，其中 L_v、L_p 和 L_c 分别为融合注意力机制的视觉特征模块、行为姿态模块和分类模块的多分类交叉熵损失。λ 和 μ 是两个权重超参数。

群智协同教学过程增效：这部分主要围绕教育智能体的自适应行为生成和辅助教学两个方面展开。在自适应行为生成方面，系统采用增强自注意力修剪模型，通过数据扩充、自注意力修剪和自回归自适应在线预测三项核心技术实现。其中，数据扩充技术利用交替学习策略扩充训练数据；自注意力修剪基于 Transformer 架构的多头注意力机制选择关键特征；自回归自适应在线预测则采用 RNN 保持历史记忆，生成连续的教育智能体行为。行为生成质量通过分布距离 $d(G(x)\ ,\ R(x)\ )$ 评估，$G(x)$ 和 $R(x)$ 分别代表生成和预期行为分布。在辅助教学过程方面，教育智能体与真人教师协作开展群智协同教学，教育智能体负责提供个性化辅导、促进群体互动和辅助教学策略调整。具体而言，个性化辅导采用基于知识图谱的推荐算法；群体互动促进利用社交网络分析技术；教学策略调整则基于强化学习算法实现。通过智能体与真人教师的优势互补，群智协同教学过程得以显著增效，确保教学活动围绕学生最近发展区展开，使得教学效果最大化。

（3）教学答疑过程增效技术路线

群智协同学习反馈：在教学授课活动后，根据群组协作学习效果、个人学习效果以及过程性数据分析结果，系统生成详细的反馈报告。这些报告以画像的形式呈现给学生和小组，帮助他们了解自己在学习过程中的表现、优势和不足。同时，反馈报告也会发送给教师，以便他们了解班级整体学习情况以及学生个体间的差异，为后续教学与反思提供参考。

双师在线辅导：为进一步提升学生的学习效果，系统提供双师在线辅导服务。除传统的真人教师外，还引入具有专业知识和丰富经验的教育智能体进行辅助辅导。学生可以根据自己的需求和兴趣选择适合的辅导方式与时间。双师辅导不仅能够提供更加个性化的学习支持，还能有效缓解真人教师的教学压力，提高辅导效率和质量。

基于课程图谱的智能答疑：利用课程图谱技术，系统能够构建全面的知识网络和关联关系。学生在遇到问题时，可以通过智能答疑系统快速找到相关答案和解释。系统会根据问题的内容和学生的知识背景，在课程图谱中搜索相关的知识点、例题和解析资源，并以最易于理解的方式呈现给学生。智能答疑系统不仅能够帮助学生及时解决问题，还能引导他们深入思考和理解知识点之间的联系。其中会涉及语句相似度，其计算公式如下：

$$\text{Sentence\_similarity}(\boldsymbol{a}_i,\boldsymbol{b}_i)=\frac{\sum_{i=1}^{n}(\boldsymbol{a}_i\times\max(\boldsymbol{a}_i,\boldsymbol{b}_i))}{\sum_{i=1}^{n}\boldsymbol{a}_i} \tag{式 5.33}$$

其中，$\boldsymbol{a}_i$、$\boldsymbol{b}_i$属于句子的特征向量，i是句子索引，n表示句子总数。

智适应学习资源推荐：基于学生的学习表现、兴趣偏好和最近发展区评估结果，系统为学生推荐个性化的学习资源和学习路径，包括视频教程、在线课程、练习题库和拓展阅读等。推荐系统采用基于学生的协同过滤算法，其核心公式为

$$\hat{r}_{ui}=\mu+b_u+b_i+\frac{\sum_{v\in N_u(i)}s(u,v)\cdot(r_{vi}-b_i)}{\sum_{v\in N_u(i)}s(u,v)} \tag{式 5.34}$$

其中，$\hat{r}_{ui}$为预测的学生对学习资源的评分，r_{vi}是学习平台中学习资源的客观评分，μ是所有评分的全局平均值，b_u和b_i分别是学生与学习资源的偏差，$s(u,v)$是学生与学习资源的相似度。常见的相似度计算方法有余弦相似度、皮尔逊相关系数等。此外，系统还结合内容基于过滤和矩阵分解等技术，提高推荐精度。通过智适应学习资源推荐，系统能够持续激发学生的学习动力和潜能，促进他们的全面发展，有效支持个性化学习和因材施教。

5.3.2 基于 GenAI 内容生成的个性化学习

随着 AI 技术的快速发展，GenAI 在教育领域展现出巨大的潜力。本节将探讨如何利用 GenAI 技术来支持和实现个性化学习。如图 5.12 所示，本部分详细介绍如何构建精准的学生

和学习资源模型，如何基于 AIGC 技术生成个性化的学习资源，以及如何实时调整和优化学习状态。这些创新方法旨在为每位学生打造量身定制的学习体验，提高学习效率和学习成果。

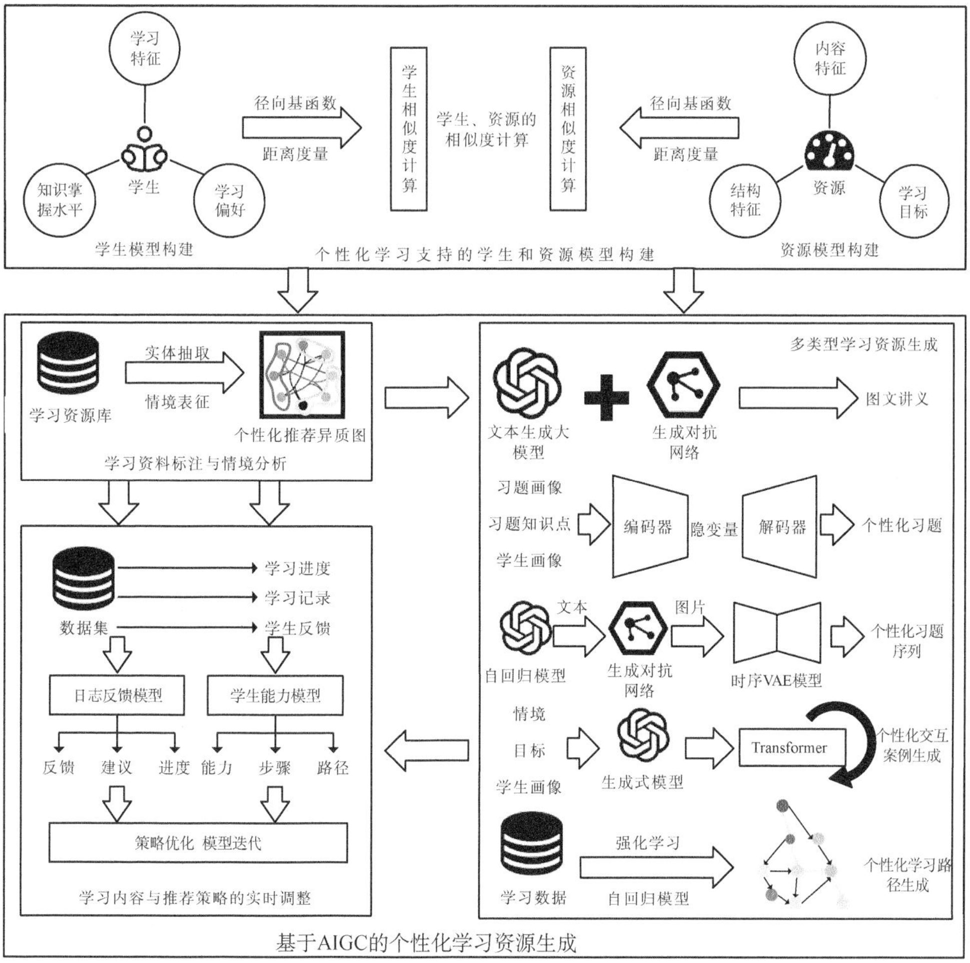

图 5.12　GenAI 支持的个性化学习技术框架

1. 个性化学习支持的学生和资源模型构建

在数智驱动的教育环境中，构建精确的学生和学习资源模型成为实现个性化学习的关键基石。这些模型不仅能全面捕捉学生的学习特征和学习资源的内在属性，还能为后续的学习资源推荐和学习路径规划提供坚实的数据支撑。

（1）学生模型构建

学生模型能够全面刻画学生的学习特征、知识掌握水平和学习偏好，主要包含以下要素。

基本信息：基本信息收集过程将设计一套标准化的信息收集表单，用于获取学生的年龄、年级、学习背景等基础数据。该系统将实现自动化数据录入和更新机制，确保学生信息的实时性和准确性。这具体可以参考 5.3.2 小节“基于学习者基本属性的学习者画像”部分的内容。

知识掌握程度：知识掌握程度评估将采用先进的认知诊断方法，如 NCD 算法，构建学生熟练度矩阵 $\boldsymbol{A}=\left(a_{ij}\right)_{N\times Z}$。其中，$N$ 代表学生数量，Z 代表知识点数量，而 a_{ij} 则表示第 i 个

学生对第 j 个知识点的掌握程度。系统将实现定期评估和动态更新机制，确保对学生知识掌握情况的实时跟踪，为后续的个性化学习资源推荐提供精确依据。

学习风格：通过设计专门的学习行为数据采集机制，收集学生在学习过程中的行为数据。利用事件追踪和日志分析技术收集学生在学习过程中的行为数据。基于这些数据，运用决策树、随机森林等机器学习算法，以及 K-means、层次聚类等聚类算法，实现学习风格识别，将学生分类为视觉型、听觉型、动手型等不同的学习风格。

学习兴趣：利用 NLTK、spaCy 等自然语言处理工具，分析学生的学习历史和反馈数据。通过实现协同过滤、内容基础过滤等推荐系统算法，以及 LDA（潜在狄利克雷分配）等主题模型，准确把握学生的兴趣所在。建立动态更新的兴趣标签系统，不断优化学生的兴趣模型，从而推荐更加吸引学生的学习内容，提高学生的学习积极性和效果。

学习目标：该部分主要用于记录学生设定的短期和长期学习目标，为后续的学习资源和学习路径生成提供输入数据。在设定学习目标时，可以借鉴 SMART 原则，即目标应是具体的（specific）、可测量的（measurable）、可实现的（achievable）、相关的（relevant）和有时限的（time-bound）。

（2）资源模型构建

资源模型对学习资源进行结构化表示，便于后续的个性化推荐和生成。

内容特征：设计资源特征向量 $\boldsymbol{R}_i=\left[r_{i1},r_{i2},\cdots,r_{im}\right]$，其中 i 代表资源索引，m 代表特征维度，r_{im} 是特征向量的分量。该模块运用 TF-IDF、Word2Vec 等技术进行特征提取，使用朴素贝叶斯、支持向量机等算法实现主题分类，并采用项目反应理论（item response theory，IRT）进行难度评估。通过实现这些自动化特征提取算法，进行主题分类、难度级别评估和知识点覆盖分析，为精准的资源匹配和推荐奠定基础。

结构特征：建立全面的资源类型分类机制，涵盖文本、图片、视频和交互式内容等多种形式。该模块利用 OpenCV、PIL 进行图像处理，使用 FFmpeg 进行视频分析，并采用 VilBERT 等多模态深度学习模型实现多模态资源结构分析。通过这些技术准确识别和分类各种类型的学习资源，帮助系统更好地理解和组织学习资源，以为学生提供多样化的学习体验。

学习目标：设计标准化的学习目标分类体系，运用 BERT、XLNet 等先进的文本分类模型，结合二元相关性 Binary Relevance、标签幂集 Label Powerset 等多标签分类技术，实现教学目标自动标注算法。同时，采用基于布卢姆教育认知目标分类的自动分类器建立预期学习效果评估模型，以衡量各种学习资源的教学效果。这些技术的应用确保每个学习资源都有明确的教学目标，有助于学生和教育者更好地选择和使用这些资源。

（3）学生、资源的相似度计算

学生相似度计算：决定学生学习资源偏好的两个最重要的因素是知识熟练度水平和知识覆盖率。随着所有学生对知识概念 $\boldsymbol{A}$ 的掌握，可以将知识概念的掌握程度部分表示为

$$m_{si}=\mathrm{Softmax}\left(\boldsymbol{x}_{s_i}^{T}\boldsymbol{A}\right) \qquad \text{（式 5.35）}$$

其中，$\boldsymbol{x}_{s_i}^{T}$ 表示学生 s_i 的一个独热向量。

然后，将知识概念覆盖作为学生的另一个特征，使用可学习矩阵 $\boldsymbol{RQ}$ 描述表示为

$$c_{si}=\mathrm{Softmax}\left(\boldsymbol{x}_{s_i}\boldsymbol{RQ}\right) \qquad \text{（式 5.36）}$$

在为学生获得上述 m_{si} 和 c_{si} 两种表示后，应定义相似学生的标准，为学生提供适当的练习。相似的学生在学术表现上指的是那些在考试成绩、课堂参与度、作业完成情况和学习习惯等方面具有相似表现的学生。通常情况下，相似的学生具有相似的知识掌握水平，这使得相似的学生能够相互参考。然而，在推荐新的学习资源时，学生正确回答的学习资源之间的差异应该尽可能大，而且这样的学生倾向于选择新的练习。因此，相似的学生被定义为具有知识掌握程度相似、知识覆盖范围差异最大的学生。同样，相似的学生应该满足以下条件：对知识概念的掌握程度相似，正确回答对知识概念覆盖率差异较大的练习。相似度计算公式如下所示：

$$w_{i,j}^{s}=\exp\left(\frac{\left\|m_{si}-m_{sj}\right\|^{2}}{-2\sigma^{2}}\right)-\exp\left(\frac{\left\|c_{si}-c_{sj}\right\|^{2}}{-2\sigma^{2}}\right) \quad (式 5.37)$$

其中，σ 控制高斯核宽度。将 $w_{i,j}^{s}$ 的相似度大于 ω 的学生定义为相似学生，形成学生相似度矩阵 $\boldsymbol{W}_{i,j}^{s}$，否则设置为 $w_{i,j}^{s}=0$。

学习资源相似度计算：学习资源因素可分为两类。第一个因素是学习资源难度，这对于准确地保持推荐结果至关重要。可以将学习资源难度矩阵 $\boldsymbol{B}$ 的每一行作为

$$\boldsymbol{d}_{e_j}=\mathrm{Sigmoid}\left(\boldsymbol{x}_{e_j}^{T}\boldsymbol{B}\right) \quad (式 5.38)$$

其中，$\boldsymbol{x}_{e_j}^{T}$ 表示学习资源 e_j 的一个独热向量。

第二个因素是知识的相关性。这些信息是已知的，并表明学习资源和知识概念之间的联系，学习资源与知识概念之间的相关性为

$$\boldsymbol{q}_{e_j}=\boldsymbol{x}_{e_j}^{T}\boldsymbol{Q} \quad (式 5.39)$$

其中，学习资源 e_j 的综合表示是通过学习资源的难度分布 $\boldsymbol{d}_{e_j}$ 和学习资源的知识关联向量 $\boldsymbol{q}_{e_j}$ 元素乘法得到的。然后，用一个高斯核函数定义学习资源表示 e_i 和 e_j 之间的相似度为

$$w_{i,j}^{e}=\exp\left(-\frac{\left\|e_{i}-e_{j}\right\|^{2}}{2\sigma^{2}}\right) \quad (式 5.40)$$

从学习资源相似度矩阵 $\boldsymbol{W}_{i,j}^{e}$ 中通过计算得到相似度 $w_{i,j}^{e}$ 大于 θ 的学习资源，定义为相似学习资源，否则，设置 $w_{i,j}^{e}=0$。

2. 基于 AIGC 的个性化学习资源生成

通过学生画像和学习资源画像，构筑一个个性化学习资源推荐异构图，其由学生-学习资源二部图、学生-学生相似图、学习资源-学习资源相似度图组成。学生-学习资源二部图定义为 $G_1=\left(S\cup E,\varepsilon_1\right)$，其中 ε_1 表示连接学生和学习资源的边集，表示是否存在观察到的学生和练习之间的交互。学生-学生相似图定义为 $G_2=\left(S,\varepsilon_2\right)$，其中 ε_2 表示边集。当且仅当学生之间的相似性超过预定义的阈值 ω 时，在 ε_2 中建立一条边。同理，学习资源-学习资源相似度图定义为 $G_2=\left(E,\varepsilon_3\right)$，可以使用阈值 θ 控制边集 ε_3 的稀疏度。

如图 5.12 所示，个性化推荐异构图将学生的反应行为和学生（资源）关系概念化为一个统一的异构图 $G=\left(S\cup E,\varepsilon_1\cup\varepsilon_2\cup\varepsilon_3\right)$。个性化资源推荐考虑到学生-学习资源反应矩阵 $\boldsymbol{R}$ 和学习资源-知识概念关联矩阵 $\boldsymbol{Q}$，个性化资源推荐任务的目标是通过对学生和资源进行更精

细的描述，将个性化推荐异构图传输给 GenAI，让其准确地为学生提供具有新颖性、准确性和多样性的学习资源。

基于个性化推荐异构图 $\boldsymbol{G}$，利用 GenAI 技术，自动化地生成丰富多样的学习资料和学习工具。通过对学习情境和资料的分析，推荐最适合学生当前需求的学习资料，同时支持学生进行二次开发和定制化输出，提升学习效果。

通过对现有教育资料的标注和分析，帮助学生理解各种教学情境，如自然语言处理技术自动标注教材中的关键知识点、技能和概念。这些标注有助于生成更精准和个性化的学习资料，确保它们与学生的实际需求高度匹配。具体而言，GenAI 技术在自动学习资料生成方面的应用可以从以下两个方面展开。

（1）学习资料标注与情境分析

通过词嵌入、命名实体识别和依存关系解析等方法，系统能自动识别并标注关键知识点、技能和概念。这些标注不仅有助于 AI 理解学习内容，还为后续个性化资料生成提供基础。词嵌入功能可表示为$\text{Embedding}(w)=f(w,\theta)$，其中 w 是单词，θ 是模型参数，$f(\cdot)$ 是词嵌入函数。此外，通过情境分析技术，理解和分析学习资料在不同教学情境中的应用，通过分析学生的学习环境、学习目标和学习行为，来评估某些学习资料在特定情境中的适用性和效果。首先，从情境表示 $C=\{\boldsymbol{c}_1,\boldsymbol{c}_2,\cdots,\boldsymbol{c}_n\}$（$\boldsymbol{c}_i$ 表示第 i 个情境特征如学习者的背景、学习目标、环境变量等）中提取情境特征向量 $\boldsymbol{X}_{\text{context}}=f_{\text{context}}(C)$；然后，通过 $S=\text{Similarity}(\boldsymbol{X}_{\text{content}},\boldsymbol{X}_{\text{context}})$ 计算学习资料与情境的匹配度，评估学习资料在特定情境中的适用性，$\text{Similarity}(\cdot)$ 表示相似度计算函数，例如余弦相似度或欧氏距离；最后，基于情境匹配结果，得到优化后的学习资料特征向量 $\boldsymbol{X}_{\text{optimized}}=\text{Optimize}(\boldsymbol{X}_{\text{content}},\boldsymbol{S})$，优化学习资料以更好地适应具体情境。通过结合上述标注信息和情境分析结果，GenAI 可以更全面地理解和分析学习情境，确保生成的学习资源不仅在内容上准确无误，还能够适应具体的学习情境，从而最大化学习效果。

通过对学习资料的标注和情境分析，基于个性化推荐异构图 $\boldsymbol{G}$，可以生成多类型的个性化学习资源。

（2）多类型学习资源生成

图文讲义生成：首先，通过文本生成模型（如 GPT-4），能够根据学生的知识水平和学习需求，自动生成适合的文本讲义内容，生成从基础知识介绍到复杂应用案例的多层次讲义。其次，通过生成对抗网络（GAN），生成器（generator）和判别器（discriminator）相互博弈来生成逼真内容。然后，生成器根据随机噪声 z 生成图像或图表内容。最后，判别器评估生成的图像或图表的真实性，并指导生成器进行改进。在讲义生成中，GAN 可以用来生成辅助教学的图像或图表，如函数曲线、几何图形等，从而丰富讲义内容，增强视觉效果和学生的理解能力[16]。

$$\text{Content}_{\text{text}}=\text{GPT-4}(\text{Prompt},\theta,G) \quad (式 5.41)$$

$$\text{Content}_{\text{picture}}=\text{Gen}(z;\theta_D;G) \quad (式 5.42)$$

$$\text{Content}_{\text{lecture}}=\text{Content}_{\text{text}}+\text{Content}_{\text{picture}} \quad (式 5.43)$$

其中，Prompt 表示 GPT-4 输入提示，如数学中的某些知识点，θ 表示模型参数，$\text{Gen}(\cdot)$ 表示生成器，θ_D 表示判别器模型参数，$\boldsymbol{G}$ 表示个性化推荐异构图，$\text{Content}_{\text{lecture}}$ 表示基于生成对抗网络的 GenAI 生成的讲义，其中包含文本内容 $\text{Content}_{\text{text}}$ 和图像内容 $\text{Content}_{\text{picture}}$。

个性化习题生成：GenAI 技术能够自动生成多种类型的习题，以帮助学生巩固当前所学的知识点。通过分析学生的答题记录和知识点掌握情况，动态生成符合其当前学习水平和需求的习题。变分自编码器（VAE）生成模型能够学习数据的分布，并生成与训练数据相似的新样本。在习题生成中，VAE 可被用来生成多样化的习题，帮助学生巩固所学知识，并提高解题能力。

首先，编码器（encoder）将输入习题画像（Exercise）、习题知识点（Knowledge）、学生画像（Student）中对知识点的掌握情况（Level）、个性化推荐异构图 G 作为隐变量（latent variables），编码器将这些数据作为输入，通过一系列非线性变换，将其映射到隐变量空间，生成隐变量 z；其次，解码器（decoder）根据隐变量 z 将其转化为习题的表示，根据习题的知识点生成相应的习题内容，如具体的题干和选项，通过最大化证据下界（ELBO）根据习题的知识点生成相应的习题内容，例如具体的题干和选项；随后，同时优化编码器和解码器，使用反向传播算法计算损失函数的梯度，根据梯度更新编码器和解码器的参数，使得损失函数达到最小，反复进行该过程，直到损失函数收敛，确保模型能够稳定生成多样化的习题；最后，利用训练好的 VAE 模型生成多样化的新习题，根据生成的习题调整学生的学习路径，确保习题的难度和内容与学生的学习需求相匹配。

$$\text{Problem}_i = D\left(E\left(\text{Knowledge}_i, \text{Level}_i, \text{Exercise}, G; \phi\right); \theta_D\right) \tag{式 5.44}$$

其中，Problem_i 表示通过基于 VAE 模型的 GenAI 生成的第 i 个习题，Knowledge_i 表示第 i 个知识点，Level_i 表示学生画像 Student 中对知识点的掌握情况，Exercise 表示此前的各习题画像的合集，G 表示个性化推荐异构图，θ_D 表示解码器模型参数，$E(\cdot)$ 为编码器，ϕ 为其参数。

个性化习题序列生成：根据学生的实时表现，系统动态生成适应其当下需求的习题序列，序列内部应具备逻辑性和启发性。首先，分析学生的答题记录和学习行为，如答题正确率、答题时间、错误类型、学习频率、学习时间段、学习时长等；随后，自回归模型利用学生的答题记录和学习行为数据，预测学生下一步需要的习题类型和难度；接着，GAN 通过生成器和判别器的对抗训练，生成多样化的习题图像，丰富习题的表现形式；最后，VAE 通过编码器和解码器的联合训练，生成一系列不同难度和形式的习题，确保习题序列的多样性和针对性。例如，数据分析得出学生在解一元二次方程时答题正确率较低，尤其在判别式计算方面存在困难，系统通过自回归模型预测学生需要更多关于判别式计算的一元二次方程习题，通过 GAN 生成包含判别式相关图像，如几何图形表示，结合之前生成的个性化习题 Problem_i，VAE 生成不同参数的一元二次方程习题序列，个性化习题序列具备逻辑性和启发性，帮助学生在各种情况下熟练解题。

$$P(\text{problem}) = \prod_{t=1}^{T} P\left(\text{problem}_t \mid \text{problem}_{1:t-1}\right) \tag{式 5.45}$$

$$\text{Seq}_{\text{problem}} = \text{Sort}\left(\text{Student}, \text{Exercise}, G, \text{Problem}_i\right) \tag{式 5.46}$$

其中，Student 表示给目标用户作推荐的用户画像，Exercise 表示习题画像合集，Problem_i 表示通过 GenAI 生成的习题，G 表示个性化推荐异构图，$P(\cdot)$ 表示每个时间步下生成习题的条件概率，通过自注意力机制捕捉序列中的依赖关系。

个性化交互案例生成：GenAI 技术能够生成基于实际情境的交互案例，以帮助学生应用所学知识进行实践。并可以生成模拟真实问题情境的案例，让学生在解决问题的过程中巩固和加深对知识的理解。自回归模型是一种基于时间序列数据的生成模型，其在教育领域可以用来生成交互案例，通过模拟学生在学习过程中的一系列行为和反应，更好地理解和预测学生的学习需求，并提供个性化的教学指导。

假设需要生成一个关于解一元二次方程的交互案例，首先，需要收集学生的历史答题记录和学习行为数据，包括学生在过去解一元二次方程时的答题正确率、答题时间、所遇到的错误类型等，这些数据是训练自回归模型的重要基础；其次，使用收集到的学生答题记录和学习行为数据来训练自回归模型，模型将学习学生在解题过程中所表现出的模式和规律，特别是学生在哪些步骤上容易出错，则这些步骤需要大量的数据和训练时间，以确保模型能够准确预测学生的学习行为；最后，系统根据学生当前的答题进度和模型预测，生成详细的解题步骤，指导学生逐步完成解题过程，这些步骤包括从开始到完成整个解题过程中的每一个关键步骤，并附带详细的解释和示例。

$$\text{Case}_{\text{interactive}} = \text{Scenario}\left(\text{Context}, \text{Objectives}, \text{Student}, G\right) \quad \text{（式 5.47）}$$

$$P\left(\text{case}\right) = \prod_{t=1}^{T} P\left(\text{case}_t \mid \text{case}_{1:t-1}\right) \quad \text{（式 5.48）}$$

其中，$\text{Case}_{\text{interactive}}$ 表示生成的个性化交互案例，Context 表示情境，Objectives 表示学习目标，Student 表示某学生的学生画像，G 表示个性化推荐异构图，case_t 表示生成的讲义内容序列，$P(\cdot)$ 表示每个时间步生成内容的条件概率，具体实现使用 Transformer 模型，通过自注意力机制捕捉交互案例序列中的依赖关系。

个性化学习路径生成：利用 GenAI 技术，根据学生的知识水平、学习风格和学习目标等设计个性化的学习路径。该过程涉及对学生数据的分析和建模，确保学习内容由浅入深、循序渐进。自回归模型可以根据学生的学习行为数据，预测其学习需求，并生成个性化的学习路径。随后利用强化学习算法，动态调整学习路径，以使学习效果最大化。

首先，收集学生在学习过程中的一系列行为数据，如知识水平、学习风格、学习目标等；随后，对收集到的数据进行深入分析，以建立学生的学习模型，对原始数据进行清洗去除噪声和不完整的数据，确保数据质量并提取特征，使用自回归模型和强化学习算法训练模型，其中自回归模型用于预测学生的学习需求，而强化学习算法用于优化学习路径；接着，利用训练好的模型，设计出适合每个学生的个性化学习路径，预测其下一步的学习需求，生成相应的学习内容；最后，在设计出个性化学习路径后，对其进行实施和不断优化，在学习过程中持续收集学生的学习行为数据和反馈信息，根据收集到的反馈信息进一步优化学习路径，确保其始终适应学生的学习需求和目标。

$$\text{Path}_i = \text{argmax}_{\pi} E\left[\sum_{t=0}^{T} \gamma^t R_t; E; \text{Student}_i; \text{Content}_{\text{lecture}}; \text{Seq}_{\text{problem}}; \text{Objectives}\right] \quad \text{（式 5.49）}$$

其中，Path_i 表示生成的个性化学习路径，π 表示学习路径策略，γ^t 表示折扣因子，R_t 表示强化学习下时间 t 的奖励，E 表示学习资源画像，Student_i 表示学生画像和学习路径，$\text{Content}_{\text{lecture}}$ 表示个性化图文讲义，$\text{Seq}_{\text{problem}}$ 表示动态生成的个性化习题序列，Objectives 表示学习目标。

3. 个性化学习状态的实时调整与优化

GenAI 的实时调整与优化是实现个性化学习的关键环节。通过不断收集学生的数据，及时反馈，进行动态评估，系统能够实时调整学习内容和策略，从而优化学习体验和效果。

（1）反馈数据收集

数据收集是个性化学习状态的实时调整与优化的基础。GenAI 通过多种途径收集学生的行为数据和反馈信息，如：学习进度（Progress），包括学生完成的学习内容、学习难度和学习效果等；学习记录（Responses），包括学习时间、学习顺序和学习频率等；学生反馈（Feedback），包括对学习内容的评价、遇到的问题、对生成的学习资源的满意度等。

$$\text{Data}_{\text{collect}} = \{\text{Progress}, \text{Responses}, \text{Feedback}\} \quad \text{（式 5.50）}$$

（2）学习日志及时反馈

通过实时分析收集到的数据（$\text{Data}_{\text{collect}}$），系统提供及时反馈（$\text{Feedback}_{\text{instant}}$），动态更新，以帮助学生及时了解自己的学习情况和需要改进的地方。系统提供以下三个反馈：即时评分（$\text{Score}_{\text{instant}}$），对学生的学习结果进行实时评分，并给出改进建议；学习建议（$\text{Suggestion}_{\text{instant}}$），根据学生的表现，提供个性化的学习建议和资源；进度提醒（$\text{Progress}_{\text{instant}}$），根据学生的学习进度，发送学习进度提醒和激励惩罚信息。

$$\text{Feedback}_{\text{instant}} = \text{Feedback}\left(\text{Student}_i, \text{Data}_{\text{collect}}, \text{Model}_{\text{feedback}}\right) \quad \text{（式 5.51）}$$

$$\text{Score}_{\text{instant}} = \text{Score}\left(\text{Feedback}_{\text{instant}}; \text{Progress}; \text{Responses}\right) \quad \text{（式 5.52）}$$

$$\text{Suggestion}_{\text{instant}} = \text{Suggestion}\left(\text{Feedback}_{\text{instant}}; \text{Content}_{\text{lecture}}; \text{Case}_{\text{interactive}}; \text{Seq}_{\text{problem}}\right) \quad \text{（式 5.53）}$$

$$\text{Progress}_{\text{instant}} = \text{Progress}\left(\text{Feedback}_{\text{instant}}; \text{Progress}\right) \quad \text{（式 5.54）}$$

其中，$\text{Data}_{\text{collect}}$ 表示收集到的反馈数据，$\text{Model}_{\text{feedback}}$ 表示反馈生成模型，Student_i 表示学生画像。

（3）学习状态动态评估

动态评估过程通过持续跟踪学生的表现，实时更新学生的能力模型，包括：能力评估（$\text{Ability}_{\text{evaluation}}$），评估学生对各知识点的掌握程度；进度评估（$\text{Progress}_{\text{evaluation}}$），根据学生的学习数据，动态评估学生学习进度和学习效率；学习路径评估（$\text{Path}_{\text{evaluation}}$），根据动态评估和能力评估结果，动态评估学生的学习路径，以更好地匹配学生的需求。

$$\text{Ability}_{\text{evaluation}} = \text{Evaluation}\left(\text{Data}_{\text{responses}}, \text{Feedback}_{\text{instant}}, \text{Model}_{\text{evaluation}}\right) \quad \text{（式 5.55）}$$

$$\text{Progress}_{\text{evaluation}} = \text{Evaluation}\left(\text{Data}_{\text{responses}}, \text{Ablity}_{\text{evaluation}}, \text{Model}_{\text{evaluation}}\right) \quad \text{（式 5.56）}$$

$$\text{Path}_{\text{evaluation}} = \text{Evaluation}\left(\text{Ablity}_{\text{evaluation}}, \text{Progress}_{\text{evaluation}}, \text{Model}_{\text{evaluation}}\right) \quad \text{（式 5.57）}$$

其中，$\text{Data}_{\text{responses}}$ 表示用于动态评估学习状态的反馈数据，$\text{Model}_{\text{evaluation}}$ 表示反馈生成模型，$\text{Evaluation}(\cdot)$ 表示学习状态动态评估函数。

（4）学习内容与推荐策略的实时调整

基于 GenAI 个性化学习，系统可以实时调整基于数据收集、及时反馈和动态评估的结果，实时调整学习内容和策略，并通过以下机制进行实时自适应调整，对相关模型参数进行优化。

1. 数据整合与分析
- 整合来自反馈数据收集、学习日志及时反馈和学习状态动态评估的信息。
- 使用机器学习算法分析这些数据，识别学习模式和需求变化。

2. 学习内容调整
- 根据分析结果，使用内容调整模型（Content_Adjust）动态修改学习材料。
- 调整包括改变难度级别、增加或减少特定主题的内容，或引入新的学习资源。

3. 推荐策略优化
- 利用策略调整模型（Strategy_Adjust）更新推荐算法。
- 涉及调整推荐权重、更新相似度计算方法，或改变推荐的多样性。

4. 个性化学习路径重构
- 基于最新的学生画像和学习状态，重新设计个性化学习路径。
- 使用强化学习算法动态调整路径，最大化长期学习效果。

5. 实时反馈循环
- 实施调整后的内容和策略。
- 持续监控学生反应和学习进展。
- 根据新的反馈数据，不断微调和优化。

6. 模型参数更新
- 定期更新内容调整模型和策略调整模型的参数。
- 使用最新的学习数据重新训练模型，确保其适应学生的变化需求。

通过数据收集、及时反馈、动态评估和实时调整，系统能够实现个性化学习的实时优化。根据学生的实时表现和需求，系统动态调整个性化学习资料和学习路径，确保每个学生在最佳的学习状态下不断提升知识和技能。该过程不仅可以提高学习的效率和效果，也能够增强学生的学习动机和参与度。

参考文献

[1] 黄昌勤，徐亚婷，王希哲，等. 多学科交叉视角下教学中人际互动实现知识建构的认知机理探析[J]. 现代教育技术，2023，33（12）：14–25.

[2] 王竹立. 论智能时代的人-机合作式学习[J]. 电化教育研究，2019，40（9）：18–25，33.

[3] Woo J，Shidara K，Achard C，et al. Adaptive virtual agent：Design and evaluation for real-time human-agent interaction[J]. International Journal of Human-Computer Studies，2024，190：103321.

[4] 刘清堂，何皓怡，吴林静，等. 基于人工智能的课堂教学行为分析方法及其应用[J]. 中国电化教育，2019（9）：13-21.

[5] 范云霞，杜佳慧，张杰，等. 面向动态学习环境的自适应学习路径推荐模型[J]. 电化教育研究，2024，45（6）：89-96，105.

[6] Gao W W，Ma H F，Zhao Y，et al. Enhancing personalized exercise recommendation with student and exercise portraits[J]. Journal of Electronic Science and Technology，2024，22（2）：100262.

[7] 夏雪莹，李玉斌，王旭光，等. 人机智能协同的作业辅导：动因、框架及应用研究[J]. 电化教育研究，2023，44（6）：112-119.

[8] Huang C Q，Wei H J，Huang Q H，et al. Learning consistent representations with temporal and causal enhancement for knowledge tracing[J]. Expert Systems with Applications，2024，245：123-128.

[9] 祝智庭，韩中美，黄昌勤. 教育人工智能（eAI）：人本人工智能的新范式[J]. 电化教育研究，2021，42（1）：5-15.

[10] 黄昌勤，朱宁，黄琼浩，等. 支持个性化学习的行为大数据可视化研究[J]. 开放教育研究，2019，25（2）：53-64.

[11] 黄昌勤，俞建慧，王希哲. 学习云空间中基于情感分析的学习推荐研究[J]. 中国电化教育，2018（10）：7-14，39.

[12] Hu Q T，Han Z M，Lin X F，et al. Learning peer recommendation using attention-driven CNN with interaction tripartite graph[J]. Information Sciences，2019，479：231-249.

[13] Huang C Q，Huang Q H，Huang X D，et al. XKT：Toward explainable knowledge tracing model with cognitive learning theories for questions of multiple knowledge concepts[J]. IEEE Transactions on Knowledge and Data Engineering，2024，36（11）：7308-7325.

[14] 刘宁，余胜泉. 基于最近发展区的精准教学研究[J]. 电化教育研究，2020，41（7）：77-85.

[15] 王希哲，黄昌勤，朱佳，等. 学习云空间中基于大数据分析的学情预测研究[J]. 电化教育研究，2018，39（10）：60-67.

[16] Wang X Z，Zhong Y H，Huang C Q，et al. ChatPRCS：A personalized support system for English reading comprehension based on ChatGPT[J]. IEEE Transactions on Learning Technologies，2024，17：1736-1762.

第6章

数智驱动下的教学评价与质量保障技术

早期常规教学中，由于信息化教学处理技术的滞后，教学评价与决策过程往往未能充分利用过程数据与智能分析技术，评价多依赖于教师的主观经验与直觉，缺乏系统性、科学性的数据支撑，从而影响了教学质量提升策略的有效性和针对性。在大数据与AI技术的深度融合下，数智赋能为我国教育发展不均衡、教学评价维度单一等难题的破解开辟了新路径，成为推动教学评价质量保障体系深刻变革与教育治理创新的关键驱动力。构建智能化的教学评价体系，能够超越单一维度的评价限制，实现对学生综合素质的全方位考量；引入先进的教学诊断工具，能够精准识别教学过程中的问题与不足，为教学改进提供有力依据；优化教学资源的配置与管理，能够进一步促进教育公平，确保每个学生都能享受到高质量的教育资源。本章主要针对以上方面，介绍数智驱动教学下的学习诊断与评价、教学质量保障相关技术，实现教育资源的高效整合、共享和优化，以提供更全面、深入、个性化的学习评价支持，揭示知识和教育规律，从而助力教育管理和决策的效果提升，促进教育质量提升。

6.1 数智驱动教学下的学习诊断与评价技术

数智驱动的学习诊断与评价技术是通过应用数据分析、机器学习、自然语言处理等AI技术，来实现对学习者学习过程和成果的自动诊断与评价。本节将从学习诊断与评价的概念和基础以及系列关联技术方面展开介绍。

6.1.1 学习诊断与评价的概念和基础

1. 学习诊断与评价的基本概念

（1）学习诊断

在教育领域，学习诊断也称学科障碍诊断，研究如何有效确定学习者在解题过程中的障碍，以及提供有针对性的补救学习过程。在新一代心理与教育测验理论中，学习诊断被称为认知诊断，它依据学习者对测试题的反应模式，通过测试获取学习者对测试中所涉及认知过程与技能的掌握概率。总的来说，学习诊断旨在采用科学有效的方法，查找出学习者的学习障碍，准确地实施诊断，实现教学目标。一般地，学习诊断包括学习能力诊断、学习态度诊断、学习方法诊断以及学业成绩诊断四个方面。下面介绍两个学习诊断相关的重要概念。

学习障碍发现：学习障碍指根据智力水平预期的学习成绩和实际水平有明显差异的情况，包含专心或注意力、语言发育、视觉和听觉信息处理方面的障碍和不足。面向教学过程的学习障碍发现对学习者进行学习能力、态度、方法等多方面的诊断。

学业表现评估：学业表现评估是指以教学目标为依据，运用恰当、有效的工具和途径，系统地收集学生认知行为上的变化信息，并对学生的知识和能力水平进行价值判断的过程。面向教学过程的学业表现评估旨在综合评估学生学习能力、态度以及成绩表现等。

（2）学习评价

学习评价属于教学评价的子范畴，它是按照一定的学习标准，使用恰当的、有效的工具和途径，对学习者学习过程和学习结果进行分析、测量与评定，给出价值判断，并具有学习的反馈调节功能。相较常规仅仅按照成绩进行等级划分的评价方式，数智驱动下的学习评价在大数据的支撑下，可以实现对学生的学习态度、学习过程及学习效果的细粒度精准评价，以激发学生学习的主动性和创造性，提高学习的质量，促进学生健康、全面发展。学习评价根据其评价时机与作用差异，通常可分为形成性评价、总结性评价、表现性评价以及发展性评价。

形成性评价：又称过程性评价，是指在教学进行过程中，为了解教学效果和学生学习进展而对学生学习进行测验的评价，如课堂测验。该评价的主要的目的是确定预定的学习任务已经掌握的程度、未掌握的部分；不是为了对学习者进行鉴定，而意在帮助学生和教师把注意力集中在为进一步提高所必需的学习上。

总结性评价：又称事后评价、终结性评价，是指在教学活动后为检验最终活动成果而进行的评价，如期末考试。该评价的直接的目的是作出教育效果的判断，从而区别优劣，分出等级或者鉴定合格；与教学效能核定联系在一起，它为关于个体的决策、教育资源投入优先顺序的抉择提供依据，指向更一般的等级评定。

表现性评价：是对能力（或倾向）的行为表现进行直接评价的方法，以证据为导向、同时兼顾过程与结果、以评促教，旨在要求学生在真实或模拟的环境中展示技能、知识和理解。这种评价注重过程，通常涉及复杂的认知任务，如项目、演示、实验、表演或作品，以全面反映学生的学习成果。

发展性评价：又称增值性评价，是以评价对象在教育活动中的“增量”而非绝对水平作为行价值判断，具体则通过追踪学生一段时间内的发展情况，并将客观存在的不公平因素的影响分离开来，考察学校或教师对学生发展影响的净增值。旨在减少横向比较和外部因素的影响，使评价更加公正和客观。

鉴于形成性评价与表现性评价均以活动及其结果为依据，并采用基本一致的技术手段，本章将以形成性评价为例进行论述。

2. 相关理论与技术基础

（1）相关理论

项目反应理论（IRT）：也称潜在特质理论或潜在特质模型，是一种现代心理测量理论，其意义在于可以指导项目筛选和测验编制。项目反应理论假设被试有一种“潜在特质”。潜在特质是在观察分析测验反应基础上提出的一种统计构想。在测验中，潜在特质一般是指潜在的能力，并经常用测验总分作为这种潜力的估算。项目反应理论认为被试在测验项目上的反应和成绩与他们的潜在特质有特殊的关系。通过项目反应理论建立的项目参数具有恒久性的特点，意味着不同测量量表的分数可以统一。IRT 作为一种现代心理测量理论，克服了传统测量理论依赖数据样本、依赖被试者、应用范围有限、信度较低等问题。该理论可以通过学生的得分估计出学生的潜在能力特征，模拟学生对问题做出正确反应的概率，这些问题所需要的潜在技能特征在函数中被表示为连续变量。由于问题往往涉及多种技能，因此基于 IRT 产生了多维项目反应理论（multidimensional IRT，MIRT）模型。MIRT 包括补偿性 MIRT 模型和非补偿性 MIRT 模型。具体而言，补偿性 MIRT 模型认为，在一个维度中对一项技能的高水平掌握可以弥补另一个维度中对其他技能的低水平掌握。非补偿性 MIRT 模型认为，每个问题所需的技能都是相互独立、互不补偿的，一个学生需要掌握每一种技能，才能获得最高的分数。当前众多研究依据 IRT 设计认知诊断框架，为认知诊断与知识追踪模型提供了理论支撑。

建构主义学习理论：建构主义是一种学习理论，该理论假定事物一般不会自动组合成有意义的单元，必须由代理者建造、聚集、堆积形成有意义的单元，它将事物的发展解释为一个建设过程。建构主义学习理论认为，知识不是简单通过汲取教师的信息传授获得的，而是通过在大脑中进行反思和建构获得的。因此，学习者必须考虑教师所教授的信息，并基于过去的经验、个人观点和文化背景对信息进行建构解释，进而形成知识。建构主义分为激进建构主义和社会建构主义两大阵营。激进建构主义认为知识建构的过程依赖于个人对其经验的主观解释。社会建构主义指出人的发展是在社会环境下进行的，知识是通过社会环境来构建的。由于建构主义学习理论可以指导个体认知要素建构，因此其也被广泛用于智能在线学习之中。本章介绍的几种模型，通过挖掘学生潜在能力特征与学习过程特征，体现建构主义学习理论的意义建构，使得学习者在新阶段的学习中做到对新知识的建构有的放矢，不断更新与完善知识体系。

（2）技术基础

认知诊断模型基础：$\boldsymbol{Q}$ 矩阵理论是认知诊断的基础，最早由 Tatsuoka 教授提出，她认为 $\boldsymbol{Q}$ 矩阵理论欲确定学生不可直接观察的知识状态，并且运用可以直接得到的观察反应模式表示这些知识状态。学生的知识状态由属性向量表征，“属性”表示测验项目的特征，是学生正确解决特定项目所需要的认知加工能力和技能。$\boldsymbol{Q}$ 矩阵理论包含属性层级结构和 $\boldsymbol{Q}$ 矩阵两个核心概念。Leighton 等认为，认识属性在认知过程中不是独立存在的个体，相反，认知属性从属于某个相关联的网络，并且认知属性之间在心理、逻辑或层级上存在着一定的层级关系[1]。他们把属性层级关系划分成线性型、收敛型、分支型和无结构型四种基本类型，如表 6.1 所示。

表 6.1 四种属性层级关系基本类型

属性层级关系类型	结构图示	结构说明
线性型	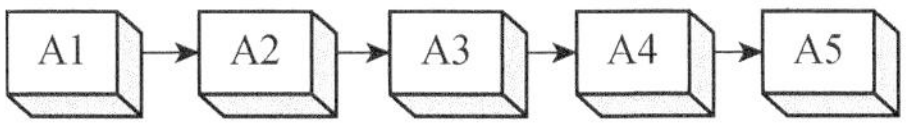	属性 A1 是属性 A2、A3、A4 和 A5 的先决条件，属性 A2 是属性 A3、A4 和 A5 的先决条件，属性 A3 是属性 A4 和 A5 的先决条件。从该线性型层次可得被测者只有掌握属性 A1 所代表的认知或技能，才有可能正确完成属性 A2、A3、A4 和 A5 所测内容。
收敛型	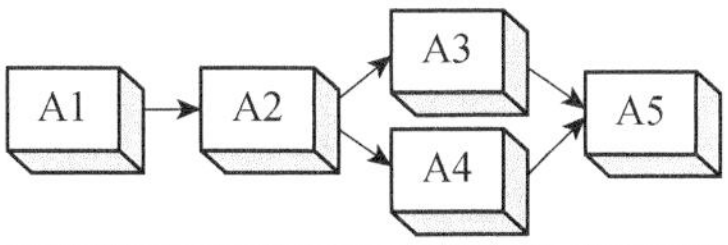	属性 A3 和 A4 同时是属性 A5 的先决条件，被测者不仅必须掌握属性 A3，还必须掌握 A4 才有可能正确完成属性 A5 所测内容。
分支型	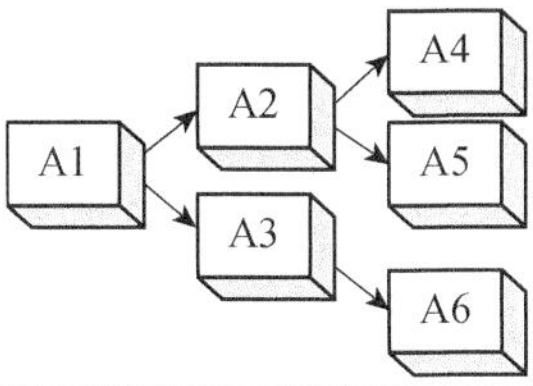	属性 A1 是属性 A2 和 A3 的先决条件，并进一步根据先决关系细分，主要解决某一领域心理问题内部认知属性加工层级与顺序过程。
无结构型	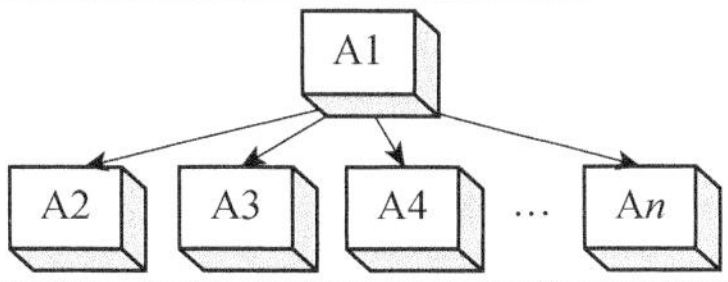	属性 A1 是属性 A2，A3，…，A*n* 的先决条件，属性 A2，A3，…，A*n* 之间是并列关系且无先后顺序之分。

上述四种基本属性层级关系，可以复合构成表达更复杂并且相互关联的属性层级关系，从而可以描述各种相关联的认知过程或技能。***Q*** 矩阵是描述测验项目与属性间关系的关联矩阵，其中的行代表属性（属性可以是子任务、认知过程和技能等），列代表项目（每列中的条目表示每个项目的解决方案中涉及哪些属性）。这里需要注意的是，如果两位专家使用不同的方法来解决给定的一组问题，则他们可能会获得完全不同的 ***Q*** 矩阵。其中几种经典的矩阵为邻接矩阵（adjacency matrix，简称为 ***A*** 矩阵）、可达矩阵（reachability matrix，简称为 ***R*** 矩阵）、关联矩阵（incidence matrix，简称为 ***Q*** 矩阵）、理想属性掌握模式（ideal attribute mastery pattern，IMP）以及理想反应模式（ideal response pattern，IRP）。下面以分支型层级关系为例，总结五种经典 ***Q*** 矩阵的形式，如表 6.2 所示。

表 6.2 五种经典的 *Q* 矩阵

矩阵名称	具体形式	说明
A 矩阵	$\begin{bmatrix} 0 & 1 & 1 & 0 & 0 & 0 \\ 0 & 0 & 0 & 1 & 0 & 0 \\ 0 & 0 & 0 & 0 & 1 & 1 \\ 0 & 0 & 0 & 0 & 0 & 0 \\ 0 & 0 & 0 & 0 & 0 & 0 \\ 0 & 0 & 0 & 0 & 0 & 0 \end{bmatrix}$	***A*** 矩阵是反映属性间直接关系的矩阵。属性层级关系除了可用图表示之外，也可用邻接矩阵表记为 ***A*** 矩阵。邻接矩阵由 *K* 行 *K* 列（其中 *K* 为属性的个数）的 0、1 矩阵组成，如果认知属性间存在直接关系，则在邻接矩阵帮应元素中用“1”表示，否则用“0”表示。
R 矩阵	$\begin{bmatrix} 1 & 1 & 1 & 1 & 1 & 1 \\ 0 & 1 & 0 & 1 & 0 & 0 \\ 0 & 0 & 1 & 0 & 1 & 1 \\ 0 & 0 & 0 & 1 & 0 & 0 \\ 0 & 0 & 0 & 0 & 1 & 0 \\ 0 & 0 & 0 & 0 & 0 & 1 \end{bmatrix}$	***R*** 矩阵是反映属性间直接关系、间接关系和自身关系的矩阵。它可以同时表示属性之间直接和间接的层级关系，***R*** 矩阵第一行表明属性 A1 是所有属性的前提，可细分为直接前提或间接前提。

续表

矩阵名称	具体形式	说明
$\boldsymbol{Q}$ 矩阵	$\begin{bmatrix} 1 & 1 & 0 & 0 & 0 & 0 \\ 0 & 1 & 1 & 0 & 0 & 0 \\ 0 & 0 & 0 & 1 & 0 & 0 \\ 0 & 1 & 0 & 0 & 1 & 1 \\ 0 & 0 & 1 & 0 & 1 & 0 \\ 0 & 1 & 0 & 1 & 0 & 0 \end{bmatrix}$	$\boldsymbol{Q}$ 矩阵描述了测试项目与认知属性之间的关系，它一般由 M 行 K 列的0、1矩阵组成，其中 M 指测验项目个数，K 指所有测试项目所测试属性的个数。假设给定测试域中的认知过程或技能被建模为 K 个潜在属性，项目 m 建模为向量 q_1，q_2，…，q_k 的组合。K 维二进制向量 $q_m=$（q_{m1}，q_{m2}，…，q_{mk}）表示项目 m 是否测试了属性 k，$m=1$，2，…，M，其中 $q_{mk}=1$，代表项目 m 是否测试属性 k，若 $q_{mk}=0$，则代表项目 m 未测试属性 k。用包含5个项目6个属性的测试为例。项目1测试了属性A1和属性A2，其他属性没有测试；项目2测试了属性A2和属性A3，其他属性没有测试，其他项目解释亦然。需要注意的是，某个测试项目可以测试所有属性，但不存在不测试任何属性的项目。
IMP	$\begin{bmatrix} 1 & 0 & 0 & 0 & 0 & 0 \\ 1 & 1 & 0 & 0 & 0 & 0 \\ 1 & 0 & 1 & 0 & 0 & 0 \\ 1 & 1 & 0 & 1 & 0 & 0 \\ 1 & 0 & 1 & 0 & 1 & 0 \\ 1 & 0 & 1 & 0 & 0 & 1 \\ 1 & 1 & 1 & 0 & 0 & 0 \\ 1 & 1 & 1 & 0 & 1 & 0 \\ 1 & 1 & 1 & 0 & 0 & 1 \\ 1 & 1 & 1 & 1 & 0 & 0 \\ 1 & 1 & 1 & 1 & 1 & 0 \\ 1 & 1 & 1 & 1 & 0 & 1 \\ 1 & 0 & 1 & 0 & 1 & 1 \\ 1 & 1 & 1 & 0 & 1 & 1 \\ 1 & 1 & 1 & 1 & 1 & 1 \\ 0 & 0 & 0 & 0 & 0 & 0 \end{bmatrix}$	IMP是根据属性间的层级关系确定的所有符合逻辑的掌握模式。假设认知诊断评估测试包含 k 个属性，理论上，考生可能掌握的属性组合为 2^k 种，这里包含被测没有掌握的任何一个属性的情况。由于测试项目的属性之间受属性层级关系影响，因此可能掌握的属性组合表的列中的某些组合是不可能存在的。理想属性掌握模式的计算方式是在简化矩阵 $\boldsymbol{Q}_r$ 的计算结果中添加一行全0组合，它指的是没能掌握任何一个属性的情况。认知诊断测试中观察到的被测者表现是被测者内在的属性掌握模式的反应，是对被测者心理的洞察。把被测者观察到的属性掌握模式适当地分配到测试领域的知识状态时，就可以做出关于认知技能的推论。被测者的属性掌握组合也称为被测者的知识状态，它提供了认知和评估之间的联系。
IRP	$\begin{bmatrix} 1 & 0 & 0 & 0 & 0 & 0 & 0 & 0 & 0 & 0 & 0 & 0 & 0 & 0 & 0 \\ 1 & 1 & 0 & 0 & 0 & 0 & 0 & 0 & 0 & 0 & 0 & 0 & 0 & 0 & 0 \\ 1 & 0 & 1 & 0 & 0 & 0 & 0 & 0 & 0 & 0 & 0 & 0 & 0 & 0 & 0 \\ 1 & 1 & 0 & 1 & 0 & 0 & 0 & 0 & 0 & 0 & 0 & 0 & 0 & 0 & 0 \\ 1 & 0 & 1 & 0 & 1 & 0 & 0 & 0 & 0 & 0 & 0 & 0 & 0 & 0 & 0 \\ 1 & 0 & 1 & 0 & 0 & 1 & 0 & 0 & 0 & 0 & 0 & 0 & 0 & 0 & 0 \\ 1 & 1 & 1 & 0 & 0 & 0 & 1 & 0 & 0 & 0 & 0 & 0 & 0 & 0 & 0 \\ 1 & 1 & 1 & 0 & 1 & 0 & 1 & 1 & 0 & 0 & 0 & 0 & 0 & 0 & 0 \\ 1 & 1 & 1 & 0 & 0 & 1 & 1 & 0 & 1 & 0 & 0 & 0 & 0 & 0 & 0 \\ 1 & 1 & 1 & 1 & 0 & 0 & 1 & 0 & 0 & 1 & 0 & 0 & 0 & 0 & 0 \\ 1 & 1 & 1 & 1 & 1 & 0 & 1 & 1 & 0 & 1 & 1 & 0 & 0 & 0 & 0 \\ 1 & 1 & 1 & 1 & 0 & 1 & 1 & 0 & 1 & 1 & 0 & 1 & 0 & 0 & 0 \\ 1 & 0 & 1 & 0 & 1 & 1 & 0 & 0 & 0 & 0 & 0 & 0 & 1 & 0 & 0 \\ 1 & 1 & 1 & 0 & 1 & 1 & 1 & 1 & 1 & 0 & 0 & 0 & 1 & 1 & 0 \\ 1 & 1 & 1 & 1 & 1 & 1 & 1 & 1 & 1 & 1 & 1 & 1 & 1 & 1 & 1 \\ 0 & 0 & 0 & 0 & 0 & 0 & 0 & 0 & 0 & 0 & 0 & 0 & 0 & 0 & 0 \end{bmatrix}$	IRP是被试在不存在任何失误和猜测误差条件下对项目的作答反应。它指的是被测者在认知诊断测试中不存在猜测或失误的情况下，在测试项目上作答时的反应模式。当被测者掌握了某个测试项目所测试的所有属性时，被测者就一定能够答对测试项目，反之，如果被测者没能掌握测试项目中的任何一个或一个以上属性，被测者就不可能答对该测试项目。IRP矩阵的行对应于满足属性层级结构约束的所有可能的属性掌握模式的集合，各列表示某个可能的属性掌握组合的被测者对所有简化矩阵 $\boldsymbol{Q}_r$ 中测试项目的理想反应。

6.1.2　学习诊断过程建模与问题发现技术

1. 基于多模态过程数据的学习诊断分析框架构建

由于单一模态的数据局限性，其往往不能完整表达学习者的过程状态标注。针对多模态表现数据的学习诊断过程建模成为主流研究方向，其综合多模态数据，能够全面捕捉学习者的行为和表现。研究者主要集中探讨如何利用这些数据来支持学习者，尤其是在提供及时、具体的反馈和有效的学习干预措施方面。其中，Daniele Mitri 等率先提出了多模态学习分析的概念模型，以厘清学习行为、多模态数据、学习反馈等主要环节之间的关系[2]。本节依据此概念模型，构建基于多模态表现数据的学习过程分析框架（图6.1），该框架以教育场景为中心，利用相关工具采集面向学习过程的多模态数据，根据机器学习模型识别分析学生的学习过程表现（重点关注其知识状态、情感、态度等方面），并以可视化方式反馈学习过程信息，进而提供学习干预与服务。

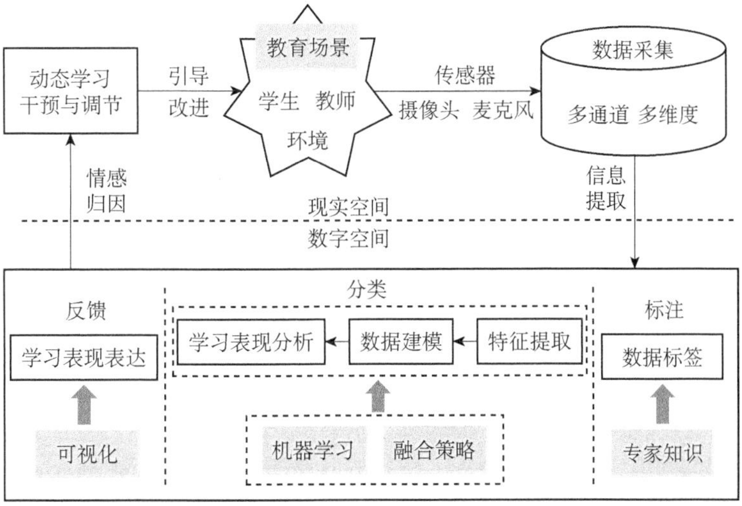

图 6.1 基于多模态表现数据的学习过程分析框架

（1）支持学习过程分析的多模态表现数据采集

根据语言与非语言表达方式，结合教育研究中常用的传感设备，学习过程表现多模态数据往往涉及文本、语音、图像与生理层面的信息。文本信息可以从论坛、社交平台、测验等途径获取，系统利用学习过程分析方法挖掘潜在的观点、行为、态度与情感倾向；语音数据能展现教学情境下学生自然流畅的内容表达，系统通过分析声学、语言、上下文信息等特征来获取语音信息；图像识别技术应用于面部表情、身体姿态、手势等维度分析，是多模态分析中常用的方法，其数据来源是利用摄像头采集的学习过程数据；生理数据主要来源于心脏、大脑和皮肤、借助传感设备采集的心率、脑电、皮肤电等信息，以使系统获取身体受到生理刺激时的情绪反应。

在多模态数据采集过程中，相关数据可以源自学习行为，也可以从学习环境中提取。比如学习过程中学生的面部朝向、身体位置、注视方向等。数据采集过程需要确定合适的传感设备与工具，以捕获特定学习场景中选定的模态信息，并设计用于序列化多个传感器数据流的软件体系结构。

（2）学习过程表现分析

学习表现生成于人与环境的相互作用过程，反映在多个维度的变化（神经生物学变化、生理反应、肢体表达、行为趋向等）中，并且受个体差异（如认知能力、情绪状态等）的调节。在学习过程信息采集的基础上，系统通过数据标注与分类，实现多模态学习表现识别，其过程如图 6.2 所示。从数据表征的角度看，学习表现标签可以是数值区间或离散范畴，这取决于所采纳的学习表现模型。常用的学习表现模型为认知诊断模型。一般而言，数据标注有专家观察、学习者自我报告两种方法，每种方法都存在各自的优点与不足，并且都受到主观偏见的影响。专家观察可以不影响学习进程，但成本高、难组织；而自我报告会产生不平

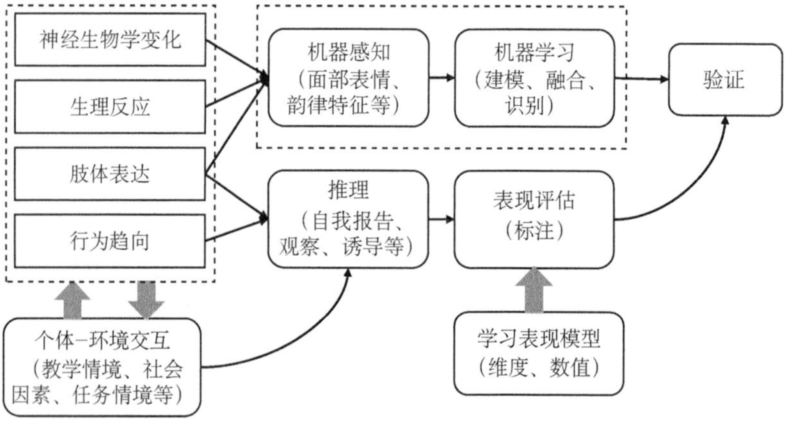

图 6.2 多模态学习表现数据融合方法

衡的情感类别分布，意味着需要压缩采样（down-sampling），可能会造成数据丢失，但该方法即时报告的数据比回顾评估数据的可信度要高。

从人工标注的学习标签中建立数据模型，需要考虑学习表现特征、数据融合、表现预测与结果验证。并非多模态数据中的所有特征对机器学习都有意义，特征选择与提取是降低数据噪声、提高数据质量的重要途径，其方法有主成分分析、随机森林、贝叶斯方法等；在数据融合阶段，需要对不同模态信息进行整合，其策略包括特征融合、决策融合、模型融合等；在此基础上，运用分类算法预测学习表现结果；最后验证阶段，将预测结果与人工标注结果进行比较，以调整与优化训练参数，进而确定所建立的数据模型，便于后续新的原始数据的分析与处理。

（3）表现可视化与反馈

由于学习是极为复杂的过程，涉及情感、认知等层面，以可视化方式表达学习表现有助于研究者理解情感与认知的演化机制。对于学习者而言，可视化反馈能促进与学习系统的情感交互，提升系统交互友好性与学习体验，弥合“情感缺失”的不足；同时，学习表现表达能对学习心理进行调整与优化，实现对学习过程的自我监督、调控与反省；可视化学习表现还能培养个体的知识、情感等技能，尤其在自闭症儿童的情感教育中具有无法比拟的价值潜能。

当前，学习表现可从虚拟与实体两个层面实现可视化表达与反馈。虚拟层面主要以仪表盘与拟人表情的方式呈现。仪表盘是采用图示和文本将情感动态变化过程呈现出来，帮助教师全面了解学习过程。拟人表情是指通过模拟学习过程中的面部表情，以拟人方式实时表达学习状态，能激发学生的学习兴趣与热情。在实体层面，教育机器人将多模态学习表现信息以语音和机器人表情的方式进行反馈，以促进学生与机器人的知识/情感交互。总的来说，学习表现的可视化表达与反馈，架起了机器学习、情感计算与学习科学之间的桥梁，帮助人类理解复杂的学习过程。

（4）动态学习干预与调节

理解特定学习表现的触发原因，对于提供精准的干预措施至关重要，而仅在学习表现与教学目标不匹配的情况下提供学习干预是无效的，甚至可能起负面作用。换句话说，理解与明确引发学习表现的潜在原因，对提供学习干预措施极为关键。一般而言，如果学习者能克服消极因素（如管理好自身的消极情感状态、制定明确个性化的学习目标、增加同伴间的交流互动等），其学习效果会显著提升。因而，干预与调节学习者的消极因素，以帮助提升学习效率与学习表现，是当前研究关注的重要问题。

依据控制-价值理论，学习过程中涉及的消极因素有消极情感、模糊的学习目标、较少的同伴交流等，其归因包括学习任务、学习结果、个体特征与学习环境四个层面。同时，该理论也提供了学习表现调节的常见要素，例如任务难度调节、内容提示、同伴帮助、教师辅导、材料情感设计、归因反馈等。基于此，我们形成了面向学习表现消极因素的学习干预机制（图 6.3）。该机制以调节学习者学习消极因素为主要目标，通过归因的方法理解消极表现的触发因素，在此基础上运用干预引擎匹配和选择合适的干预策略，实现动态调节学习表现与学习行为。

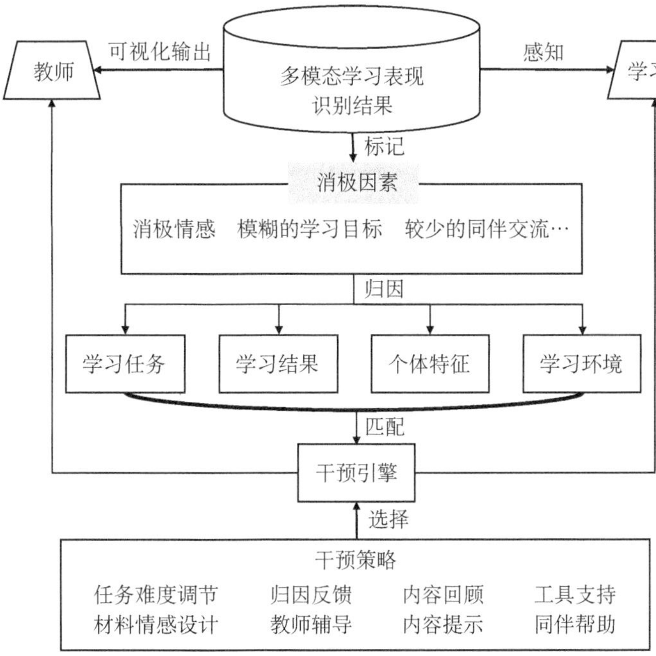

图 6.3　面向学习表现消极因素的学习干预机制

2. 面向过程的认知状态估计与学习障碍发现

认知状态估计是揭示学习过程中障碍的关键步骤，它以认知诊断理论为基础。认知诊断理论是认知心理学与现代测量学的创新融合。这种理论为学业评价和教学诊断提供了新的测量工具和测验设计方法，使教育者能够更精确地识别学习障碍，并依据科学依据进行个性化教学和有效干预，从而促进学习者的全面发展。当前状态估计的研究进展表明，这一过程不仅依赖于对学习者行为和反应的细致观察与记录，还结合了先进的认知诊断模型及数据分析技术。这些技术的应用有助于深入揭示学习者在知识掌握、技能运用和思维过程中的优势与不足，可为教育者提供更为精确的诊断信息和干预方向。本节将提供一个基于认知诊断的障碍发现方法，并展开描述认知诊断技术的研究进展。

图 6.4 展示了针对某一学习者进行认知状态估计与障碍发现的技术方法，整个结构可以被概括为四个层面：数据层、技术层、诊断层以及障碍定位层。首先，数据层包含学生做的

4 道练习题（e_1，e_2，e_3，e_4），每道练习题考查一个或多个知识点，对应学习者的回答（如正确或错误）。随后，技术层采用基于认知诊断的模型对学习者的认知状态进行推断。接着，根据认知诊断技术得到反映学习者认知结构的雷达图，图 6.4 展示了该学习者对“坐标”这个知识点的掌握程度比较低。最后，以诊断报告显示的认知状态为基础，根据匹配技术，进行学习障碍定位与发现。整个流程中最为核心的技术是认知诊断，下面将根据现有认知诊断技术研究进展划分来展开讲解这项技术要点，具体从认知诊断技术、神经认知诊断技术和知识追踪技术三个方面展开。

图 6.4　基于认知诊断的学习障碍发现方法

认知诊断技术：认知诊断技术通常指早期的认知诊断，其经典模型有 RSM（rule space model，规则空间模型）[3]、DINA 模型[4]和 NIDA 模型[5]。RSM 的核心思想在于测验项目可以用特定的认知属性来刻画，同时个体的知识结构也可以用一组无法直接观察到的认知属性掌握模式来表征，而且这些不能直接观察到的认知属性掌握模式可以用可观察到的项目反应模式恰当地表达出来。RSM 能对被试者进行分类诊断，因而受到众多研究者关注。具体来说，RSM 根据项目反应模型计算出一组序偶 $R(\theta, \xi)$，它在规则空间中是一个坐标点，称为纯规则点。θ 是学生的能力参数，ξ 是基于项目反应理论的一个警戒指标，表示能力为 θ 的学生实际作答反应模式偏离其真实能力水平相对应的项目反应模式的程度。基于观察反应模式，可以计算出每个学生的序偶，然后使用贝叶斯判别或马氏距离判别，将学生判归为某个纯规则点。这个纯规则点即代表了相应的知识状态。

DINA 模型是一个易于处理和解释的认知诊断模型，其基本思想是把学生分成两类，一类掌握了正确作答该项目所需的全部属性，而另一类至少有一个必需的属性未掌握。具体来说，该模型联合试题知识点 $\boldsymbol{Q}$ 矩阵和学生答题情况 $\boldsymbol{X}$ 矩阵进行建模，引入“失误”和“猜测”两个试题参数 s_j 与 g_j。在已知学生 i 的知识点掌握情况 α_i 的条件下，其答对试题 j 的概率 P 建模为

$$P\left(\boldsymbol{X}_{ij}=1\middle|\alpha_i\right)=\left(1-s_j\right)^{\eta_{ij}} g_j^{1-\eta_{ij}} \qquad (式 6.1)$$

其中，$s_j=P\left(\boldsymbol{X}_{ij}=0\middle|\eta_{ij}=1\right)$，表示被试掌握试题 j 的所有属性但错误作答试题 j 的概率；$g_j=P\left(\boldsymbol{X}_{ij}=1\middle|\eta_{ij}=0\right)$，表示被试未掌握试题 j 的所有属性但正确作答试题 j 的概率；$\eta_{ij}=\sum_{k=1}^{K}\alpha_{ik}^{q_{jk}}$ 是潜在反应指标，代表了学生 i 对试题 j 的潜在作答情况，若学生 i 掌握了试题 j 所考查的全部属性，则 $\eta_{ij}=1$，否则 $\eta_{ij}=0$。

NIDA 模型适用于对大规模考试作辅助性的诊断研究。它克服了 DINA 模型对被试的分类太简单等缺点，能够更好地反映现实测量情景。NIDA 模型也定义了“失误”参数和“猜测”参数，但它是从属性的层面来定义这两个参数，使其独立于测验项目本身，测验试题的

答对概率是测验试题所包含的属性都正确应用的可能性，如公式：

$$P\left(X_{ij}=1\middle|\alpha_i\right)=\prod_{k=1}^{K}\left(\left(1-s_k\right)^{\alpha_{ik}}g_k^{1-\alpha_{ik}}\right)^{q_{jk}} \quad \text{（式 6.2）}$$

其中，$s_k=P\left(\eta_{ijk}=0\middle|\alpha_{ik}=1,q_{jk}=1\right)$表示被试掌握属性 k 但错误应用属性 k 的概率，$g_k=P\left(\eta_{ijk}=1\middle|\alpha_{ik}=0,q_{jk}=1\right)$表示被试未掌握属性 k 但正确应用属性 k 的概率，η_{ijk} 描述学生 i 与试题 j 所考核的属性 k 的关系。若 $\eta_{ijk}=1$，说明学生（可能掌握属性 k）i 在试题 j 上正确应用属性 k；若 $\eta_{ijk}=0$，说明学生 i 在试题 j 上错误应用属性 k。

神经认知诊断技术：早期认知诊断技术只能处理学生–试题组成的数值矩阵，不能建模试题文本等异构信息。得益于神经网络在各领域的成功，Wang 等[6]提出神经认知诊断（neural cognitive diagnosis，NeuralCD）框架，期望利用神经网络，以简洁的形式设计一类效果好且高度可解释的泛用性认知诊断框架，直接从数据中学习学生与试题之间的交互函数。该框架能够利用试题文本等异构数据，提高模型的学习能力，其框架结构如图 6.5 所示。

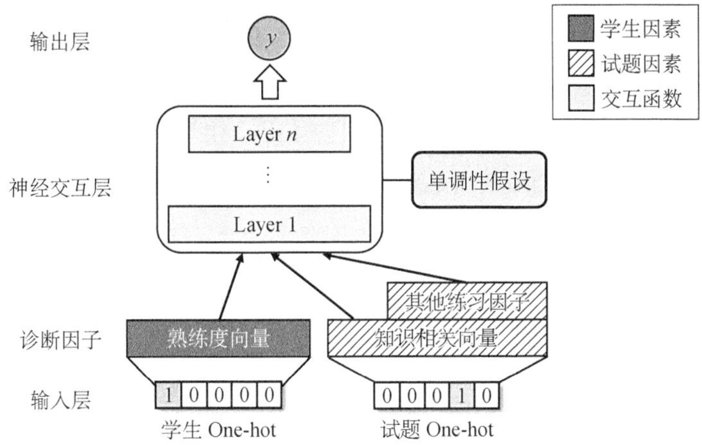

图 6.5　神经认知诊断框架示意图

NeuralCD 将认知诊断分为三个部分：学生因素、试题因素和交互函数。学生因素最基本的是知识点熟练度向量，试题因素则包括基本的知识点相关度向量和其他可选因素（如试题难度、区分度等）。交互函数则由多层神经网络构成，这是其与传统方法最大的不同点。NeuralCD 的输入为答题记录中学生和试题的 One-hot 向量，输出为学生答对该试题的预测概率。

知识追踪技术：伴随智能教学的兴起，知识追踪（knowledge tracing，KT）技术受到空前的关注。KT 模型不再局限于对单次测评场景的研究，而是适用于学习者多次持续测评场景，实现对学习者学习历程的分析。具有代表性的模型有贝叶斯知识追踪（BKT）[7]和深度知识追踪（DKT）[8]模型。

BKT 模型是知识追踪中最常用的一个模型，它旨在对学生的知识点掌握状况进行追踪诊断。该模型是典型的基于概率的模型，将知识状态抽象为一组二元变量，以学生的实时交互作为输入，通过隐马尔科夫模型来模拟学习者学习过程中对知识掌握情况的变化。BKT 模型结构如图 6.6 所示。其中，浅灰节点表示学生潜在的知识点状态、深灰节点表示学生可观测的答题情况。

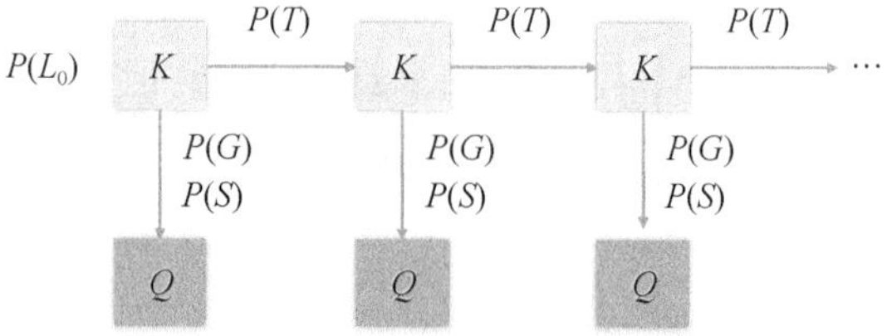

图 6.6　BKT 模型结构图

该模型主要涉及四个参数：$P(L_0)$、$P(T)$、$P(G)$ 以及 $P(S)$，分别表示初始时刻学生掌握某个知识点的概率、学生在下一次作答中掌握某个知识点的概率、学生没有掌握某个知识点但能够正确作答的概率，以及学生掌握了某个知识点但是没有正确作答的概率。学生每次作答时，BKT 模型都会使用这四个参数来计算学生在时刻 t 掌握某个知识点的概率 $P(L_t)$，计算方法如下式：

$$
\begin{aligned}
&P\left(L_{t-1}\middle|\text{Correct}_t\right)=\frac{P(L_{t-1})(1-P(S))}{P(L_{t-1})(1-P(S))+(1-P(L_{t-1}))P(G)}\\
&P\left(L_{t-1}\middle|\text{Incorrect}_t\right)=\frac{P(L_{t-1})P(S)}{P(L_{t-1})P(S)+(1-P(L_{t-1}))(1-P(G))}\\
&P\left(L_t\middle|\text{Action}_t\right)=P\left(L_{t-1}\middle|\text{Action}_t\right)+\left(1-P\left(L_{t-1}\middle|\text{Action}_t\right)\right)P(T)
\end{aligned}
\qquad（式 6.3）
$$

其中，式 6.3 根据学生时刻 t 的作答情况，来计算上一时刻掌握某个知识点的条件概率 $P(L_{t-1})$，然后通过 $P(L_{t-1})$ 来计算学生在时刻 t 掌握某个知识点的概率 $P(L_t)$。

随着深度学习技术的进步，可通过更为深层的网络结构实现更为精准的分析效果。DKT 模型最开始将 RNN 引入知识追踪，其表现效果明显优于概率的模型，但可解释性较差，其结构如图 6.7 所示。

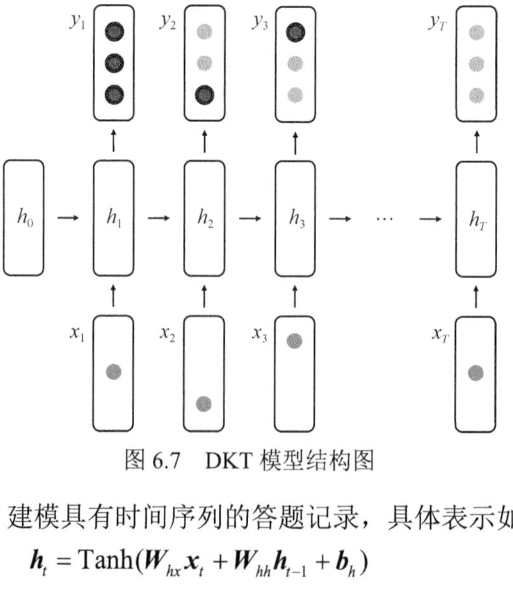

图 6.7　DKT 模型结构图

DKT 模型使用 RNN 建模具有时间序列的答题记录，具体表示如下：

$$\boldsymbol{h}_t=\text{Tanh}(\boldsymbol{W}_{hx}\boldsymbol{x}_t+\boldsymbol{W}_{hh}\boldsymbol{h}_{t-1}+\boldsymbol{b}_h)\qquad（式 6.4）$$

$$\boldsymbol{y}_t = \sigma(\boldsymbol{W}_{yh}\boldsymbol{h}_t + \boldsymbol{b}_y) \quad \text{（式 6.5）}$$

其中，$\boldsymbol{x}_t$ 表示第 t 道试题的向量化表示，$\boldsymbol{y}_t$ 表示第 t 道试题之后学生对全部知识的掌握情况，一般地，$\boldsymbol{y}_t \in \boldsymbol{R}^M$，维度与题库大小相同，代表着学生答对每道试题的概率。

6.1.3 学科知识–事理综合推理与问题归因诊断技术

1. 面向学科知识–事理综合的知识表示

学科知识图谱是面向学科知识-事理综合的关键表示方法，它根据学科知识体系以及知识结构进行构建，可以根据知识结构和内在特征，将零散的学科知识形成统一的知识表示，并为学习者提供丰富的个性化服务，有助于学习者对知识进行更深层次的理解和运用。具体来说，学科知识图谱的构建是一项学科知识工程，目的是对不同教育学科分类下的学科知识进行高度的凝练和可视化展示，从而形成信息、知识、数据和智慧四者之间转化的闭环。学科知识图谱的构建不仅为个性化学习的实现提供了理论基础和技术支撑，还为学科知识在社会层面的具体应用提供了思路和指导。

考虑到学科知识图谱对学科知识数据质量的高要求，我们主要采用自顶向下的方式构建[9]，其构建流程如图 6.8 所示。首先，在获取教育领域和开放领域的学科知识资源的基础上构建学科知识图谱的本体结构，用来对学科知识进行建模和规范；其次，进行学科知识抽取，以获得学科知识实体以及实体间的关系；接下来，通过学科知识融合实现实体和实体间关系的融合过滤；最后，通过学科知识加工实现学科知识图谱的构建。

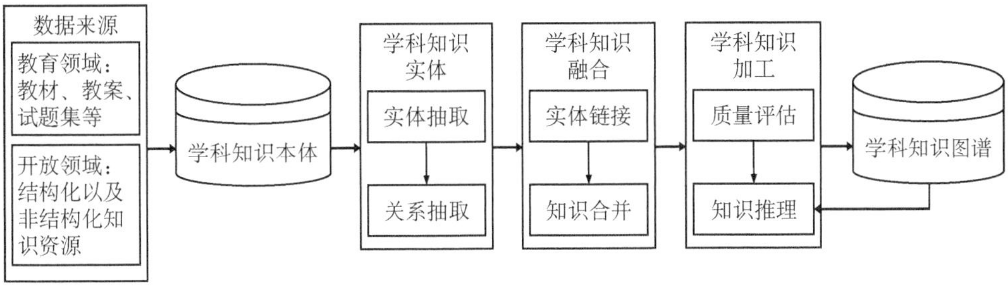

图 6.8 学科知识图谱构建流程

学科知识本体构建：本体是同一领域内不同主体之间进行交流的语义基础，位于知识图谱的模式层，可以清晰地描述概念的层次体系。构建本体的目的是将一个或多个特定领域的概念和术语规范化，为其在该领域的应用提供便利。用于本体构建的工具主要有 Protégé、Web Onto 以及 Onto Edit 等。Protégé 具有图形化的操作界面，能够为用户提供详细的帮助文档，可实现模块化设计。Web Onto 提供多重继承机制，支持用户浏览、构建和编辑本体，便于信息检索。Onto Edit 支持用图形化的方式进行本体构建，并支持多种插件，具有良好的扩展功能。此外，学科知识本体是对学科概念进行建模的规范，用于描述实体的类型和实体间关系的类型。其构建方式可分为手动构建、自动构建和半自动构建三种。

手动构建的方式需要人工进行编辑，并结合学科专家的指导来定义实体类型和实体间关系的类型，这种方式能有效提高构建结果的准确率。目前，有研究者采用手动构建的方式实现了学科知识图谱的本体构建，并建立了课程标准、学科知识以及学习资源等内容之间的联系，如图 6.9 所示。

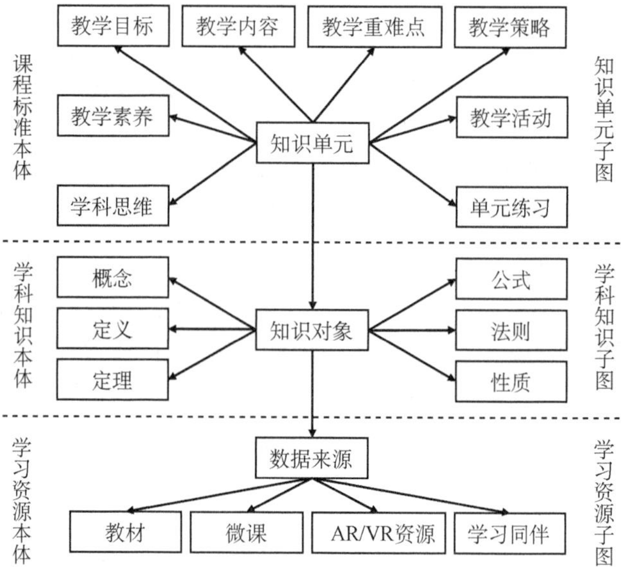

图 6.9　手动构建的学科知识图谱本体

自动构建的方式主要是从已有的本体库出发，利用机器学习等技术进行逐步扩展，这种构建方式能有效降低构建成本，减少人工负担。目前，有研究者在获取了大量的网络课程资源的基础上，通过网络爬虫、机器学习以及深度学习等技术对课程关键词、概念以及关系等信息进行抽取，实现了课程本体的自动构建，并利用本体建模工具建立了课程本体的万维网本体语言（OWL）描述，完成了课程本体的表示与存储。

半自动构建的方式主要是将手动构建和自动构建两种方式进行有效结合，在保证准确率的前提下减少人工负担。目前，有研究者针对法律问题的自然语言答案难以确定的问题，利用互联网上的结构化文本数据和本体论的思想，实现了法学本体的半自动构建，为法律规则的高效组织和法律问题的精准回答提供了思路[10]。此外，高劲松等在深入分析学科知识结构和本体特征后，提出了一种改进的学科知识本体半自动构建方法[11]。首先，在领域专家和知识工程师的指导下确定学科知识范畴并获取学科知识；随后，依据学科类别、学科术语、同义词及主题索引对学科知识进行组织；接着，进行本体构建，实现本体形式化表示；最后，对本体进行检测，以保证本体的正确性、一致性和可扩展性。

学科知识抽取：学科知识抽取是在获取到的学科资源数据中抽取出概念实体和实体间关系，形成“实体-关系-实体”的三元组表示形式的过程。知识抽取是构建学科知识图谱的重要步骤，具体分为实体抽取和关系抽取两部分。面向结构化数据的学科知识抽取主要采用直接映射的方式。这种方式可以将关系型数据库中的数据直观地映射在资源描述框架（RDF）中，为定义复杂的转换奠定了基础。早期的面向非结构化数据的学科知识抽取主要依赖于人工制定规则和机器学习的方式，但是这两种方式在面对大规模数据时表现乏力，导致知识抽取效率不高。随着以 CNN 和 RNN 为代表的深度学习技术的出现，面向非结构化数据的学科知识自动抽取成为现实。

实体抽取又称命名实体识别，其目标是将文本中的实体元素提取出来，包括人名、组织名、地理位置和时间等。学科知识的实体抽取就是从获取到的学科数据中将与知识主题相关的概念、公式以及原理等提取出来。实体抽取方法分类如图 6.10 所示。

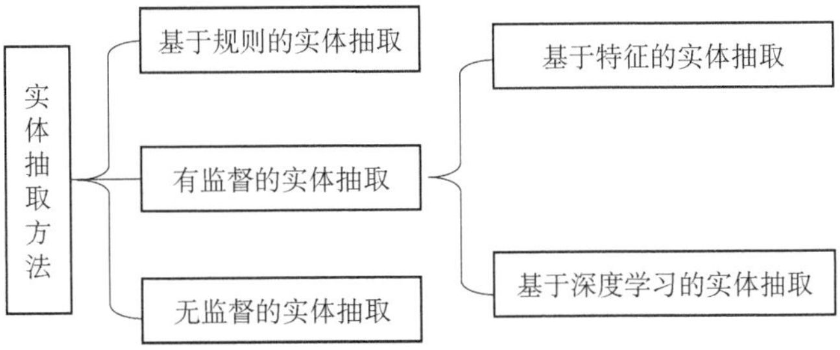

图 6.10 实体抽取方法分类

为形成具有语义关系的学科知识网络，在对学科知识进行实体抽取后，还需要对实体之间的关系进行挖掘。学科知识关系抽取是指从学科知识数据中抽取出实体间关系的过程，是构建学科知识图谱的重要步骤。目前，用于关系抽取的常用工具主要有 NLTK、Deep Dive、Stanford CoreNLP 以及 LTP-Cloud 等。NLTK 是一个基于 Python 语言开发的自然语言处理工具，可用于文本分类、文本分析以及推断实体间存在的关系等方面。Deep Dive 由斯坦福大学发布，能有效减少数据噪声并剔除不精确的数据，提高关系抽取的准确率。Stanford CoreNLP 由众多的语法分析工具集成，如命名实体识别器、词性标注器等，该工具可以利用句子中的语法等信息实现实体间关系抽取。LTP-Cloud 由科大讯飞和哈尔滨工业大学联合推出，可用于语义角色标注和语义依存分析等，对关系抽取任务具有一定的帮助。基于深度学习的学科知识关系抽取方法可分为有监督的关系抽取和远程监督的关系抽取。这些学科知识关系抽取方法的总结与分析如表 6.3 所示。

表 6.3 学科知识关系抽取方法总结

关系抽取方法	主要思想	优点	缺点	相关工作
基于规则的关系抽取	依靠人工制定的关系抽取规则，从文本中抽取出实体间的关系	准确率高	费时费力，难以维护	利用句法分析技术对关系抽取规则进行完善，通过词典匹配技术抽取出实体间关系
基于机器学习的关系抽取	将关系抽取任务当作分类问题，利用机器学习模型实现关系预测	可有效提升召回率	需要人工提取特征	通过机器学习方式挖掘学习资源之间的关系，有效解决了学习者在学习后续课程知识之前应该先学习什么先验知识的问题 通过特征增强的方式获取知识点之间更深层次的语义信息，有效提升了基于机器学习的关系抽取方法的效率
有监督的关系抽取	对模型投入足量的已标记关系类别的训练语料，然后进行特定关系的抽取	可减少特征提取误差	处理无标签数据能力较弱	利用双向 LSTM 提取了实体对之间的上下文特征，有效解决了现有关系抽取方法会忽略实体上下文特征的问题
远程监督的关系抽取	通过数据自动对齐远程知识库的方式实现关系抽取	可处理无标签数据	容易出现错误标注	提出了适用于知识点之间有向关系抽取的 BERT 模型，有效解决了有监督的关系抽取受限于文本质量低、语料稀缺、模型复杂程度高的问题

学科知识融合：知识融合是一种高水平的知识组织方式。知识融合可以在实体抽取

和关系抽取的基础上实现知识的融合过滤。知识融合的过程包括两方面：实体链接与知识合并。

实体链接是指将自然语言文本中的实体指称与知识图谱中的实体相关联的过程。图6.11展示了学科知识的实体链接流程，具体包括实体指称识别、候选实体生成和候选实体消歧三步。目前，用于实体链接的工具主要有Dexter、TAGME以及AGDISTIS等。Dexter是一个用于实体链接的标准程序，不需要其他软件和高性能的硬件为依托，用户可以很容易地掌握Dexter的使用方法。TAGME能够实现对短文本的注释，并能够将短文本链接到Wikipedia中。AGDISTIS能够分析出文本中实体的具体地址，并将实体链接到DBpedia中。实体指称识别是学科知识实体链接的第一步，这一步骤主要利用实体抽取技术和词典匹配技术来实现。词典匹配技术需要依赖事先构建的实体指称词典，从而与文本进行匹配实现指称识别。候选实体生成确定识别出的实体指称可能指向的实体集合，以提高实体链接的准确率。学科知识候选实体生成主要通过构建查询实体引用表来实现，通过建立实体指称与候选实体的对应关系，实现候选实体集合的获取。

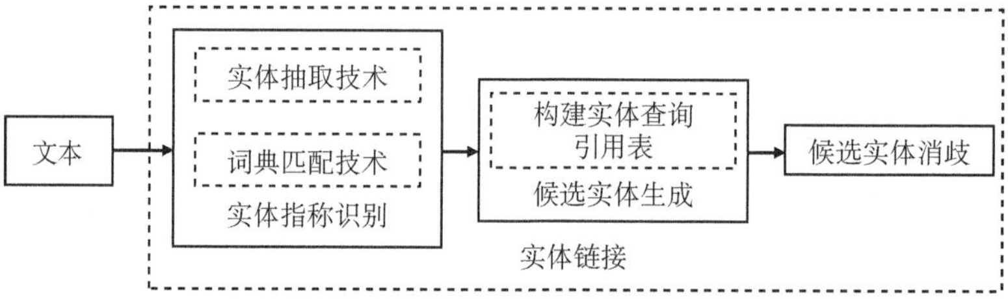

图6.11　学科知识实体链接流程

除了结构化数据和非结构化数据外，构建学科知识图谱的数据来源还可能包括少部分的半结构化数据。半结构化数据多以XML、CSV、JSON等格式存储。对于这部分数据，同样可以采用RDF形式进行整理，但是前提是需要将其转化为结构化数据，目前可通过相关工具实现转换。例如，可通过XSPARQL实现XML与RDF的转换，通过Datalift实现XML、CSV和RDF的转换。具体学科知识合并流程如图6.12所示。

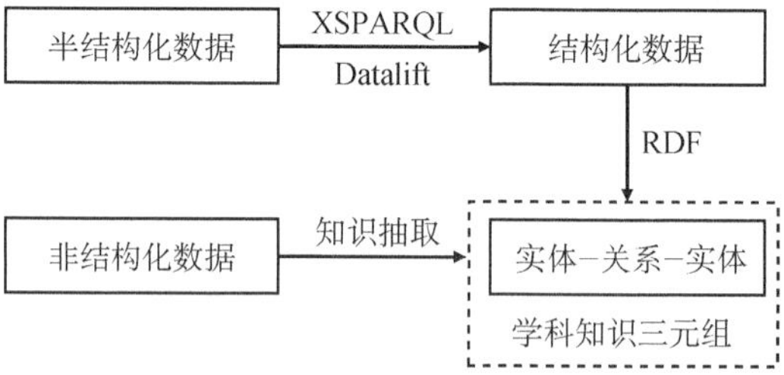

图6.12　学科知识合并流程

学科知识加工：知识抽取与知识融合后，可以获得一系列事实表达。但是，事实并非知识，需要通过知识加工才能获得清晰的知识体系。知识加工包括知识推理以及质量评估。知识推理在知识图谱发展与演变的过程中至关重要，主要用于对知识图谱进行知识补全。学科知识推理主要包括实体和关系的推理，目的是扩展和丰富学科知识网络。学科知识推理较为成熟的方式有四种，分别为基于规则的推理、基于图结构的推理、基于本体的推理以及基于分布式表示的推理，见表6.4。

表 6.4 学科知识推理方法总结

知识推理方法	主要思想	优点	缺点	相关工作
基于规则的推理	通过人工制定的推理规则实现知识的补全和纠错	准确率高	需要人工制定规则，费时费力	利用推理规则实现了知识点的低阶推理和知识图谱的补全，并构建了知识答疑系统
基于图结构的推理	将整个知识图谱视为一个有向图，利用相关算法实现知识推理	将知识图谱视为有向图，简化推理过程	可扩展性差，计算资源消耗大	将知识图谱视为有向图，利用 PR 算法在图上随机游走，实现了教育知识图谱中学习路径的挖掘
基于本体的推理	将本体中蕴含的语义信息和逻辑提取出来，从而实现知识图谱的补全	可以利用本体中蕴含的语义信息和逻辑	过分依赖已有数据，泛化能力弱，可计算性差	通过构建课程内容本体和课程习题本体实现多种类型的知识推理，有效解决了课程知识推理中知识类型难以界定的问题
基于分布式表示的推理	将知识图谱中的知识三元组映射到低维空间，利用语义表达式实现知识推理	将推理任务转换为简单的向量操作	建立推理模型时没有充分考虑先验知识，推理能力受限	利用 Tucker 分解算法实现了面向学科知识图谱的知识推理，有效解决了学科知识之间关系表示不唯一且难以挖掘的问题

从整体上对学科知识图谱进行质量评估需要从学习者的具体需求出发，在不同学习者的任务情境中理解学习者的需求。在获取到学习者需求的基础上，便可以确定学科知识图谱需要评估的维度，在相应维度下对学科知识图谱展开分析，最终将评估结果反馈至学科知识图谱的构建过程中，以实现学科知识的质量评估，从而为学习者提供高质量的个性化服务。在大数据、智慧赋能教育改革的背景下，教育场景对学科知识的质量要求愈加严格，对学科知识图谱进行质量评估（图 6.13）是构建过程中至关重要的一步，对完善知识框架和提高知识质量具有重要意义。但是，当现实的知识体系发生变化时，知识图谱的结构也必须进行相应的改变，从而保持一致性，而且对知识图谱进行质量评估必须考虑其应用场景，从而更有针对性地进行质量提升。由于知识体系具有动态性以及知识图谱应用场景的限制，目前还缺少一种针对学科知识图谱的质量评估框架。针对这一问题，可以从准确性、完整性以及简洁性等不同维度出发，通过计算实体链接完整率、实体以及关系冗余度、数据简洁性等指标，对学科知识图谱中实体以及关系对现实世界中事物描述的正确程度、知识图谱的完整度以及知识图谱中知识的可理解性进行全面检测，从而提高学科知识图谱的质量及其在教学过程中的可用性。

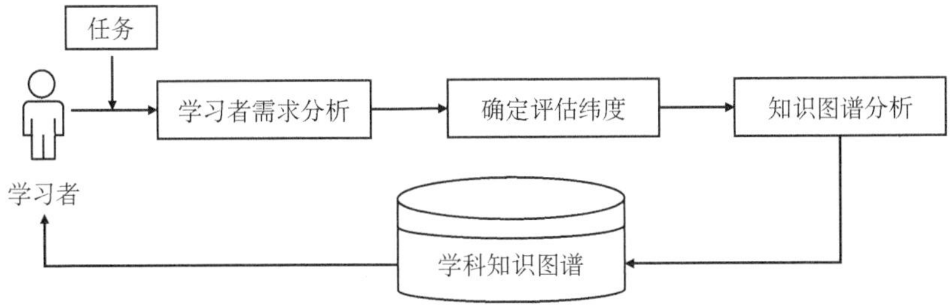

图 6.13 学科知识图谱整体质量评估流程

2. 基于问题发现的知识推理与归因诊断

结合知识推理的归因诊断是解决教学过程问题障碍的一种重要方法与手段。归因诊断旨在找到问题的根本原因，是分析问题、解决问题的一种“治本”的方式。其目标是防止问题的再次发生，致力于解决“是什么导致了失效”的问题。在智能教学中，归因诊断持续改善着教学过程，最大限度地减少学业障碍，是提升教学质量的关键方法之一。实现归因诊断的方法有很多，如遗传算法等仿生优化算法，随机森林、决策树、支持向量机等传统机器学习方法，CNN、RNN等深度学习概率方法，贝叶斯推断以及因果推断等。目前较受关注的一类归因诊断方法是因果推断。这类方法因具有可解释性而被广泛使用。在因果推断的支持下，基于问题发现的知识推理与归因诊断的框架主要由认知诊断技术与知识计算、推理技术两个部分组成。其中最为关键的是知识计算与推理过程，当前常用的知识计算与推理的方法有很多，如路径分析、社区分类、中心性分析、演绎推理、几何嵌入方法、深度学习等。具体的方法分类与对应的代表算法见表6.5。这些方法普遍利用知识推理来建立不同因素之间的因果关系，识别出问题发生的模式和规律，进而理解问题发生的直接原因和根本原因。

表6.5 知识计算与推理方法分类和代表算法

知识计算与推理方法分类	经典代表算法
路径分析	最短路径、全路径
社区分类	GN、Louvian
中心性分析	PageRank、中介中心性
演绎推理	基于演绎规则、基于描述逻辑、定性时空推理
几何嵌入方法	几何平移变换、复数空间旋转、双曲空间嵌入
深度学习	卷积网络、胶囊网络、图神经网络

下面我们以演绎推理方法为例，详述通过知识计算与推理实现归因诊断的具体流程。

（1）基于故障树分析法的问题定位

故障树分析法旨在结合发生问题的表象和树结构中的逻辑关系，逐层探索直至找到发生问题的根本原因。一般地，可以从两个方面入手优化：一是针对历史发生问题（如学习者历史学业障碍记录）的现象自动地搜索产生问题的原因，当存在多个潜在原因时，通过贝叶斯统计方法计算得到问题原因的产生概率，对所有潜在原因的概率进行排序，从而找到最佳方案；二是可以根据问题分析报告，自动地去完善故障树，例如，当出现一些新的情况（如学习者对新的知识点掌握不好）时，可以对故障树进行更新完善。在故障树分析中，基于历史学业数据统计，可以使用贝叶斯理论从树中某个事件的开始计算出事件的概率，以此来代替专家的概率估计，从而使得结果更加可靠且具备可解释性。

（2）演绎推理追溯根因

一般地，会通过构建知识图谱实现演绎推理，这一过程会提前构造好知识图谱的模式，此模式中会包含问题发生的逻辑，可以根据逻辑编写演绎推理的规则。当对知识图谱进行实例化时，由实例化得到的实体结合演绎推理的规则，可实现学习过程要素细粒度追溯和问题原因追溯。

（3）统计关联分析

对于一个复杂学习环境，如线上、线下混合学习模式，每个问题产生的概率是不一样的。在已建立的知识图谱中，可以使用数据统计，来自动化地完成频次统计、帕累托分析等，从而对问题模式进行要素关联分析。具体地，针对某个高问题率的要素，可以一步步地对产生问题的原因进行深入挖掘，如是否由于该要素来自某个特定的知识点，由此牵扯到教师对该知识点的相关备课加强，从而从根源上解决问题。

（4）共因原则与归因诊断

共因原则是指，如果两个随机变量统计独立，并存在一个随机变量同时对原先的两个变量产生影响，第三个变量就是前两个变量的共因。当发现两个问题“同时”发生的概率比各自独立发生的概率更高时，根据共因原则，有某个原因引起了这两个问题的发生。随后，基于知识图谱的可视化分析，协助教师快速找到共同的要素，进而确定问题发生的真正原因。

6.1.4 基于多模态认知诊断的形成性评价技术

传统的学习评价受技术的限制，难以对个体及群体性学习过程进行细致分析，无法支持理解复杂的学习现象。多模态学习分析作为一种新兴技术，为不同学习环境中的人、机、资源所产生的学习测量与评价提供了新的视角。如何应用多模态学习分析对真实学习情境中复杂的学习活动进行评价，成为教育研究者关注的热点问题。基于多模态的认知诊断技术，我们可以采集高频、细粒度、微观层面的学习数据，从多个维度更好地反映学习者的真实学习状态，从而提高评价的层次和质量，为推动学习评价从静态的学业成就数字化表征评价，走向动态的、立体的过程性学习评价提供了新途径。本节从过程视角审视学习评价，提供一种基于多模态认知诊断的学习评价框架[12]，如图 6.14 所示。该框架主要包括目标与评价指标确立、多模态数据采集与处理、分析模型设计与建立以及评价可视化与反馈提供四个主要环节，可根据学习轨迹不断进行自我优化，重在为学习者提供持续的“分析-评价-反馈”之动态循环评价，并努力体现“评价即学习”的理念。

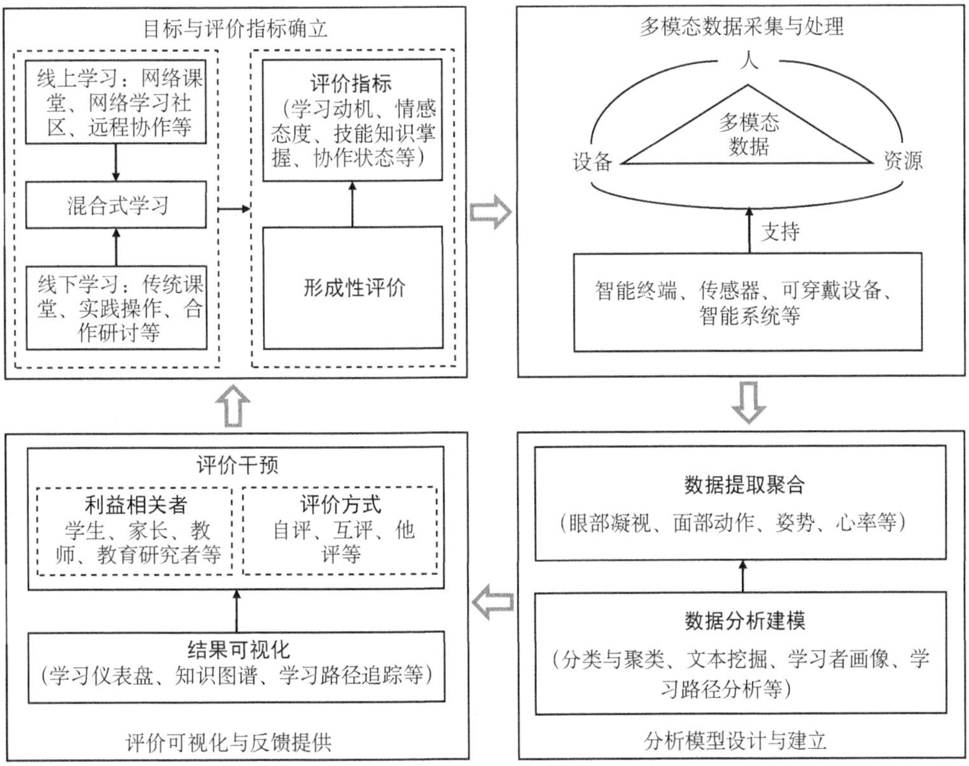

图 6.14 基于多模态认知诊断的学习评价框架

（1）目标与评价指标确立

在教学开始之初，教师需要了解学习者已有的知识基础，确立知识或技能获得所要达到的预期目标，据此选择合适的学习环境、评价指标和评价方式。学习环境一般包括线上、线下和混合式学习环境，不同环境下学习者的学习动机、情感态度、认知发展等可能存在一定的特征差异。根据学习评价目的或功能的需求不同，教师可以选择诊断性评价、形成性评价或总结性评价方式。面向教学过程性学习，从过程视角审视学习评价，主要以形成性评价为主。而学习环境和评价方式将作为支持评价指标建立的重要内容。

（2）多模态数据采集与处理

在教学过程中，系统需要不断地采集学习者信息，以持续评估其学习表现、确定其学习状态。为此，可以基于第 4 章中相关数据采集与表示方法，利用智能终端、传感器、可穿戴设备、智能系统等工具，针对评价采集学习过程中人与设备、资源等交互所产生的轨迹化、序列化的多模态数据。结合已确定的评价指标和对应的评价表征关系，这些多模态数据将作为反映学习者当前生理、心理等不同层面学习状况的特征信息，并作为下一阶段数据提取融合与分析建模的依据。

（3）分析模型设计与建立

学习环境和学习活动的多样性将导致采集的多模态数据分布离散、缺乏关联，需要整合物理和数字空间学习过程中的认知、情绪、行为等的相互关系进行立体建模，以建立学习数据与外显学习行为、内隐学习特征之间的联系。其中，数据提取融合需要研究者对所获取的学习数据（如眼部凝视、姿势、心率等）进行规范化处理，形成数据集，同时将不同模态的数据转换为数字化表征并进行筛选，以保证数据质量。当数据符合规范要求后，便可进行数据分析建模，即根据一定的规则关系和学习算法（如分类与聚类等）对这些数据集进行特征提取、意义建构和融合分析等，尤其是对非结构化数据分析过程中的关键发现加以解释和提出建议。

（4）评价可视化与反馈提供

评价结果可视化是提供反馈的首要步骤，可通过学习仪表盘、知识图谱等将数据分析结果呈现给利益相关者。不同利益相关者可根据数据分析结果，利用自评、互评、他评等方式进行评价干预。人机协同下的双重评价反馈将作用于学习者，帮助其确立新学习目标、进入下一阶段的动态循环。例如，教师可根据学习者的学习进展和问题，动态调整、改进教学进度和方法；学习者可及时对自己的学习水平和能力做出相应判断，形成合理的学习预期，完善学习计划；教育研究者可依据学习评价分析结果，对教学内容、方法或环境等提出优化改进建议。

6.1.5 面向学习者学业表现的总结性评价技术

学业表现评价是基础教育的核心任务之一，科学、规范和高质量的评价设计将有助于教育目标的实现。在开展学业表现评价时，应以“促进学生的学习”为评价工作的价值取向，在此基础上进行科学、规范的整体规划和设计。在设计工作中，注重建构合理的评价体系，以其为指导实现学业表现分析与预测，在此基础上进行学习预警以促进学生学习。值得注意的是，教育工作者应该更新评价观念，注重挖掘评价的多重功能。以终为始，以评反馈教学，以评改进学习，从多个渠道收集反映学习者学业表现的证据，将学业表现评价工作嵌合在全部教学工作中，从而使学业表现评价服务于教育目标的达成，最终实现学习者的全面发展。

1. 学业表现评价体系建构及其分析

随着教育评价的不断发展，人们对评价功能进行了更加深入的挖掘并有了全面的认识，使得评价工作逐渐从诊断性评价向过程性评价转化，“促进学生学习的评价”已成为当前的主流趋势。评价就是利用证据进行推理的过程，这一过程可以用认知（cognition）、观察（observation）和解读（interpretation）3 个要素构成的三角形来表示，这 3 个要素构成了三角形的 3 个角，因此被形象地称作“评价三角”。

认知是一种理论或观念，用以展示学生在特定学科领域内的所知和所能，如学生的错误概念、学习发展路径、学生的学科能力发展水平等。观察是一种描述或评价任务细目，主要指构成评价本身的多种类型的任务，这些任务要与认知相匹配，例如，要评价学生的高阶思维水平，那么评价任务就应该能够使学生有效地展示出其高阶思维水平。解读是指用以对观察结果进行分析和推理的所有方法和工具，评价工作者可以据此选择与评价任务相匹配的分析方法，这一工作同样也要在认知框架的指导下完成。在评价三角中，3 个构成要素相互印证，认知是评价设计的前提基础，观察和解读都要与之相匹配，而评价结果的解读会再次印证学生学习特定内容的相关认知。3 个要素“三位一体”，可以有效地评价学生的学业质量水平。我国当前的基础教育改革强调学生在学习核心概念的同时发展学科能力，最终培养核心素养。基于这一教育发展背景，我们运用评价三角理论构建了学业表现评价体系[13]，见图 6.15。该体系结构将核心素养作为评价的认知基础，将学科能力和核心概念作为评价的重要内容，将证据收集和解读作为评价设计的基本范式。

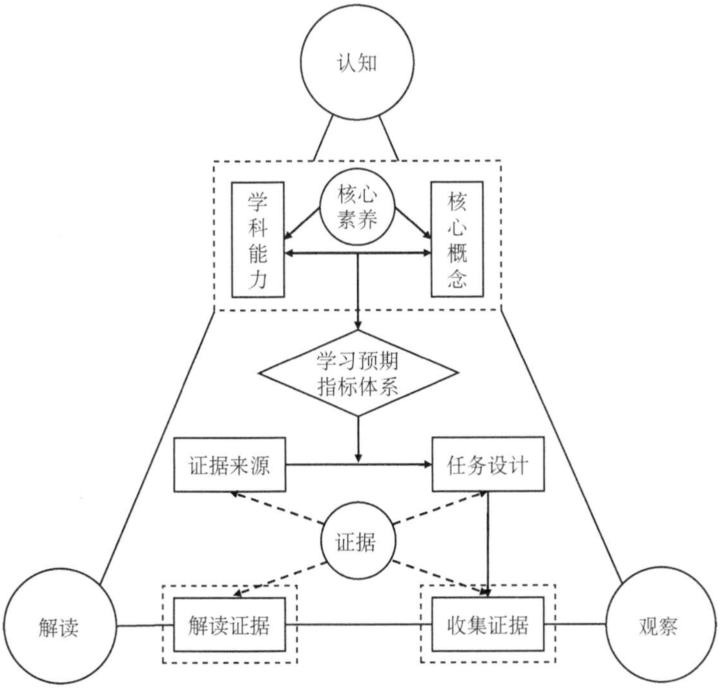

图 6.15　学业表现评价体系结构

（1）核心素养是学业表现评价认知框架的设计依据

核心素养与传统的三维教育目标不同，核心素养是对学生多年学习成果的一种预期，是学生在拥有一定教育经历之后所具备的关键素养和能力。它不仅涉及学科的核心知识、基本技能，以及情感、态度与价值观，还涉及学生在这 3 个维度上的整合能力，以及将其运用于分析和解决实际问题的能力。换句话说，核心素养既关注学生应该知道什么，更关注他们在现实情境中能够做什么。培养学生的核心素养，可以为他们更好地适应日益变化的世界创设良好的开端，同时也为其终身学习和发展，以及社会的良好运作奠定基础。在教育体系内，课程、教学和评价是 3 个核心构成要素。在这 3 个要素中，课程是教育体系的软性实体，课程目标则是通过教师的教和学生的学来落实的，最终的效果可以通过教育评价进行评估。课程、教学与评价 3 个要素应相互一致、协调运作，以够明确教什么、评什么，同时也能够为学生提供机会，真正地展示其学业成就水平。

（2）高阶素养培养是学业表现评价的目标导向

高阶素养，如批判性思维、创新能力、跨文化交流能力等，是学生适应未来社会生活和全球化时代的重要素质。这些素养不仅关乎学生的个人成长，也直接影响到他们的学业表现。具备高阶素养的学生，往往能够更深入地理解学科知识，更灵活地运用所学知识解决实际问题，从而在学业表现上更加出色。而学业表现评价作为教育过程中的重要环节，其目的不仅在于检验学生的学习成果，更在于促进学生的全面发展。科学合理的学业表现评价，可以引导学生更关注高阶素养培养，培养他们的批判性思维、创新能力和问题解决能力等。同时，学业表现评价还可以及时反馈学生的学习情况，帮助他们发现自身的不足，进而有针对性地进行改进和提升。

（3）学科能力和核心概念是学业表现评价的重要内容

核心素养是学业表现评价的重要依据，其落实和达成需要通过学科教学活动来实现。学科能力和核心概念是形成核心素养的基础，也是学业表现评价的重要内容。学科能力是学生培养过程中十分重要的一部分，是学生适应社会发展、进行终身性学习的必要条件。学科能力既是学科教学的目标指向所在，也是学业质量评价的重要内容，因此学科能力的系统化架构对教育评价改革提供了重要依据，这与国际上一些大型的学业质量评价项目（如国际学生评估项目、国际数学与科学学习趋势项目）具有共性，即将学科能力作为评价的重要内容。

（4）学习预期是学业表现评价设计的核心指标

学习预期（intended learning outcomes，ILOs）是指在结束某门课程或某个主题单元的学习后，关于学生应该知道什么和能够做什么的描述。学习预期的描述需要综合考虑学科核心素养、学科能力和核心概念。如果只考虑核心素养和学科能力，脱离概念载体，将会导致测评操作不够精准，使得学生能力与核心素养表现泛化和空洞。如果仅考虑概念载体，学习预期的描述又会变成课程标准中内容标准的复制品，对学业质量评价没有实质性的指导意义。如何协调这三者之间的关系，成为制订科学合理的学习预期指标体系最需要解决的问题。学习预期和课程目标共同阐释了课程标准的要求，学习预期搭建了连通课程标准与教学和评价的桥梁，为实际教学、学生学习以及教育评价提供了强有力的依据。因此，基于学习预期的学业质量评价设计具有很强的操作性，为评价结果的解读和反馈提供精准的定位。

（5）基于证据进行推理是学业表现评价设计的基本范式

设计良好的学业表现评价能够为了解学生的学习表现提供重要的信息。这些信息是研究人员赖以进行推论和决策的重要依据，即常说的证据。在学业表现评价中，证据是其核心所在，应通过多种途径广泛地收集有关学生所知和所能的各种证据，不管是纸笔测验，还是实作评价或课堂观察，只要能获取与教育目标所指的各类行为有关的有效信息，都可作为获取证据的可能途径或来源。

综上，以上述总结的学业表现评价体系与教育体系作为理论指导，可以从多渠道收集反映学生学业表现的证据并予以科学的教学评价，为后续的学业表现预测与预警提供基础支撑。

2. 学业表现的预测与预警

学业表现预警是在教学过程管理实施过程中，对学生已经发生或者即将发生的学习方面的问题和学业上的困难进行危机干预，并有针对性地采取防范和补救措施，通过学校、学生及其家长三者之间的沟通与协作，帮助学生克服学业困难，使学生重返正常的学习、工作与生活常态并顺利完成学业的一种信息沟通和危机干预制度。本节针对数据难以人工处理、复杂多样的特点，选取判别分析方法建立学业预警模型，对大量数据进行量化分析处理，对需要预警的指标进行分析和计算，利用现有数据总结得出判别分析方法的出错率低，为预警的确定和预警等级的划分提供直观的依据，有利于采用定量的方式为学业预警工作提供高效率高质量的保障，相关部门可依据分析得到的数据商讨如何指导学业预警工作的展开，进行接下来的学业帮扶工作。

（1）学业预警主要指标的选取

学业预警的前提是建立一套科学的预警评价指标体系，它决定着预警对象的准确性和预警程度的精确性，并直接影响着后续帮扶与激励的效果。指标的选取要能够反映评价对象的各方面状况，而且针对指标采集的数据应该容易采集、计算或估计。本节根据指标体系建立的原则以及文献资料，再结合实际预警情况，选取日常学习时间/周，学生选课数目，学期迟到、早退、逃课次数，学期补考课程学分，学期成绩总和这五个指标形成学业预警模型的指标体系。数据可采用学校的学业预警评价体系：依据需要预警的程度，采用不同颜色代表不同的预警等级，从而实现预警。

（2）判别分析模型的建立

判别分析是多元统计中用来判别样本类型的统计分析方法，在已知的主题下用某种方法将其分成几类情况，判断新样本属于什么类型的多变量统计分析方法。通常使用判别分析方法来测量新样本与每个已知样本的接近度，即判别函数，同时规定一种判别准则来判定新样本的归属。判别准则是衡量新样本与已知群体接近度的理论基础和方法标准。常用的有距离判别准则、Fisher 判别准则、贝叶斯判别准则等。

距离判别准则：基本思想是先根据已知分类的数据，计算每个类别的重心，即分组（类别）的平均值，距离判别准则是对任何新样本的观测值，如果它与第 i 类的重心距离最近，则认为来自第 i 类。其旨在检验变量在各分类上均值是否有显著差异。

Fisher 判别准则：核心思想在于将组维的数据投影到某一个方向，代表所选取的指标个数，投影就是将维空间的样本投影到空间中。在维空间中找到组间距离最大的线性组合作为第一 Fisher 判别函数，以此类推得到第二、第三 Fisher 判别函数。最终可通过 Wilks' Lambda 检验进行判别函数的结果显著性检验。

贝叶斯判别准则：贝叶斯的统计思想是假设对研究的对象已有一定程度的认识，常用先验概率分布来描述这种认识，然后抽取一个样本，用样本来修正已有的认识（先验概率分布），得到后验概率分布。各种统计推断都通过后验概率分布来进行。将贝叶斯思想用于判别分析就得到贝叶斯判别准则，它以口头预警、蓝色预警、黄色预警、橙色预警、红色预警所含学生的频率作为各类的先验概率，并通过建立贝叶斯判别函数支持结果准确性检验。

以上方法中，一般而言基于距离判别准则和贝叶斯判别准则的模型预测精度更高，可靠性更强，同时为学业预警等级评价提供了可供参考的评价指标。

6.1.6 基于学习规律发现的发展性评价技术

发展性评价旨在基于增值评价的理念与技术，通过形成性、总结性评价等技术得到的学习规律，进一步对学生在某个阶段的学习进步情况进行评估，包括对学业成绩、非智力因素、高阶思维等进行评价，以核心素养为导向改进教与学并最终促进学生发展。它侧重长周期、发现演化规律，从学情、综合素养等维度比较变化，得到增量。与总结性评价相比，学生学习发展性评价不仅关注学习结果，更强调学习过程中的成长。与参照相对标准的评价方式相比，学生学习发展性评价更致力于以学生自身为参照开展纵向比较；与质性的个体内差异评价方式相比，学生学习发展性评价属于定量的个体内差异评价，能够清晰地呈现学生学习和成长的多寡。总体而言，学生学习发展性评价具有以下特点：定量分析比较，进步可视化；关注学生起点，体现公平性；关注学习变化，发挥激励作用；关注自身比较，摒弃功利性。发展性评价之于学生，符合其成长进步、良性发展的需要；发展性评价之于教师，符合其教学优化、专业提升的需要。从政策逻辑和现实逻辑来看，开展学生学习发展性评价十分必要。学习评价不是孤立、零散的教学环节，有效的评价是一个系统化的过程，是具有标准化特征的模式。在进行学生学习发展性评价模式构建及实践应用的过程中应遵四个原则[14]：一是方法的互补性原则，即灵活使用多种评价方法以辅助发展性评价的应用；二是过程的可操作原则，即所选的增值计算模型对教师而言要具有可操作性；三是结果的可解释原则，即教师或评价者要能向学生解释清楚评价结果的表层意思和深层含义；四是反馈的适切性原则，即以进步程度为评价依据的增值评价在应用时，要防止走向极端、夸大学生的退步，应给予学生微小退步的空间。结合教育评价的基本过程，下面对应给出基于学习规律发现的发展性评价的基本流程，包括五个环节：明确评价目的与内容，测量学生的学业及行为规律，建构模型与计算增值，分析学生的学习增值，反馈结果与改进教学。具体见图 6.16。

1. 明确评价目的与内容

学生学习发展性评价的目的是通过了解学生学习成长各方面的进、退步情况，包括进步和退步的大小、具体表现及原因等，提出改进教与学的策略，强调发挥以诊断和改进为主的教育功能。在不同学段和学科，其目的可以依据相应课程标准的要求加以明确。总的来说，学生学习发展性评价的应用要弱化甄别比较，突出诊断、改进与激励功能。

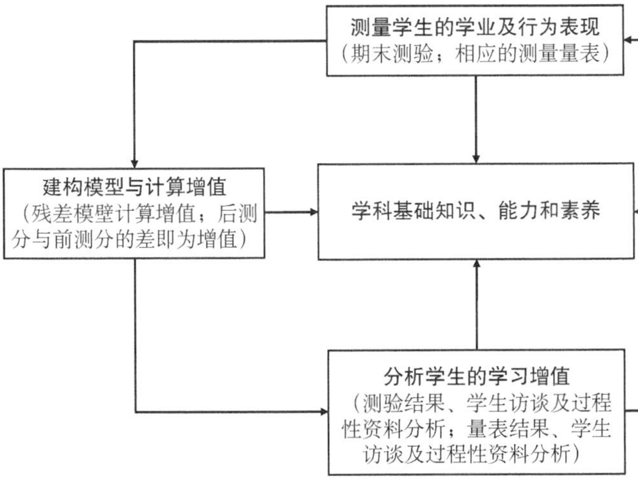

图 6.16　基于学习规律发现的发展性评价模式

2. 测量学生的学业及行为规律

测量工具包括教师自编测验题、标准测验题、问卷量表等。对于学科基本知识与能力的测量，最常用的方法是书面测验。发展性评价最基本的依据是学生的学业成绩变化规律，因此将书面测验作为学科基本知识与能力的测量方法。测量时可直接利用每学期的期末测验试题，以上一学期的期末测验成绩和当前学期的期末测验成绩为原始数据，开展一个学期之内学生学习的发展性评价，这样也可以帮助教师更合理地利用期末考试及其结果。

对于其他方面的素质素养，以学生学习非智力因素为例，可以编制或利用成熟的心理学量表，考查一个学习阶段前后学生量表得分的差异，了解学生在非智力因素方面是否有增值；同时辅以学生访谈等质性研究方法。

3. 建构模型与计算增值

增值计算模型的建构是整个评价开展的关键。目前已有的增值计算模型种类丰富，根据操作的复杂程度可将其划分为 3 个层次：第一层次是操作简单的概要统计分析、标准分差额法、百分等级比较法等；第二层次是稍复杂的轨道模型、残差模型、投射模型等；第三层次是更精细的多元线性回归分析、多水平分析模型、学生成长百分等级模型等。第一、二层次的方法更适合一线教师在小规模学生群体中应用，第三层次的方法适合应用于大规模的学校或教师效能评价。基于此，在教育实践中开展的短时间跨度和小样本范围的学生学习发展性评价，更适合采用第一、二层次的增值模型。概要统计分析最常用的统计量是平均值，计算较粗糙；标准分能够使前、后测分数可比较，较准确且操作简单，但其含义难以解释清楚；百分等级容易理解，但属于相对位置量数，不能进行加减乘除运算，因此，无法通过前后比较计算增值；而轨道模型和预测模型需要学生多年的追踪数据和系统完整的数据链条，难以直接开展。基于对各种增值计算模型的分析比较，以及在实际应用中可操作和可解释的需要，本节以残差模型为例计算学生的学习增值。

残差模型是一种回归模型，其基本方法是首先在学生群体（如一个年级）两次测验的成绩之间建立线性回归方程；随后，根据线性回归方程和第一次测验成绩计算学生第二次测验的预期成绩，第二次测验实际成绩与预期成绩之间的差值称为残差，即学生的成长分数或学业增值。利用残差模型计算增值的方程可以表示为

$$\hat{y} = bx + a,\ \Delta = y - \hat{y} \qquad (式6.6)$$

其中，$\hat{y}$ 是学生第二次测验预期成绩，x 是学生第一次测验成绩，b 为回归系数，a 为常数项，Δ 是残差（学生学习增值），y 是学生第二次测验实际成绩。需要注意的是，残差模型包含线性假设和方差齐性假设，因此，在模型建构前后都要对假设进行验证。建构模型之前，可利用相关数据绘制散点图，以初步判定两次成绩之间的线性相关；模型建构之后的检验包括拟合优度检验、残差独立性检验、方差齐性检验、F 检验与 t 检验。通过各项检验的残差模型即可预测学生的学习成绩。残差模型的基本依据是线性回归，其解决了进步计算中前、后测分数不可比的问题，即在残差模型中，增值并非来自前、后测得到的原始分数之差，而是在后测实际分数与后测预期分数之间进行比较，以此残差作为学生的学习增值。此外，应用于学生的增值评价，更关注学生个体的纵向比较，因此，无须考虑学生之间的先赋因素，只关注学生个体实际发生的成长进步。

对于量表测量得到的其他素质的成长数据，计算过程中不需要建构复杂的增值模型。在一个学习阶段前后，使用的测量工具是同一个量表，两次测量之间没有难度差异，因此，可以用后一次测量的分数减去前一次测量的分数，其差值即为学生在这些素质层面的增值。

4. 分析学生的学习增值

目前，教学一线对学生学习增值评价的探索，多停留在评价数据的呈现上，只体现发展性评价技术的简单应用，对数据背后的信息缺乏深入的分析。这样的评价无法反映教和学的真实情况，也很难实现教学评的一体化。在实际操作中，可从以下 5 种途径分析学习增值：一是分析增值数据的大小；二是分析学生的试卷解答情况；三是分析学生学习的过程性资料；四是通过学生个别访谈，了解其学习增值的原因；五是通过教师自我反思，探寻影响学生学习增值的因素。

5. 反馈结果与改进教学

及时有效的反馈能起到学习强化作用，有助于激发学生学习的积极性，提高学习效率。增值评价结果的反馈可作为学生学科学习的期末反馈，同时以等级评价的形式呈现，这样更有助于淡化功利性的横向比较与“唯分数”的倾向。因此，在体现增值评价特点的基础上，评价结果报告可采取等级加描述性评价语的方式，评语需要对学生进（退）步的具体情况加以说明，在激励学生学习的同时也为教师的教学改进指引方向，最终发挥增值评价的优势和功能，实现“为了改进而评价”。此外，得出评价结果后，要根据发现的问题制订改进计划并执行，这是学生学习发展性评价实施的根本目的。

总的来说，本节介绍的基于学习规律发现的发展性评价模式具有两大特点：一是利用残差模型计算增值，避免了直接使用原始分数之差和教师主观判断进步的情况，大大减小了进步计算的误差；二是具有连续清晰的应用流程，避免了评价过程与教学活动割裂的问题。学生学习发展性评价中蕴含着过程性评价思想，因而该模式贯穿整个教与学的过程，并非仅在评价阶段体现其应用。收集学生的原始分数并不是学生学习增值评价的操作起点，在此之前，教师还需要有意识地收集学生的过程性学习资料，关注学生学习过程中的状态。

6.2 数智驱动管理下的教学质量保障技术

深化教学质量保障体系的改革，关键在于构建一个以数据和智能技术为支撑的全面质量保障机制。教育大数据的应用，通过精准分析教学过程和结果，为质量保障机制提供了实质性的改进方向和决策依据，这是改革的内在动力。同时，智能技术的应用，如个性化学习诊断、教学过程监控和评估自动化，为提升教学质量和效率提供了强有力的外部支持。从教育治理的角度来看，这些技术不仅优化了教学管理流程，还增强了教育决策的数据驱动能力，确保了教育质量的持续提升和教育目标的精准实现。本节基于大数据的教学质量保障体系研究，通过对学生数据、教师数据和教学资源等教学全过程数据的分析，实现对教学质量的全方位监测和评估。

6.2.1 教学质量保障的概念和基础

1. 教学质量保障的基本概念

学生作为教学的全程参与者、体验者，在各利益相关主体中占有最为核心的地位，全力推进学生参与教学质量保障理论研究和实践探索具有重要意义。“以学生为中心”的教学质量保障是当前最为主流的视角，其指学校以促进学生发展、学生学习和提升学生学习成果为目标，推动学生学习参与、评价参与，服务学生学习过程，关注学生学习成果并建立组织与程序系统。面对当前的发展形势，需从课堂、教师、教材“老三中心”，向学生、学习、学习过程“新三中心”转变，真正关注学生的学习。另外，从教学管理的角度来看，教学质量保障是其中的一个重要部分，它包含教学资源组织、教学过程管理与可视化以及教学科学决策等环节。在教育管理学的视角下，教学质量保障涵盖从教学资源组织到教学过程监管与可视化，再到教学过程科学决策等一系列关键环节。这一过程确保了教学内容的前沿性、教学方法的适宜性以及教师专业发展的持续性。此外，教学质量保障还强调运用数智技术来增强教学互动和学习体验，促进学生全面发展。这种以数据为基础的决策模式，有助于教育管理者和教师做出更为精准、高效的教学调整，以满足学习者多样化的学习需求，推动教育质量的持续优化和教育目标的实现。下面，我们给出教学质量保障中相关概念的界定。

教学资源组织：教学资源可以理解为一切可以用于教育和教学的物质条件、自然条件、社会条件以及媒体条件，是教学材料与信息的来源，它包括但不限于教材、教师、设施、技术、资金和时间等。教学资源组织就是在教育领域内对教学所需的各种资源进行系统化、有序化的管理和调配过程。

教学过程管理：教学过程管理旨在按照教学过程的规律来决定教学工作的顺序，建立相应的方法，通过计划、招待、检查和总结等措施来实现教学目标的活动过程。这一管理过程涉及教师、学生、教学内容和手段等要素的协调与控制，确保教学活动的顺利进行。教师在这一过程中扮演主导角色，而学生则是教学过程的主体。教学过程管理的目的是通过有效的组织和监督，提高教学质量，促进学生的学习进步。

教学过程可视化：教学过程可视化是一种将教学活动、学生学习行为和教学管理信息以图形化、图像化或动画等形式展现出来的方法，旨在帮助教师、教育管理者和学生更直观地理解教学过程、发现问题和规律，并作出相应的决策。教学过程可视化可以清晰地传达教学思想、概念、方法和结果，提高教学效率和学习效果。

教学科学决策：教学科学决策是一个系统化的过程，它涉及对教学情境的深入分析、数据的收集与评估，以及基于证据的判断和选择。在这个过程中，教师或教育决策者利用科学的理论和方法，对教学目标、内容、方法、资源等进行合理规划和安排，以实现教学最优化。

2. 教学质量保障机制基础

教学质量保障机制旨在通过对教学质量进行监控和评价，确保教学质量处于高水平。一个完善的教学质量保障机制应包括教学数据管理、教学评价、教学决策等多方面的保障体系。智慧教育云平台是助力教学质量保障机制完善的基石，该平台能够管理教学全过程数据，为教学质量保障机制的正常运行提供支持。近年来，在数智化技术与教育的深度融合驱动下，教学全过程数据实现了自动化处理，进而助力教学评价、教学决策、教学诊断等教学多方位改革，为全面客观评价、精准学情诊断以及科学决策提供强大推动力。基于数据云平台，服务教与学全过程的教学保障机制主要包括资源组织、评价激励、数据监控、决策管理这四大保障体系。其中，资源组织与数据监控是教学质量保障机制的核心，而评价激励与决策管理共同为核心体系提供保障支持。具体而言，教学质量保障机制以人才培养质量为中心，重视信息反馈，持续改进教学质量：①关注完善质量标准，从修（制）订培养方案、优化课程设置、修订完善教学管理办法、制定配套实施细则等方面确保人才培养质量；②关注跟踪教学过程，重点实施数据管理系统优化、监控平台构建、管理流程智能化、教学状态及时反馈、学习状态持续观测，保障教学高效运行；③关注个性化发展，注重协同多方面数据诊断教学效果、综合研判学业发展情况、优化整合数据管理水平，保障引导激励效果。

总体而言，数智驱动下的教学质量保障机制旨在基于数据云平台，跟踪教与学全过程，通过数据监测、收集、分析，提供实时、高效、精准的决策支持服务。

6.2.2 教学资源语义组织保障技术

教学资源建设与管理是保障支持体系中的重要部分，而资源语义组织是资源建设与管理中的核心，对学习资源按照一定的规则、方法和技术进行组织，可以解决当前网络环境中学习资源存在的许多问题[15]。智慧教育云平台可以储存与管理海量资源应用行为数据，包括学习者、时间、地点和资源内容等信息。智慧教育云平台本质上是一种云存储系统，它以分布式的架构和易于组建庞大集群的特点，解决海量数据储存难题。Hadoop的分布式文件系统（HDFS）是目前比较流行的云计算环境下运行的分布式文件系统，常用于学习资源组织管理研究。但是HDFS在默认的副本管理上资源利用率不足、负载不均衡、数据迁移占用过多系统资源等问题，使得云储存相关技术研究中副本技术尤为重要，此技术能够提高系统的高效性和安全可靠性。另外，在储存对象限于教育领域的情况下，语义预取技术能解决对资源请求的网络延迟和网络服务质量问题，进一步提升云存储系统的应用性能。总的来说，在学习资源组织管理技术研究中，核心内容是学习资源副本管理与资源语义预取两大技术。

1. 面向教学对象聚集性行为的资源副本管理

云存储技术的应用不仅促进了资源海量存储与信息共享的发展，而且改变了用户获取数据资源的方式，其由于具有高性能、低成本等特点，被应用到教育领域[16]。有效的副本策略能极大地改善系统的接入性能，部分研究曾证实了教育资源用户访问聚集性现象的存在[17]，该特征是提升适应性云存储性能的重要切入点。由此，在教育云存储系统架构下，基于教育资源用户访问行为聚集性构建相应的副本管理策略，从而实现对副本的优化配置。具体地，基于教育资源用户访问行为聚集性实现对 HDFS 存储机制的优化主要包括三个阶段：副本放置、副本生成、副本替换。

（1）副本放置

HDFS 的副本机制不针对教育领域资源存储与应用特征，尤其不会过多关注领域的数据传输效率。策略中系统选取 3 个数据节点存放用户上传的数据并将其设为该副本的服务节点，利用专门的副本放置应对领域要求，并确定存放副本的数据节点。

第一个数据节点选择和请求客户端之间网络承载力最大的空闲节点 o，其中 $1 \leqslant \mathrm{Num}(o) \leqslant n$，则有服务集 $S(o)$。显然可能存在数据节点不属于 $S(o)$ 的情况，则这些节点属于非服务区域内节点集，其定义如下：

定义 1：非服务区域内节点集。若一个数据节点不属于系统中拥有数据 d 副本所有数据节点的服务集并集，则称为非服务区域内节点，由这些节点组成的集合即非服务区域内节点集，用 S_r 表示。

为了满足非服务区域内节点的服务需求，从候选目标节点集选取副本新的存放节点，其定义如下：

定义 2：候选目标节点集。对于某个数据 d，其副本存储的候选目标节点集是由可能被确定为放置 d 副本的所有节点组成的集合，用 S_c 表示。设定其中任何元素均为空闲节点，并且服务集能最大限度地包含 S_r 中的元素。

根据节点 o 与存储数据进行相应计算得到候选目标节点集，将 S_r 转换成 $1\times n$ 的逻辑矩阵 $\boldsymbol{M}^r$，即若 S_t 中数据节点 $i \in S_r$，则 $m_i^r = 1$，否则 $m_i^r = 0$。候选目标节点集的计算公式为

$$\boldsymbol{M}^m = \boldsymbol{M}^s \boldsymbol{M}^r = \begin{pmatrix} m_{11}^s & \cdots & m_{1n}^s \\ \vdots & \ddots & \vdots \\ m_{n1}^s & \cdots & m_{nn}^s \end{pmatrix} \begin{pmatrix} m_1^r \\ \vdots \\ m_n^r \end{pmatrix} = \begin{pmatrix} m_1^m \\ \vdots \\ m_n^m \end{pmatrix} \quad （式 6.7）$$

由上式可以求出每个数据节点的服务集与 S_r “乘运算”［逐一判断每对互连节点 (u, v) 中的 $l_{\text{node}}(u)$ 与 $l_{\text{net}}(u, v)$ 是否同时符合条件］得到的元素个数，选取其中最大值所对应的节点加入候选目标节点集 S_c，若 S_c 存在多个目标节点，则计算出集合中节点的节点承载力，并形成以下序列：

$$L_{\text{node}}(S_c) = \left[l_{\text{node}}(1), \cdots, l_{\text{node}}(k), \cdots, l_{\text{node}}(q) \right], k \in S_c, q = |S_c| \quad （式 6.8）$$

其中，$1 \leqslant q \leqslant n$。根据上式得到其中节点承载力最大的第 1 个节点 p, $1 \leqslant \mathrm{Num}(p) \leqslant q$, $p \in S_c$，且

$$l_{\text{node}}(p) = \mathrm{Max}\ (l_{\text{node}}(1), \cdots, l_{\text{node}}(k), \cdots, l_{\text{node}}\ (q)) \quad （式 6.9）$$

$$l_{\text{node}}(p) = \mathrm{Max}(l_{\text{node}}(1), \cdots, l_{\text{node}}(k), \cdots, l_{\text{node}}(q)) \quad （式 6.10）$$

DFSOutputStream 是文件系统数据输出流所包含的对象，处理数据节点和主节点通信操

作，其将用户数据分割成数据块并形成数据流进入队列，以管道的形式传输到列表中的数据节点上，最后形成映射。

（2）副本生成

云存储系统的状态与副本的访问热度均是不断变化的，因此还需考虑特定情况下的副本生成。该策略拟设定其触发条件是副本热度变化。系统监测数据 d 副本的访问热度，并根据式 6.11 计算节点 i 关于 r 的理想访问热度。

$$\overrightarrow{H_{r,i}(t)}=\sum_{x=1}^{w}\left(\frac{l_{\text{net}}(i,a_x)}{\sum_{j=1}^{n}l_{\text{net}}(j,a_x)}\sum_{j=1}^{n}H_{r,i}(a_x,t)\right) \quad （式 6.11）$$

其中，a_1，a_2，…，a_w 为请求副本 r 所在的网络区域序列，w 为区域个数。理想访问热度是 r 在 i 上访问热度的最优值，而实际访问热度的计算公式为

$$H_{r,i}(t)=\sum_{x=1}^{w}H_{r,i}(a_x,t) \quad （式 6.12）$$

系统中数据 d 的热度差异度为

$$\sigma=\sqrt{\frac{1}{n}\sum_{i=1}^{n}\left(H_{r,i}(t)-\overline{H_{r,i}(t)}\right)^2} \quad （式 6.13）$$

其中，若 $\sigma>\lambda$，则说明系统应该生成新的副本 r：找出系统中关于 r 理想访问热度与实际访问热度差值最大的空闲节点 i 作为新的存放节点，根据 i 所在的服务区域寻找空闲服务节点并从该节点获取 r，若不在服务范围内或服务节点负载过大，则从与 i 网络承载力最大的空闲服务节点获取，将实际访问热度最小的服务节点上的 r 加入低访问热度副本集中，并将获取副本后的 i 设为服务节点。若 $\sigma\leqslant\lambda$，则不生成副本并继续监测 d 的访问热度。确定生成的数据与目标节点后，主节点向数据节点发出 DNA_TRANSFER 命令以复制数据。

（3）副本替换

副本加入低访问热度副本集后并没有真正删除副本，因此系统的剩余存储容量不断减小。副本替换根据副本热度和节点存储能力从 trash 中选择彻底删除的副本，并当目标存储节点空间不足时触发副本替换。系统根据数据的单位访问热度来比较数据副本的价值，计算公式为

$$\overline{h_{r,i}(a,t)}=\frac{H_{r,i}(a,t)}{d_{\text{size}}} \quad （式 6.14）$$

其中，d_{size} 为数据 d 的大小。副本替换策略根据单位访问热度选择被替换的副本。

该策略拟定以系统中标记删除副本集合与低热度副本集合作为预删除节点集合。首先，根据需要删除的空间大小，利用替换副本选择算法在标记删除副本集合中获取彻底删除副本集合。其次，若标记删除副本不能满足，则在低访问热度副本集合中获取；若依然不能满足空间需求，则系统重新查找新的存储节点。最后，确定删除副本集合后，向主节点查找该集合中副本的元数据，向副本所在的数据节点发出数据块删除命令 DNA_INVALIDATE，以彻底删除副本。

2. 基于资源主题相关性的高效资源语义预取

语义预取是解决对资源请求的网络延迟和网络服务质量问题的重要技术手段，其能高效

提升云存储性能。教育领域资源存在访问对象主题性和行为聚集性等特征，通过在教育资源云存储系统加入预取模块，尝试根据资源主题相关性，分析历史访问记录，结合语义 Web 技术推断用户将要访问的资源，预先在一个适宜时间于距离用户“近”的数据节点上生成相应的数据副本，减少用户或者群组的访问延迟，能够保障资源需求的准确性，并进一步提高云存储系统的应用性能。

教育资源云存储系统的整体模型架构如图 6.17 所示。从图中可以看出，系统主要由用户接口模块、请求控制模块、缓存管理模块、云存储模块、副本管理模块与预取模块六大功能模块组成，其中缓存管理模块、副本管理模块、预取模块是系统的增效模块。

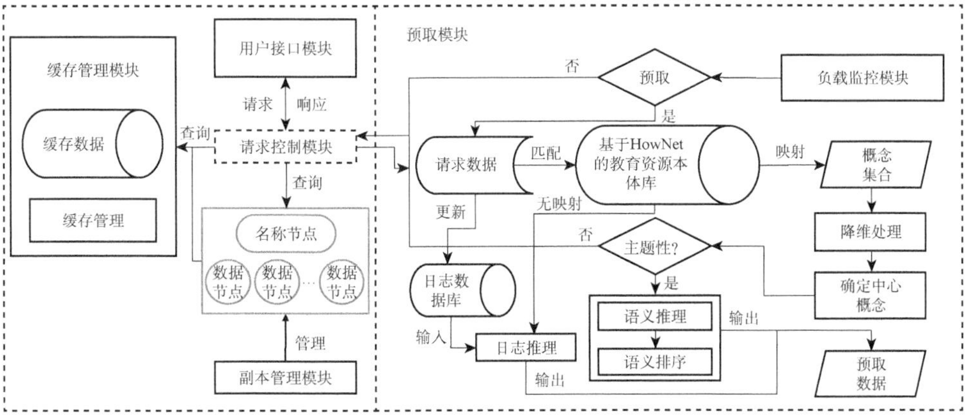

图 6.17　教育资源云存储系统模型

（1）用户接口模块

该模块主要用于接收用户的请求，将请求交付到后台处理，并根据后台系统的返回数据响应用户的请求。

（2）请求控制模块

该模块对用户的请求进行处理，使得系统能够在优先满足用户的请求之余，触发优化增效模块，进一步调整状态，以提高工作效率与降低负载。

（3）缓存管理模块

该模块主要由缓存数据与缓存管理组成，缓存数据是访问热度比较高的教育资源元数据，缓存管理则是对缓存数据进行更新，以最大限度降低云存储模块中名称节点的压力与提高元数据查询效率。

（4）云存储模块

该模块由一个名称节点与多个数据节点组成，采用 Hadoop 平台的 HDFS 基本架构。名称节点主要对存储资源的元数据进行管理，满足系统的查询功能，数据节点主要提供资源的云存储空间与节点之间的数据通信。

（5）副本管理模块

该模块基于教育资源用户访问的聚集性特征，根据系统的负载情况与资源的访问热度对资源的副本进行优化调度，包括副本放置策略、副本生成策略与副本替换策略；在该模型中，该模块将实现完整的预取资源副本调度方案，使得预取的资源副本实现利用率最大化，具体将在下文介绍。

（6）预取模块

该模块基于教育资源用户访问的主题性特征，接收请求控制模块传递过来的请求，计算该请求和其相关请求的访问热度以及系统相对承载力，综合请求文件的访问热度和系统相对承载力判断是否执行预取操作，如果达到预取条件则触发预取推理，在日志文件、本体和语义标注的资源的基础上进行推理并得到预取对象，将预取对象序列传递到副本管理模块，否则返回不预取信号。

6.2.3 面向教学过程的服务功能保障技术

新型教学模式凸显了学生的主体地位，在数智赋能下支持个性化学习的规模化、高质量开展。为此，管理部门和教学实践者亟须关注学生对终端设备的交互功能、测试评价工具的诊断功能等共性诉求，及其对个性化作业布置的满意度、盲点定位与错题归因的准确度等个性诉求。学校、区域为学生提供统一的个性化学科作业的满意度、盲点定位与错题归因的准确度等调查问卷，为教师提供问卷结果分析报告、设备与评价工具的管理等综合服务，全方位助力师生主体的个性化任务完成。智慧校园的规模建设与快速发展加速了教学模式的融合创新，实现了教师角色及职能的多元转变。为推动新型教学模式在智慧校园中的大规模开展，满足多元角色教师精准地教与学生个性地学的诉求，教育部门和学校提供的教学支持服务框架亟待改善。本节以精准教学与个性化学习的教学模式和教师、学生主体的服务诉求为基础，依托智能技术及其应用成果，面向精准教学与个性化学习活动场景，提供支持教师精准教、学生个性学的服务框架[18]，如图 6.18 所示。该框架囊括三个维度：基础服务，即通过租赁、购买或调用教育公共服务体系等形式支持教学的公共服务；功能服务，即结合教师个性需求组建的具备特定目标、可解决现实问题的融合服务；应用服务，即面向特定的精准教学和个性化学习场景的定制服务。

1. 基础服务：支持共性需求的公共服务

基础设施服务、平台服务、软件服务及数据服务作为智慧校园绿色、规模发展的底座，用以支持“教、学、管、评、测、研”教学全链条应用，满足教师教学的共性及高个性化需求。此类基础服务为教师提供了“物联感知”的软硬件设备、“云网边端”一体化的网络环境，支持“数据管理”的教育数据中心和“数字化教学应用”的云平台等环境。通过开放环境中资源及设备工具的访问、使用、编辑权限和答疑、运维服务，满足教学基本需求，助力融合创新型教学模式的探索与实践。

2. 功能服务：满足共性与个性需求的融合服务

依托智慧学习环境中学习资源、学习工具、学习社群、教学社群、学习方式、教学方式的构成要素和上述基础服务，设计满足教师共性和个性教学需求、支持教师专业发展且可付诸实践的功能服务，包括基于学情分析的支持服务、基于资源的支持服务、基于设备工具的支持服务、基于交互关系的支持服务和其他综合性支持服务。

（1）基于学情分析的支持服务

该服务既是教学支持服务框架的核心要素，也是实现精准教学和个性化学习的核心服务，重点在于数据的采集处理与分析呈现。数据溯源和数据签章机制保障了数据的安全与可

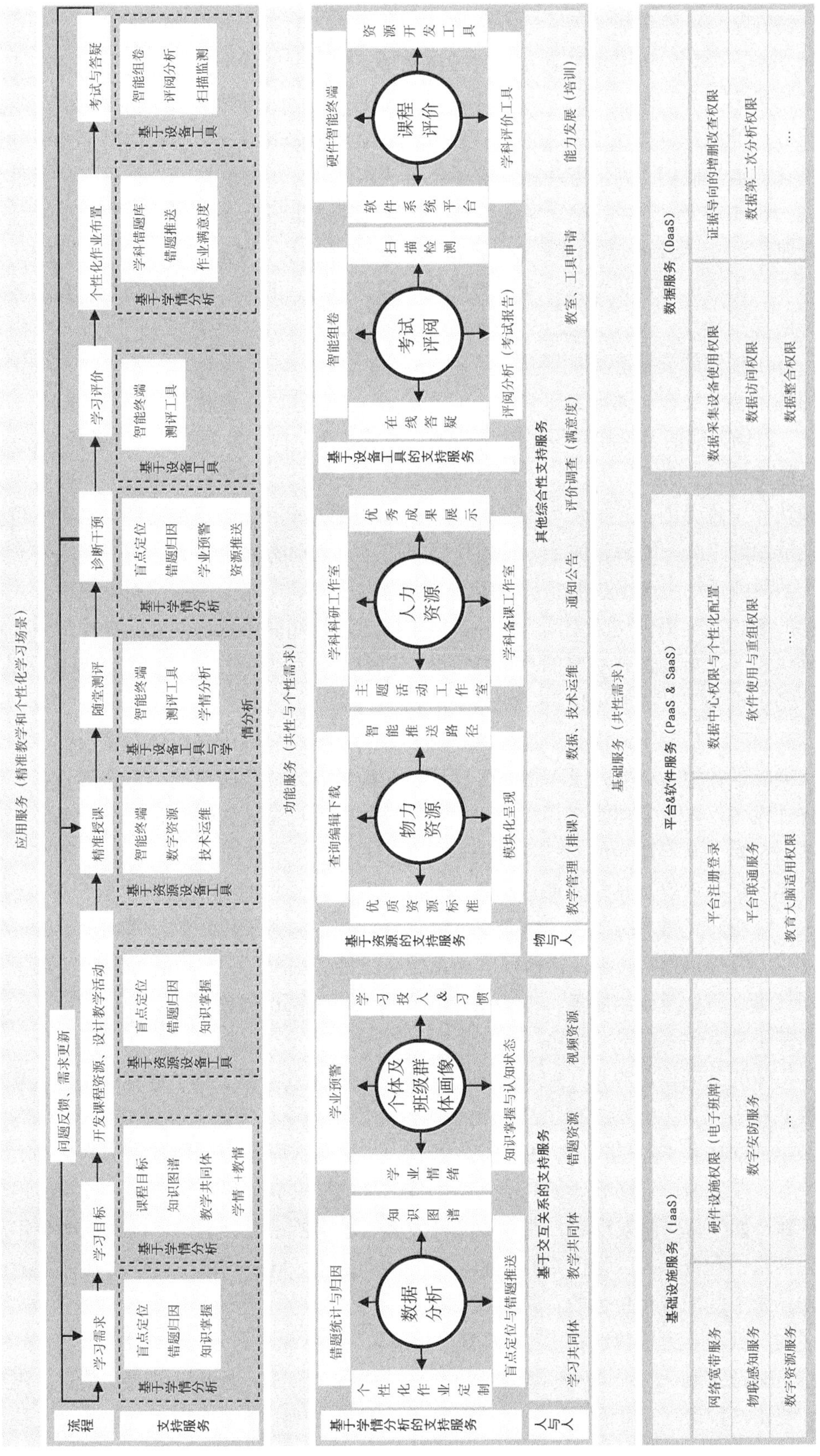

图 6.18　面向精准教学与个性化学习场景的教学支持服务框架

靠性能，提升了分析结果的信度。该服务基于学生在多元时空中产生的诸如考试、作业、课堂行为数据等，借助数据采集工具和学习分析模型，识别学生的专注度和情绪状态信息、挖掘学生的思维方式和认知水平、定位学生的盲点并进行归因，继而探索科学的教与学规律，结合证据导向原则提供即时的干预服务，如基于细粒度的知识图谱和学科错题库实现错题推送与个性化作业定制等。为了直观地了解学生及班级特色，动态掌握学生个体及班级群体的学习需求、认知程度、学习习惯、学业情绪等，优化错题推送及个性化作业定制等功能，该服务需绘制学生个体及班级群体画像，设计不同角色（校长、学科教研员、班主任）、不同学科教师关注内容的可视化面板，支持教师的访问、筛选、汇总、推送等功能，辅助教师开展精准诊断和干预。

（2）基于资源的支持服务

该服务主要承载在一体化云平台中，汇聚了省、市、区、县等教育资源公共服务平台免费提供的、市场采购的及学校建设的数字资源，涉及各个阶段、各个门类，囊括具有权威性、交互性、体验性、生成性、工具性等特点的多类物力资源及优质师资人力资源，拥有规范化分类和模块化呈现界面。云平台可为教师提供精细资源检索、优质资源推送、工具性资源应用，以及资源的下载、编辑、加工、管理权限等服务，以动态优化物力资源、提高资源库活力；基于学科或活动主题组建的备课、研修、活动设计等多功能工作室，为志同道合或拥有共性目标的学科教师提供交流空间。此外，该平台还为教师提供活动创建、宣传组织等权限与资源推送服务，协助组建稳定的教学共同体，以强化教师专业技能、增强教师参与动力。

（3）基于设备工具的支持服务

在智能技术的加持下，智慧学习环境中的设备工具不再局限于多媒体、显示屏等传统设备，而是集成了各种微小型、嵌入型和可移动型智能设备，如智能终端、可穿戴设备、传感设备等硬件设备，以及多功能交互软件、平台系统等软件设备。智能终端和平台系统、常态录播及数据采集工具等作为课堂场景的基本设备工具，用于维持课堂的正常运转并开展伴随性记录存储；学科评价工具作为课堂场景的辅助工具，用于即时评价教学质量。智能组卷、自动扫描、智能评阅等系统在考试场景中的常态化应用，加速了传统的纸笔组卷、阅卷等形式向数字化、智能化方向转型，并辅以监测系统来维持考场秩序。管理者为教师提供上述设备的使用权限、答疑及运维服务，助力课堂教学和考试评阅的转型升级。

（4）基于交互关系的支持服务

教学主体间长期稳定的交互关系可助力协作学习的高效开展、教学进程的优化改善。新型教学模式和多元角色教师丰富了交互关系的源头，使其不再拘泥于物理空间中“师-师”组建的教学共同体及“师-生、生-生”组建的学习共同体，而是拓展为时空域中人与人、物与人的交互。在备课、研修活动场景中，平台基于教师需求提供相应角色的、真实或虚拟的教学共同体，如学习需求发现者、课程资源开发者、教学活动设计者等，推送高频使用的优质资源尤其是错题资源，以强化专业技能、提升活动效率。同时，该平台还可在非面对面的教学活动场景中匹配多种角色的、真实或虚拟的学习共同体，辅助学生有效开展协作学习。

为了实现教与学工作持续稳定、高效有序地运转，管理者还需为教师配备诸如教学管理、系统运维、能力发展、问卷调研等其他综合性支持服务。譬如，通过提供通知公告、组建排课方案、统计科目课时、申请专用教室和设备工具的使用权限等管理与运营服务，支持教学工作的稳步开展；通过开展多元主题培训、项目课题申请等系统服务，支持教师专业技能和数据素养的提升；通过提供个性化作业的满意度、盲点定位与错题归因的准确度诊断及其优化方案服务，保障学生的能力水平与个性化作业难度的高度适切，实现精准教学与个性化学习质量的优化和改善。

3. 应用服务：面向精准教学与个性化学习场景的定制服务

纵观精准教学和个性化学习流程，其核心在于目标精准、诊断精准和干预精准，重点在于教学活动设计、精准授课和个性化作业布置。作为精准教学和个性化学习的起点，学生需求和教学目标在功能服务的赋能下向精准融合的方向迈进，并催生出更加聚焦的课堂目标。其主要流程如下：①为教师设计“基于学情分析支持服务中‘盲点定位’”功能，明确班级群体的共性及学生的高个性化需求，结合教学目标、学情教情等要素确定课堂目标；②为教师提供细粒度的行为目标、生成性目标和表现性目标设计原则，将其拆解为执行性高、黏度强的子目标。其中，课堂的行为目标具有精确性、具体性和可操作性特点，对学生存在共性要求，可嵌入群体共性需求；课堂的生成性目标是在教学交互过程中自然生成的，具有过程性特征，可融入课程目标；课堂的表现性目标则根植于学生的个性化表现，具有不可预知性，可内嵌于个性需求。

作为精准教学和个性化学习中需求分析的核心渠道，问题诊断和干预的自动化实现聚集了盲点定位、错题归因、学业预警、资源推送等多元智能功能，并精准服务于各个环节。其主要流程如下：①“基于学情分析和资源的支持服务中‘归因功能’和‘资源推送’”等功能服务可被高频应用于诊断干预环节。教师可基于学情信息，选择合理的时间节点、资源内容和推送路径进行精准干预。②“基于资源和设备工具的支持服务中‘数字资源库’和‘软件开发工具’”等功能服务可被多次应用于教学活动设计与精准授课环节。教师可结合教学子目标设计不同类型的教学活动（如讲授式、体验式、协作式、项目式等活动）、筛选适用的资源类型（如现场互动型或 AR、VR 等资源），借助终端设备和软件工具开展教学。③个性化作业是学生开展规模个性化学习的重要渠道，往往需要“学情分析、资源、设备工具、交互关系”等多种服务的协同支持。教师采用人机协同的底线思维，将机器提供的盲点归因、错题权重等信息与自身经验相结合，分类筛选系统推送的最佳题目、布置个性化作业。通过对学生开展个性化作业、盲区错因等满意度调查，确保个性化作业与学生能力的高度匹配。

综上所述，智慧校园的基础服务重在维持教学的常态化进展，功能服务重在实现部分环节的自动化呈现，并提供工具支撑，两者相辅相成，协同支持精准教学和个性化学习开展。

6.2.4 教学管理数据与规律的可视化技术

建构主义学习理论认为学习是个体以原有经验为基础，在与外界环境的相互作用中构建新的认知图式的过程。然而，认知资源有限理论提出人在完成任务时会占据一定的心理资源，任务容量越大，需要的心理资源越多，但人的心理资源是有限的，即个体存在认知带宽。当心理资源需要大于认知宽带的极限时，将出现认知超负荷，影响大脑的工作质量。随着外界信息的累积和增长，人们的认知能力遭遇挑战，此时必须充分考虑学习主体的差异化需求和学习信息的呈现形式。双重编码理论认为，人脑在感觉记忆阶段存在非言语通道，且图画在回忆任务中更具优势。采用可视化构建学习信息，可降低主体注意资源的消耗，提高记忆工作间的组块化效率，增强对潜在事件的感知，由此减轻主体的认知负载。教学过程中的学习行为数据可视化与个性化学习的开展关系密切，主要体现在可视化能辅助个体的注意认知资源配置与学习沟通，并为个性学习行为动态掌控及精准助学提供依据。因此，本节基于建构主义学习理论、认知资源有限理论和双重编码理论，以高效服务于云空间的个性化学习为出发点，厘清学习行为数据可视化的需求，进而探讨动态可视化的相关支撑技术[19]。

1. 教学数据治理可视化需求

个性化学习需求源自其本身具有的空间化特征及不同个体在学习动机、认知及知识领悟上的差异。若要有效支持个性化学习活动，需先明确数据可视化能满足哪些方面的个性需求、如何发挥效用、其间涉及哪些可视化需求。下面从教学数据治理、学习反馈、可视化任务三个维度进行讨论。

（1）隐私保护与可视共享兼顾的数据治理可用性需求

数据云空间是学习从同质化走向个性化的重要依托，一般包括个人空间和群组空间两种形态。这种空间化特征在为个性化学习发生提供场所的同时，也带来了数据的可用性问题，主要表现为两个方面：一是正确与完整方面的可用性问题，即由空间环境的差异性和不确定性造成的行为数据局部残缺或瞬时错误；二是私密保障方面的可用性问题，即由个人空间隐私性、群组空间信息半公开化特征（如对内公开且对外隐蔽）带来的部分云空间数据的私密特性。前者需要依据可视化要求进行数据的选择，基于技术手段完成数据甄别与清洗，利用主体当前状况与历史信息等进行补全，保证行为数据的可视共享；后者需要依据私密程度和时空范围等区别对待，保护主体的隐私不受侵犯且尽可能反映空间学习行为表现。显性学习行为数据可采用脱敏技术、可视化时间或场景限制管理机制；隐性学习行为数据可寻找从侧面反映学习行为的关联数据，如学习情境、学习进展或学业成就等数据进行替代。有了可用的云空间数据就可以分析主体的个性特征，呈现适应性学习行为信息。

（2）个体与群组区分下支持学习反馈的可视化需求

云空间的形态构成使学习者既能在个人专属领地开展自主学习，又能参与群组协作并获取开放学习资源。个体学习中，传统的学习反馈常以数字或文字形式呈现总结性的结果数据，不能满足及时针对性调整学习计划与策略的需求。而行为大数据可视化支持下的学习反馈通过对全过程行为数据的采集与分析，纵向挖掘某种学习结果的成因，帮助主体深刻理解空间学习状况，在自主知识建构中不断反省与调整学习行为。群组学习中，传统的学习反馈往往给出多人协作的整体数据，学习分析粒度低，难以窥测群组内个体成员的局部互动信息，而行为大数据可视化支持下的学习反馈通过对概况与细节的展示，横向探究成员之间的社交关系及学习信息差异，增强主体在交互协作中的社会感知，并在群组内部形成竞争与监督机制。由此看来，可视化在个体与群组学习中产生的影响有所差别，所以需要区分个体与群组的可视化学习反馈，将难以捕捉与消化的行为大数据转化为直观的追踪学情、识别学习模式、观测教学绩效线索，为个性化行为反思调节及学习设计提供凭据。

（3）面向主体多元化发展的自适应可视化任务需求

学习成效与主体的信息意识联系密切，即主体对学习分析报告的认知判断决定其下一步的行为表现，而可视化对主体的信息意识有干预作用。可视化任务包括数据源选择、数据处理及其算法设计和视觉编码方式的确定等。个性化学习要求尊重学习主体的个性差异，目的是促进其自由、和谐发展。因此，可视化任务只有自适应于个体差异，才能及时、有效地报告主体的学习行为状况，以便因势利导，成就主体的多元发展。学习过程中，同样的可视化任务对不同学习者产生的影响可能截然不同，譬如，对部分高学业成就者来说，无须过多辅助其也能较好地掌控学习；而对个别低学业表现者来说，不断告知其学习不足可能产生负面效应，降低其学习积极性，甚至导致其弃学，这是主观倾向反映出的差异。此外，主体的学习目标、学习任务、所处学习阶段及自身知识积累在不断发生相对稳定且有序的改变，这是客观现实反映出的差异。这些主客观差异就是可视化任务自适应变更要考虑的因素。

2. 学习过程数据可视化支撑技术

可视化表达和交互控制是学习行为大数据可视化执行过程的关键步骤。为清晰、高效地传达数据背后的意义，可视化技术的选择与应用必须与云空间环境相适应，且与学习行为数据的内在结构和规律相匹配。该方面内容涉及统计图绘制、文本可视化、关联关系可视化、人机交互等四类支撑技术。

（1）统计图绘制技术

统计图绘制技术运用几何图形，将学习行为数据分析和统计结果数字直观、生动地进行展示，使其易于理解和比较，可在云空间诸多个性化学习场景中应用。例如，学习的情感变化与趋势可采用在连续字段上比较离散字段值的折线图呈现，及时进行情感调控；学习资源类型的分布可采用比较一个或多个离散字段值的饼图或圆环图呈现，以判断主体的媒体类型偏好；群组成员的任务进展可采用几何图形的颜色和数量等呈现，以便个体在直观对比中发现自己与别人的差距，进而调整学习策略与步调等。

（2）文本可视化技术

主体学习过程中检索的关键词、浏览的文档、论坛帖子和观看的视频标题等皆以文字为载体，所以文本是学习行为大数据的主要数据类型之一。文本可视化技术用于从文本数据中提取关键信息，常见的文本可视化方式有标签云、主题河流等。采用标签云可快速了解学习主体的关注点，及关注的话题是否与现阶段学习任务紧密相关；而采用含时间信息的主题河流可揭示主体关注点的时序变化，有利于开展学习目标指引下的精准化助学。

（3）关联关系可视化技术

部分学习行为数据之间存在层次结构或网络结构上的关联关系，这对主体的个性行为剖析至关重要，因此需要有对应的技术加以呈现。关联关系可视化技术主要包括分层显示技术和边绑定技术。其中，分层显示技术针对本身存在层次关系和经过划分处理后被赋予层次关系的数据，将其以层级结构形式组织后进行图形化输出，代表性实例有树图和双曲树。课程学习的知识单元常有明确的层级结构，采用分层技术完成知识组织结构的表征，可帮助主体迅速掌握知识单元间的包含或平行关系，在自主知识体系构建中查漏补缺。而边绑定技术针对网络结构数据，通过重新排布边的路径，将地理或语义上相近的边捆绑在一起，代表性实例有和弦图。群组协作中频繁的信息交换产生具有明显网络结构特征的交互数据，采用边绑定技术可实现高层次的抽象简化，有效解决交互行为数据因规模庞大、信息错综复杂而造成的视觉元素聚集、重叠和覆盖等问题，突出个体成员的学习参与情况，以便进行针对性指导。

6.2.5 面向教学全过程的科学决策支持技术

教学全过程的管理数据是科学教学决策的重要支撑，而决策支持能为管理者提供决策所需的数据、信息和背景资料，帮助明确决策目标和进行问题的识别，建立或修改决策模型，提供各种备选方案，并对各种方案进行评价和优选，通过交互式人-机对话进行分析、比较和判断，为正确决策提供有益的帮助。实现云平台的决策支持模块离不开决策支持系统技术的支持。本节从教学全过程中教学资源、设备与环境建设、课程安排、师资等方面的及时协调、管控方面的支持技术进行归纳整理，总结为三大方面的支持技术：面向科学决策的多目标优化问题建模与求解、面向过程性教学质量评估的决策支持以及面向教学过程管理目标规划的决策支持。下面分别介绍这三种技术的核心思想与重要模型。

1. 面向科学决策的多目标优化问题建模与求解

面向科学决策的多目标优化问题是一种复杂的决策问题，它涉及多个目标的权衡和优化。在教育领域，这种类型的问题可能包括资源分配、课程安排、教师发展计划等。以下是多目标优化问题建模与求解的一般步骤。

确定决策目标：明确决策的目标，这些目标可能是冲突的，如成本最小化与质量最大化。

定义决策变量：确定影响决策结果的关键变量，如班级大小、课程数量、教师分配等。

构建目标函数：为每个目标建立一个或多个目标函数。在多目标优化中，通常没有一个单一的目标函数，而是有多个需要同时考虑的目标函数。

确定约束条件：列出所有决策过程中必须遵守的约束条件，如预算限制、时间限制、政策规定等。

选择优化模型：根据问题的特性选择适当的优化模型，如线性规划、非线性规划、整数规划或动态规划等。

利用多目标优化方法：多目标优化问题通常没有单一的最优解，而是存在多个解决方案，每个解决方案在不同的目标上表现不同。因此，需要使用特定的多目标优化方法，如：①加权求和方法，为每个目标函数分配权重，将多目标问题转化为单目标问题。②多目标遗传算法，使用遗传算法在解空间中搜索多个非劣解。③目标规划，通过优先级或参考点来解决多目标问题。

求解优化问题：使用适当的算法或软件工具求解优化问题。可能需要使用专业的优化软件，如 MATLAB、GAMS、CPLEX 等。

2. 面向过程性教学质量评估的决策支持

面向过程性教学质量评估的决策问题包括决策者根据历史和现有的数据对学生的学习能力、效果、综合素质等进行评估，以便学生及时调整学习，同时系统也可有效地把握教学效果，并且可为教师诊断教学问题提供一定的参考。当下主流的新技术主要为基于神经网络的评估模型，其实现评估的基本思路是收集对应的一系列教学评价指标（如教学理念、教学大纲、教学方法等）与教学目标（一般指教学效果）数据，然后建立以教学评价指标为输入、教学效果为输出的前向神经网络，中间的非线性计算过程旨在数据驱动下挖掘教学评价与教学目标之间的关系。

该网络包含输入层、隐含层、输出层，每层发挥不同的作用。输入层定义为：

$$X=\{X_1,X_2,\cdots,X_N\} \quad （式 6.15）$$

其中，N 为评估指标的总个数。网络的隐含层为

$$O_i=\sigma\left(\sum_{j}^{N} w_{ij}X_j\right) \quad （式 6.16）$$

其中，w_{ij} 为加权系数，$\sigma(\cdot)$ 为系统的激励函数，通常取 sigmoid、softmax、ReLU 等非线性函数。网络的输出层通过一个线性变换得到预测值，建模为

$$Y=\sum_{i} v_i O_i \quad （式 6.17）$$

其中，v_i 为加权系数。模型可通过 BP 算法进行反向传播更新加权系数，以捕获适应收集数据对（教学质量评估与教学目标）之间的关联挖掘模式，为后续的反馈决策提供量化数据支持。

3. 面向教学过程管理目标规划的决策支持

教学过程管理要求决策者在预测和分析的基础上对教学目标制定、教学内容设计、资源配置、人员安排、设备管理等做出总体规划。也就是说，教学过程管理包括教学目标规划、教学内容规划、资源配置规划、人员安排规划、设备管理规划和课程规划等规划问题。常用的目标规划建模方法及算法如下。

（1）线性规划模型

线性规划是现代科学决策管理的重要手段之一，其实质是从很多变量中选取一组适当的变量作为解，使这组变量满足一组确定的线性条件，而且使一个线性目标函数达到最优（最大或最小）。一个线性规划模型的目标函数可以定义如下：

$$\max(\text{或}\min)=\sum_{j=1}^{n} c_j x_j \quad （式 6.18）$$

除此以外，目标函数还需满足一些约束条件，$\sum_{j=1}^{r} a_{ij}x_j \leqslant (\text{或}=,\ \geqslant) b_i,\ i=1,2,\cdots,m$，以及非负条件 $x_j \geqslant 0,\ j=1,2,\cdots,n$。现实世界的多数问题均可建模为线性规划模型，表现为上述诸种情形的某个组合。它可能是求目标函数的最小值，或是求目标函数的最大值；它的约束条件也许是等式，也许是不等式；约束条件中的 b_i 可能取正值，也可能取负值。单纯形法是求解线性规划问题的一种普遍方法，其中对偶单纯形法特别适用于约束条件 m 远大于变数个数 n 的情形。该模型通过将规划问题转换为在系列条件下[如资源限制（如教室数量、教师数量）、时间限制（如学期时间、课程时长）、政策要求（如必修课学分要求）等]求解成本最小化或效益最大化（最小化教学资源的总成本或最大化教学效果）来达到目标规划的作用。例如，在资源配置规划问题中，可以通过该模型确定在不同课程或教学活动上分配多少资源，以满足既定的教学质量标准和预算限制。

（2）非线性规划模型

非线性规划问题的目标函数或约束函数是优化变量的非线性函数。根据函数的选取不同可以分为二次规划、几何规划和最小二乘。常用算法有共轭梯度法、变尺度法、可行方向法、梯度投影法等。一般地，非线性规划模型是指在约束条件下，求目标函数的极小解，形式如下：

$$\min f(x) \quad （式 6.19）$$

$$s.t. \begin{cases} h_j(x) \leqslant 0, j=1,2,\cdots,q \\ g_i(x)=0, i=1,2,\cdots,p \end{cases} \quad （式 6.20）$$

其中，$f(x)$ 为目标函数，$h_j(x)$ 与 $g_i(x)$ 为条件函数。该模型与线性规划类似，但其约束条件与目标是非线性的，可以考虑一些非线性关系数据的规划问题，比如在人员安排规划以及设备管理规划问题中，教师工作满意度与课时数的关系是非线性的，设备使用率与课程数量的关系通常也是非线性的。

6.3 智能教学评价与质量保障支撑技术实现

传统的教学评价体系常常基于周期性的考试和教师的主观判断，这种模式可能带来评价的局限性和延时性，从而对教学质量的持续保障造成影响。此外，早期的教学质量保障措施也常常因为缺少系统化的数据支持和即时反馈机制，导致难以快速有效地执行教学改进。然而，随着数字化和智能化技术的发展，教育模式正在经历一场革命性的重塑，旨在满足个性化学习的需求，提升教学管理的智能化水平，并优化教育资源的分配。接下来，我们将深入探讨数智技术如何赋能学习评价和教学质量保障。

6.3.1 数智驱动教学下的学习评价实现

数智时代的到来，为改进教学评价提供了新思路。数智赋能的学习评价旨在通过数字化和智能化技术的应用，构建一个以核心素养为导向的多维度、精准化、全面化评价体系，以数据驱动和循证为基础，实现对教师教学和学生学习过程的全面、综合、动态、系统分析，从而促进教学方法的创新和改进，提高教育教学质量，并帮助学生实现学习问题的诊断与改进，学科优势的发现与增强，科学引导学生学科能力素养全面综合发展。为了具体实现，本节以认知诊断赋能评价为例，从数据采集与预处理、评价模型建构与算法设计、结果呈现与评价反馈三个方面介绍学生学业评价的实现，具体实现过程如图 6.19 所示。

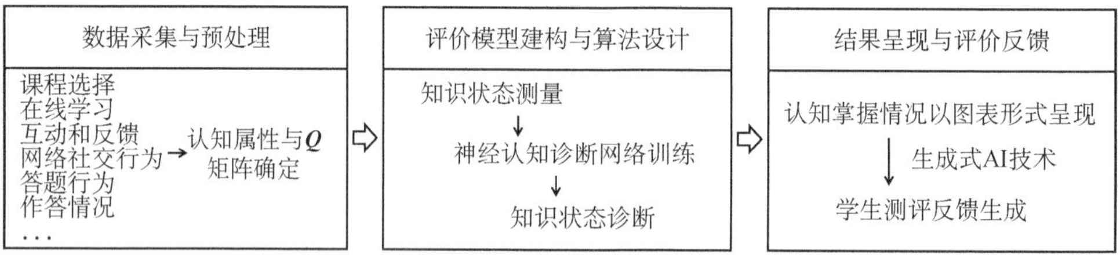

图 6.19 认知诊断技术赋能教学评价的实现过程

1. 数据采集与预处理

学生在学习过程中往往会留下如课程选择、在线学习、互动和反馈、网络社交行为等大量数据碎片，这些数据与学生学习密切相关。数智时代的学业评价能够有效摆脱终结性评价结果由于评价过程的长期性而过时这一困境。在大数据采集、存储和处理技术的支持下，学生在学习过程中产生的所有数据（包括学习数据、关键能力发展数据以及学期学习数据等）

都可以被记录下来，并能实现实时的数据更新。学生学业诊断主要依赖学生答题行为和作答情况数据，而认知诊断实现的基石在于面向答题情况的认知属性与 Q 矩阵确定。认知属性的确定方法一般有语言专家确定法、有声思维法、文献参考法三种。①语言专家确定法。该方法主要是由语言专家从语言学知识及其语言教学经验的角度出发，对每道试题进行内容分析，定义每道试题的认知属性。②有声思维法。该方法是指研究者进行前期试测时，要求正在试图完成测试题目的被试报告头脑中的思维过程，或试测后要求被试追述回忆其思维过程。③文献参考法。该方法主要回顾以往研究成果以及参考现有的测试的教学考试大纲，先确定整个测试所涉及的认知属性，再确定每题的认知属性。

一般地，在具体操作过程中可以将以上三种方法结合在一起使用，这样定义的认知属性会更加有说服力。在每道试题的认知属性定义好后，测试的认知属性 $\boldsymbol{Q}$ 矩阵就建立起来了。在认知属性 $\boldsymbol{Q}$ 矩阵中，通常用“1”表示“考核该属性”，用“0”表示“未考核该属性”。另外，需要注意的是，由于认知诊断模型是建立在项目反应理论框架之下的，是项目反应理论的新发展，因此认知诊断对样本容量的要求相对要高。为了确保认知诊断模型分析的准确性，一般要求样本量在 300 人以上。样本大小主要取决于被定义的认知属性数量、试题数量以及计分种类的数量，它们的数量越多，所需要的样本量就越大。

2. 评价模型建构与算法设计

在对属性掌握层级进行划分的基础上，通过多级难度试题获取学生实际反应模式，测试学专家根据所测内容的特点，构建适当的认知诊断模型，如规则空间模型、NIDA 模型、神经认知诊断网络模型等。神经认知诊断网络模型能智能识别学生实际反应模式与属性层级间的内在联系，实现对反应学生高阶思维能力的知识状态的细粒度测量与诊断，形成包含知识学习、学科能力、核心素养等综合分析报告，为教师课堂精准教学的实施提供详细数据支撑。以建构的神经认知诊断网络模型为例，其算法设计一般包括知识状态测量、神经认知诊断网络训练以及知识状态诊断三个方面的内容，具体介绍如下。

（1）知识状态测量

认知诊断开展的前提是获取学生的实际反应模式，而获取多级实际反应模式的有效方式是多级难度测验。例如，A、B、C 表示三个知识属性，其依赖关系如图 6.20 所示，属性层级标签分别为浅层、中层和深层，因此分别编写试题 T_{A1}、T_{B1}、T_{B2}、T_{C1}、T_{C2}、T_{C3}，其中 T 代表测试题，其下标中的字母表示属性，数字表示难度等级，深层且高难度的题为考查高阶思维的试题，这些题目通常以“理解”、“应用”、“分析”、“综合”以及“评价”为核心要素，需要学科专家制定各要素对应的相关能力考查知识。推送流程如图 6.21 所示，A 使用 T_{A1} 测试；通过后推送 B 属性试题 T_{B1} 及 T_{B2}；解答后推送 C 属性的 T_{C1}、T_{C2} 及 T_{C3}；最后，将学生答题结果进行转换，答对为“1”，答错为“0”，并加上该属性层级标签形成多级实际反应模式。图 6.21 中的答题结果对应的多级实际反应模式为“01001 10011 11010”，从低位到高位的第 1～5 位（右起计数，下同）表示 C 的属性层级标签及实际答题情况，其中第 4～5 位的“11”表示 C 的属性层级标签是深层，1～3 位的“010”依次表示 T_{C1}、T_{C2}、T_{C3} 答题情况，从答题结果来看，该生答对了 T_{C2}，答错了 T_{C1}（第 1 位）和 T_{C3}（第 3 位）；同理，第 6～10 位和第 11～15 位分别代表 B 和 A 的属性层级标签及实际答题情况。答题情况不代表真实的属性掌握情况，需要认知诊断模型的进一步诊断来确定知识状态。

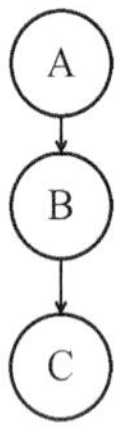

图 6.20　知识属性依赖关系

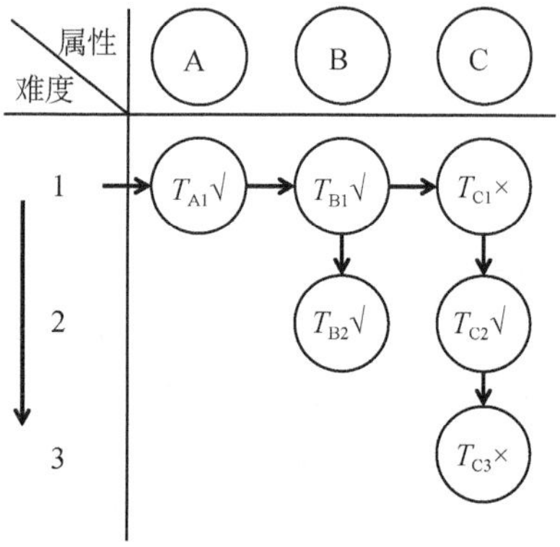

图 6.21　多级难度试题推送流程

（2）神经认知诊断网络训练

知识状态测量给出的实际反应模式中可能存在猜测或失误等噪声干扰，需要训练神经认知网络排除测量误差：首先，根据准备测试的知识属性及属性依赖关系生成所有可能的二级理想属性模式数据集合。然后，依据属性层级标签构建多级理想属性模式和多级期望反应模式对，用作训练数据集。最后，以模式对为输出和输入（多级理想属性模式为输出、多级期望反应模式为输入）训练神经认知网络，使其掌握两者之间的映射关系，为多级实际反应模式的合理性判定奠定基础。以图 6.20 给出的属性及其依赖关系和图 6.21 对应的多级难度试题推送流程为例，表 6.6 给出了各类模式之间的转换及诊断结果，其中第 1 列给出了二级理想属性模式；由于 A、B、C 的属性层级标签分别为浅层、中层和深层，因此根据属性间及属性层级标签内的依赖关系，可生成被试对属性掌握层级的所有可能结果；第 2 列包含属性层级标签的多级理想属性模式，与第 3 列知识状态测量的多级期望反应模式一一对应。对这两列数据进行神经认知网络训练，便能够实现其智能模式识别的功能。

表 6.6　各模式之间的转换与诊断结果

<table>
<tr><th>二级
理想属性模式</th><th>多级
理想属性模式</th><th>多级期望反应模式</th><th>多级实际反应模式</th><th>多级认知诊断结果</th></tr>
<tr><td>000</td><td>0100 1000 1100</td><td>01000 10000 11000</td><td rowspan="7">01001 10011 11010</td><td rowspan="7">A11B22C30</td></tr>
<tr><td>100</td><td>0101 1000 1100</td><td>01001 10000 11000</td></tr>
<tr><td rowspan="2">110</td><td>0101 1001 1100</td><td>01001 10001 11000</td></tr>
<tr><td>0101 1010 1100</td><td>01001 10011 11000</td></tr>
<tr><td rowspan="3">111</td><td>0101 1010 1101</td><td>01001 10011 11001</td></tr>
<tr><td>0101 1010 1110</td><td>01001 10011 11011</td></tr>
<tr><td>0101 1010 1111</td><td>01001 10011 11111</td></tr>
</table>

（3）知识状态诊断

首先，将测量出的多级实际反应模式输入训练后的神经网络，神经网络根据学习结果找到其对应的多级期望反应模式，并映射出对应的多级理想属性模式，从而完成对学生实际知识状态的合理性诊断。然后，对神经网络映射出的多级理想属性模式进行数据特征提取，将其二进制编码转换为可理解的普通文字信息，从而生成关于学生知识状态的多级诊断报告。最后，依据生成的多级认知诊断报告开展精准教学，并为学生个性化知识遗漏的解决提供数据支撑。以学生的答题结果为例，如表 6.6 第 4 列表示该生关于 A、B、C 属性的多级实际反应模式为“01001 10011 11010”，根据 A、B、C 的知识依赖关系、多级难度试题推送及答题规则，答对 T_{C1} 后才可能答对 T_{C2}，而该生在答错 T_{C1} 的情况下却答对了 T_{C2}，因此神经认知网络识别出该生是猜对了 T_{C2}，对 C 属性的掌握层级是“0”，其多级期望反应模式应为“01001 10011 11000”，并映射出对应的多级理想属性模式为“0101 1010 1100”，从而完成该生多级知识状态的合理性诊断和修正。随后，根据输出的多级理想属性模式，对其中的属性层级标签和实际知识状态进行数据特征提取和转换，生成多级诊断报告。具体转换方式及生成过程为：“0101 1010 1100”的第 9—12 位“0101”表示 A 的属性层级标签及属性实际掌握结果，其中第 11、12 位的属性层级标签“01”表示教学目标对 A 属性的要求掌握层级是浅层，第 9、10 位的“01”表示该生对该属性的实际掌握层级也是浅层，说明该生掌握了 A 属性的全部要求，以“A11”形式表示 A 属性的掌握程度，同理以“B22”“C30”表示 B 和 C 属性的掌握情况，最后以“A11B22C30”（表 6.6 第 5 列）的形式整体呈现该生的多级认知诊断报告，为下一步的精准教学应用提供参考依据。

3. 结果呈现与评价反馈

基于认知诊断模型的认知诊断一般产生四个方面的分析结果：认知属性的总体掌握概率、样本的认知属性掌握类型及其分布比例、认知属性的个体掌握概率和基于认知属性的试题分析。通过认知诊断的实施得到的测评数据、诊断结果通常以图表形式揭示学生在学习测评中反映出来的认知掌握模式、个人掌握概率雷达、学生认知属性掌握概率等信息，并以多样化的方式进行认知分析和评价反馈。如今的学习评价理论正在发生改变，在以知识为核心的认知诊断理论指导下，逐渐用精准的个性化反馈评价替代以往的单纯以检测成绩来决定知识掌握情况，并且认知诊断可为教师和学生提供个性化反馈报告，充分发挥精准评价的作用。同时，反馈评价是教学过程中的必要环节，也是实现学生教学行为改变和教师教学计划调整的前提条件。为更好地实现对学生的个性化反馈评价，根据认知诊断数据生成的学生测评反馈报告包括以下五个部分：①学生与班级学员基本信息；②对知识点分解出来的认知进行技能定义，从理解、记忆、分析、应用技能目标中选择适合认知的技能；③学生对于本次测试的作答情况，包括每一道测试题目对应的分值、得分、考查属性、答对率、总分和平均分；④由学生作答数据的诊断结果形成掌握概率雷达图，从中可以清楚看出学生的目前技能掌握及差距；⑤对学生已掌握的属性给予鼓励或者赞赏的评价，并针对未掌握的属性提供改进提高建议。

6.3.2 数智驱动管理下的教学质量保障实现

以数据驱动教学过程的目标、数据、信息、知识、决策为基础，进一步明确决策目标、支持决策与管理的数据、“数据到信息”及“信息到知识”的转换，从而实现数据驱动教学决策与管理各个操作步骤的具体化。其中“目标”是指一线教学中需要决策管理的教学情境。“数据”是指不同的教学决策情境下可获取的数据类型和获取方式。之后通过数据分析方法和图表工具，将“数据”转化为有用的“信息”。基于评价的综合分析方法能够综合“信息”，将其转化为可用于指导决策的“知识”，进而借助数据挖掘技术实现智能教学决策方案推荐，最后通过数理分析检验决策效应，以此反馈调整教学过程，最终实现数智驱动下的教学过程有效管理。数智驱动教学决策管理框架如图 6.22 所示，该框架共分为四个方面：基于决策目标的教学过程数据收集、数智驱动管理下的数据综合分析、基于规律挖掘的智能决策方案推荐、面向智能决策方案推荐的管理效应检验。

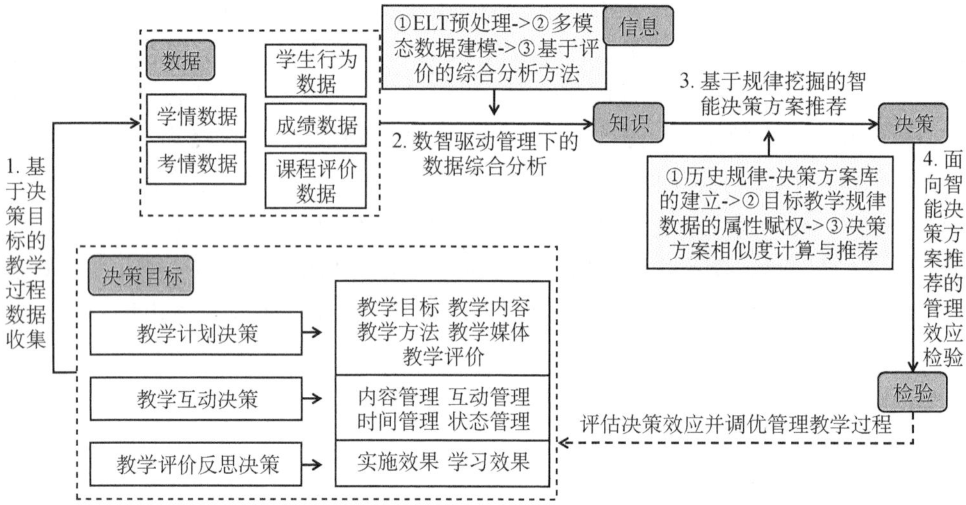

图 6.22　数智驱动下的教学过程管理框架

1. 基于决策目标的教学过程数据收集

数据驱动教学管理的起点是确定管理决策目标，在教学全过程管理中，最重要的管理决策情境有三个，即教学计划决策、教学互动决策、教学评价反思决策。明确管理决策目标之后便可以根据管理决策目的来采集支持教学过程管理的数据。扎根得到的教师决策依据能够指导数据基础的构建，从而作为管理的数据支撑。根据不同的管理决策情境，可获取的数据类型有所差异，表 6.7 列举了部分可获取数据。针对课前、课后的教学数据可以通过智慧平台获取，而课中产生的数据则通过智慧课堂多角度摄像头和无线拾音设备，对课堂师生的活动行为、情感表情和语音文本等多模态数据进行实时或离线的录制与存储。在这个过程中，可以使用 Hadoop 等大数据平台来存储和管理海量的多模态数据。

表 6.7　三种教学过程管理决策情境下的可获取数据

管理决策情境	可获取的数据类型
教学计划	1）学生输入类数据，如学习水平、学习兴趣； 2）学习过程类数据，如观看微课过程中的停顿、回放，完成练习/测验时间、尝试次数、错题收藏，课前测的参与情况； 3）学习结果类数据，如课前测评得分、题目的正确率； 4）考情数据，如题型、考频、答题规律。
教学互动	1）学习状态类数据，如注意力水平； 2）学习过程类数据，如举手次数、练习提交率和时间、资源学习次数和时间、参与讨论次数、讨论区发言内容等； 3）学习结果类数据，如练习成绩、题目的正确率、各选项人数占比及对应的学生等。
教学评价与反思	1）学习结果类数据，如课堂作业成绩、学生自评/互评成绩、期中/期末考试成绩、班级间成绩对比、学生个人成绩走势、分数分布等； 2）教学评价数据，如学生评教数据、教师自评数据、其他教师或管理人员对该教师的评价数据，此外还包括在教学互动阶段可获取的数据，并将作为这一阶段决策的数据依据。

2. 数智驱动管理下的数据综合分析

在获取数据之后需要进一步分析数据，来将“数据”转化为有价值的“信息”，以发现教学问题等。数据分析主要是在技术支撑下完成的，教师可从数据分析的结果中找到有价值的教学信息。具体来说，数据综合分析分为预处理、建模分析、综合分析三个过程，下面详细介绍每个步骤实现的支持技术。

（1）基于 ETL 工具的数据预处理

ETL 工具可以实现数据的抽取、清洗、转换和载入，完成初步的数据预处理操作。例如，可以利用开源工具如 Apache Nifi 或 Apache Flume 进行实时数据抽取和传输；借助 Apache Spark 或 Apache Flink 等计算引擎进行高效的数据转换和处理；使用 Hive 或 HBase 等数据仓库实现数据的快速加载和查询。

（2）数智化的多模态数据建模

针对不同模态数据构建对应的模型实现可靠的特征表示。面部表情和姿态行为表征主要采用基于 CNN 的技术实现；语音特征因表现出时序性，其提取方式主要依靠 LSTM、GRU 这类 RNN 技术；练习、测验等文本数据常采用 FastText、Word2Vec 等开源模型进行表征。这些开源模型都具有较高的准确性和可靠性，并且可以根据实际需求进行定制和优化。

（3）基于多模态数据表示的综合分析

对决策数据进行分析，得到表示信息之后，需要教师的专业智慧来整合已有的信息，并将“信息”转化为可用于指导教师决策的“知识”。在这个过程中，教师可借助一些工具和方法来帮助自己思考，进而发现问题、分析问题、解决问题。可以采用基于评价的综合分析方法，如层次分析法、模糊综合评价法等分析方法对获得的管理数据表示信息与教学目标和效果进行对比和评价。

3. 基于规律挖掘的智能决策方案推荐

在数据收集、分析、综合的结果基础上，进一步进行教学规律挖掘，以此为教学决策方案推荐提供数据分析支持。基本思路是利用基于记忆的历史决策方案来求解新问题的类比推理过程，对管理者输入的教学规律数据与系统中的案例库中的历史规律集合进行相似度计算，将与目标教学规律最相似的历史规律数据对应的决策方案返回给用户。智能决策方案推荐的技术实现主要包含三个过程，即历史规律-决策方案库的建立、目标教学规律数据的属性赋权以及决策方案相似度计算与推荐。

（1）历史规律-决策方案库的建立

在教学决策过程中，若要计算目标教学规律与每一个历史教学规律的相似度，在历史规律-决策方案库中的历史数据较多的情况下，计算的时间成本较高。为此，需要对历史规律-决策方案库进行筛选，在筛选过的子数据规律库中进行相似度计算。依据匹配属性和匹配属性集合的定义，实施如下筛选规则：一般情况下，目标教学规律与各个历史规律数据的匹配度是不一致的，若某个历史规律数据 p^j 与目标教学规律 p^C 没有共同属性，则 p^j 与 p^C 的匹配度为 0；若某个 p^j 与 p^C 的匹配度比较大（即匹配属性集合较大），则 p^j 与 p^C 的相似度倾向于高，反之倾向于低。由此，将具有高匹配度的历史规律数据筛选并与教学决策方案一一对应以组成新的历史规律-决策方案库。

（2）目标教学规律数据的属性赋权

在教学规律数据相似度计算过程中，属性的权重用来反映属性的相对重要性，需要专家集体决策，因此如何有效地集结专家判断是一个重要问题。首先通过序关系分析法得到各专家对目标教学规律的属性权重判断，由于目标教学规律的属性所取的权重值服从未知的概率分布，通过一种非参数的核密度估计方法将专家个体给出的判断本身视为该未知分布下的一个样本，并拟合出相应的概率密度分布；然后判断专家的准确性并取概率最大的值作为属性权重。该方法可以有效避免个别误差较大的权重对最后集结的权重的影响。

（3）决策方案相似度计算与推荐

在计算目标教学规律 P^C 与数据库中每一个历史教学规律 P^j 的相似度之前，首先得到 P^C 与 P^j 的匹配属性集合 $S_{(C,j)}=\{s_1,s_2,\cdots,s_h\}$，$h$ 为 $S_{(C,j)}$ 里的匹配度。属性有符号型和数值型两种，因此对于 $S_{(C,j)}$ 中的每一个属性 s_i，P^C 和 P^j 在该属性下的相似度 $\mathrm{Sim}_i\left(P^C,P^j\right)$ 的计算有以下两种方法。

数值型属性相似度计算：当属性 s_i 的属性值为数值型时，采用下式计算：

$$\mathrm{Sim}_i\left(P^C,P^j\right)=1-\frac{\left|V\left(s_i^C\right)-V\left(s_i^j\right)\right|}{\alpha_i^{\mathrm{Max}}} \qquad \text{（式 6.21）}$$

符号型属性相似度计算：当属性 s_i 的属性值为符号型时，假设 s_i 为“学生掌握知识状况”属性，若 P^C 与 P^j 的学生掌握知识状况不一样，则 P^C 和 P^j 在该属性下的相似度 $\mathrm{Sim}_i\left(P^C,P^j\right)=0$；若学生掌握知识状况一样，则直接令 $\mathrm{Sim}_i\left(P^C,P^j\right)=1$ 是常见的处理方法。但是，这种方法会造成案例间相似度的极化现象，还有一些方法进一步在计算符号型属性之间的相似度时考虑符号型属性特征值的出现频率，以弱化极化现象，使相似度计算结果更可靠。

最后对目标教学规律与历史规律数据的相似度进行排序，从而将相似度最高的历史规律数据对应的决策方案推荐给管理者。

4. 面向智能决策方案推荐的管理效应检验

整个教学过程管理框架是一个闭环结构，在实施智能推荐决策方案之后，需要检验其支持管理的效应，并将管理效应反馈到管理决策目标、数据、信息、知识、决策等各个操作步骤，从而实现决策的调整和优化。教学决策是否实现其效果，只有通过对学习效果的效应检验才能表现出来。

为评估智能推荐教学决策能在多大程度上影响学习效果，教学者首先需要再采集待检验效能数据，需要采集的数据按表 6.8 列出的效能检验维度与分类确定；然后将标准化平均差（standardized mean difference，SMD）等数理统计分析结果作为效应量，用来表征数据驱动教学决策对学习效果的影响程度；最后根据 Cohen 的效应值统计理论支持管理效应的判断，具体地，当效应量小于 0.2 时，表示智能推荐决策方案正向支持管理的影响较小；当效应量为 0.2—0.5 时，说明影响程度为中等；当效应量为 0.5—0.8 时，说明影响较大；当效应量大于 0.8 时，说明影响很大。

表 6.8 面向智能推荐决策方案的效能检验维度与要素分类

效能检验维度	效能检验要素分类
认知发展	学业成就、识别记忆、知识迁移、高阶思维
行为发展	学习技能、问题解决、学习互动、学习参与度
情感发展	学习态度、学习动机、学习兴趣、学习满意度

参 考 文 献

[1] Leighton J P，Gierl M J，Hunka S M. The attribute hierarchy method for cognitive assessment：A variation on Tatsuoka's rule-space approach[J]. Journal of Educational Measurement，2004，41（3）：205–237.

[2] Di Mitri D，Schneider J，Specht M，et al. From signals to knowledge：A conceptual model for multimodal learning analytics[J]. Journal of Computer Assisted Learning，2018，34（4）：338–349.

[3] Tatsuoka K K. Cognitive Assessment：An Introduction to the Rule Space Method[M]. New York：Taylor & Francis Group，2009.

[4] Henson R，Douglas J. Test construction for cognitive diagnosis[J]. Applied Psychological Measurement，2005，29（4）：262–277.

[5] Fischer G H. The linear logistic test model as an instrument in educational research[J]. Acta Psychologica，1973（6）：359–374.

[6] Wang F，Liu Q，Chen E H，et al. Neural cognitive diagnosis for intelligent education systems[J]. Proceedings of the AAAI Conference on Artificial Intelligence，2020，34（4）：6153–6161.

[7] Corbett A T，Anderson J R. Knowledge tracing：Modeling the acquisition of procedural knowledge[J]. User Modeling and User-Adapted Interaction，1995，4（4）：253–278.

[8] Piech C，Spencer J，Huang J，et al. Deep knowledge tracing[EB/OL]. arXiv：1506.05908. http://arxiv.org/abs/1506.05908，2015.

[9] 赵宇博，张丽萍，闫盛，等. 个性化学习中学科知识图谱构建与应用综述[J]. 计算机工程与应用，2023，59（10）：1–21.

[10] 申卫星，刘云. 探索可计算的法律发展道路[J]. 浙江社会科学，2022（6）：33–41，156.

[11] 高劲松，梁艳琪，王学东，等. 学科知识地图的本体构建方法研究[J]. 情报科学，2013，31（7）：72–77.

[12] 张家华，胡惠芝，黄昌勤. 多模态学习分析技术支持的学习评价研究[J]. 现代教育技术，2022，32（9）：38–45.

[13] 王健，李连杰，单中伟. 基于评价三角理论的学业质量评价设计[J]. 中国考试，2019（1）：30–39.

[14] 张辉蓉，刘丹. 基于改进的学生学习增值评价的模式构建及应用研究[J]. 中国考试，2023，（6）：1–10.

[15] 周宁. 信息组织[M]. 2 版. 武汉：武汉大学出版社，2004：5–6.

[16] Li S P，Li J，Li L，et al. CStorage：A cloud storage management system for USTC campus[C] // 2010 3rd International Conference on Computer Science and Information Technology，IEEE，2010：446–449.

[17] Chinchilla F，Lindsey M，Papadopouli M. Analysis of wireless information locality and association patterns in a campus[C]//Proceedings of Joint Conference of the IEEE Computer and Communications Societies，IEEE，2004：906–917.

[18] 杨重阳，武法提. 精准教学与个性化学习场景中教学支持服务框架研究[J]. 现代教育技术，2022，32（1）：111–117.

[19] 黄昌勤，朱宁，黄琼浩，等. 支持个性化学习的行为大数据可视化研究[J]. 开放教育研究，2019，25（2）：53–64.

第三篇　数智驱动下的教育教学创新实践

第7章

数智驱动下的在线教育实践创新

随着“互联网+”被纳入国家战略，教育领域在互联网冲击下发生了前所未有的变化，这使得在线教育迅猛发展，但与此同时也面临着一系列亟待解决的现实问题。在线学习所固有的师生间时空分离特性很大程度上削弱了教师对学生学习过程的监控与指导作用，容易导致学生流失率严重、学业反馈不及时、个性化教育失准等诸多问题。因此，为提高学习者在线学习的效果，数智赋能教育越发显得迫在眉睫，从在线教育实践的技术、应用模式角度进行创新是关键所在。

在线教育大数据与AI技术的结合为在线教育领域带来了独特的机遇，这种结合充分发挥了在线教育的大规模和个性化特点，方便了跨时空资源与服务功能的共享。在宏观机理层面，大数据与AI技术的结合为在线教育带来了显性和隐性的知识。它们能够深入分析在线教育的工作原理和机制，包括主体的知识和行为，以及教与学的过程中的内在状态和规律。这些知识为设计适宜的匹配和个性化辅助机制提供了基础，从而使教育服务更加智能化和高效化。在具体应用层面，大数据与AI技术为在线教育的各种主体，如学习者、教师、管理者、资源、环境和工具等，提供了多源多模态数据的采集和分析能力。通过技术赋能，如基于AI的表示学习、基于大数据的AI理解等，这些数据可以被有效地转化为各种知识信息。然后，基于这些知识，我们可以分解在线教育领域的各种需求，例如个性化学习、教学资源优化、学习过程管理等，并设计适宜的智能解决机制，以实现对大规模教育主体的精准和适性服务。这一数智融合的驱动方式，不仅提高了教育的质量和效率，还为教育创新提供了新的可能性。通过充分抓住在线教育的特点和需求，大数据与AI技术为教育领域的未来带来了更多的机遇和挑战。

正如上文所述，在跨时空互联互动的在线环境下，教育大数据+AI技术可赋予在线教育全过程的知识支撑与服务智能，从而彻底改变在线教育的应用模式、提升实践效率效果。具体而言，数智驱动下，在线教育在认知与非认知学习领域，大数据的应用有助于深入理解学习者的认知过程和情绪体验。通过分析学习者的社交互动、学习轨迹等过程性数据，我们可以识别学习者的认知风格、行为习惯以及情绪状态。在教学资源供给与教学方面，大数据技术使教育者能够更好地了解学习者的学习需求和特点，还可以帮助教育机构更好地监控教学效果，优化教学设计，从而提高教学质量。在教与学过程管理方面，大数据技术为教育管理者和学习者提供了更多的智能化工具和支持，他们可以实时跟踪学习者的学习进展，及时发现问题并进行调整，从而实现更加精细化和有效的教育管理。接下来，我们将以情绪分析与干预、学情预测、学习全路径推荐、基于 GenAI 的问题式学习实践四个方面为例，深入探讨大数据在在线教育中的具体应用。

7.1 基于交互分析的在线学习情绪分析与干预

学习者情绪是指在教学或学习过程中，与学习者学习活动相关的各种情绪体验。为了深层次剖析外部教育情境要素和内部认知发展状况对学习者情绪状态的影响机理，识别与感知学习者情绪成为基本且重要的一环，这对于学习者个体情绪的精准评估、个性化教学策略的及时反馈具有重要意义。本节分别从情绪状态识别、情绪交互作用分析、情绪干预等视角介绍研究案例。

7.1.1 在线学习情绪状态识别

随着数据挖掘技术的进步和大规模教育数据的增长，学习分析成为教育教学研究的焦点。数据驱动的学习分析技术能够深入洞察学习者的全过程状态，包括行为模式、情绪状态和认知水平等。传统方法难以处理大量异构数据，不能为个性化教学提供有价值信息。因此，借助深度学习技术，建立学习者情绪分类模型进行自动化情绪分析是一种有效途径。鉴于学习者情绪的源数据主要以交互文本形式呈现，因此为实现学习者情绪的识别，笔者提出了如图 7.1 所示的在线交互数据驱动下的学习者多维情绪识别框架。其主要包括获取交互数据、数据预处理、文本词向量表示、情绪识别等主要步骤。接下来将主要阐述词向量表示的方法、情绪识别框架以及情绪识别的具体方法过程。

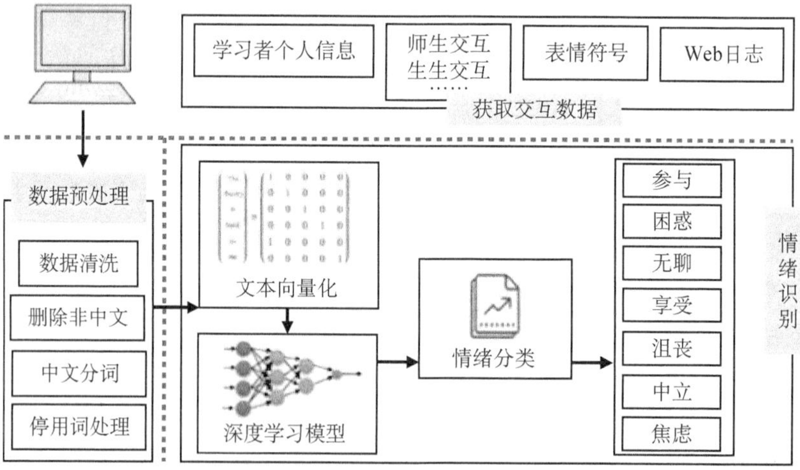

图 7.1 学习者多维情绪识别框架

1. 交互文本的词向量表示

为了识别在线学习者的情绪状态，学习交互数据得到预处理后需要转化成计算机能直接识别的结构化数据。文本向量化是将文本表示成能够表达文本语义的向量，在自然语言处理中是把文本信息变成计算机可识别可处理的数字信息的过程，是将信息保留成向量的形式，它的好坏影响着整个自然语言处理系统的性能。无论是中文还是英文，词语都是文本处理的最基本单位，因此当前文本向量化的大部分研究是通过词向量化来实现的。

Word2Vec 词向量模型是一种生成嵌入的方法，包括 Skip-Gram 和 CBOW 模型。其核心思想是通过神经网络算法对交互文本上下文与目标词之间的关系进行建模，将词语映射到低维实数向量，从而在语料中捕捉语义信息。Word2Vec 模型的优点在于能够在大规模词典和庞大数据集上高效训练，将单词转换为向量形式，能够表达复杂的上下文，捕获深层的语义信息。

具体而言，Word2Vec 模型的训练输入和输出都使用 One-Hot 编码的词汇表向量。通过对文本数据进行训练，当模型收敛时，各层之间的权重即为每个单词对应的词向量。通过训练，原本维度为 V 的词向量被转换为维度为 N 的词向量（N 远小于 V），同时保留了词与词之间的依赖关系。为了高效地将词转化为向量，Word2Vec 提出了 Skip-Gram 和 CBOW 两种词向量训练模型。Skip-Gram 在大型语料库中表现良好，而 CBOW 适用于小规模数据。CBOW 使用目标单词周围的其他词作为输入，通过隐藏层的加权处理输出目标单词。相反，Skip-Gram 则根据当前单词预测上下文。最终，通过 Softmax 函数在输出层计算每个词的概率。本应用将基于上述方法对在线学习者的学习交互文本数据进行词向量转化。

2. 学习者多维情绪识别框架

依据学习者情绪识别框架对学习者交互文本进行判定以分析其情绪状态，是构建有效学习者情绪识别模型的基础。本书依据情绪动态模型，选取了七个与学习过程密切相关的情绪类别。通过已有研究得知，学习者在进行在线讨论时很少出现惊喜的情绪。此外，在线学习过程中，学习者与同伴、教师进行互动和构建知识时，会体验到中立与焦虑的情绪[1]。因此，本书将目前的研究限制在讨论论坛中经常观察到的七种学习者情绪，包括参与、困惑、无聊、享受、沮丧、中立和焦虑，具体编码方案见表 7.1。

表 7.1 在线学习环境中学习者多维情绪分类识别框架

情绪	代码	描述	例子
参与	CN	参与学习任务所产生的兴趣状态	思维导图帮助更好地建立所获得的知识之间的关系。
困惑	CO	当事情无法解决时不确定如何继续的状态	不知道如何将这些理论整合到思维导图的应用中，这些理论很难理解。
无聊	BO	由于缺乏兴趣而感到疲倦或不安的感觉	个人认为手绘比思维导图更有趣。
享受	EN	任务完成后的高度满意度	该理论非常深刻，有助于学习思维导图。
沮丧	FR	当学习者犯错误或经历失败时的不满或烦恼	很多理论，很难理解。不知所云！
中立	NE	没有明显的情绪或感觉	思维导图可用于设计教学目标和内容安排。
焦虑	AN	感到过度担心而产生的一种烦躁情绪	怎么办，好怕学不会，会挂科。

3. 基于 Bi-LSTM 模型的学习者情绪识别

接下来，通过上述在线学习环境中学习者多维情绪分类识别框架，本应用将使用双向长短时记忆（bi-directional long short-term memory，Bi-LSTM）网络，根据学习者的交互文本数据进行学习者情绪的自动识别。采用 Bi-LSTM 模型进行情绪自动识别的原因如下：①相比单向长短时记忆神经网络，将传统LSTM（long short-term memory，长短时记忆）网络的运算关系拓展为双向模型，使得网络充分记忆输入特征词的前后关联关系，并在双向网络中加入词嵌入结果，以更好地表达交互文本上下文的预测，提高学习者情绪分类性能。②Bi-LSTM解决了传统循环神经网络中的梯度爆炸问题，能够很好地捕捉双向的语义信息，学习交互文本上下文关系，有效提升文本识别效果。③Bi-LSTM技术在文本分类任务或情绪分类方面已被证明是可行的。图7.2展示的是基于Bi-LSTM模型的学习者情绪识别框架流程图。

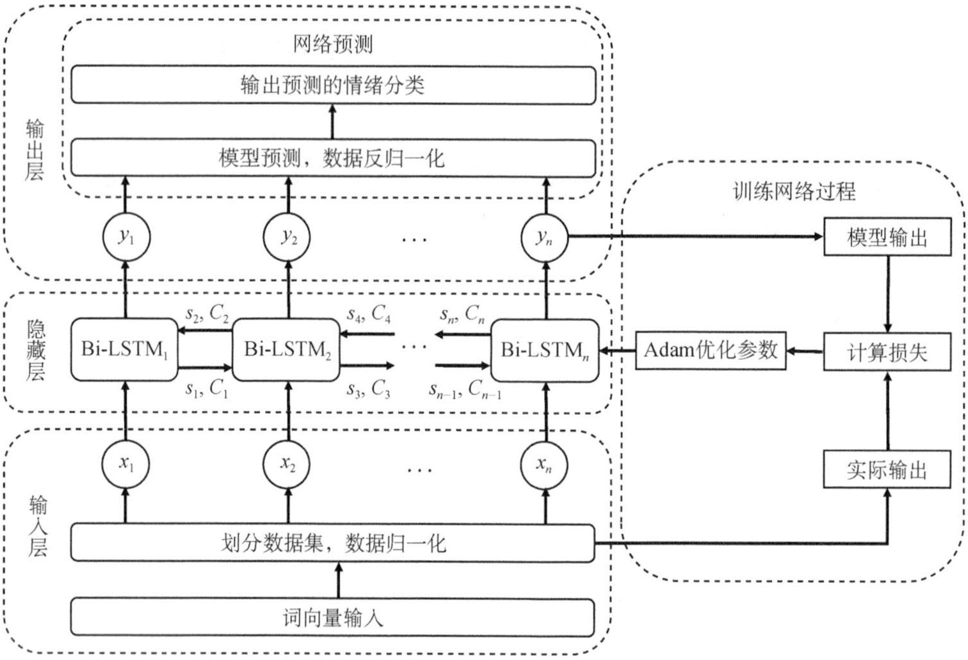

图7.2 学习者情绪识别框架流程图

根据该框架流程，Bi-LSTM网络模型的训练过程大体上可以分为以下几个步骤：①将交互文本的词向量输入到网络中；②将输入的词向量划分成训练集和预测集，并对其进行归一化处理；③从训练序列起始点向前执行计算出Bi-LSTM的输出值；④从训练序列终点向后执行计算出Bi-LSTM的输出值；⑤对第三步和第四步共同确定的输出值与真实值进行比较，计算出两者之间的误差，然后再根据误差，按照与第三步和第四步计算相反的方向，计算出隐藏层之间和各细胞单元之间的误差；⑥根据第五步计算出来的误差分别计算各自对应的权重和偏置梯度；⑦最后再根据梯度应用Adam优化算法对相应的权重和偏置进行更新，当损失函数达到最小值时，输出预测的学习者情绪分类。

7.1.2 在线学习情绪交互作用效应分析与诊断

前文重点讨论了在线学习过程中对学习数据进行抽取、挖掘并分析情绪的方法，接下来将聚焦于情绪交互作用效应的分析，具体研究不同的在线交互类型与学习者情绪之间的关系。本部分将会介绍相关的理论模型以及诊断方法，这一深入研究将有助于我们更好地理解在线学习环境中学习者情绪和交互之间的复杂互动，为在线学习设计和情绪干预提供有力支持。

1. 情绪交互作用效应分析

为了研究不同的在线交互类型与学习情绪之间的关系，首先根据社会认知理论、交互层次塔模型构建多类型在线交互与学习情绪之间的作用模型，并根据已有研究文献与相关理论，进行变量之间的假设。按照在线学习过程中的交互主体，基于上述理论依据，本部分重点聚焦学习者-学习者交互、学习者-教师交互、学习者-内容交互三种不同的交互类型，享受、焦虑、无聊等三种常见的学习情绪以及其与学习持久度之间的关系，提出的作用模型如图 7.3 所示。以下是对上述核心变量的简单描述。

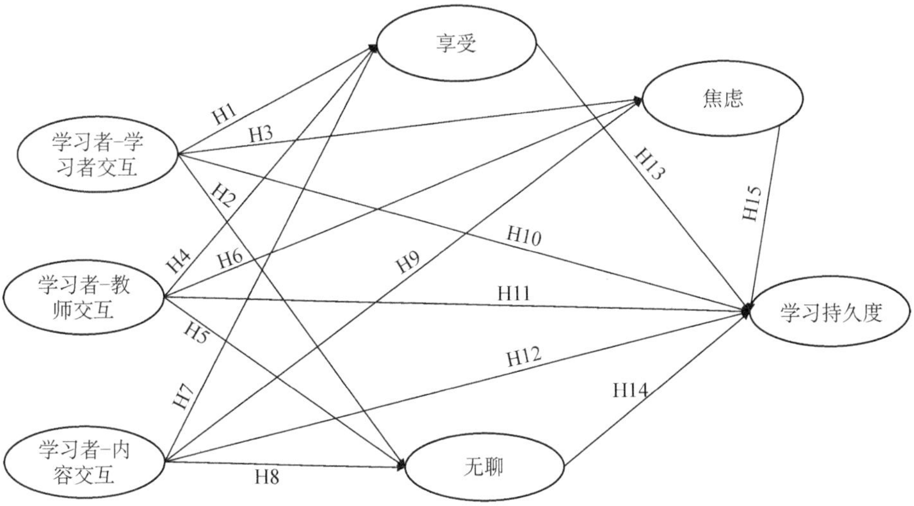

图 7.3　多类型在线交互与学习者情绪的作用模型构建

学习者-学习者交互是知识构建的重要途径之一，主要是指学习者与其他学习者发生的交互，包括学习小组间的交互、学习小组成员内部的交互以及学习者个体内部新旧知识之间的交互等；学习者-教师交互是在教学活动过程中，教师将通过一系列语言或非语言引导等手段为学习者答疑解惑，激发学习者的内在学习动机，促进学习者达成学习目标；学习者-学习内容之间的交互发生在学习者学习课程内容或参与在线学习活动时，这类交互是学习者关于学习内容的自我对话过程以及内部的反思或认知。

享受作为一种激活的积极情绪，促进学习者将注意力集中在学习任务上，积极预测学习者的元认知以及相关的学习策略与自我调节策略；焦虑被定义为激活的负面情绪，当学习者认为其认知或能力水平远不能达到学习情况的需求时，就会出现学术焦虑；无聊被作为一种不愉快且与活动相关的非激活情绪，会扰乱学习者的注意力并导致动机和元认知水平降低，从而负面影响学习任务的完成。

学习持久度是指学习者完成学习目标和任务的意愿，如获得学位或完成课程内容，需要学生克服在线学习过程中出现的任何困难，比如对知识的难以理解、教师指导的不及时等。

其中，H1、H2、…、H15 为交互作用假设，即头节点对尾节点具有显著正向/负向影响。

2. 情绪交互作用效应诊断

学习者情绪的交互作用效应诊断是建立在上述分析假设基础之上的，通过实际数据的采集、模型拟合和统计检验，来验证假设的成立程度以及不同交互类型对学习者情绪的影响。

以下是进行情感交互作用效应诊断的一般步骤。

数据采集与准备：采集与分析所需的数据，确保数据质量，采集的数据包括在线交互数据、学习者情绪数据以及其他相关变量。对数据进行清洗、转换和预处理，以便于进行后续的分析。

模型拟合：根据之前构建的作用模型，使用结构方程模型、多元回归或其他适合的统计方法分析采集到的学习者交互及情绪数据。以交互类型为自变量、学习情绪为因变量，构建模型方程。

参数估计与检验：在拟合的模型中，估计模型中的各个参数，包括路径系数和交互效应系数。进行显著性检验，确定每个路径的系数是否显著。进行模型适配度检验，使用适配度指标（如 x^2拟合度检验、RMSEA、CFI 等），评估构建的模型与实际数据的拟合程度。

效应大小分析：根据参数估计结果，可以计算各路径的效应大小，即不同交互类型对学习者情绪的影响程度。而回归方程得到的交互效应系数可以用来比较不同交互类型对学习者情绪的相对影响。

模型修正与解释：如果模型的适配度不理想，可以进行模型修正，例如根据修正指标对模型进行调整，添加或删除路径。同时，根据参数估计结果解释不同交互类型对学习者情绪的作用效应，说明不同交互类型对学习者情绪的影响情况，验证之前提出的假设。

通过上述方法，我们能够深入探索不同的在线交互类型（学习者-学习者交互、学习者-教师交互与学习者-内容交互等）与学习过程中典型的学习者情绪（享受、焦虑和无聊等）之间的关系与作用效应。这一研究能够揭示在线学习过程中学习者情绪与交互之间的内在联系。根据研究结果，我们可以有针对性地设计在线学习环境，优化交互模式，为学习情绪干预提供方向。

7.1.3 在线学习情绪干预机制

以上内容讨论了在线学习过程中学习者情绪和交互的关键因素，以及它们之间的复杂互动。接下来将深入研究情绪干预，特别是在在线交互的背景下如何干预学习者的情绪，以提高他们的学习体验和增加学习成果。本部分将探讨基于在线交互的学习者情绪干预要素和机制，包括情绪自我效能感、自我调节学习、学习动机等关键要素，并详细介绍构建情绪干预机制的步骤，包含数据采集与情绪识别、干预对象类别划分、干预方式匹配和干预动态调整等环节，这些内容将有助于更好地设计干预策略，以提供更高效的情绪干预服务。

1. 基于在线交互的学习者情绪干预要素分析

情绪干预旨在提升在线学习者调节学习情绪的能力，以此预防学习者长期陷入消极情绪的“恶性循环”。因此，本应用面向在线交互过程，聚焦学习者的学习情绪调节能力，进一步探索面向在线学习环境的学习者情绪干预要素。

（1）情绪自我效能感

情绪自我效能感是指个体对自己调节消极情绪能力的感知，是识别、理解和描述自身情绪的过程。它在减少和调节消极情绪体验方面起着重要作用，同时对在线交互中的情绪投入和学习成果也有影响，因此情绪自我效能感可作为衡量学习者情绪调节能力的关键要素。此外，根据上述学习者情绪干预的递进性原则，将学习者的情绪调节水平划分为不同的等级，针对不同情绪调节水平的学习者，匹配符合学习者情绪调节水平的干预策略。

（2）自我调节学习

自我调节学习成为近年来教育与心理领域关注的核心议题之一。它旨在对学习者在交互过程中的情绪、动机、行为和认知等状态进行调控和监管，涵盖学习目标的设定、动机的激发、学习过程的调整与监控、学习策略的选择和应用，以及对自身学习状态的反思和评估等一系列过程。此外，也有研究表明，自我调节水平较高的学习者更有可能采用多样化的自我调节策略来提高学习成绩。因此，本研究将考虑学习者的自我调节这一关键因素。

（3）动机

在教育领域，动机被认为是影响在线学习效率及效果和在线交互质量的重要心理因素。内在动机是指由于个人对学习的渴望、认为学习令人愉快或有趣而产生的内在满足感。认同调节和外部调节是外在动机的两种类型。当动机行为被认为对学习者的价值观和目标具有重要意义时，就会形成一定的认同调节。已有研究表明，具有不同学习动机和目标的学习者经常使用不同的情绪调节策略，这些策略系统地影响学习目标的实现。有鉴于此，本研究将学习者的动机作为交互过程中干预与调节学习者情绪的关键因素之一。

2. 在线交互驱动下学习者情绪干预机制构建

基于学习者情绪干预的设计原则与要素分析，从在线交互角度出发干预学习者情绪成为进一步研究的重点。首先要设计交互驱动下学习者情绪干预的机制。在线交互驱动下学习情绪干预机制包含数据采集与情绪识别、干预对象类别划分、干预方式匹配、干预的动态调整，是一个在多轮评测支持下具有系统性、反复性的过程，如图 7.4 所示。

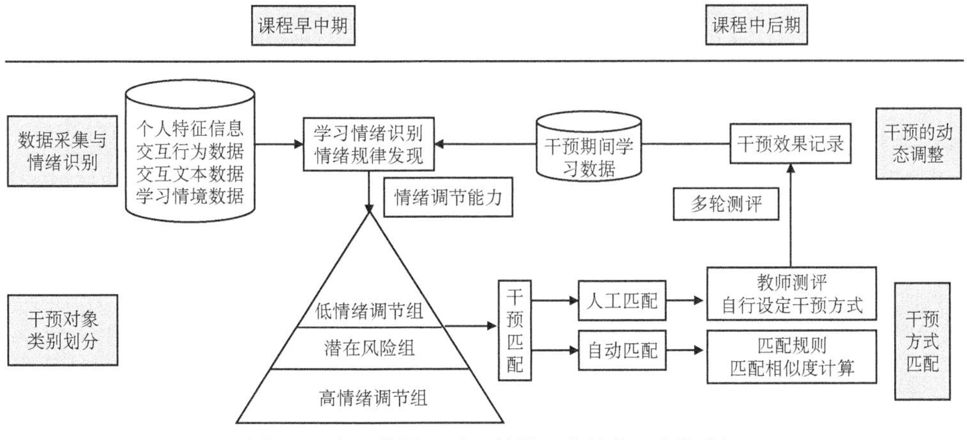

图 7.4　交互数据驱动下的学习者情绪干预机制

（1）数据采集与情绪识别

在学习者情绪干预过程中，数据采集与情绪识别是关键环节。该环节旨在为后续干预提供基础数据。将课程早期设定为学习观察周，以监测并记录学习者在这一时期产生的活动数据。观察周结束后，本实验采用基于在线交互数据的学习者情绪识别模型采集相关数据。这些数据包括个人特征信息、交互行为数据、交互文本数据等，经过预处理后输入模型进行情绪识别。随后，本实验利用序列模式挖掘分析学习者情绪序列模式的变化规律，以便在下一环节中确定干预对象。

（2）干预对象类别划分

干预对象类别划分是实施干预的关键一步。为此，本实验根据学习者情绪干预的原则，按照调节水平将学习者划分为不同组别：高情绪调节组、潜在风险组和低情绪调节组。此外，对于潜在风险组和低情绪调节组，本实验将根据情绪调节的关键影响因素进行进一步的类型划分，以便在后续环节中实施相应级别和类型的情绪干预策略。

（3）干预方式匹配

对学习者进行干预匹配是干预实施的核心环节。以干预对象为研究样本，针对不同组别实施不同级别、不同类型的干预。干预匹配分为自动匹配和人工匹配。自动匹配中，根据匹配机制，对高情绪调节组采取最低级别的预防性干预。对潜在风险组和低情绪调节组采取更高级别的干预方式。而人工匹配则由教师通过评测结果的反馈以及对当前学习情况的观察，自行设定干预方式，尤其针对低情绪调节组的学习者。

（4）干预的动态调整

动态调整是提升干预效果的重要策略，通过多轮干预评测和及时更新学习者情绪调节状况，判断干预策略是否奏效。如果效果不理想或情绪调节状况有变化，需进行新一轮的干预。在课程干预的中后期采集学习者干预前期的数据进行下一轮评测，如果效果不佳或情况变化，动态调整干预的匹配，选择其他类型的干预或调整干预强度。系统还需记录有效的干预策略，以备后续调整时优先选择。如此反复迭代，实现动态的评测、干预和优化。

7.1.4 在线学习情绪干预应用案例

1. 研究样本

本案例选取 MOOC 在线教育平台与 Moodle 学习平台中的 318 名学习者作为群体干预的对象是“教学设计原理与方法”“教学研究的数据处理与工具应用”“计算机辅助教育”这三门课程的学习者。针对这 318 名参与者，在其没有明显察觉的情况下实施隐形干预。干预旨在为所有学习者提供基础的学习支持和服务，形式包括课程通知、进度提醒、发布资源、学习反馈等，干预的效果大部分依赖于学习者本身的观察力和自觉性。本案例将利用问卷数据获得学习者情绪自我效能感、自我调节、学习动机以及学习成绩。参与者表示自愿参与试验。在试验之前获得了参与者的知情同意。

2. 测量工具与分析方法

本案例通过问卷星平台收集学习者的情绪自我效能感、自我调节、动机等信息。所有项目都采用利克特五点计分，从 1（完全不同意）到 5（完全同意）。情绪自我效能感采用 Dacre Pool [2]等开发的情绪自我效能量表中的 12 个项目进行测量。该量表评估学习者对在线学习活动的情绪自我效能感，包括 3 个子结构：使用和管理自己的情绪（UM），识别和理解自己的情绪（IU），以及处理他人的情绪（DO）。在自我调节方面，采用 Barnard [3]等开发的自我调节量表。该量表评估学习者的自我调节能力，包括目标设定（GS）、环境建构（ES）、任务策略（TS）、时间管理（TM）、寻求帮助（HS）和自我评价（SE）六个子结构。在动机方面，使用 Gagné[4]等编制的量表来衡量学习者在线学习的动机状态。该量表包括 4 个子题项：内在动机（IM）、认同调节（IR）、外部调节（ER）和无动机（AM）。

在分析方法选取上，分别采用潜在剖面分析、多项逻辑回归、层次回归等方式。具体来说，首先对学习者的情绪自我效能感进行潜在剖面分析，根据学习者的情绪自我效能感将学习者分为不同的群组；然后采用多项逻辑回归的方法，对自我调节、动机和不同类别的情绪自我效能组之间的关系进行建模，分析学习者的自我调节和动机在多大程度上预测情绪自我效能剖面；最后采用层次回归的方法来研究不同类别的情绪自我效能剖面能否预测学习成绩。

3. 在线学习情绪干预效果分析

在进行学习者的情感干预应用实践中，本研究发现提出的情绪干预策略能够有效帮助学习者调节情绪，提高自我效能感并增强学习动机，从而提升学习效果。

（1）学习者情绪自我效能剖面分析结果

根据潜在剖面分析，基于情绪自我效能量表，本研究对得出的四类情绪自我效能剖面进行命名，分别为“低情绪自我效能组”（*n*=49，占比为 16.2%）、“高情绪自我效能组”（*n*=80，占比为 23.9%）、“平均情绪自我效能组”（*n*=96，占比为 30.6%）、“低 DO 但高于平均情绪自我效能组”（*n*=93，占比为 29.3%），四个剖面如图 7.5 所示。这些不同的剖面反映了学习者在使用情绪自我效能策略方面的差异。通过比较这四种剖面在 UM、IU 以及 DO 等方面的情绪调节策略使用情况，发现高情绪自我效能组的学习者对上述策略的使用比例高于其他三类学习者。研究结果显示，情绪自我效能感水平高的学习者比情绪自我效能感水平低的学习者更容易使用情绪调节策略（即管理和理解自己的情绪），说明在处理他人情绪方面更有信心的学习者更有可能与他们的导师和同伴进行交流及沟通。

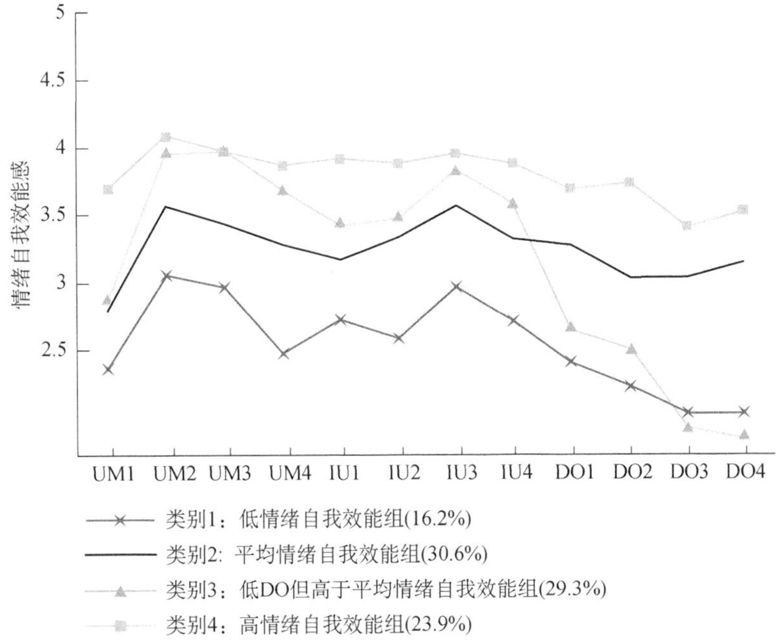

图 7.5　情绪自我效能剖面各维度的均值

（2）自我调节与动机对学习者情绪自我效能剖面的预测分析

通过多项逻辑回归分析，研究在线学习环境下学习者的自我调节和动机在多大程度上预测了他们的情绪自我效能剖面。由表 7.2 可知，自我调节对已识别的情绪自我效能剖面有显著的影响，表明学习者的自我调节策略能够影响其情绪自我效能感。具体而言，GS、TM、TS 和 HS 等自我调节策略对学习者情绪自我效能剖面具有预测作用，具体表现在当学习者的目标设定和时间管理分别增加一个单位时，属于低情绪自我效能组的概率比被分配到高情绪自我效能组的概率下降幅度分别为 13%和 17%。其次，比较平均情绪自我效能组和高情绪自我效能组，在自我调节方面，两组的任务策略和时间管理具有显著性差异。结果表明，当学习者的任务策略、时间管理和寻求帮助分别增加一个单位时，属于平均情绪自我效能组的概率比高情绪自我效能组的概率下降幅度分别为 38%和 22%。无论是个体学习还是群体学习，情绪过程往往与学习过程的认知活动紧密交织在一起。有效的自我和群体调节活动可以增强学习者之间的互动和交流以及知识的共同构建，为整个学习过程营造良好的情绪氛围。此外，动机同样是影响学习者情绪自我效能感的重要因素。结果显示，每增加一个单位的外部调节，属于平均情绪自我效能组的概率提高了 1.95 倍，如果学习者的认同调节增加一个单位，他们被分配到低 DO 但高于平均情绪自我效能组的可能性比分配到高情绪自我效能组的概率提高了 3.56 倍。因此具体从动机方面来说，采用 IR 和 ER 的学习者可以获得更高水平的情绪自我效能感，学习者可以主动调节动机和管理情绪，引导情绪氛围，专注于完成在线学习任务。

表 7.2 多项逻辑回归预测剖面隶属度分析结果

类别		低情绪自我效能组 vs. 高情绪自我效能组				平均情绪自我效能组 vs. 高情绪自我效能组				低 DO 但高于平均情绪自我效能组 vs. 高情绪自我效能组			
		B（*SE*）	OR	95% CI for OR		*B*（*SE*）	OR	95% CI for OR		*B*（*SE*）	OR	95% CI for OR	
				Lower	Upper			Lower	Upper			Lower	Upper
自我调节	GS	−2.06（0.59）***	0.13	0.04	0.41	−0.93（0.52）	0.39	0.14	1.10	−0.02（0.54）	0.99	0.34	2.82
自我调节	ES	−0.40（0.50）	0.67	0.25	1.77	−0.32（0.41）	0.73	0.32	1.63	−0.18（0.42）	0.84	0.31	1.89
	TS	−0.75（0.48）	0.47	0.19	1.21	−0.96（0.41）*	0.38	0.17	0.85	−0.54（0.40）	0.58	0.27	1.28
	TM	−1.79（0.53）***	0.17	0.06	0.47	−1.50（0.47）***	0.22	0.09	0.56	−1.80（0.47）***	0.17	0.07	0.41
	HS	0.01（0.55）	1.05	0.34	2.94	−0.67（0.44）	0.51	0.22	1.21	−1.62（0.44）***	0.20	0.08	0.47
	SE	−0.58（0.56）	0.56	0.19	1.67	0.22（0.47）	1.24	0.49	3.11	−0.45（0.45）	0.64	0.26	1.54
动机	IM	−0.78（0.44）	0.46	0.19	1.09	−0.71（0.37）	0.49	0.24	1.01	−0.58（0.36）	0.56	0.28	1.13
	IR	−0.43（0.61）	0.65	0.20	2.16	0.28（0.50）	1.33	0.50	3.55	1.27（0.53）*	3.56	1.25	10.10
	ER	0.36（0.38）	1.43	0.68	2.99	0.67（0.32）*	1.95	1.05	3.63	0.13（0.31）	1.14	0.63	2.07
	AM	−0.18（0.38）	0.84	0.40	1.76	0.31（0.25）	1.36	0.84	2.21	−0.40（0.29）	0.67	0.38	1.20

*$p<0.05$，***$p<0.001$；

注：OR 表示比值比（Odds Ratio）。

（3）情绪自我效能感对学习成绩的分析结果

接下来，通过层次回归分析，本研究发现随着情绪自我效能感得分的提高，学习成绩也会提高。具体表现在，以“性别+年龄”为自变量，对学习者的学习成绩没有显著影响，加入自变量“当前教育背景”后，还是没有显著影响，而当第三步加入自变量“情绪自我效能感”后，成绩变化显著，并且解释了学习者学习成绩 39.8%的变异量（$\beta=0.62$，$p<0.001$），说明情绪自我效能感是学习者学业成绩的重要预测因子（表 7.3）。这些结果与之前的研究一致，情绪自我效能感能够预测学习成绩。由此推断，具有高水平情绪自我效能感的学习者往往具有更高的参与性，并取得良好的学习成绩。因此，情绪自我效能感可以有效预防学习者产生消极情绪，提升其情绪调节能力与学习成绩。

（4）讨论

本案例可为制定情绪调节策略以提高学习者的情绪自我效能感提供依据。研究结果证实，学习者之间存在不同的情绪自我效能剖面是由他们使用不同的情绪调节策略（使用和管理自己的情绪、识别和理解自己的情绪、处理他人的情绪）的方式决定的。通过加强学习者对情绪自我效能感的认识和理解，教师可以增强学习者的情绪功能，进而提高其情绪自我效能感。此外，研究结果表明，动机是情绪自我效能感的重要影响因素，学习动机越强的学习者情绪自我效能感水平也越高。具体来说，认同调节和外部调节是学习者在线学习的主要动机类型。因此，为增强学习者的学习动机，对于课程设计人员来说，从最初的注册到课程的促进都是至关重要的。综上所述，本案例的结果初步验证了自我调节和动机是影响学习者情绪调节水平的重要因素。

表 7.3 学习成绩层次回归分析结果

学习成绩	R^2	B	SE	β	ΔR^2	Sig.
Step1	0.018				0.012	0.058
性别		−1.96	0.88	−0.13		
年龄		−0.60	0.56	−0.06		
Step2	0.024				0.015	0.148
性别		−1.91	0.88	−0.12		
年龄		−0.53	0.56	−0.05		
当前教育背景		−0.73	0.50	−0.08		
Step3	0.406				0.398	<0.001
性别		−1.52	0.69	−0.10		
年龄		−0.26	0.44	−0.26		
当前教育背景		−0.18	0.39	−0.02		
情绪自我效能感		4.61	0.33	0.62***		

7.2 基于机器学习的学情预测

学情预测是在学习活动发生之前对学习者学习情况的预知判断，学情预测以学情分析为过程，以学习效果预测为目标，通过采集学习者及其所在情境中产生的海量特征数据，挖掘数据内隐关联与特征-结果之间的普遍规律，以实现个性化学习情况的预测。在学情预测领域，可以从不同的视角和方法来进行研究。一种常见的方法是基于统计机器学习进行预测。这种方法通过分析和建模数据之间的统计关系来预测学习者的学习情况。统计机器学习方法适用于各种类型的数据场景，可以根据数据的特点灵活地进行建模和预测。另一种方法是基于深度神经网络进行预测。深度神经网络通过多层神经元的组合和学习，捕捉更复杂的数据特征和关系。这种方法在处理大规模和复杂的数据时具有优势，可以自动地从数据中学习到更高层次的抽象表示，从而实现更精确的学情预测。因此，选择基于统计机器学习方法还是基于深度神经网络方法取决于数据的特点、应用需求和预测精度的要求。针对不同的数据场景和问题，可以选择最适合的技术路线，以实现更有效的学情预测和个性化学习支持。本节将分别从统计机器学习和深度神经网络两个视角介绍研究案例。

7.2.1　学情数据特征选择与量化

学情是一种表象，需挖掘数据隐含价值，然而其“踪迹”融合在各类过程数据（知识点、态度、情绪等）中，传统方法难以处理这些过程化、异构化数据，不能为个性化教学提供有价值信息。因此，首先需要对学情数据进行特征选择和量化，具体特征选择结果和量化方法展开如下。

1. 学情数据特征选择

在网络学习空间系统中，原始数据主要以文本、图片、文档、日志记录等半结构或非结构数据形式呈现。这些数据难以直接用于学情分析，需要先转换为能够被机器理解的形式，而特征量化是其中一个最常用的方法。现有对学情数据分析的相关研究中，学习状态、学习行为、知识情况、心理因素与情绪因素等为主要学情数据特征，本应用进一步考虑这些特征与学习环境的适配性，面向本文具体所用实际数据来源平台与数据特点，选用如表7.4所示的学情数据特征，即针对学生 j 所选用的学情数据特征包括：

$$\boldsymbol{V}_j=\{\boldsymbol{V}_j,\ \boldsymbol{A}_j,\ \boldsymbol{C}_j,\ \boldsymbol{S}_j,\ \boldsymbol{M}_j,\ \boldsymbol{H}_j,\ \boldsymbol{G}_j,\ \mathbf{Age}_j,\ \boldsymbol{D}_j\}. \qquad \text{（式 7.1）}$$

表 7.4　学情数据特征

特征	含义	解释
E	学习参与度	与学习活动内容相关的学习参与情况
A	活跃度	学习活动（浏览、评论、收藏等）发生频次
C	学习内容相关度	学习者发布内容文本的关联程度
S	学习情感态度	学习者发布交互内容的情感倾向
T	学习持续时间	学习者的总学习时长
M	学习目标匹配度	学习者基于自我判断的学习目标权重
H	课后作业得分	学习者的加权作业成绩
G	学习者性别	学习者基本信息
Age	学习者年龄	学习者基本信息
D	课程学习目标	课程基本信息

此外，对于预测对象的成绩等级，现有教育技术学研究方法往往根据课程最终成绩以正态分布划分为优、良、中、差四等，以 A、B、C、D 表示，占比分别为 6.7%、43.3%、43.3%、6.7%。

2. 学情数据特征量化

完成对学情数据的特征量化方法构建后，本应用通过对现有在线学习数据进行预处理，并基于上述学情特征选择与量化方法，以实现学习情境数据的有效量化，为后续的学情预测提供数据基础。

为保障后续学情预测的有效进行，需首先对原始数据进行预处理操作。该过程基于 ETL 过程进行，需面向学习行为指导进行特征数据确定、异常数据清洁、缺失数据填充，并解决不同数据类的类化归并，以此作为后续分析的数据准备，具体方案见图 7.6。

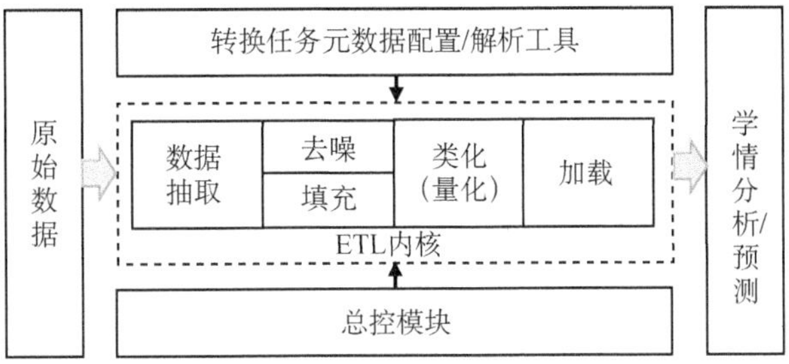

图 7.6 数据处理方案

数据抽取：本应用中的原始数据已经经过初步采集与整合，主要分为结构化数据（SQL，数据库记录）、半结构化数据（XML，主要为日志文件与配置文件）、分布式文件管理系统数据（HDFS，存储用户实体文件）三个部分。数据的关联工作在 SQL 表中得到体现。通过对后台平台数据库、日志记录和文件记录的调取，从各个收集表中采集数据。这些数据包含平台用户、课程、文件、讨论区、日志、测验等系统功能的数据。除了结构化数据，本应用还根据数据关联创建了路径形式的数据，例如相关的作业附件、课程音视频资源和日志文件。

数据转换：数据转换过程涵盖数据去噪、填充和类化三个方面。数据去噪考虑了数据量和分布特征，按照 Chebyshev 定理，采用了 10σ 探测的方法来剔除或约束异常数据。在数据缺失值填充方面，由于系统记录中存在部分缺失数据，本应用采用 Lagrange 插值法对缺失数据进行补全。类化部分以特征作为类别的依据，即根据补充后的数据和各类学情特征的量化方法，按照相应的类别对数据进行划分和计算，实现数据的有效转化。

数据加载：本应用的数据加载阶段使用了 Python 中的 DataFrame 对象。数据加载主要用于验证预测模型的效果，不涉及加载相关应用。因此，本部分不需要额外考虑针对数据加载过程的调整与优化。

综上所述，数据抽取、转换和加载等步骤为研究提供了经过处理的数据基础，以便于后续的预测模型验证和分析。

7.2.2 基于统计机器学习的学情预测

对于学情预测，本书主要通过对在线课程用户的各类历史数据进行提取筛选，并基于统计机器学习中的随机森林（RF）算法实现用户学习情况预测建模。该算法以历史数据为模型训练样本，以 Gini 指数最小为原则，构建多棵 CART，通过投票机制得出预测结果。从模型构建角度而言，该课程前后轮变动不大，通过历史数据构建的模型对于后续课程参与者而言亦适用。因此，本文针对用户学习过程，构建并行随机森林（P-RF）算法，建立学情预测模型（图 7.7），实现大数据环境下的学习情况精准预测。

1. 学情预测模型样本选择

根据上述模型，假设获取的历史数据集为 S_n，其由两部分数据构成：影响学习者成绩的各学情因素的量化数据 V_n 作为模型输入；最终成绩等级集合 L_n 分为优、良、中、差，作为模型输出。L_n 中各等级数据分布不均，若直接对此类数据进行随机采样，将会导致较为严重的样本不平衡（unbalance）问题。对于该问题，本研究通过 Bootstrap [5]抽样方法实现样本的选择，该方法是有放回抽样，因此，将会存在约 37%的袋外（out of bag，OOB）数据。这部分数据可作为模型效果检验样本，以检验该学情预测模型的效果。

2. 基于 P-RF 的学情预测模型构建

（1）P-RF 构建算法

基于上述算法得出 k 组训练样本 TR_k，若样本中特征总数为 F，为防止过拟合，可对每一子集分别抽取出 f（本应用中取 $\log_2 F+1$）种作为随机特征样本。据此以 Gini 最小为原则，共可构建 k 棵 CART，形成“森林”。每一棵树的构建过程均为独立的，因此该构建过程可并行化，以加快计算速度，其算法如下：

算法 7.1 P-RF 构建算法

输入： TR_k、目标棵数 k、子树预设深度 d'。

输出： CART 树集合 T_k。

1. 初始化 $T_k=\text{null}$、决策树序号 $i=1$，第 i 棵子树深度为 d_i，监测空闲线程数 p；
2. While $i<k$ //构建 k 棵决策树；
3. If $p>0$；
4. 从 TR_k 中无放回抽取 $\log_2 F+1$ 种随机特征；
5. While $d_i==d'$；
6. 计算 $\arg\underset{x}{\text{Min}}\left(\text{Gini}\left(TR_x\right)\right)$；
7. 以特征 x 为划分属性对 TR_k 进行划分；
8. End While;
9. 将该模型存入 T_i；
10. $i=i+1$；
11. End If;

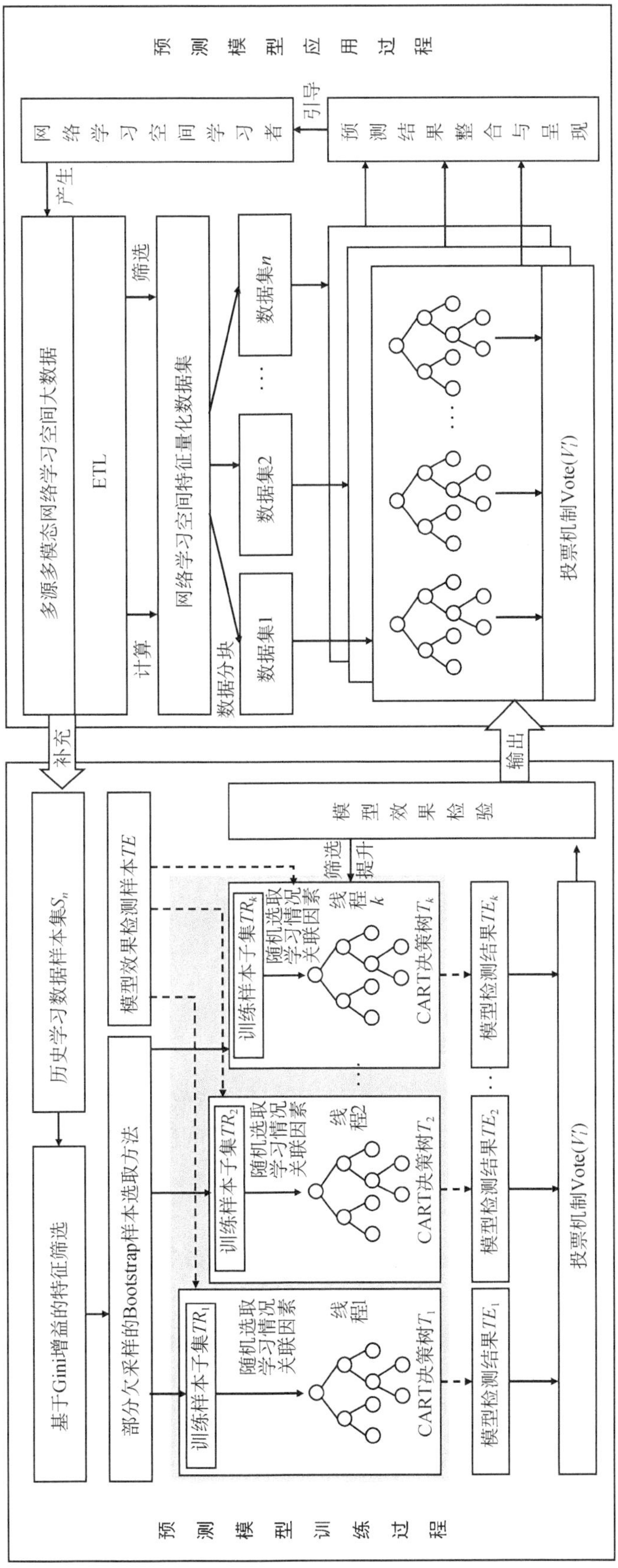

图 7.7 基于 P-RF 算法的学情预测模型

12. End While；

13. End。

（2）学情预测结果投票机制

在预测过程中，采集的海量空间数据将逐条置入 T_k 的每棵树中，以得到多棵树的结果输出，通过投票算法可以将多个结果整合，得到具有更强泛化能力的预测结果。为了检测该模型效果，可以将袋外数据 $TE_{n-r}=\left\{\left(V_1^{'},L_1^{'}\right),\cdots,\left(V_{n-r}^{'},L_{n-r}^{'}\right)\right\}$（$r$ 为被抽取到的样本）作为测试集。将 $V_l^{'}\left(l\in[1,n-r]\right)$ 输入上述 k 棵 CART 树后，对应可得 k 个预测结果 $\left\{\hat{L}_l^1,\cdots,\hat{L}_l^k\right\}$。基于式 7.2 对其进行投票：

$$\mathrm{Vote}\left(V_l^{'}\right)-\arg\min_{\hat{L}_l^i}\sum_{i=1}^{k}I\left(\mathrm{CART}_i\left(V_l^{'}\right)-\hat{L}_l^i\right) \qquad (式 7.2)$$

该式中 $I(x)$ 为示性函数，$\mathrm{CART}_i(x)$ 表示第 $i\left(i\in[1,k]\right)$ 棵决策树预测模型，以多数原则投票确定待测样本最可能的预测结果。将上述测试集依次输入该模型，即可得到对应预测结果集合 $\left\{\hat{L}_l^1,\cdots,\hat{L}_{n-r}^k\right\}$，将其与原样本中的成绩等级 $\left\{L_1^{'},\cdots,L_{n-r}^{'}\right\}$ 进行对比，得出该模型的精度。根据模型精度对其中决策树的棵数 k 进行调整，找出具备较高精度的模型，以将其用于后续课程学习者学情的精准预测。

7.2.3 基于深度神经网络的学情预测

基于更深层的模型结构，深度学习可以增强模型对大规模数据中隐藏特征的捕获能力。与其他传统机器学习相比，深度非线性变换隐藏层可以面向更复杂的应用环境进行数据挖掘与分析。在本节中，我们首先提出以卷积门控循环单元（convolutional GRU，Conv-GRU）预测学习者的最终学习成绩，然后再将并行提升的可解释神经网络作为代理模型，用以解释预测模型给出的结果，从而发现学情特征与最终学习成绩之间的关系，并实现进一步的学习指导。

1. 基于 Conv-GRU 的学情预测模型构建

本文提出基于 Conv-GRU 对网络学习空间中的学习者成绩进行预测，其主要包括两个步骤：①通过卷积层进行学情特征抽取；②利用 GRU 对时间序列任务的优势，实现学情的精准预测。其预测模型如图 7.8 所示。

（1）卷积层构建

基于卷积层构成的特殊结构，深度卷积神经网络在许多特征识别任务中都取得了很好的效果[6, 7]。本节建立一种分层特征提取的方法，通过快速（前馈）处理方法来表示输入特征中的主要部分。其过程由层次叠加下的多个特征提取阶段构成，包含滤波层、非线性变换层、池化层与下采样层。具体各层的配置情况如下：

输入层：基于上述假设与定义，对于一门课程而言，其包含 m 节课，参与课程的 n 名学习者都具有 d 项学情特征，即输入层由一个 $m\times n\times d$ 的 3D 张量构成。对于一名学习者而言，其各学习特征之间的关系相对独立，但该学习者在一门课程中的每两节课之间的数据应是具备关联性的。

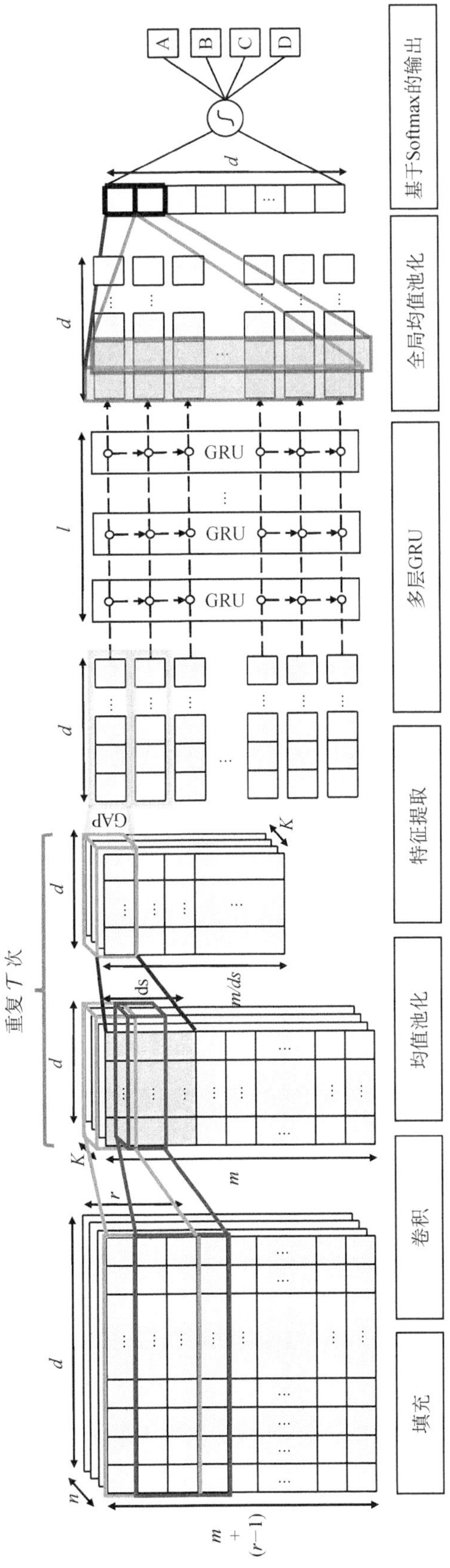

图 7.8 Conv-GRU 学情预测模型

滤波层：这一层是由一组卷积滤波器和非线性激活函数构成的。在本应用中，通过 k 组 $d\times r(r<m)$ 的 2D 矩阵作为每阶段的卷积滤波器（依据本应用中数据集特征，此处 r 取值为 3）。对于第 l 层卷积层的输出数据 $x_j^{(l)}$，可由式 7.3 计算获得：

$$f(x_j^{(l)})=f(\sum_{i=1}\boldsymbol{w}_{ij}^{(l-1)}*\boldsymbol{x}_i^{(l-1)}+\boldsymbol{b}_j^{(l-1)}) \qquad （式 7.3）$$

其中，第 $(l-1)$ 层的输入特征表示为 $\boldsymbol{x}_i^{(l-1)}$，$\boldsymbol{w}_{ij}^{(l-1)}$ 和 $\boldsymbol{b}_j^{(l-1)}$ 是待训练参数。$f(\cdot)$ 为非线性函数（此处采用 ReLU），$*$ 是卷积运算符。

均值池化层与下采样层：不同于传统图像特征提取任务，对于学习预测类需考虑影响结果的方差变化的模式识别任务而言，池化方式的选择与图像处理并不相同。也就是说，虽然通常图像识别任务中采用的最大池化方法取得了很好的效果，但对于学习特征抽取，这也会影响所提取特征的实际分布[8]，且会导致信息的丢失。因此对于学情预测，此类通过挖掘数据分布之间的联系的应用，池化层应采用均值池化方式。在具体执行过程中，定义卷积核数量为 $\mathcal{K}$、卷积叠加次数为 J，卷积叠加次数用于控制过大的课程节数情况，为防止出现因课程节数过大导致模型难以训练的情况，本应用基于经验知识与实际测试情况，提出课程节数控制阈值 ξ，即当 $m>\xi$ 时，通过一个尺度为 ds 的 1D 向量构建均值池化层，对每一个输出的特征图进行垂直方向上的下采样，对应所得的输出大小为 $d\times(m/ds)$。然后再次判断 m/ds 是否小于 ξ，重复该过程直至该值满足阈值范围。此时卷积层输出为 $d\times(\frac{m}{ds^{T-1}})\times K^{T-1}$，对该输出在深度 K^{T-1} 上通过全局均值池化（global average pooling，GAP）操作，由此构成后续 GRU 模型的输入，对应输入矩阵大小为 $d\times(\frac{m}{ds^{T-1}})$。

（2）基于多层 GRU 的学习时序特征分析

GRU 与 LSTM 类似，都是 RNN 的变种。基于特殊的门结构，GRU 具有更好的长时序依赖特征捕获能力。相较于 LSTM，GRU 能够在保证预测效果的同时提高计算效率，其单元结构如图 7.9 所示。

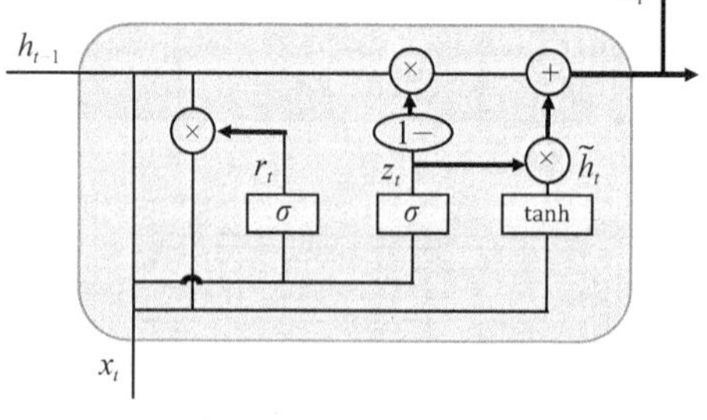

图 7.9　GRU 网络结构

在本部分中，我们首先将提取的特征输入到多层 GRU 中。输出部分同样采用 GAP 替代 FC 层，后接 Softmax 激活层，实现学情特征的预测结果输出，具体所用多层 GRU 模型的各个部分的详情如下。

门控循环单元：每个 GRU 的存储单元包含重置门、更新门、候选隐藏状态和输出单元这四个主要组成部分。重置门和更新门允许单元长时间存储和访问信息。长时间依赖性学习块 GRU 通过一组如下所列的方程计算隐藏状态：

$$\boldsymbol{r}_t = \sigma(\boldsymbol{W}_r \cdot [\boldsymbol{h}_{t-1}, \boldsymbol{x}_t]) \quad （式 7.4）$$

$$\boldsymbol{z}_t = \sigma(\boldsymbol{W}_z \cdot [\boldsymbol{h}_{t-1}, \boldsymbol{x}_t]) \quad （式 7.5）$$

$$\tilde{\boldsymbol{h}}_t = \tanh\left(\boldsymbol{W} \cdot \left[\boldsymbol{r}_t * \boldsymbol{h}_{t-1}, \boldsymbol{x}_t\right]\right) \quad （式 7.6）$$

$$\boldsymbol{h}_t = \left(1 - \boldsymbol{z}_t\right) * \boldsymbol{h}_{t-1} + \boldsymbol{z}_t * \tilde{\boldsymbol{h}}_t \quad （式 7.7）$$

其中，$\boldsymbol{r}_t$、$\boldsymbol{z}_t$ 被分别定义为更新门和重置门，$\tilde{\boldsymbol{h}}_t$ 为候选隐藏层，$\boldsymbol{h}_t$ 为 GRU 单元的输出。

多层 GRU 网络：类似于 BP 神经网络，多层 GRU 可以捕获序列的层次结构，以提高模型的性能。对于此 GRU 网络，其输入 $\boldsymbol{X} = \left\{\boldsymbol{x}_1, \cdots, \boldsymbol{x}_d\right\}$ 是上接卷积层的输出，$\boldsymbol{H}_l = \left\{\boldsymbol{h}_{1l}, \cdots, \boldsymbol{h}_{ml}\right\}$ 是多层 GRU 的最后一层输出。

GRU 输出：不同于传统通过全连接输出预测的方式，本应用通过 GAP 后接 softmax 激活函数的方式实现预测结果的分类。

如上所述，Conv-GRU 模型能够通过数据训练预测学习绩效。然而，在教育领域，除了找出预测结果外，更重要的是要知道哪些因素会导致预测结果。因此，接下来将进一步通过 xNN（Explainable Neural Networks，可解释神经网络）解释预测结果。

2. 基于并行 xNN 的特征/结果关联性分析方法

基于 Conv-GRU 模型，通过样本数据的训练实现了最终的学习成绩（水平）预测。然而，对于学情预测类教育应用而言，找出可能导致结果的因素比结果本身更重要。在获知结果与特征之间的关联关系后，可以进一步实现更具针对性的学习指引，此为本应用的目的所在。由于神经网络的黑盒模型很难发现特征与结果之间的关系，而基于加性指数模型[9]理论，图 7.10 显示的 xNN 结构可以作为一个有效的替代模型来解释所选学习特征和结果之间的关系。

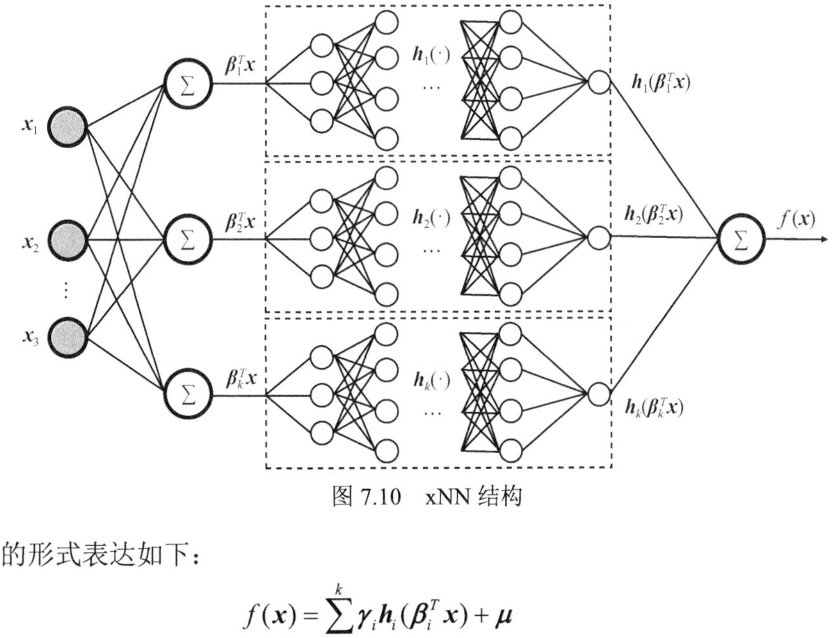

图 7.10　xNN 结构

xNN 的形式表达如下：

$$f(\boldsymbol{x}) = \sum_{i=1}^{k} \gamma_i \boldsymbol{h}_i(\boldsymbol{\beta}_i^T \boldsymbol{x}) + \boldsymbol{\mu} \quad （式 7.8）$$

其中，每一个 $\boldsymbol{\beta}_i^T \boldsymbol{x}\left(i \in [1,k]\right)$ 定义为一个输入特征 $\boldsymbol{x}$ 的线性组合，$\boldsymbol{h}_i(\cdot)$ 为岭函数，可由一个多

层的全连接神经网络学习得出。标度参数 γ_i 和位移参数 μ 用于模型设定。具体来说，xNN 结构由三层组成。

投影层：投影层与输入层完全连接，该层通过线性激活函数给出每个节点的系数 β，结合输入特征确定相应的投影指标。

子网络层：该层由一组完全连接的 BPNN 组成，用来学习输入数据的特性。每个子网必须有一个具有标度参数 γ 的单变量输入和输出，且各子网络间彼此独立。

组合层：组合层是 xNN 的最终隐藏层，由单个节点组成。节点的输入是所有子网络的单变量激活。该层使用线性激活函数，所学权重对应于 γ，提供子网络的最终权重。

通过以上结构，可以在实现学业成绩预测的同时获取结果与特征之间的关联关系，从而更全面地评估学情变动因果关系，以提供高质量的个性化服务。

7.2.4　学情预测应用案例

1. 研究样本

本案例选取网络学习空间系统（世界大学城即 WorldUC 平台，励儒云课堂即 Liru 平台）中的八千余名在线学习者作为学情预测对象。主要聚焦于上述两个平台中的“数据结构”“JAVA 程序基础”“Python 程序设计”这三门课程的学习者，相较而言这些课程的结构与内容均较为稳定，相关学习数据均为公开数据。针对这些数据，本书通过 7.3.1 中介绍的方法，选取适当的课程数据进行特征量化。

2. 学情预测模型应用效果

通过使用前面提到的基于统计机器学习和深度神经网络模型对样本数据进行了训练测试。最终，这两个模型在两个不同平台的样本数据上均取得了相当不错的预测准确度。具体来说，在第一个平台的样本数据上，统计机器学习模型的准确度达到了 80.8%，而深度神经网络模型则达到了 82.2%。而在第二个平台的样本数据上，统计机器学习模型的准确度为 73.2%，深度神经网络模型为 80.4%。这一系列结果在一定程度上验证了这两个模型在学情预测任务上的有效性。

借助并行 xNN，能够揭示预测结果与学习特征之间的关联关系，具体如图 7.11 所示。在图中，X_n 代表数据集中的特征，每行不同的颜色表示 xNN 子网络中的系数 γ。这里通过忽略绝对值较小的特征计算结果（小于 10^4），可以清楚地看出哪些特征对结果产生了正面或负面影响。观察图 7.11，可以发现在世界大学城数据集中，参与度和内容相关度是具有较强促进作用的指标，而情感因素则对预测结果产生了一定的负面影响，这或许说明本应用中所采用的情感量化方法可能并不适用。然而，在励儒云课堂的部分数据中，大多数指标对预测结果产生了积极的作用。深入挖掘这些量化指标的过程，能够更好地理解结果产生的原因，为提升学生的学习效果提供有力的依据。

本应用从样本中随机挑选 4 名学习者进行学情趋势的个案分析。由于预测活动已细化到每一节课，因此能够对学习者整体的学情趋势进行直观的了解。对于选择的 4 名学习者的案例，通过图 7.12（直线拟合）和图 7.13（曲线拟合）展示他们的学情趋势。在图中，直线表示拟合的结果，而虚线则代表课程前后的测评成绩。值得注意的是，传统的教学效果研究通

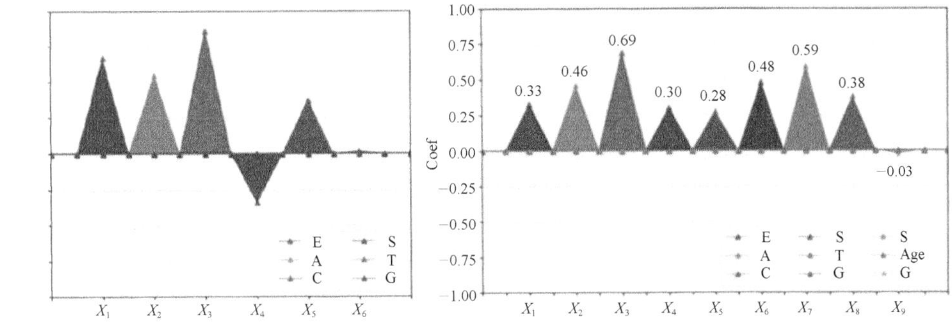

(a) WorldUC　　(b) Liru

图 7.11　基于 xNN 的特征条件效果

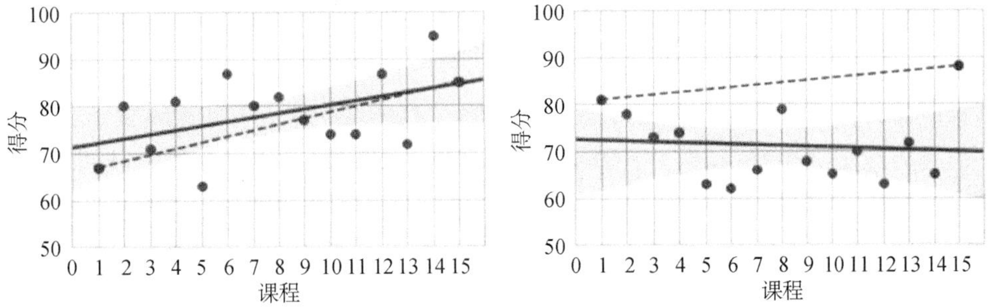

(a) 学习者A　　(b) 学习者B

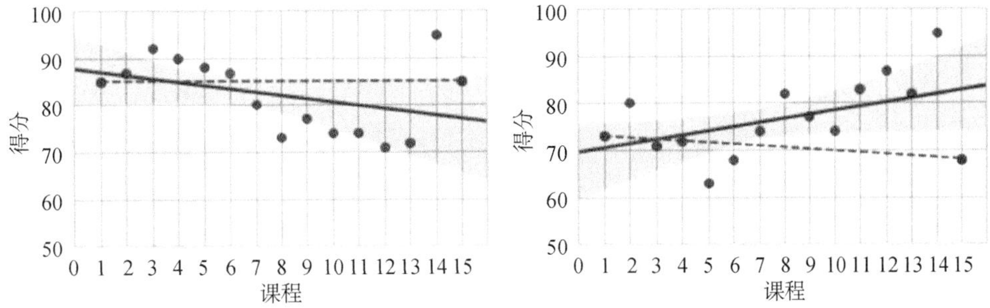

(c) 学习者C　　(d) 学习者D

图 7.12　基于直线拟合的学情趋势呈现

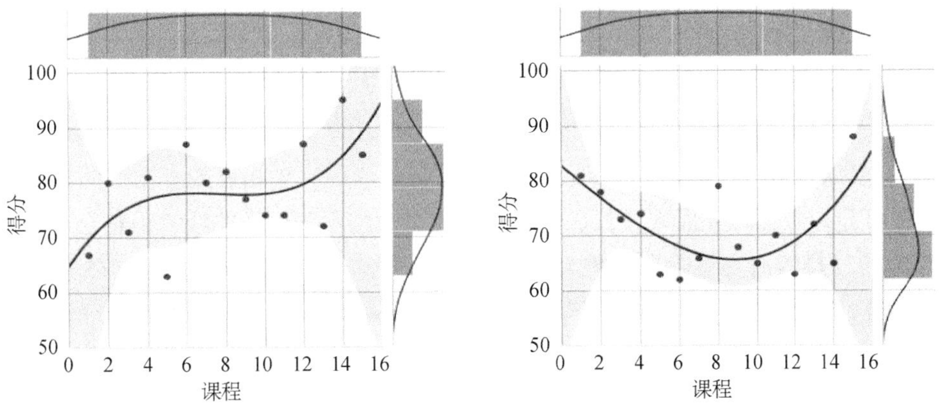

(a) 学习者A　　(b) 学习者B

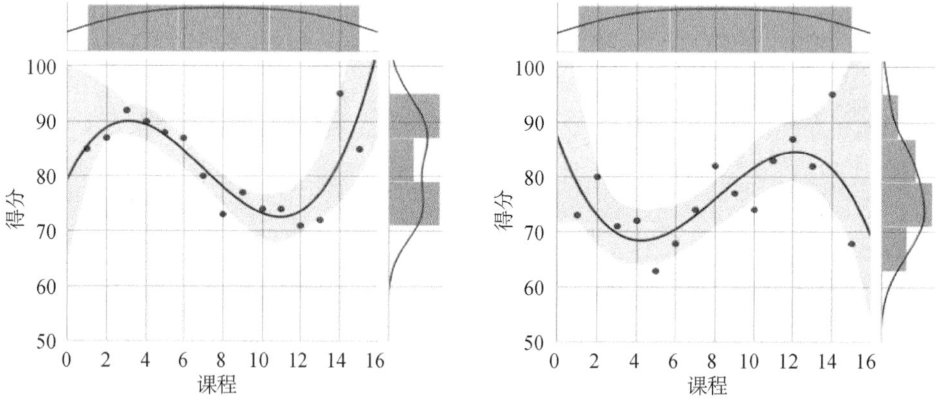

（c）学习者C　　（d）学习者D

图 7.13　基于曲线拟合的学情趋势呈现

常会依据前后测评来判断学习者是否有进步。然而，在本案例中，学习者 B 和 D 的情况与传统测评的趋势产生了冲突。以学习者 B 为例，基于前后测评的记录，似乎学习效果有所提升，然而通过线性拟合方法，能够明显地看出该学习者在日常学习中的表现并不出色，只是在期末考试中取得了较高的分数。相反地，学习者 D 在整体上呈现出向上的学情趋势，但总体评价却不如人意。这一分析方法能够更全面地了解学习者的学情变化，凸显出传统测评可能忽略的细节。

此外，图中的高阶曲线拟合可以更明确地展现学习者在不同阶段的学习效果。通过这种方法，教师、学习者和管理决策者能够更清楚地了解学习者的真实情况，从而在教学实践中更有针对性地进行干预和支持。这种方法不仅可以实现进一步的学习趋势预测，还可以通过形成性评价让学习者了解在哪些课程或知识点上存在学习缺失，并提供更好的学习指导和参考。

总之，这些分析和方法可以为教师、学习者、管理者提供更深入和更具体的学习情况，为个性化教与学实践提供有益的支持。这种方法在实现学习者学情预测、效果评价和教学干预方面具有明显优势。

7.3　在线教育环境中的学习全路径推荐

随着在线教育的深入推进，依靠学习者自身去寻求学习兴趣相近或者相似的学习资源进行交互，极可能导致课程完成率较低、学习资源的有效性不强以及在线知识整合不足等，而近年来学习路径推荐成为破除在线教育困境和优化在线教育资源应用与学习效果的有效途径。学习路径推荐通过分析学习者的学习目标、历史兴趣和偏好等信息，确定可能适合学习者的学习资源，为其提供相应的知识点集成路径等推荐服务。通过引入数智驱动思想，将大数据和 AI 技术融入学习路径推荐系统，以更精准地了解学习者的兴趣、偏好和学习行为，使得在线教育资源更具针对性和时效性，提高推荐服务质量。本节分别从全路径推荐算法、路径生成、应用效果等视角介绍研究案例。

7.3.1 学习全路径推荐基础概念

学习全路径是指以教育信息化技术为基础，围绕学习目标的高效完成，根据学习者的个性化特征，为学习者甄选学习知识点序列，且自适应匹配具有富语义信息的全部知识点构成的学习路径。学习是获取新知识或技能的认知过程。随着学习者或学习环境的特点发生变化，实践中的学习路径将失效。如果推荐方法没有考虑到这个事实，那么最终的学习成果就不能令人信服，特别是在碎片化学习环境中，这在在线教育中变得越来越普遍，这些碎片化知识很难集结起来构建完整的知识体系。因此，在实施数智赋能路径推荐之前，为不失一般性，我们作如下事实约定与关键因素定义。

（1）事实约定

①学习资源可以表示为知识点的集合。并非所有的知识都是平等的。一些知识点在学习中扮演着重要角色并涵盖了知识的所有要点。为了确保知识结构的完整性，全路径应该包括所有上述涉及的知识点。②每个学习资源拥有至少一个主要知识点。③在学习课程期间假定个性化偏好保持不变。

（2）关键因素定义

定义 1： 知识点，是知识图谱的基本单位，表示为 Kp，可以由以下子元素定义。

N：知识点编码，根据其在知识图谱中的位置自动生成。

L：知识点层级，代表其在知识图谱中所处的知识层次。

I：知识点重要度，代表其影响其他知识点掌握的重要程度。

C：关联知识点的编号与关系的集合。

因此知识点就表示为 $Kp = N,L,I,C$。

定义 2： 学习资源，表示为 R，可以由以下子元素定义。

资源的类型属性：包括文本、视频、音频或交互。这四种类型的属性可以共存，其值分别为 1 或 0，分别表示拥有该属性、没有该属性。

资源的时间属性：这是指学习者预计花费学习资源元素上的平均时间，分为短（少于 5 分钟）、普通（5～20 分钟）、长（20～35 分钟）以及更长（超过 35 分钟）的时间属性。

元素的存储属性：即学习资源元素是在线资源或可离线资源。

每个学习资源元素至少属于一个主要知识点。学习资源形成基于这些知识点所遵循的知识结构的学习全路径。

因此 $\boldsymbol{R}$ 可以用矩阵表示如下：

$$\begin{matrix}\text{类型属性}\\\text{时间属性}\\\text{存储属性}\\\text{知识点}\end{matrix}\begin{bmatrix}\text{文本} & \text{视频} & \text{音频} & \text{交互}\\\text{短} & \text{普通} & \text{长} & \text{更长}\\\text{在线} & \text{可离线} & 0 & 0\\k_i & n_i & n_2 & n_3\end{bmatrix}$$

示例： 假设有一个学习资源 a。它由一段简短的文字和一段 10 分钟的视频片段组成。它可以在线访问，也支持离线访问，并且该学习资源与一个主要知识点（知识点编码为 9）以及两个普通知识点（比如 43 和 52）有关，则可以将这个学习资源表示为：

$$\boldsymbol{R}_2=\begin{bmatrix}1&1&0&0\\0&1&0&0\\1&1&0&0\\9&43&52&0\end{bmatrix}.$$

定义 3： 学习者，表示为 $\boldsymbol{L}$，它由两部分组成。一部分是个性化偏好，如学习者自己提供的先前知识，例如学习者喜欢访问的资源类型，如文本、视频、音频或互动。另一部分是学习者在学习期间的个性化特征，包括他们学习的地点、通常的学习时间、一次学习的持续时间和网络状况。

$\boldsymbol{L}$ 可以用矩阵表示。矩阵中的所有变量值都取 1 或 0，其中 1 表示具有该属性，0 则表示否。

$$\begin{matrix}\text{类型属性}\\\text{地点属性}\\\text{学习时段}\\\text{持续时间}\\\text{网络状况}\end{matrix}\begin{bmatrix}\text{文本}&\text{视频}&\text{音频}&\text{交互}\\\text{家}&\text{路途中}&\text{学习场所}&\text{其他}\\\text{早上}&\text{下午}&\text{晚上}&\text{夜里}\\\text{短}&\text{普通}&\text{长}&\text{更长}\\\text{在线}&\text{离线}&0&0\end{bmatrix}$$

示例： 学习者 b 喜欢观看视频和收听音频。每天早上和晚上，学习者在路上花费半小时观看视频和收听音频。由于移动网络不稳定，学习者也需要一些线下资源。所以，这个学习者的数据被表示为

$$\boldsymbol{L}_b=\begin{bmatrix}0&1&1&0\\0&1&0&0\\1&0&1&0\\0&0&1&0\\1&1&0&0\end{bmatrix}.$$

定义 4： 学习者数据，指学习过程中学习者学习的行为和系统反馈的所有记录数据，记为 $\boldsymbol{L}_d$。通常，$\boldsymbol{L}_d$ 包含五项信息：学习者访问学习资源期间的情绪，学习者花在学习资源上的时间，学习资源的评估等级，每个学习元素的学习效果，全路径学习的最终学习效果。

定义 5： 学习路径，可以表示学习者在学习过程中访问过的一系列节点。学习路径中的节点不仅包括资源元素的数据，还包括学习者和访问记录的数据。学习路径中的节点可表示为

$$\text{Node}_j=\left(R\mid L\mid L_d\right)_j$$

于是，一条学习全路径 i 可以这样表述：

$$\text{Path}_i=\left\langle\cdots,\left(\text{Node}\right)_i,\cdots\right\rangle$$

本应用的目标就是为学习者提供既满足个性化又能取得良好效果的 Path_i。

7.3.2 面向学习全路径推荐的冷启动与 LSTM 算法

学习全路径推荐面临着两个关键挑战：冷启动问题和学习路径预测。冷启动问题是推荐系统中一个普遍存在的挑战，尤其对于新注册的学习者或者新入库的学习资源来说。解决这个问题需要充分利用已有的学习者数据，通过聚类算法对学习者进行分组，从而为不同聚类

的学习者提供个性化的学习路径。这一步骤对于后续的学习路径推荐至关重要。为了更好地预测学习路径，研究根据学习路径数据的序列特征，引入了基于知识图谱的拓展型 LSTM 算法，增加了知识点间的关系，以此更好地处理大规模和小规模数据集，提高模型的性能和准确性。接下来，本书将分别深入探讨这两个关键挑战，以帮助读者理解全路径推荐如何提供更加个性化和高效的学习服务。

1. 基于聚类的学习全路径推荐冷启动

冷启动问题在推荐系统中是普遍存在的一个难题，它指的是对于新注册的用户或者新入库的标的物，系统如何给新用户推荐标的物让用户满意，如何将新标的物推荐给喜欢它的用户。针对该问题，很多方法被提出来，如随机推荐法、平均值法、众数法、信息熵法、相似度度量改进法和结合内容信息的方法等[10]。对于其他领域，比如商业推荐，可以通过推荐热门商品，然后收集用户的点击记录来更新用户数据。而在学习路径推荐的研究方向上，第一步的学习推荐会影响学习者的学习态度、情绪，进而影响整体的学习效果，因此其重要程度不言而喻。显然，对一个在线教育平台而言，如果系统中没有学习者之前的学习记录，那也就没有足够的个性化数据，推荐系统就不能为他匹配合适的路径。但是，如果有一些先验的学习者数据可用，就可以将这些学习者分组，然后为不同的聚类提供不同的路径，这有助于为聚类中的学习者推荐合适的学习路径。这些数据可以通过在学习进程开始之前进行简单问卷收集，然后通过快速聚类算法[11]来完成预处理，算法 7.2 详细介绍了推荐预处理的具体操作。

算法 7.2 基于聚类的推荐预处理。

输入： 学习者的个性化特征 $\boldsymbol{L}=\left(L_1,L_2,\cdots,L_m\right)$。

输出： 聚类中心和学习者的聚类结果。

1. 计算所有节点 $\boldsymbol{L}_i$ 和 $\boldsymbol{L}_j$ 之间的几何距离，$d_{ij}=\sqrt{\sum_{n=1}^{m}\left(L_i-L_j\right)_n^2}$；

2. 按照升序对所有学习者间的距离排序，找出前 2%的距离 d_{ij} 并把它定义为 d_c；

3. 计算每个学习者的本地密度 L_i，$\rho_i=\sum_j \mathcal{X}\left(d_{ij}-d_c\right)$，当 $\left(d_{ij}-d_c\right)<0$，$\mathcal{X}\left(d_{ij}-d_c\right)=0$，否则 $\mathcal{X}\left(d_{ij}-d_c\right)=1$；

4. 计算 i 到其他较高密度点之间的最小距离 $\delta_i=\min\limits_{j:\rho_j>\rho_i}\left(d_{ij}\right)$；

5. 如果学习者 $\boldsymbol{L}_i$ 已经拥有最大的本地密度，那么 $\delta_i=\max\limits_j\left(d_{ij}\right)$，学习者 $\boldsymbol{L}_i$ 就是聚类中心之一；

6. 计算所有学习者到聚类中心的距离，聚类中心的学习者 $\boldsymbol{L}_i$ 和那些距离最近的学习者形成一个聚类。

按照完成预处理的数据集合，学习者可以被划分为无监督生成的几个类别，每个类别中都可以选出达到新进学习者学习预期的路径，冷启动的关键就是从中选择与新进学习者个性化匹配程度最高的路径作为推荐路径推送给学习者，从而完成冷启动。

2. 基于知识图谱的拓展性 LSTM 算法

学习路径由不同的节点组成，每个节点都包含关于学习者个人特征和学习资源的多维数据。类似于文本数据的特征，这些路径具有序列结构。LSTM 在处理不同长度的序列方面具有优势。此外，考虑到不完全路径预测结果的可靠性，LSTM 具有良好的性能。

为了提高普通 LSTM 在线学习过程数据上的性能，本书引入了一个扩展型 LSTM，如图 7.14 所示。当数据集来自在线课程且规模较小时，聚类成更小的子数据集，由于训练数据集的数据量不足，这样可能无法确保 LSTM 的有效性。此外，传统 LSTM 需要大量时间来建立知识点与学习资源之间的联系。为了解决这些问题，本书通过将知识点之间的关系引入 $\boldsymbol{h}_t$ 来扩展传统的 LSTM。请注意，扩展的 LSTM 可以使用给定的 $\boldsymbol{rls}_t$，也可以在没有学习的情况下使用，但效果可能不佳。使用扩展的 LSTM，大规模数据集的训练时间可以显著缩短，而小规模数据集的准确性将会提高。因此，扩展的 LSTM 在各种数据集上具有很好的平衡性。

在上面提出的 LSTM 模型中，输入数据是基于学习者个性化特征进行聚类的，$\boldsymbol{rls}_t$ 表示基于学习全路径获得的学习资源知识点之间知识结构的关系。给定级联输入特征向量 $\text{input} = \boldsymbol{L}_p$，$\text{Path}^i = \boldsymbol{r}_1^i, \boldsymbol{r}_2^i, \cdots, \boldsymbol{r}_m^i$。$\boldsymbol{r}_k^i$ 是训练数据的 i 次学习路径中的第 k 个节点。隐藏激活 $\boldsymbol{h} = \boldsymbol{h}_1, \boldsymbol{h}_2, \cdots, \boldsymbol{h}_t$，和输出 $\boldsymbol{o} = \boldsymbol{o}_1, \boldsymbol{o}_2, \cdots, \boldsymbol{o}_t$，可以通过迭代方程从 $t = 1$ 到 T，如下所示：

$$\boldsymbol{h}_t = \boldsymbol{o}_t \odot \left(\tanh\left(\boldsymbol{c}_t\right) + \boldsymbol{rls}_t\right) \quad \text{（式 7.9）}$$

$$\boldsymbol{o}_t = \sigma\left(\boldsymbol{W}_o \boldsymbol{x}_t + \boldsymbol{U}_o \boldsymbol{h}_{t-1}\right) = \sigma\left(\hat{\boldsymbol{o}}_t\right) \quad \text{（式 7.10）}$$

$$\boldsymbol{c}_t = \boldsymbol{i}_t \odot \boldsymbol{a}_t + \boldsymbol{f}_t \odot \boldsymbol{c}_{t-1} \quad \text{（式 7.11）}$$

$$\boldsymbol{a}_t = \tanh\left(\boldsymbol{W}_c \boldsymbol{x}_t + \boldsymbol{U}_c \boldsymbol{h}_{t-1}\right) = \tanh\left(\hat{\boldsymbol{a}}_t\right) \quad \text{（式 7.12）}$$

$$\boldsymbol{i}_t = \sigma\left(\boldsymbol{W}_i \boldsymbol{x}_t + \boldsymbol{U}_i \boldsymbol{h}_{t-1}\right) = \sigma\left(\hat{\boldsymbol{i}}_t\right) \quad \text{（式 7.13）}$$

$$\boldsymbol{f}_t = \sigma\left(\boldsymbol{W}_f \boldsymbol{x}_t + \boldsymbol{U}_f \boldsymbol{h}_{t-1}\right) = \sigma\left(\hat{\boldsymbol{f}}_t\right) \quad \text{（式 7.14）}$$

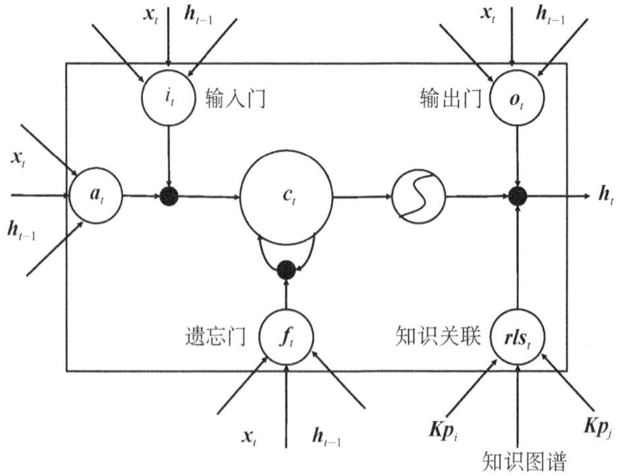

图 7.14　扩展型 LSTM 结构

7.3.3 基于知识图谱的学习全路径生成

针对在线教育学习资源的碎片化，为了加强学习者对学习进程的全局把控，多样化在线教育资源也需相应呈现同时符合学习者个性特征、学习规律的序列集合。因此，为了便于厘清各知识点之间的内在联系，利用知识图谱的信息可以明晰知识点间的顺序，以便于动态生成个性化的学习全路径。本文结合知识图谱，提出了学习全路径自动生成模型，如图 7.15 所示。

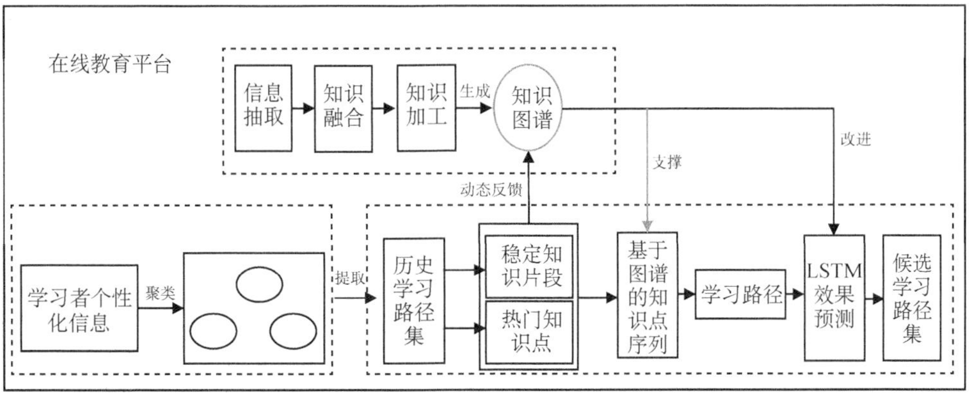

图 7.15　学习全路径自动生成模型结构

1. 知识图谱构建

知识图谱是一种富含概念、实体及各种语义关系的大规模语义网络，其构建过程主要包括知识抽取、知识表示、知识融合以及知识推理，具体可见章节 8.2.1，以下将重点说明生成学习全路径过程中的知识图谱构建方式。

（1）信息抽取

信息抽取主要是为了从海量数据中抽取出有用的知识单位，本研究采用网络爬虫技术对课程相关信息进行抓取，为知识图谱的构建提供相应的数据基础。具体流程如图 7.16 所示。

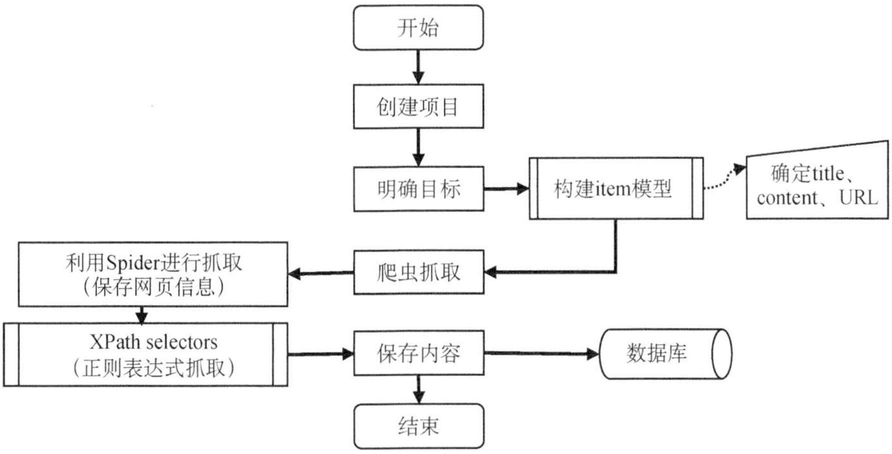

图 7.16　爬虫处理流程

网络爬虫程序首先对在线课程的初始 URL 进行解析，解析内容包括页面知识数据和页面链接。然后，程序将解析后所获得的 URL 保存至数据库对应的字段信息表中。接下来，程序不断地抓取解析所获得的 URL，并将抓取到的数据发送到知识数据解析器，让该解析器对数据进行处理后将其存入本地数据库。最后，在后续知识图谱的构建过程中根据数据需求再对数据库中的数据进行进一步处理。

（2）知识点以及知识点关系提取

前面通过爬虫对在线教育平台上的课程进行数据抓取可以获得一系列数据，比如课程中每个课时下学习资源中的页面名称表示相关概念，而其 HTML 链接下的子页面信息就是相关知识点，可以借助这些数据提取所需的该课程包含的知识点概念，还可以借助页面之间的从属关系提取出知识点之间的上下位关系。其提取算法流程如图 7.17 所示。

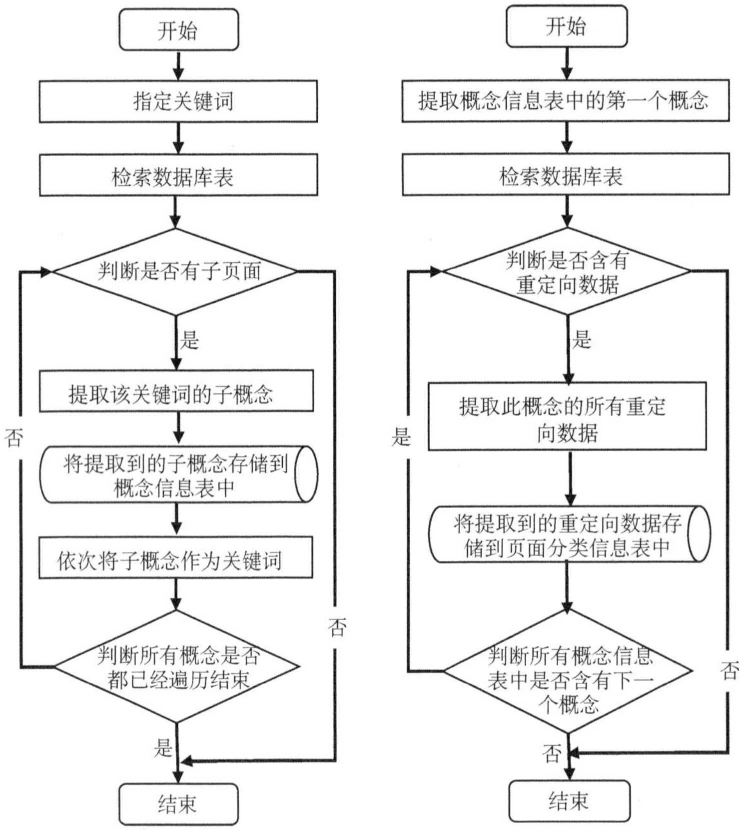

图 7.17　知识点（左）与知识点关系（右）提取流程

（3）知识加工

实践中通过以上技术手段提取出来的知识点会出现部分错误，主要有以下几个方面：①页面链接中出现关联度较低的拓展信息，比如对于在该知识发展过程中起重要作用的学者，会出现其介绍信息的页面链接，但与课程知识点学习关联不大。②页面链接中出现超纲知识点。本应用暂不考虑超纲知识点的学习。③不同的课程设计者对课程的命名方式不同。可能会出现相同知识点采取不同的命名方式，导致其被视为不同知识点。本应用中的知识图谱以相关的程序抽取知识结构作为基础，然后通过专家对结果进行修正、完善，最终形成完整的知识图谱。

2. 学习全路径生成

本文的研究目标旨在利用知识图谱自动生成学习全路径，以支持学习者的学习目标。为此，本节将专注于实现以下三个关键目标：①提供一个符合知识图谱结构的学习路径；②为路径中的知识点分配符合学习者个性化需求的学习资源；③提供方法预测路径的效果，来判断路径的优劣。

为完成上述目标，首先使用聚类算法对学习者学习路径数据进行预处理。接下来，基于贝叶斯概率的路径自动生成算法，结合知识图谱结构的规则，生成符合学习者需求的个性化学习路径。同时，考虑学习资源选择的特点，确保学习资源的选择与学习者特点相契合。最后，强调学习全路径自动生成的必要性，尤其是在动态变化的学习环境中，以确保全局效果的最优化。

（1）使用聚类算法进行预处理

预处理过程如算法 7.3 所示，以此实现路径集合簇的聚类过程。

算法 7.3 基于聚类对数据进行预处理。

输入： 包含有 n 条路径数据的学习者路径数据集 D，半径参数 r，领域密度阈值 mp。

输出： 基于密度的路径集合簇。

1. 标记所有路径为 unvisited;
2. 随机选择一个 unvisited 的路径 p，标记为 visited;
3. 如果 p 的 r-邻域至少有 mp 条路径;
4. 创建一个新簇 C，并把 p 添加到 C;
5. 令 N 为 p 的 r-邻域中的路径集合;
6. 对于 N 中每个路径 p:
7. 如果 p 是 unvisited;
8. 标记 p 为 visited;
9. 如果 p 的 r-邻域至少有 mp 条路径，把这些路径添加到 N;
10. 如果 p 还不是任何簇的成员，把 p 添加到 C，然后输出 C;
11. 否则标记 p 为噪声;
12. 直到没有标记为 unvisited 的路径。

（2）基于贝叶斯概率的路径自动生成

路径的生成首先应该符合知识图谱结构，那么就有以下几条规则：层级数值低的知识点应该尽可能排在前面；重要度高的知识点优先排列；关联知识点靠近排列；稳定片段优先排列。

基于聚类的稳定片段（关联）的获取：稳定片段的获取主要依靠贝叶斯概率统计。统计不同长度的知识点片段出现的概率，经过一定的阈值筛选来获取，以确保知识点路径具有一定的个性化因素。对于特定学习者的路径生成，概率统计仅针对其所属的学习者聚类中学习效果前 20%的路径。算法 7.4 的步骤如下。

算法 7.4 基于聚类的稳定片段（关联）的获取。

输入： 学习者路径聚类簇 D'。

输出： 知识点片段集合 $\{\text{Fragment}_i\}$。

1. 获取学习者所属聚类路径中学习效果前 20%的路径并转化为知识点路径，编号为 1 到 m；

2. 从编号为 m 的路径开始，得到其路径长度为 n，设片段长度为 k；

3. 当 k 大于 0 小于 n 时；

4. 统计其中长度为 k 的知识点片段在所有知识点路径中出现的次数，除以 m 得到概率 p；

5. 如果 $p>q$（阈值），将该片段放入有效片段集合 $\{\text{Fragment}_i\}$ 中，否则抛弃该片段；

6. 对长度为 K 的知识片段进行成功操作以后，k 减小 1，重复上述操作，直到 $k=0$；

7. 当 $k=0$ 时，m 减 1，再重复上述操作；

8. 当 $m=0$ 时，输出知识点片段集合 $\{\text{Fragment}_i\}$，算法结束。

混合式学习全路径自动生成：在学习全路径的自动生成上有两种基本方法可以采用。一种是自顶向下生成路径。这种方法从根知识点开始，逐步向下生成路径。然而，并不是所有学习者都适合从根节点开始学习，因此其可能忽略了路径起点的个性化。另一种是自底向上生成路径。这种方法从层级数值较大的外围知识点开始，选择合适的知识点作为父知识点，逐步向上生成全路径。这种方法可以有效避免路径出现网状的交叉结构，但可能会导致一些知识点被孤立在外。本文将这两种方法进行混合，以获得两者的优点并避免其不足。

（3）面向学习者的资源个性化匹配

虽然前文已经根据个性化特征对学习者进行了聚类，从而使生成的知识点序列具备了一些个性化因素，但这仍然不够充分。尽管通过特征差异划分了聚类簇，但在聚类簇内部元素之间更强调相似性，因此选择合适的资源来实现深度的个性化变得尤为重要。本文主要从两个方面来确定如何选择学习资源：资源的个性化特征匹配度和资源的正面选择率。资源的个性化特征匹配度是通过计算学习者与资源之间个性化特征的相似度来得到的。本文采用皮尔森相关系数来计算学习者与学习资源之间的相关性，具体公式如下：假设学习者个性化特征为 $\boldsymbol{P}_s=[\boldsymbol{X}_1,\boldsymbol{X}_2,\cdots,\boldsymbol{X}_n]$，资源的个性化特征为 $\boldsymbol{R}_s=[\boldsymbol{Y}_1,\boldsymbol{Y}_2,\cdots,\boldsymbol{Y}_n]$。

$$\rho(\boldsymbol{P}_s,\boldsymbol{R}_s)=\frac{E\left[(\boldsymbol{P}_s-\mu_{\boldsymbol{P}_s})(\boldsymbol{R}_s-\mu_{\boldsymbol{R}_s})\right]}{\sigma\boldsymbol{P}_s\sigma\boldsymbol{R}_s}=\frac{E\left[(\boldsymbol{P}_s-\mu_{\boldsymbol{P}_s})(\boldsymbol{R}_s-\mu_{\boldsymbol{R}_s})\right]}{\sqrt{\sum_{i=1}^{n}(\boldsymbol{P}_{s_i}-\mu_{\boldsymbol{P}_s})^2}\sqrt{\sum_{i=1}^{n}(\boldsymbol{R}_{s_i}-\mu_{\boldsymbol{R}_s})^2}}$$

（式 7.15）

皮尔森系数范围为 $[-1,1]$，其中 $(0,1]$ 代表两者正相关，且数值越大，相关度越大。资源正面选择率 $Q(R)$ 表示如下：

$$Q(R)=\frac{N(R)}{A(R)} \quad （式 7.16）$$

其中，$Q(R)$ 主要指选择学习资源 R 的学习者最终达成学习期望的比；$A(R)$ 代表了该学习资源被选中的次数，$N(R)$ 代表选择该学习资源达成学习期望的学习者的数量。将学习资源按照皮尔森系数进行排序，并剔除资源正面选择率低于 50%的资源，以确保学习资源在大多数情况下能够对学习者的学习效果起正面作用，选择其中皮尔森系数最大的学习资源作为匹配资源填充进学习全路径中，最终得到完整的学习路径组。

（4）学习全路径自动生成的必要性

对于传统的 One-step 推荐来说，每一步的推荐都能够获得较好的效果。那么对于其中一步，也就是学习者访问学习资源 R_i，有：

$$\text{Effect}(R_i)=\max f_0(R_i), f_j(R_i)\geqslant Ex, j=1,2,3,\cdots,m \quad （式 7.17）$$

如果每一步推荐的效果都能取得最优，那么访问的资源 R_i 就是当前步骤最合适的资源。如果把找出资源组成的学习路径 $\{\cdots,R_i,\cdots\}$ 视作一个动态规划问题的话，就会每一步都推荐最优资源，最终的全局效果必然也是最优。而动态规划问题成立的前提 $f_j(R_i)$ 是一个凸函数，且后面学习步骤的结果不会对其造成影响。但根据教育理论中的联通主义，随着新知识的不断加入，其将促进已有知识的进化，因此 $f_{j+1}(R_{i+1})$ 会对 $f_j(R_i)$ 的结果造成影响，这使得 $f_j(R_i)$ 不是无后效性的，也不能保证其是凸函数。

因此可以得到一个结论，即使传统的 One-step 推荐能够保证每一步的推荐都是最优的，依然不能保证全局的效果不陷入局部最优。本应用提出的方法通过改进 LSTM 网络对生成的学习全路径的全局效果进行预测，能够保证学习全路径的有效性。

7.3.4 基于深度学习的学习全路径推荐

对于特定的学习者，记录的学习路径由学习者访问的资源组成。从这个意义上说，学习全路径可以定义为一系列学习内容及其相关的学习资源。换句话说，学习全路径推荐的问题被认为是为给定的学习者找到最合适的资源及其顺序。

学习推荐系统提供个性化的服务，让学习者快速达到学习内容并访问与推荐的全路径相关的合适资源。本文结合个性化学习和学习路径的特点，提出了一种基于深度学习的学习全路径推荐模型，如图 7.18 所示。

上述框架利用聚类算法，根据学习者个人数据将一组学习者分为不同类型进行路径推荐的冷启动，然后用改进的拓展型 LSTM 预测其学习效果，接着根据预测效果动态地开展个性化的学习全路径推荐。即使学习者没有完成整个学习过程，我们也可以设计自适应算法来预测学习者的学习效果。为了建立一个完整的学习者推荐系统，本应用期望系统不仅学习如何预测学习者的学习效果，而且能够根据学习者的个性化特征提供个性化的推荐服务。为了提供服务，我们通过测量学习路径的相似性来找到最佳路径。

该模型可以基于学习者访问的课程材料和学习过程为个性化学习行为提供有用的指导。使用的数据挖掘和机器学习技术在教育中显示出强大的力量。从在线学习数据中提取成功的学习模式，在建立个性化学习推荐系统中起着关键作用。在这个方向上有几个有趣的话题，

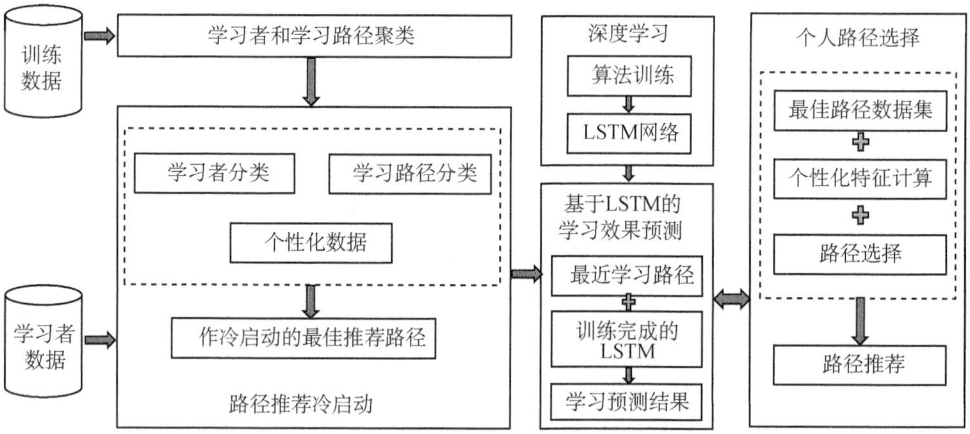

图 7.18　基于深度学习的学习全路径推荐模型

例如定义学习路径核心主题的高级方案的发展。此外，基于这些核心主题，可以进一步增强本节提出的模型，从而从学习者的数据流中自动生成一些改进的学习路径。

7.3.5　学习全路径推荐系统应用案例

1. 学习全路径推荐系统设计

本案例设计的学习全路径推荐系统（iStudy-FLPRS）的软件结构分为不同层次，同时涵盖了各个主要功能模块组件之间的逻辑交互关系，如图 7.19 所示。该推荐系统以 iStudy 学习平台为基础，同时进一步拓展和增强其功能，主要包括的关键模块有面向学习路径推荐的信息采集功能模块、知识图谱管理功能模块、面向学习者的聚类与冷启动推荐模块、基于改进 LSTM 路径效果预测功能模块、学习全路径自动生成功能模块、学习全路径推荐功能模块等，系统通过这些功能模块的组合与交互，为在线教育平台学习者提供智能化与个性化的学习路径推荐服务。下面给出各功能模块的简要描述。

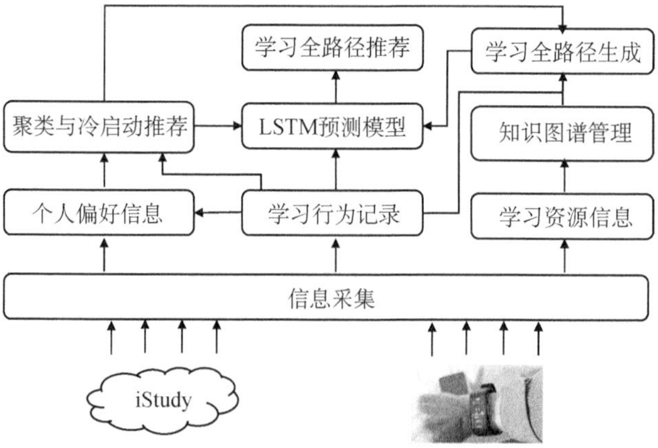

图 7.19　学习全路径推荐系统总体设计图

（1）面向学习路径推荐的信息采集功能模块

该模块由个人信息采集子模块、学习资源信息采集子模块以及学习过程动态信息获取子模块组成。通过收集个人偏好、学习资源数据以及学习行为记录，为后续的快速聚类、知识图谱生成和改进 LSTM 预测模型提供高质量的数据，确保推荐系统的稳定运行。

（2）知识图谱管理功能模块

该模块包括知识图谱生成方法和图谱可视化子模块，如图 7.20 所示。它通过信息采集功能模块获取课程知识点相关信息，并与领域知识专家的调整相结合，设计关于课程知识点与学习路径的知识图谱生成方法。同时为后续的学习路径生成提供计算接口，并设计知识图谱可视化呈现方法。

（3）面向学习者的聚类与冷启动推荐模块

该模块由基于个性化特征的学习者聚类结果呈现子模块和基于学习者聚类的学习路径推荐冷启动初始化设置子模块组成（图 7.21）。通过数据采集模块获取学习者偏好信息，特征抽取后进行个性化特征聚类。然后使用聚类算法获取相似学习者的最优学习路径，实现新学习者的冷启动推荐。

图 7.20　知识图谱管理模块系统示例

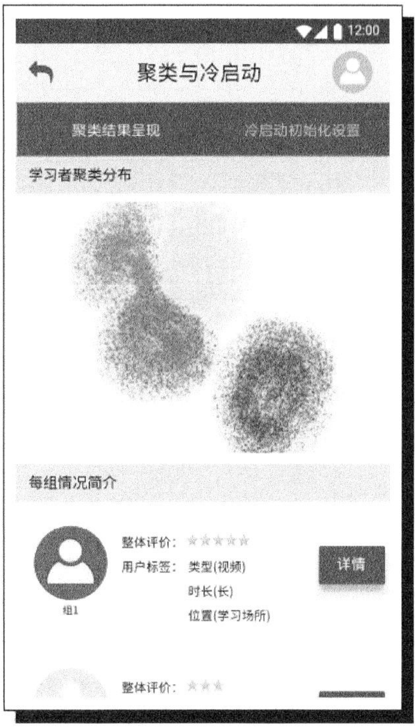

图 7.21　聚类与冷启动功能模块系统示例

（4）基于 LSTM 预测模型模块

该模块包含基于 LSTM 网络模型训练和全路径学习效果预测子模块。通过数据采集模块与其他路径功能模块，对训练和预测数据进行格式化输入输出，实现基于 LSTM 网络模型的线下训练、线上预测调优和性能监控，为学习全路径的生成和效果提供准确信息。

（5）学习全路径生成模块

该模块包括基于贝叶斯统计的稳定知识片段提取和基于贝叶斯统计的热门知识点提取子模块。通过数据采集功能模块与知识图谱管理模块，获取在线平台历史学习行为记录和学习资源信息。利用贝叶斯等统计手段，获取热门知识点和稳定知识片段。最后结合路径生成算法，实现基于知识图谱的学习全路径自动生成和效果预测。

（6）学习全路径推荐模块

该模块由候选学习路径获取和最优学习全路径推荐功能模块组成。利用数据采集模块获取学习者历史学习路径，通过全路径自动生成模块获取自动生成的路径。然后获取这两类路径的候选路径。利用个性化特征相似度等计算方法，结合 LSTM 网络预测模型，实现学习者最优学习全路径的推荐。

2. 学习全路径推荐系统应用效果

（1）应用效果评价体系

本应用将通过采集某班级 34 名学习者学习过程中的数据，从学习者个性化风格推断的准确性、路径推荐的合理性与资源选择的有效性等方面对 iStudy-FLPRS 系统进行实际应用效果分析。具体评价维度如表 7.5 所示。

表 7.5 应用效果评价的具体评价维度设计

方面	维度	变量	实现方法
系统层面	学习风格判定的准确性	在偏好地点学习的频率	统计学习者所在的稳定学习地点的信息，与系统识别的偏好学习地点进行比较，并进行频率计算
		学习偏好类型资源的使用频率	统计学习者所学资源类型的信息，与系统识别的资源偏好类型间差异，并计算频率
		在偏好时段学习的频率	统计学习者学习偏好时间的信息，与系统识别的偏好时段进行比较，并计算频率
	学习路径推荐的合理性	学习者按推荐路径学习的频率	统计学习者的实际学习知识序列，识别按推荐路径学习知识点与不按推荐学习知识点的个数，以此计算频率
	学习资源推荐的合理性	选择推荐资源进行学习的频率	统计学习者学习推荐资源与非推荐资源的个数，以此计算频率
用户层面	学习效果	知识点得分	针对某个知识点的 n 道测试题，统计正确答案数量，并比较一段时间内各知识点的得分变化
	学习时间	学习知识点花费的时间	对比学习者日常学习花费时间与使用系统后的学习花费时间
	学习情绪	学习过程中的情绪变化	对比用户初始状态与使用本系统后的情绪

（2）应用效果与结果分析

在课堂应用实践中，我们发现学习全路径推荐系统能够有效地帮助学习者调整学习策略，提高专注度和学习效果。具体来说，应用效果主要体现在以下方面。

提高学习者对自我学习风格的认知。通过系统推荐的学习路径，学习者能够更清晰地了解自己的学习习惯和偏好。系统根据学习者的行为数据和偏好，为每位学习者定制个性化的学习路径，使学习者更有针对性地选择适合自己的学习内容和资源。通过对该班级 34 名学生的三类偏好信息的频率统计，可知学习风格判定的三个指标的平均频率分别为 81.3%、84.6%与 78.8%。如图 7.22 所示，本系统的学习风格判定具有较高的准确度。这有助于学习者认识到自己的学习倾向，从而更好地调整学习计划，提高学习效率。

1）提升学习资源的分配效率。通过对比学习者实际学习路径与系统推荐路径，可以考查学习者是否按推荐路径进行学习，若相同则 $LP_r = LP_r + 1$，否则 $LP_w = LP_w + 1$。通过计算 $P(LP_r) = LP_r / (LP_w + LP_r)$，可以对路径推荐合理性的实际应用效果进行验证。同样在该班级中，平均频率为 80.8%，可认为本系统的全路径推荐较为合理，如图 7.23 所示。在实际案

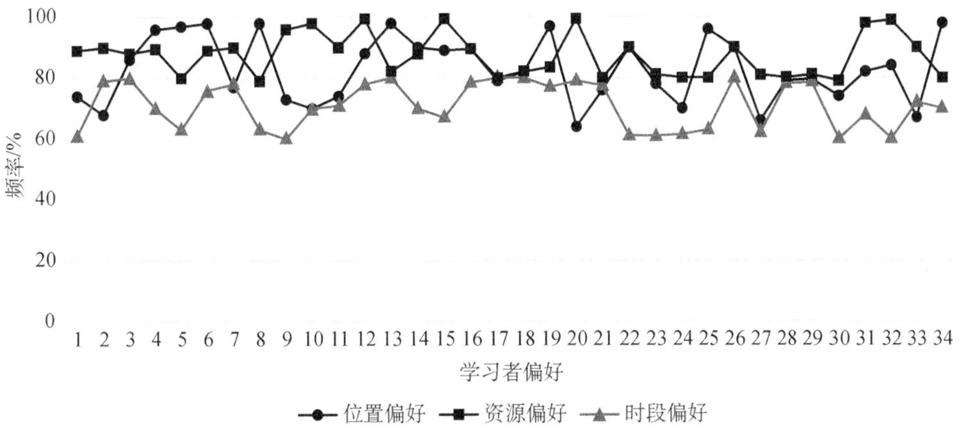

图 7.22 学习风格准确性判定结果

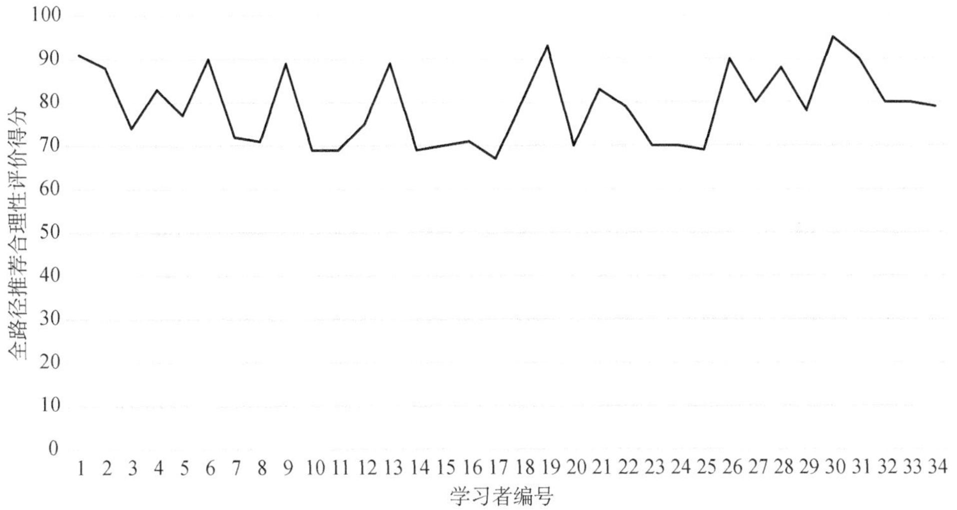

图 7.23 全路径推荐合理性

例中，通过收集学习者的实际学习资源与系统推荐资源，可以观察到两者匹配比例高于 50%，这表明系统的资源推荐方案在很大程度上与学习者的实际需求相符，进而提高了学习资源分配的效率。这种精准的资源推荐可以避免学习者浪费时间在不适合的学习内容上，提高学习资源的利用效率，学习者也能够将精力更多集中在对其有实际帮助的学习内容上。

2）提升学习者的学习效果。通过采集 n 次学习前后小测数据，设其中第 i 次的前后成绩为 Mark_i与Mark'_i，对比学习者是否通过学习提高了学习效果，计算平均效果提高度 $\sum\left[\left(\mathrm{Mark}'_i-\mathrm{Mark}_i\right)/\mathrm{Mark}_i\right]$。由图 7.24 可知，在使用本系统后大部分同学的学习效果获得了提升，具体来说，有 94.1%的学生经过系统学习后学习效果提升，但也有极少部分同学出现学习效果反而降低的情况，经过访谈得知出现该情况主要是由学习者的个人因素造成的，且这些学生认为系统对学习是有帮助的。因此，整体而言，可认为本系统对学习效果有提高作用。通过系统的全路径推荐，学习者能够按照推荐路径进行学习，遵循一条更加合理和有效的学习路线。学习者采用这种系统引导的学习方式，有助于避免学习中的碎片化和盲目性，从而增加学习的深度和广度，学习者能够更有条理地掌握知识，提高学习效果。

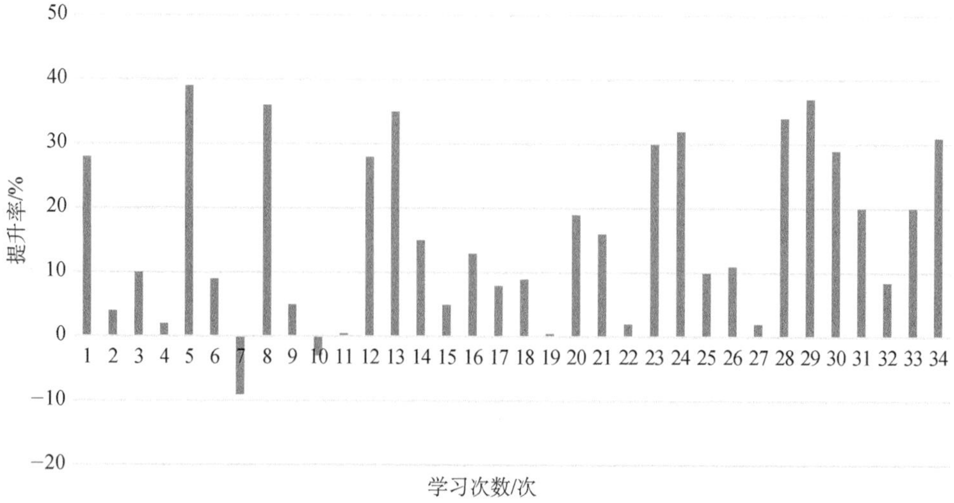

图 7.24　应用效果提升率

3）合理调控学习者学习情绪状态。应用本系统后，我们根据学习者在系统中的情绪体现来统计学习者情绪。经统计，34 人中 31 人（占比为 91.2%）的情绪是积极的，可以认为系统在情绪调整方面同样表现出色。系统不仅关注学习者的学习内容和资源，还关注学习者的情绪状态。通过收集学习者在系统中的情绪表现，系统能够及时发现学习者可能出现的情绪问题，并提供相应的调控措施。系统可以通过合理的提醒、鼓励和休息等，帮助学习者保持积极的学习情绪，从而提高学习者的学习效果。

综上所述，学习全路径推荐系统在课程应用中效果显著。通过个性化的推荐和智能化的引导，系统有效地帮助学习者调整学习策略，提高学习者的专注度和学习效果。学习者能够更好地认知自己的学习风格，合理分配学习资源，提升学习效果，并在学习过程中保持良好的情绪状态，这为提升教育教学质量提供了有力的支持。

7.4　基于 GenAI 的问题式学习实践

问题式学习是促进学习者学习的有效方式之一。然而，学习资源和学习情境的固定性使得传统问题式学习难以实现个性化支持与指导。GenAI 的不断发展为破除传统问题式学习的困境提供了有效途径，但以常规手段使用该技术生成问题时难以匹配学生当前的能力水平。因此，为了充分发挥 GenAI 在促进个性化问题式学习方面的潜力，我们不仅要考虑学生的认知水平差异，还应与问题式学习策略有效结合，制定有效的学习方法，以支持个性化教学实践。本节以学生的英语阅读学习为例，分别从提示词模式、方法设计、应用效果等视角介绍研究案例。

7.4.1　GenAI 提示词模式

本部分以 ChatGPT 为例，设计相应提示词模式。作为 GenAI 的典型代表，ChatGPT 的优势在于使用方便，同时提供强大的内容生成功能。用户只需将需求以文本形式写入输入框，点击生成按钮，ChatGPT 就会对输入信息进行处理并生成相应优质结果。输入可以是“AI 的定义是什么”；或要求 ChatGPT 提供背景知识，如“我想了解太阳系中的行星”；或请求 ChatGPT 帮助，如“你能为我写一份关于 AI 的简介吗”。收到什么样的答案取决于用户的输入。因此，要满足用户的需求，关键是要与 ChatGPT 进行有效沟通。

提示词工程允许用户自定义输出以及与 ChatGPT 交互的方式。通过向 ChatGPT 发出指令，用户可以执行规则、实现流程自动化，并确保生成特定质量和数量的输出。随着 ChatGPT 在各个领域的广泛应用，提示词工程已成为一项重要技能。为此，研究人员进行了各种探索，如提出一种提示词模式目录[12]，该目录收集并整理各种自然语言处理任务中预训练模型的提示词模式（图 7.25）。它提供了一个丰富的、可定制的提示词模板库，方便用户更好地利用自然语言处理任务的预训练模型。

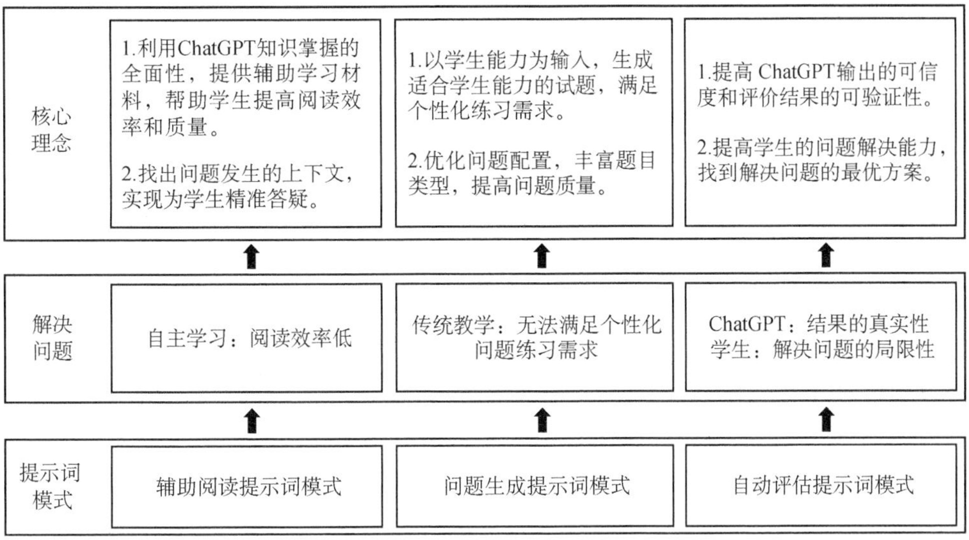

图 7.25　提示词模式概要

以英语阅读为例，针对在该场景中实施个性化问题学习所面临的问题，我们提出了面向英语阅读的 ChatGPT 提示词模式，并展示了这些模式所解决的问题和核心思想。首先，我们希望 ChatGPT 能扮演一个英语教师的角色，希望它能够从英语教学专家的角度出发给用户答复。为此，我们首先将 ChatGPT 定义为一个教师的角色，以提示它在输出时关注本角色应该注意的细节。在这个定义下，根据在英语阅读场景中实施个性化问题式学习的实际需求，我们提出了辅助阅读、问题生成以及自动评估三类提示词模式。

1. 辅助阅读提示词模式

在进行英语阅读时，学习者由于缺乏教师指导，阅读极为低效，这不仅耗时且不利于学生对文章产生深刻的理解。因此，我们希望 ChatGPT 能够像教师一样，为学生的阅读过程规划出合理的方式或步骤，逐步引导学生理解文章。以下是该提示词模式的具体实施示例：

1. I want to read this article.

2.（可选）Provide me with a reasonable and effective way to read. Tell me in the form of a list.

3.（可选）I've mastered the vocabulary part.

4.（可选）I can't understand the third paragraph of the article.

5.（可选）I have read this article，please forget all our previous conversations and move on to the next article.

指令 1 “I want to read this article.” 向 ChatGPT 模型明确学习者本次的学习目标，使 ChatGPT 接下来能够围绕此目标生成辅助学习内容；指令 2 “Provide me with a reasonable and effective way to read. Tell me in the form of a list.” 则期望 ChatGPT 为学习者制定一种合理且有效的阅读方式。另外，由于每个学习者在知识掌握方面存在差异，所以指令 3“I've mastered the vocabulary part.” 主要是向 ChatGPT 表明学习者已经掌握的部分，如果学生已掌握文章的词汇部分，ChatGPT 往往会对其将要生成的辅助学习内容进行调整。

学生在阅读时，文章的某个段落出现了极为复杂的长难句或词汇，导致其无法读懂此段落，所以指令 4 “I can't understand the third paragraph of the article.” 就是让 ChatGPT 关注到学习者所明确强调的上下文语句，从而帮助学习者更好地理解其问题所发生的确切位置并生成更为精确的辅助内容。指令 5 则让 ChatGPT 忘记之前的行为，以防止在进行下一篇文章阅读时，受到之前上下文的影响而导致输出结果不准确。

2. 问题生成提示词模式

学习者在完成教师提供的阅读材料后开始试题练习。试题能帮助教师评估学生的水平、培养学生的学习能力以及起到反馈教学效果等作用，是教师教学中不可或缺的一部分。试题的设计需要考虑多个因素，如与学习内容的关联性、与学生认知水平的匹配度以及题型的多样性（如选择题、填空题、简答题等）。以下是该提示词模式的具体实施示例：

1. Please keep in mind that the student's cognitive level is analysis.

2. Please generate questions that align with the student's reading comprehension ability based on the articles provided.（tip：you can even specify the type and number of questions you'd like to generate.）

3. Whenever I request a particular question type，feel free to generate a question that you believe to be a better one.

4. Please explain why you consider this question is better than the original one and ask my opinion.

5. Re-generated into a question with improved quality.

通过指令 1 “Please keep in mind that the student's cognitive level is analysis.”，将学生当前的认知水平输入到 ChatGPT 中，以便于其对学生的认知水平进行更新，并通过指令 2“Please generate questions that align with the student's reading comprehension ability based on the articles provided.”，要求 ChatGPT 生成的阅读问题难度与学生当前的认知水平相适应。

指令 3 “Whenever I request a particular question type，feel free to generate a question that you believe to be a better one.” 主要考虑到两点：其一，前期用户所指定的问题类型不够合理，

如该知识点适合设置选择题而不是填空题或简答题等；其二，因 ChatGPT 本身的特性，当提出要生成更高质量的问题时，它会考虑将问题进行优化，以使问题更适合学生练习与测试。

指令 4 “Please explain why you consider this question is better than the original one and ask my opinion.” 则是考虑到用户自身无法辨别哪个问题更加合适，也可能对之前所生成的问题均不满意。在这种情况下，用户可能会倾向于采用指令 5 “Re-generated into a question with improved quality.” 以生成其他更优质的问题。

3. 自动评估提示词模式

传统的评估方式费时费力、主观性强，且难以提供实时且个性化的反馈。将 ChatGPT 作为一种自动化评估工具为解决这些困境提供了可能。然而，ChatGPT 也存在缺陷，如它总能生成逼真且让人信服的错误答案，让用户难以分辨。因此，我们提出自动评估提示词模式就是为了更好地减少此类问题，以提高自动评估的准确性。以下是实施示例：

1. Please assess the answers provided by the students.
2. Please provide the rationale underlying your evaluation results.
3. Please offer precise suggestions for rectification.
4. Please summarize and provide feedback on this study in the context of my answers, including a summary of learning performance , suggestions for improvement , and a motivational comment.

学习者完成作答后，将作答结果输入 ChatGPT，由指令 1 “Please assess the answers provided by the students.” 指定模型对作答结果进行自动评估。为避免用户被 ChatGPT 生成的令人信服但却不真实的答案所误导，指令 2 “Please provide the rationale underlying your evaluation results.” 通过让模型阐述评估结果的具体依据，以提高这些答案的可验证性，从而提高评估结果的可靠性。另外，学生会受传统固有的、存在认知偏见的思想所影响，导致他们通常会采用某种特定的方法去解题，且难以找出问题的更优解。所以我们考虑在评估完学生原有作答时，采用指令 3 “Please offer precise suggestions for rectification.” 来让模型提出更好的修改意见，并将其与原结果进行对比，看是否为更优质的方案，以此来拓宽学生认知，减少学生的认知偏见，从而寻得对问题的更优解。

在学生完成全部学习任务后，通过指令 4 “Please summarize and provide feedback on this study in the context of my answers，including a summary of learning performance，suggestions for improvement，and a motivational comment.” 生成总结性反馈。该反馈包括学习表现总结、改进建议以及激励性评语三方面内容。主要目的是让学生了解其在本次学习任务中的总体表现以及应该如何改进，并通过给予激励性评语激发学生完成后续学习任务的动力。

7.4.2 个性化问题式学习方法

通过将 GenAI 与问题式学习策略相整合，本应用提出了一种个性化问题式学习方法（图 7.26）。该方法充分利用了 GenAI 在个性化支持方面的优势，并将基于问题的引导性学习策略作为指导策略，以支持和指导学生的学习过程。

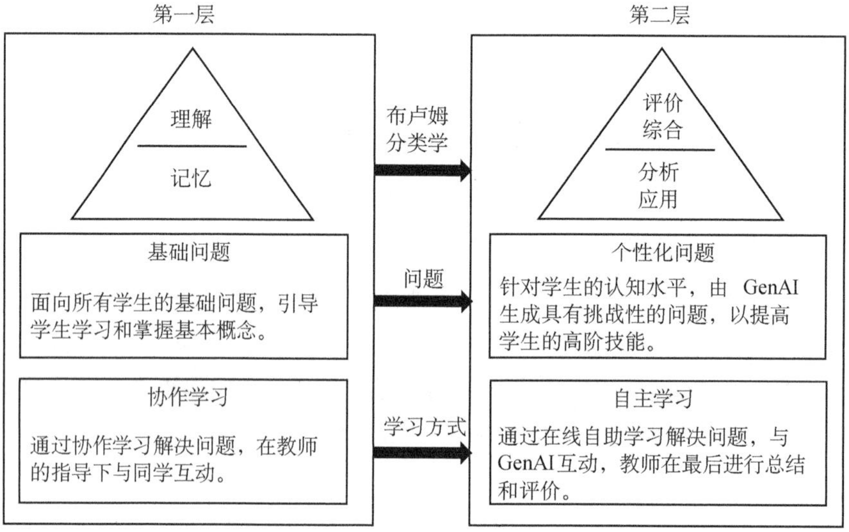

图 7.26　个性化问题式学习方法

1. 个性化问题式学习方法设计

两层测试既是诊断学生学习状况的重要工具，也是指导学生学习的教学策略。该策略最开始用于帮助教师深入了解学生对相关概念的理解，减少学生依靠猜测来获得正确答案的可能性。随着研究的深入，研究者发展了通过设置两层问题的方式，第一层旨在促进学生对基本概念的理解，第二层有利于学生对概念进行深入理解，以实现更高阶能力的发展。因此，通过借鉴两层测试的思想，本部分在设计个性化问题式学习方法时，将问题式学习活动设置为两层，以一种由易到难的渐进方式，促进学生深度学习。

如图 7.26 所示，第一层问题式学习活动中，学生应展示对基本概念的理解能力，包括回忆和理解文章相关内容的能力。在第二层问题式学习活动中，学生应在理解的基础上进行分析和推理，以提高高阶认知能力，包括应用、分析、综合和评价能力。在高阶能力方面，不同学生之间的差异较大。鉴于传统的问题生成方法没有考虑学生的认知水平，我们在问题生成之前对学生的认知水平进行了评估，并采用上述章节所提出的问题生成提示词模式将学生认知水平输入 ChatGPT 中。因此，模型在生成问题时会考虑学生的认知水平。

2. 个性化问题式学习中的问题

个性化问题式学习方法以布卢姆的分类学为基础，将问题划分为六个级别，在处于不同认知水平的学生开展问题式学习活动时生成不同级别的问题（图 7.27）。级别越高，要求学生对文章内容的掌握程度也越高。级别 1 问题要求学生回忆课文中的相关信息。级别 2 问题要求学生理解文章的相关内容。级别 3 问题要求学生具备运用所学知识解决问题的能力。级别 4 问题要求学生具备分析问题和解决问题的能力。级别 5 问题要求学生具备将观点综合为解决方案的能力。级别 6 问题要求学生根据给定的标准，通过提出解决方案、批评建议或评估想法的优劣，批判性地评价想法的价值或质量。

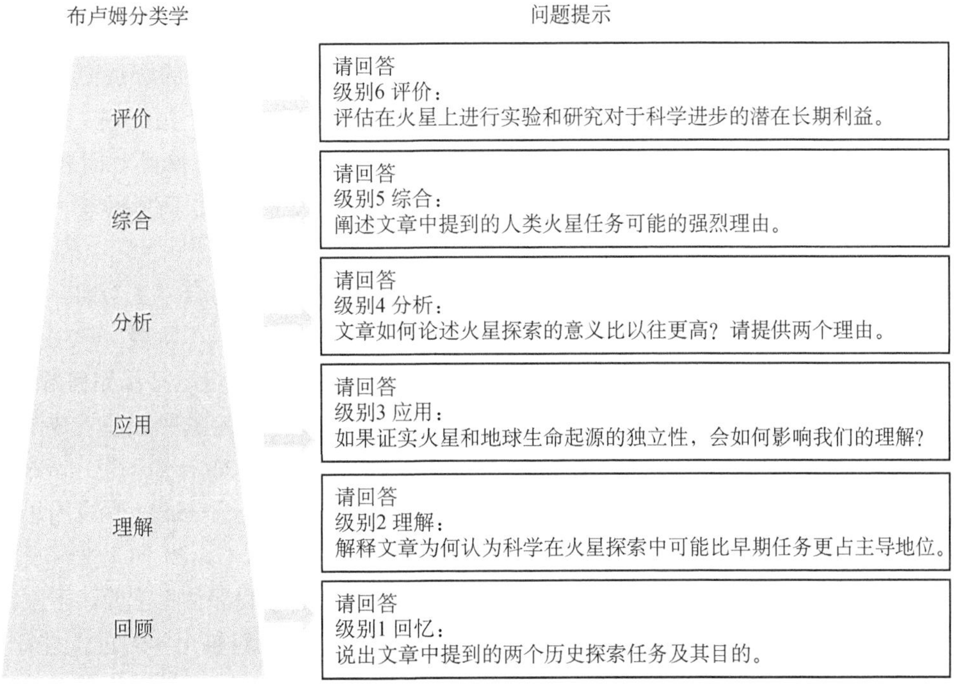

图 7.27　不同级别问题说明及示例

3. 个性化问题式学习方法实施

本应用将问题式学习活动分为六个阶段，即“提出问题”“定义问题”“已知（未知）问题”“数据收集和共享”“形成解决方案”“反思和评估”。图 7.28 说明了个性化问题式学习活动的具体实施过程。学生在第一层主要采用协作学习的方式参与问题式学习活动，在第二层主要采用在线自主学习的方式开展问题式学习活动。

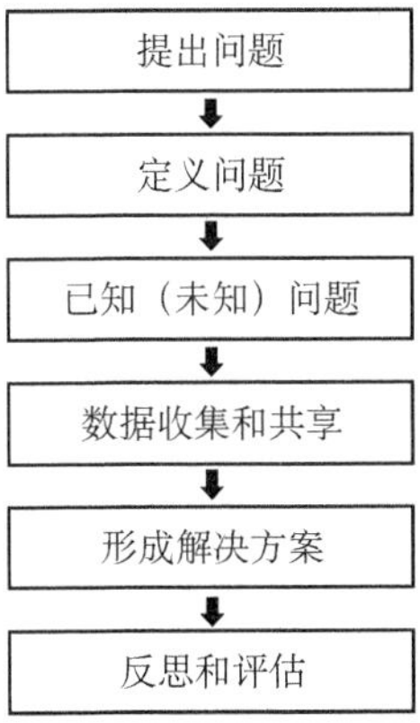

图 7.28　问题式学习活动的实施

首先是第一层活动。在“提出问题”阶段，教师介绍与主题相关的基本问题，旨在激发学生的好奇心，激发他们对阅读材料的兴趣。在“定义问题”阶段，学生与同伴合作，通过头脑风暴和讨论来评估问题情境。他们的任务包括明确界定问题，确定需要理解和掌握的基本概念。在“已知（未知）问题”阶段，学生对自己已知和未知的知识领域进行整理，然后通过合作讨论的方式明确解决问题的前提条件。在“数据收集和共享”阶段，学生通过阅读文献、上网查找资料等方式收集数据和信息，然后在小组内与同伴共享这些发现。在“形成解决方案”阶段，学生参与讨论并向同伴提出可能的解决方案。通过评估不同的方案，学生找出并选择最合适的解决方案，然后再与其他小组分享。在“反思和评估”阶段，学生反思自己的学习过程和解决方案的有效性，评估自己对问题的理解以及所提解决方案的适用性。随后，教师在每个阶段提供反馈，鼓励学生参与下一层次的学习活动。

其次是第二层活动。在“提出问题”阶段，GenAI 被用来生成适合学生当前认知水平的个性化问题。这些问题旨在提高学生的高阶阅读能力。在“定义问题”阶段，学生独立评估问题情境并对其进行描述，旨在确定个性化问题的关键方面并描述自己打算如何解决问题。在“已知（未知）问题”阶段，学生同样将自己现有的知识和不确定的领域整理成清单，从而自主确定问题解决的需求。在这一阶段，学生可以使用 GenAI 来填补知识空白。在“数据收集和共享”阶段，学生将收集到的数据和信息输入 GenAI，并利用 GenAI 生成的思维导图整理相关概念。在“形成解决方案”阶段，学生通过提问积极寻求 GenAI 的个性化反馈和指导。随后，通过反复评估和改进，最终形成解决方案。在“反思和评估”阶段，学生在反思过程中提供了与日常生活中的问题情境类似的例子。最后，学生对整个学习过程进行评价，包括自我评价、问题情境和组内评价。随后，教师提供总结性反馈，对学生的学习成果进行总结和评价。

7.4.3 个性化问题式学习方法应用案例

1. 研究对象

本文通过开展一项实证研究，验证个性化问题式学习方法在英语阅读学习中的有效性。这项实验主要针对英语阅读学习课程，历时 4 个星期。共有 42 名本科生（24 名女生，18 名男生）参与实验，所有参与者均签署了知情同意书。这些参与者被随机分为两组。第一组是由 20 名学生组成的对照组，他们采用传统问题式学习方法进行阅读学习。第二组是由 22 名学生组成的实验组，他们采用个性化问题式学习系统进行阅读学习。

2. 研究工具

本应用采用量化研究的方式来分析两组学生在学习成绩、学习动机以及认知负荷的差异，以判断个性化问题式学习方法支持下的阅读学习活动能否促进大学生的阅读学习表现。这些工具均由两名具有丰富教学经验的教师进行检查，以确保参与者理解每个项目。

学习成绩测试。该测验分为前测和后测，参考 Danaei[13]对问题的设置，并根据本应用的具体情况进行修改。研究者将学习成绩测试题分为显性问题和隐性问题两个维度，前者可以从原文中查找到答案，主要考查学生对于文章的基本概念的掌握和定位能力，共设计了 4 个问题。后者需要根据文章的内容与线索进行推断，主要考查学生的理解推理、分析、整合等高阶能力，共设计了 6 个问题。采用 10 分制量表法进行评分。所有的问题都经由 1 名研究人员和 1 名经验丰富的一线英语教师进行编制、修订。前测（Cronbach’s α 系数为 0.87）和后测（Cronbach’s α 系数为 0.91）均经过了一致性检验，表明该测验具有突出的内部一致性可接受性。

学习动机问卷。本文所采用的学习动机问卷是在 Yu[14]等开发的问卷基础上改编而来的，用于检测学生在不同学习方法下的学习动机。量表采用利克特五点计分。该问卷经过了一致性检验（Cronbach's α 系数为 0.83），表明该量表具有突出的内部一致性可接受性。

认知负荷问卷。本文所采用的认知负荷问卷是在 Hwang[15]等开发的问卷基础上优化与改编而来的，从心理负荷和心理努力两个维度来检测学生在不同学习方法下的认知负荷。量表采用利克特五点计分。心理负荷（Cronbach's α 系数为 0.89）和心理努力（Cronbach's α 系数为 0.85）维度均经过了一致性检验，表明该量表具有突出的内部一致性可接受性。

3. 实验步骤

实验流程如图 7.29 所示。在实验实施之前，两组参与者都被要求完成一个阅读能力前测，以确定之前的阅读能力水平是否相同，并完成学习动机前测问卷。之后，实验组、对照组分别采用不同的方式进行阅读学习。实验组学生使用的是个性化学习材料，而对照组使用的是统一学习材料。最后，两组参与者都被要求完成阅读能力后测和学习动机、认知负荷问卷测试。

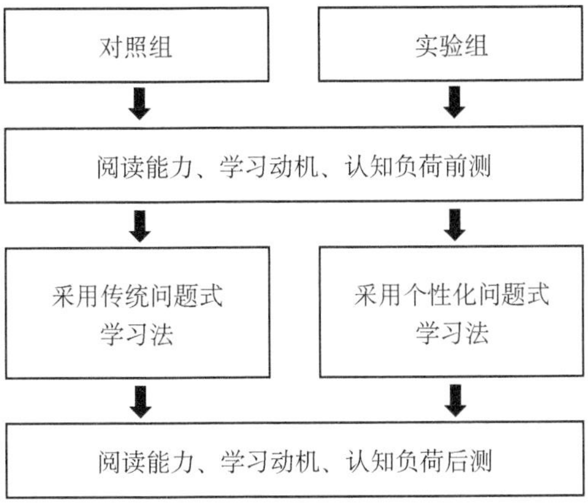

图 7.29 实验步骤

4. 研究结果

（1）学习成绩结果分析

本文以前测成绩为协变量、后测成绩为因变量，采用 ANCOVA（analysis of covariance，协方差分析）检验学生的学习成绩。首先，分别对总分（F=0.065，p>0.05）、显性问题（F=2.308，p>0.05）以及隐性问题（F=0.066，p>0.05）进行回归的同质性假设检验，结果表明三项均未违反方差齐性，然后进行单因素协方差分析，结果如表 7.6 所示。在采用不同学习方法的情况下，两组学生的学习成绩在总分（F=8.332，p<0.01）和隐性问题（F=12.013，p<0.01）方面存在显著差异，并显示出中等效应量，而在显性问题方面不存在显著差异。以上结果表明，与传统问题式学习方式相比，个性化问题式学习方法对学生学习成绩总分和隐性问题得分均有积极的影响。

表 7.6 学习成绩单因素协方差分析

变量	组别	*n*	*M*	*SD*	Adjusted mean	*SE*	*F*	η^2
总分	实验组	22	80.04	5.65	79.95	1.21	8.332**	0.162
	对照组	20	74.77	6.43	74.88	1.27		
显性问题	实验组	22	34.29	2.58	34.26	0.49	1.474	0.033
	对照组	20	33.36	2.17	33.40	0.51		
隐性问题	实验组	22	45.75	3.58	45.69	0.84	12.013**	0.218
	对照组	20	41.41	4.85	41.48	0.88		

**$p<0.01$，下同

（2）学习动机结果分析

本文以学习动机前测问卷为协变量、学习动机后测问卷为应变量，采用协方差检验学生的学习动机。类似地，首先对外在动机（F=0.052，p>0.05）和内在动机（F=0.028，p>0.05）进行回归的同质性假设检验，结果表明这两项均未违反方差齐性，在此基础上进行单因素协方差分析，结果如表 7.7 所示，在采用不同的学习方法的情况下，两组学生的外在动机存在显著差异（F=4.613，p<0.05），而内在动机没有显著差异。

表 7.7 学习动机单因素协方差分析

变量	组别	*n*	*M*	*SD*	Adjusted mean	*SE*	*F*	η^2
外在动机	实验组	22	3.67	0.45	3.67	0.10	4.613*	0.097
	对照组	20	3.36	0.49	3.37	0.10		
内在动机	实验组	22	2.90	0.43	2.91	0.09	2.143	0.047
	对照组	20	2.73	0.42	2.72	0.09		

*$p<0.05$，下同

为了进一步探究两组内在动机的具体情况，根据内在动机改善程度（后测得分减前测得分），我们将学生分为两个子组，内在动机改善等于或大于零的学生被分配到内在动机增强（IM+）子组，其他学生被分配到内在动机减弱（IM−）子组。在实验组和对照组中，IM+子组分别为 17 人（占 77%）和 11 人（占 55%）。实验组和对照组中 IM−子组学生分别为 5 人（占 23%）和 9 人（占 45%）。因此，与对照组相比，实验组中内在动机得到改善的学生比例较高，而内在动机降低的学生比例较低。因此，虽然两组学生在内在动机改善方面没有明显差异，但实验组学生内在动机改善的比例高于对照组。

（3）认知负荷结果分析

对两组学生在学习过程中的认知负荷进行独立样本 t 检验，结果如表 7.8 所示。实验组心理负荷的均值和标准误差分别为 3.18 和 0.60，对照组这些数值分别为 2.74 和 0.64。t 检验结果显示，两组学生的心理负荷差异显著（t=2.32，p<0.05），即实验组的心理负荷明显高于对照组。实验组学生心理努力的平均值和标准误差分别为 2.85 和 0.79，对照组的这些数值分别为 2.76 和 0.70，t 检验结果显示两组学生的心理努力无显著差异。

表 7.8 认知负荷独立样本 t 检验结果

变量	组别	n	M	SD	t	d
心理负荷	实验组	22	3.18	0.60	2.32*	0.71
	对照组	20	2.74	0.64		
心理努力	实验组	22	2.85	0.79	0.35	0.11
	对照组	20	2.76	0.70		

综上所述，个性化问题式学习方法在英语阅读学习应用中效果显著。通过发挥 GenAI 的个性化支持优势以及问题式学习策略的引导作用，其有效促进了学习者学习效率的提升和学习动机的增强，这为未来进一步探索 GenAI 在教育教学中的创新应用提供了借鉴。

参 考 文 献

[1] Arguel A, Lockyer L, Kennedy G, et al. Seeking optimal confusion: A review on epistemic emotion management in interactive digital learning environments[J]. Interactive Learning Environments, 2019, 27 (2): 200–210.
[2] Dacre P L, Qualter P. The dimensional structure of the emotional self-efficacy scale (ESES) [J]. Australian Journal of Psychology, 2012, 64 (3): 147–154.
[3] Barnard L, Lan W Y, To Y M, et al. Measuring self-regulation in online and blended learning environments[J]. The Internet and Higher Education, 2009, 12 (1): 1–6.
[4] Gagné M, Forest J, Gilbert M H, et al. The motivation at work scale: Validation evidence in two languages[J]. Educational and Psychological Measurement, 2010, 70 (4): 628–646.
[5] Efron B. Bootstrap methods: Another look at the jackknife[J]. The Annals of Statistics, 1979, 7 (1): 1–26.
[6] Ballas N, Yao L, Pal C, et al. Delving deeper into convolutional networks for learning video representations[EB/OL]. arXiv: 1511.06432. http://arxiv.org/abs/1511.06432, 2015.
[7] He K M, Zhang X Y, Ren S Q, et al. Delving deep into rectifiers: Surpassing human-level performance on ImageNet classification[C]//2015 IEEE International Conference on Computer Vision, IEEE, 2015: 1026–1034.
[8] Boureau Y L, Bach F, LeCun Y, et al. Learning mid-level features for recognition[C]//2010 IEEE Computer Society Conference on Computer Vision and Pattern Recognition. IEEE, 2010: 2559–2566.
[9] Ruan L Y, Yuan M. Dimension reduction and parameter estimation for additive index models[J]. Statistics and Its Interface, 2010, 3 (4): 493–499.
[10] 孙冬婷，何涛，张福海. 推荐系统中的冷启动问题研究综述[J]. 计算机与现代化，2012 (5): 59–63.
[11] Rapečka A, Dzemyda G. A new recommendation model for the user clustering-based recommendation system[J]. Information Technology and Control, 2015, 44 (1): 54–63.
[12] White J, Fu Q, Hays S, et al. A prompt pattern catalog to enhance prompt engineering with ChatGPT [EB/OL]. arXiv: 2302.11382. http://arxiv.org/abs/2302.11382, 2023.
[13] Danaei D, Jamali H R, Mansourian Y, et al. Comparing reading comprehension between children reading augmented reality and print storybooks[J]. Computers & Education, 2020, 153: 103900.
[14] Yu J H, Huang C Q, He T, et al. Investigating students' emotional self-efficacy profiles and their relations to self-regulation, motivation, and academic performance in online learning contexts: A person-centered approach[J]. Education and Information Technologies, 2022, 27 (8): 11715–11740.
[15] Hwang G J, Yang L H, Wang S Y. A concept map-embedded educational computer game for improving students' learning performance in natural science courses[J]. Computers & Education, 2013, 69: 121–130.

第8章

数智驱动下的课堂教学实践创新

随着信息时代的到来，学校教育经历了信息化的推动和变革，但是由于机械化的流程和低效的数据利用方法，传统课堂测评与教学管理仍存在诸多不足与发展挑战。在科技、通信、数据、计算、AI等的发展下，教育信息化正在进行一次智能化飞跃，并将导致教育形式和教育生态的全面革新，特别是数智驱动模式下的课堂测评与教学管理，更将直接促进教学测评与管理范围内各个要素的更新和转变[1]。

传统课堂测评与教学管理通常指以教师为主导，以考试为主要手段，以知识传授为主要目标教学模式。这种模式在一定程度上保证了教学的规范性和有效性，但也存在一些明显的缺陷和局限性。具体来说，传统课堂教学存在教学模式刻板、反馈机制缺乏等问题，致使课堂教学忽视了学生个体差异，且无法提供及时的支持和指导；而在测评与管理上存在测评主体单一、方法简单、管理视角行政化、目标短视和管理机制僵化等不足，使测评与管理出现割裂，缺乏有效的协调，进而导致教育质量下降。

随着教育信息化进程的不断推进，学校的硬件设施、校园管理、教育教学、沟通交流等不断融入信息技术要素，其本质是借助互联网通信等技术初步实现信息资源的整合与集成。但单纯的网络基础设备、数字化资源建设和网络化沟通载体搭建没有对教与学带来根本性变革。人们渴求对教与学有更为有效的认识和分析，譬如师生数据的可视化、学生行为监测等。据此，教育教学发展呼唤新的课堂教学智能化转型[2]。

课堂教学智能化转型指的是利用大数据技术和AI技术，实现课堂教学的个性化、及时性、多元化、诊断性、灵活性等特征，提高课堂教学的质量和效率。来自数据和领域知识的AI技术可以通过涌现新的高阶智能共同为课堂智能化转型提供强大的赋能，实现通过学生学习数字画像，及时反馈学生学习存在的问题，有针对性地提供个性化学习资源，安排适合的测试训练，帮助学生完成高品质个性化学习[3]。智能化教学评测、教学过程优化、自动化教学管理支持等数智赋能课堂教学相关智能化转型服务，通过综合运用物联网、大数据、云计算、AI等新一代信息技术，优化和升级基础设施、硬件设备、网络条件、智能工具、学习平台等，持续建设智慧校园、智慧教室和智慧生活场所，打造时空和教学深度融合、线下和线上虚实融合的智能学习空间，推进场景式、体验式、沉浸式教学。

上述数智赋能课堂教学智能化转型的特征，有些是正在发生的，更多的是未来要努力的方向。推进课堂教学的智能化转型是一个系统工程，涉及课堂教学内外多个主体、多种因素；同时这个转型也是一个长期的、新进的过程。因此，必然面临诸多挑战，需要研究新的方法论，探寻新的智能化教学机制，开发新的实践应用[4]。本章进一步介绍数智驱动下课堂赋能教学的方法、机制与实践应用，探讨如何利用大数据等数智方法驱动课堂教学智能化，以提高教学效果和教育质量。

8.1 基于知识图谱的课堂辅助教学

8.1.1 知识图谱赋能课堂辅助教与学效果提升

知识工程旨在将人类的知识和推理能力赋予机器解决实际问题。知识工程发展到大数据时代的代表性技术就是知识图谱。知识图谱的概念最早由谷歌公司于 2012 年提出，目的是提高搜索引擎的智能化水平，后来被广泛应用于各个领域，如教育、医疗、旅游、电商等。知识图谱是一种大规模语义网络，富含概念、实体及各种语义关系，是 AI 的基础设施之一，是各类知识的重要载体，是实现认知智能的基石。

在教育领域中，知识图谱将碎片化、分散式的教育资源与相关实体关联成一张巨大的语义网络，为教育的智能化应用提供知识支撑，这就是教育知识图谱。教育知识图谱通过语义网络的形式表达和沉淀了传统教育教学过程中所涉及的课程知识、教学知识、学科知识、百科知识、语言知识等。教育知识图谱侧重于实现教育相关的实体或资源的关联，包括知识点之间的语义关联，知识点与学习资源之间的语义关联，知识点与术语、公式、图表等各种表达形式之间的语义关联，知识点构成的概念层级关系及与师生（甚至机构）相关的语义关联等。

知识图谱相关技术方法主要包括知识抽取、知识表示、知识融合和知识推理等。本书将在实践环节介绍一些常见相关构建技术与应用方法[5]。

1. 知识图谱如何赋能课堂教学的智能化

知识图谱是实现教育智能化的关键基础设施，是教育智能化实现的重要技术工具。从知识图谱课堂教与学应用视角来看，其辅助教学的重要作用主要体现在以下几方面。

（1）知识图谱赋能课堂教学大数据智能化处理

课堂教学是教育的核心环节，也是教育大数据的重要来源。课堂教学大数据包含了丰富的教学资源、教学行为、教学效果等信息，是从“数据”到“知识”的萃取过程的基础。知识图谱作为一种语义化的知识网络，可以将分散在不同数据源中的课堂教学大数据进行整合、关联和表示，实现数据的智能化处理。从数据整合的角度来看，课堂教学大数据具有 5V 特点，需要通过统一标准和规范进行融合，这样才能保证分析结果的精准性。然而，当前的课堂教学大数据缺乏统一的数据模式和语义化的融合方式，“数据孤岛”“数据烟囱”等问题依然突出。因此，亟需一种灵活可扩展、智能自适应的数据模式，对现有数据进行多维度深度融合。知识图谱作为一种轻量级的数据模式，具有语义关联、动态可扩展的能力，能够在一定程度上实现多源异构数据统一建模与管理。从数据分析与挖掘的角度来看，对于课堂教学中涉及的文本、视频等非结构化数据，传统文本挖掘算法（文本分类算法、潜在语义分析算法等）以及 RNN、CNN 等深度学习模型，由于缺乏语境上下文以及领域知识，其分析效果欠佳。这就需要借助知识图谱提供的教育领域知识，进一步提升性能。此外，当前“数据驱动”的方法严重依赖数据本身的特征，缺乏领域知识和专家经验的融入。而通过知识图谱提供的先验知识去赋能课堂教学大数据的分析挖掘，能够增强机器学习算法的学习能力，提高机器的认知水平，实现“数据”与“知识”双向驱动的智能化处理。这使得系统能够有效解决因果判断、溯因推理和决策规划等复杂问题。

（2）知识图谱赋能碎片化课堂教学资源高效聚合

课堂教学是典型知识密集型应用场景，各类学科知识、教学知识、专业知识在教育的各环节密集呈现、相互交织，但目前学习资源面临着分散无序、知识碎片、共享困难、关联缺失等严重问题，学习资源的语义化聚合是目前教育技术急需解决重要现实问题之一。知识图谱以其语义化关联、智能组织聚合的能力，为机器理解复杂的学习资源和构建知识语义网络提供了新的思路，为实现海量课堂教学资源组织、表征与管理提供了重要基础。知识图谱之于学习资源的作用，主要体现在以下两个方面。

1）面向知识组织的学习资源语义化关联。目前，在线学习平台通常采用“资源-索引-元数据”的模式来组织学习资源，无法根据学习者现有的知识结构或认知水平，为其推荐最切合的学习资源。通过利用知识图谱对学习资源进行知识化标引和链接，建立以知识为中心的资源语义关联模式，使得非结构化的学习资源通过结构化、知识化的加工，成为有语义关联关系的知识对象，实现从内容资源到资源图谱的转化，为学习者提供了可重组、可融合、可创生的知识体系[6]。此外，知识图谱还将资源使用记录与学习者个性特征、知识状态进行关联，能够为学习者提供更加个性化的资源服务[7]。

2）融合多模态课堂资源，构建跨媒体课堂教学知识图谱。在不同环境下利用多媒体通道进行多模态学习，成为人类学习的主流模式，也是信息加工理论、多媒体学习认知理论倡导的知识建构方式，这使得学习资源逐渐从单一有限的媒体资源，向海量多源的异构媒体资源演进。而如何将语言、视觉、听觉等不同类型的媒体资源融合，对现实世界中的知识进行统一的语义表征、关联理解，是亟待解决的问题。跨媒体知识图谱通过视、听、语言等感知算法，来分析、挖掘跨媒体中的知识，对来源于不同媒体的实体对象进行语义关联，为解决学习资源聚合问题提供了新的技术支撑。

（3）知识图谱赋能课堂教学服务智能化

知识与推理是一个智能系统的核心要素。作为教育知识的载体，教育知识图谱是教育知识引擎的核心部件，是教育智脑的重要构成，是实现各种智能化教育信息服务的基础。知识图谱为课堂知识语义搜索、课堂师生画像支持、课堂教学智能推荐、课堂学习路径规划、课堂教学评估、课堂教育机器人等一系列智能服务提供不可或缺的知识支撑。

课堂知识语义搜索：通过利用知识图谱中的实体和关系，可以实现对教学资源的语义化检索，而不仅仅是基于关键字或元数据的匹配。例如，当用户搜索“唐代五言绝句”时，知识图谱可以根据上下文判断用户意图，并可以返回与之相关的作者、作品、背景等信息，提供相应的信息摘要、图片、链接等，而不仅仅提供包含这些字眼的文本。

课堂师生画像支持：个性化教学、精准化服务建立在学生的学情画像、教师的技能画像的基础上。而对教师和学生的画像建立在学习资源、教学素材的画像基础之上。借助知识图谱的标签挖掘技术，可以从教育素材和资源中自动挖掘或生成大量的优质标签。教育知识图谱和标签体系可以增强知识点或者教学资源的语义描述，进而提升教师和学生画像的完整性与精度，精准感知与刻画学情态势，为个性化的资源推荐、学习路径推荐等提供支撑，助力自适应性教学。

课堂教学智能推荐：通过利用知识图谱中的用户画像和行为分析，可以实现对教学资源的智能化推荐，而不仅仅是基于协同过滤或内容相似度的推荐。例如，根据用户已经学习过或感兴趣的知识点，可以推荐与之相关或补充的其他知识点或资源。

课堂学习路径规划：通过利用知识图谱中的知识结构和层级关系，可以实现对教学资源的优化组织和排序，形成合理有效的学习路径。例如，根据用户当前的认知水平和目标，可以规划出从易到难、从浅到深、从基础到拓展的适合用户自主学习或辅助教师授课的资源序列。

课堂教学评估：通过利用知识图谱中的知识点和考题的关联，可以实现对教学效果的客观评估和反馈。例如，根据用户在不同类型和难度的考题上的表现，可以评估用户对不同知识点的掌握程度和理解深度，为用户提供针对性的学习建议或教学改进方案。

课堂教育机器人：知识图谱可以帮助课堂教育机器人理解和组织知识。知识图谱是一种大规模的语义网络，这种结构化的形式对人类和机器都很友好，方便机器理解。图谱中大规模的概念、属性和实体之间的关系，使其具有丰富的语义信息和关联信息。因此，知识图谱可以用来支持教育机器人进行推理、规划和其他人类所独有的认知能力。

单纯依靠深度学习技术的智能教育，存在着黑箱问题和不可解释问题，而知识图谱恰恰弥补了这些缺陷，它以知识为核心来驱动智能教育的发展。知识图谱作为智能教育从“感知智能”阶段向“认知智能”阶段发展的基础，能够为教育大数据的智能化处理、教学资源的语义化聚合、智慧教学的优化、学习者画像模型构建、适应性学习诊断、个性化学习推荐、智能教育机器人等教育应用等方面，提供技术支撑。

2. 知识图谱赋能课堂教与学挑战与趋势

知识图谱作为一种新兴的教育技术，为课堂教与学提供了新的可能性和机遇，但同时也面临着一些挑战和问题，需要进一步研究和探索。基于现有研究，知识图谱赋能课堂教与学的挑战与趋势主要包含以下四个方面[8]。

（1）知识图谱构建的质量和效率问题

知识图谱的构建是一个复杂且耗时的任务，涉及多种技术方法和多个步骤。目前，知识图谱的构建还依赖于大量的人工参与和专家审核，难以实现自动化和智能化。此外，由于教育领域的知识具有多样性、动态性和不确定性等特点，如何确保知识图谱的质量和时效性是一个亟待解决的问题。因此，提升知识图谱构建的质量和效率是未来研究的关键方向。

（2）知识图谱应用的可解释性和可信赖性问题

知识图谱作为智能化教育服务的工具，其应用需要向用户提供清晰和可信的结果。然而，现有的知识图谱应用在解释推理过程和结果方面存在不足，这使得用户难以理解其内部逻辑和依据。同时，由于知识图谱中可能存在信息不完整、不准确或不一致问题，其应用结果可能会有误差或偏差。因此，增强知识图谱应用的可解释性和可信赖性是未来研究的另一个重点。

（3）知识图谱评估的标准和方法问题

知识图谱需要有一套评估标准和方法来衡量其在教育领域的有效性和影响力。目前，缺乏一个系统化、科学化和规范化的评估体系，这使得对知识图谱进行全面、客观和公正的评价变得困难。鉴于知识图谱涉及的技术方法多样，应用场景广泛，设计合适的评估指标和方法是一个挑战。建立一个全面多维的评估体系是未来研究的重要方向。

（4）知识图谱创新与融合的空间和方向问题

知识图谱作为一种跨学科、跨领域、跨媒体和跨平台的技术手段，具有巨大的创新和融合潜力。在技术层面，可以探索将深度学习、强化学习、迁移学习等技术与知识图谱结合起来，以提升知识图谱的表达、推理和自适应能力。在应用层面，将知识图谱与 VR、AR、情感计算等技术结合，可以增强其交互性、沉浸感和情感感知能力。在教育层面，将知识图谱与教育理论、教育模式、教育策略相结合，可以提高其教育价值、效果和创新性。发挥知识图谱在这些方面创新与融合的潜力，是未来研究的一个重点。

综上所述，知识图谱赋能课堂教与学是一种具有前瞻性和战略性的教育技术创新，为实现教育智能化、个性化和优质化提供了新的思路和手段。然而，知识图谱在教育领域的应用还处于起步阶段，还需要在技术、应用、评估和创新等方面进行深入的研究与探索，以期为教育事业的发展做出更大的贡献。

8.1.2 知识图谱赋能教学智能化实践——以基于知识图谱的教学辅助系统为例

本部分以知识图谱赋能课堂智能教学应用实践为例，介绍基于多模态知识图谱的智能课堂教学辅助系统设计与应用。通过采用多种 AI 技术完成教学数据处理，并利用知识图谱将多源异构数据融合，形成多模态知识图谱。最后，通过知识图谱的关系属性完成多种智能教学辅助服务的构建与应用实践。

1. 多模态课堂教学知识图谱定义与构建

为了实现基于知识图谱的智能课堂教学，要先建立一个包含教学领域知识和数据的多模态课程教学知识图谱。这一部分主要包括以下几个步骤：定义多模态知识图谱的结构，获取和处理文本数据，抽取多模态知识，以及存储三元组关系数据和构建知识图谱[9]。

多模态知识图谱（multi-modal knowledge graph，MMKG）有两种常见的定义方式：一种是将多模态数据作为实体或概念的属性值；另一种是将多模态数据作为知识图谱中的实体。其形式化表示如下：

$$\mathrm{MMKG}=\left(\mathbf{head},\boldsymbol{R},\mathbf{tail}\right) \quad （式 8.1）$$

$$\mathbf{head},\mathbf{tail}\in \boldsymbol{V}_x \quad （式 8.2）$$

$$\boldsymbol{V}_x\in \boldsymbol{V}_{\text{audio}},\boldsymbol{V}_{\text{video}},\boldsymbol{V}_{\text{text}} \quad （式 8.3）$$

多模态数据因其丰富性和复杂性在构建知识图谱时扮演着关键角色。本系统以“数据结构算法”课程为例，将知识实体划分为算法、结构、概念术语和公式四大类别。这些实体间的关系则被细分为包含、前驱、同一、兄弟和相关五种类型。实体的属性则涵盖了细粒度多源音视频、学生学情和题库等数据。在构建课程教学知识图谱的过程中，DeepKE 工具被用于知识抽取，其文本数据主要来源于实验教材、课后习题和课程网页等。知识抽取的核心任务包括从文本中识别和提取实体与关系，并以三元组形式表达这些知识。这包括命名实体识别和关系抽取两个关键步骤。利用 DeepKE 工具，可以训练实体关系抽取模型，并对不同类型的关系进行分类。抽取得到的三元组数据将被存储在 Neo4j 图数据库中，通过 Python 语言与 Neo4j 数据库建立连接，并运用三元组的存储逻辑来保存这些数据。然而，基于文本模态构建的知识图谱只能展现知识间的逻辑联系，为了丰富知识锚点的信息量，必须对多种模态数据进行处理和聚合。具体到数据的处理和聚合方法，主要包括以下三种类型。

（1）课程教学视频处理与聚合

通过应用 PaddleOCR 技术，可以从视频帧中提取文字并转换为文本数据。随后，通过识别文本中的关键词并比较连续视频帧之间的文本相似度，可以确定两帧是否描述同一知识点或 PPT 页面。相似度超过设定阈值的帧被认为是同一知识点的描述。利用这种方法，可以准确捕捉到视频中 PPT 的切换时间点。根据这些时间点切割音频文件，并通过语音识别技术转换成文本。这些文本随后与视频段关联，以提供视频内容的文本描述，进一步提取文本核心关键词并链接到已有的知识图谱中。

（2）课堂学情数据处理与聚合

利用深度学习模型（如 YOLO）可以自动检测和识别学生在课堂上的行为。课堂视频被切分成多个片段，并上传至云端进行行为分析，记录学生的各种行为，如睡觉、吃零食、玩手机、记笔记和举手等。通过视觉语言模型，可以将学生的上课行为与知识点相关联，量化学习情况，并构建针对知识点的考核评价指标。这种综合分析有助于评估学生对各个知识点的掌握程度，为教师提供及时反馈。

（3）习题数据处理与聚合

习题数据的处理与聚合也是知识图谱构建的一部分。TF-IDF 算法被用于构建概念词的词频矩阵，实现题文本的分类链接。TF-IDF 算法通过计算单词在特定文档中出现的频率及其在所有文档中出现的频率的逆，来评估单词与文档的相关性。高 TF-IDF 值的单词与文档的相关性更强，有助于增强查询检索的效果。习题数据被存储在 MongoDB 数据库中，而 TF-IDF 处理得到的概念实体及其在 Neo4j 知识图谱中的 ID 值作为键值对存入 MongoDB 表中。通过将 Neo4j 中的 ID 值作为 MongoDB 表的 ID 值，实现了两个数据库的有效绑定。

2. 基于知识图谱的教学辅助核心模型建立

为了利用多模态知识图谱实现智能课堂教学辅助，要建立一些核心模型来完成知识图谱的查询、推理、分析和应用等功能。这一部分主要包括以下几个方面：多模态教育知识图谱的表示学习、推理和补全、可视化和交互，以及基于多模态教育知识图谱的智能教学服务。

（1）多模态教育知识图谱的表示学习

多模态教育知识图谱的表示学习是指通过机器学习方法，将教育领域的知识图谱（包含文本、图像、音频、视频等多模态数据）中的实体（如概念、试题、教学资源）和关系（如“属于”“考查”“关联”）映射到低维向量空间，从而捕捉其语义和跨模态关联的技术。常见的表示学习方法有基于翻译的方法、基于神经网络的方法和基于图神经网络的方法等。使用基于图神经网络的方法来学习多模态知识图谱的表示，能够有效地捕捉实体和关系之间的复杂依赖关系，以及不同模态之间的互补信息。在实践中，可以使用一个多头自注意力机制来聚合邻居实体和关系的信息，然后使用一个门控机制来融合不同模态的特征，最后使用一个非线性变换层来输出实体和关系的向量表示。此过程可以用以下公式进行描述：

$$\boldsymbol{h}_i^{(l+1)} = \sigma\left(\sum_{r\in R}\sum_{j\in N_r(i)} \alpha_{ijr}^{(l)} \boldsymbol{W}_r^{(l)} \boldsymbol{h}_j^{(l)} + \boldsymbol{W}_0^l \boldsymbol{h}_i^l\right) \tag{式 8.4}$$

$$\alpha_{ijr}^{(l)} = \frac{\exp\left(\text{LeakyReLU}\left(\boldsymbol{a}_r^T \left[\boldsymbol{W}_r^{(l)} \boldsymbol{h}_i^{(l)} \parallel \boldsymbol{W}_r^l \boldsymbol{h}_j^l\right]\right)\right)}{\sum_{k\in N_r(i)\cup i} \exp\left(\text{LeakyReLU}\left(\boldsymbol{a}_r^T \left[\boldsymbol{W}_r^{(l)} \boldsymbol{h}_i^{(l)} \parallel \boldsymbol{W}_r^l \boldsymbol{h}_j^l\right]\right)\right)} \tag{式 8.5}$$

$$\boldsymbol{h}_i = \text{Gate}\left(\boldsymbol{x}_i, \boldsymbol{v}_i, \boldsymbol{s}_i\right) = \sigma\left(\boldsymbol{x}_i + \boldsymbol{v}_i + \boldsymbol{s}_i\right) \tanh \odot \left(\boldsymbol{x}_i\right) \tag{式 8.6}$$

其中，$\boldsymbol{h}_i^l$ 表示第 l 层的实体或关系 i 的向量表示，R 表示关系类型集合，$N_r(i)$ 表示与实体 i 保持关系 r 相连的邻居实体集合，$\alpha_{ijr}^{(l)}$ 表示第 l 层的注意力权重，$\boldsymbol{W}_r^{(l)}$ 和 $\boldsymbol{a}_r$ 表示第 l 层的关系 r 对应的变换矩阵和注意力向量，σ 表示激活函数，$\parallel$ 表示向量拼接操作。$\boldsymbol{x}_i$、$\boldsymbol{v}_i$ 和 $\boldsymbol{s}_i$ 表示实体 i 的文本、图像和音频特征，Gate 表示门控机制，$\odot$ 表示向量点乘操作。

（2）多模态教育知识图谱的推理和补全模型

知识图谱的推理和补全是指根据已有的知识图谱中的事实，推断出缺失或不确定的事实，从而增强知识图谱的完整性和可靠性。推理和补全的方法多种多样，包括基于逻辑的方法、基于概率的方法，以及基于表示学习的方法等。在实践中，基于表示学习的方法被用来进行多模态知识图谱的推理和补全。这种方法的优势在于能够使用学习到的向量表示，来计算实体与关系之间的语义相似度或逻辑一致性，进而预测可能存在但尚未明确的事实。具体实施时，采用双线性函数来计算头实体、尾实体以及关系之间的得分。随后，通过设定阈值或应用排序函数，筛选出那些具有高置信度的潜在事实。这一推理和补全过程可以概要描述如下：

$$f\left(\boldsymbol{h}, r, t\right) = \boldsymbol{h}^T \boldsymbol{M}_r t \tag{式 8.7}$$

$$\hat{y} = \begin{cases} 1, & \text{if } f\left(\boldsymbol{h}, r, t\right) \geqslant \theta \\ 0, & \text{otherwise} \end{cases} \tag{式 8.8}$$

其中，$f\left(\boldsymbol{h}, r, t\right)$ 表示头实体 $\boldsymbol{h}$、关系 r 和尾实体 t 构成的三元组的得分，$\boldsymbol{M}_r$ 表示关系 r 对应的双线性矩阵，$\hat{y}$ 表示是否存在于知识图谱中的预测值，θ 表示阈值。

（3）多模态教育知识图谱的可视化和交互机制

知识图谱的可视化和交互是指将知识图谱中的信息以直观和友好的方式呈现给用户，并提供一些交互功能来满足用户不同的需求。常见的可视化和交互方法有基于节点-链接图的方法、基于表格或列表的方法和基于自然语言对话的方法等。使用基于自然语言对话的方法来进行多模态知识图谱的可视化和交互，因为它能够让用户以自然语言提出问题或反馈意见，并以自然语言回答或反馈结果，从而降低用户使用难度，并提高用户满意度。具体实施时，可以部署一个基于深度神经网络的问答系统，该系统负责处理用户的输入，并依据多模态知识图谱中存储或计算得到的信息来生成相应的回答。可以用以下公式来描述这个过程：

$$\boldsymbol{q} = f_{\text{encode}}\left(\boldsymbol{x}\right) \tag{式 8.9}$$

$$\boldsymbol{a} = f_{\text{decode}}\left(\boldsymbol{q}, \boldsymbol{K}\right) \tag{式 8.10}$$

其中，$\boldsymbol{x}$ 表示用户输入的问题，$\boldsymbol{q}$ 为问题的向量表示，$f_{\text{encode}}(\cdot)$ 表示编码器函数，$\boldsymbol{a}$ 表示回

答，$\boldsymbol{K}$ 表示多模态知识图谱中相关的信息，$f_{\text{decode}}(\cdot)$表示解码器函数。

（4）基于多模态教育知识图谱的智能教学服务

基于多模态教育知识图谱的智能教学服务旨在通过图谱中蕴含的信息为教师和学生提供智能化的教学辅助工具。这些工具包括但不限于教案生成、智能组卷、智能学情分析等功能。深度学习方法在提供基于知识图谱的智能教学服务中显示出巨大潜力，其能够充分利用多模态知识图谱中丰富的信息内容，结合学生的学习行为和反馈数据，进行精准的教学分析和决策。例如，在智能组卷服务中，系统可以根据学生的知识点掌握情况和难度偏好，生成符合其水平的试卷。智能组卷的概要过程可以通过以下公式进行描述：

$$p_{ij} = \text{Softmax}\left(\text{GNN}\left(\boldsymbol{h}_i, \boldsymbol{A}\right) f_{\text{encoder}}\left(\boldsymbol{A}\right)^T\right) / \tau \quad \text{（式 8.11）}$$

$$x_{ij} = f_{\text{decoder}}\left(p_{ij}\right) \quad \text{（式 8.12）}$$

其中，$\text{GNN}(\boldsymbol{h}_i, \boldsymbol{A})$表示知识追踪图神经网络根据学生 i 的历史答题数据 $\boldsymbol{h}_i$ 和知识图谱中的实体和关系之间的邻接矩阵 $\boldsymbol{A}$ 得到学生对学科知识的掌握情况用以自适应控制难度。$f_{\text{encoder}}(\boldsymbol{A})$则是知识图谱得到编码加工提取学科知识信息和难度情况。通过聚合以上两者的信息可以得到为学生 i 出题难度为 j 的概率 p_{ij}。使用文本解码器 f_{decoder} 对概率进行解码，并配合试题采样技术，得到最终为学生 i 生成的难度为 j 试题 x_{ij}。

3. 基于知识图谱的教学辅助系统设计与实现

（1）教学辅助系统设计

基于知识图谱的教学辅助系统功能架构如图 8.1 所示，其主要包括教育多模态知识图谱模块、学生学情智能分析模块、生成试卷指标评估模块、自动生成试卷优化模块，教案自动生成模块，其他常用系统管理和可视化模块在这里不作介绍，下面简要介绍上述这些模块设计。

教育多模态知识图谱模块：这个模块负责构建和维护多模态教育知识图谱，包括从不同来源和形式的教育数据中抽取实体及关系，以及利用机器学习技术进行知识图谱的表示学习、推理和补全等。这个模块为后续的自动生成试卷优化服务、教案自动生成提供了丰富和可靠的知识资源。

学生学情智能分析模块：该模块负责根据学生的历史答题数据，利用基于作答记录的可解释知识追踪技术，评估学生对不同知识点的掌握程度，并生成学生的知识状态向量，完成学生知识掌握学情分析。这个模块为后续的智能组卷和教案自动生成服务提供了精准和个性化的学生学情画像。其主要过程公式如下：①$\boldsymbol{a}_t = f_{\text{enc}}(x_t)$，表示将第 t 次作答数据 x_t 编码为向量 $\boldsymbol{a}_t$；②$\boldsymbol{s}_t = f_{kt}(\boldsymbol{s}_{t-1}, \boldsymbol{a}_t, A)$，表示根据上一次的知识状态向量 $\boldsymbol{s}_{t-1}$ 和当前的作答向量 $\boldsymbol{a}_t$ 以及知识图谱的邻接矩阵 A 更新当前的知识状态向量 $\boldsymbol{s}_t$；③$\boldsymbol{y}_t = f_{\text{pred}}(\boldsymbol{s}_t, x_t, \boldsymbol{\theta})$，表示根据当前的知识状态向量 $\boldsymbol{s}_t$ 和当前的作答数据 x_t 以及基于多维项目反应理论的参数矩阵 $\boldsymbol{\theta}$ 预测下一次的作答结果向量 $\boldsymbol{y}_t$，其表示将第 t 次作答数据 x_t 编码为向量 $\boldsymbol{a}_t$。

生成试卷指标评估模块：评估模块负责根据教师和学生的需求，利用多模态知识图谱中的信息，生成试卷指标，包括试卷难度、覆盖度、平衡度、区分度等，并根据试卷指标计算试卷得分。这个模块为后续的智能组卷服务提供了合理和有效的评价标准。其主要过程公式

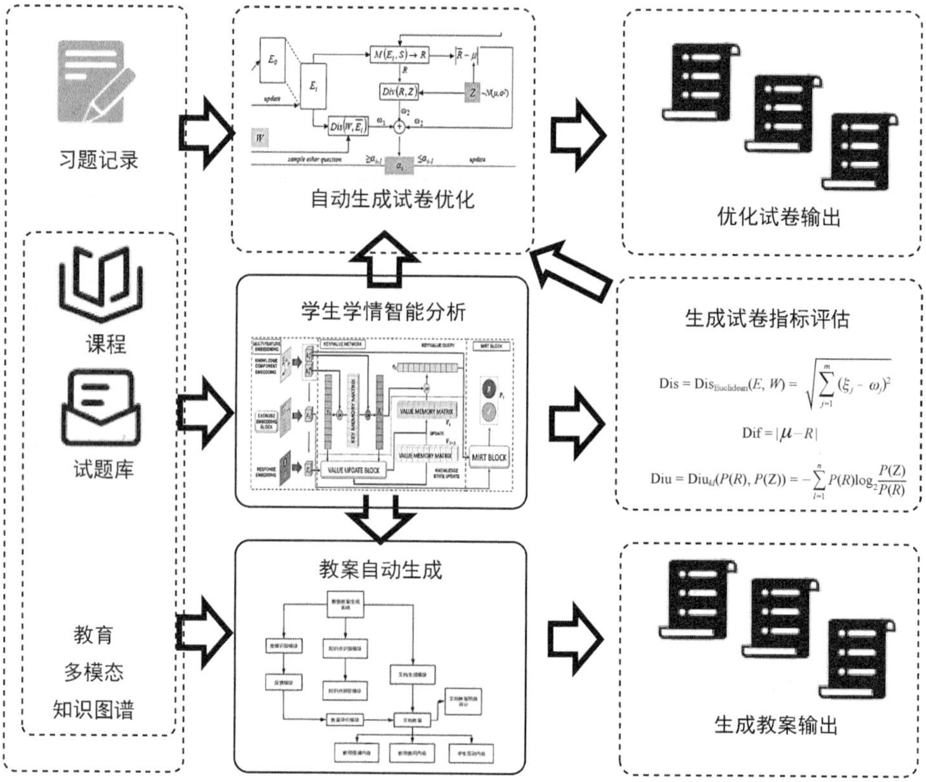

图 8.1　基于知识图谱的教学辅助系统功能架构

如下：① $d=f_d\left(T,\theta\right)$ 表示根据试题集合 T 和基于多维项目反应理论的参数矩阵 θ 计算试卷难度指标 d；② $c=f_c\left(T,\Omega\right)$ 表示根据试题集合 T 和知识点集合 Ω 计算试卷覆盖度指标；③ $b=f_b\left(T,\Omega\right)$ 表示根据试题集合 T 和知识点集合 Ω 计算试卷平衡度指标；④ $r=f_r\left(\boldsymbol{Y},\boldsymbol{Y}'\right)$，表示根据预测的作答结果矩阵 $\boldsymbol{Y}$ 和标准作答结果矩阵 $\boldsymbol{Y}'$ 计算试卷的区分度指标，用于衡量试卷能够区分不同水平学生的能力。

自动生成试卷优化模块：该模块负责根据试卷指标和智能学情分析结果，利用变分自编码器技术，生成适合学生水平和教学目标的试题，并根据试题在多模态知识图谱中的关联性进行试题排序和布局。这个模块为后续的智能组卷服务提供了优质和高效的试题生成方案。其过程主要公式如下：① $\boldsymbol{z}=f_{\text{enc}}\left(\boldsymbol{s},\boldsymbol{d}\right)$ 表示将学生的知识状态向量 $\boldsymbol{s}$ 和试卷的难度指标 $\boldsymbol{d}$ 编码为隐变量向量；② $\hat{T}=f_{\text{dec}}\left(\boldsymbol{z}\right)$ 表示将隐变量向量 $\boldsymbol{z}$ 解码为试题集合 $\hat{T}$；③ $T^*=f_{\text{sort}}\left(\hat{T},\Omega,\boldsymbol{A}\right)$ 表示根据试题集合 $\hat{T}$ 和多模态知识图谱中的知识点集合 Ω 和邻接矩阵 $\boldsymbol{A}$ 对试题进行排序和布局，得到最终的试卷 T^*。

教案自动生成模块：该模块利用知识图谱中的知识结构和层级关系，根据教学目标和教学时长，自动规划出合理有效的教学内容和顺序，形成教案草稿，这过程需要使用知识图谱表示学习模块得到的实体和关系的向量表示，以计算不同知识点之间的语义相似度或逻辑一致性，从而优化教学内容的选择和排序，该过程可以表示为：

$$\max_p f\left(p\right)=\alpha\cdot g\left(p\right)+\beta h\left(p\right)\ \ \text{s.t. } c\left(p\right)\leqslant T \qquad (式 8.13)$$

其中，p 表示教案路径，即一个由知识点组成的序列；$f\left(p\right)$ 表示教案路径的评价函数，由两部分组成：$g(p)$表示路径中已包含的知识点对教学目标的覆盖程度；$h(p)$表示路径中未包含的知识点对教学目标的潜在贡献度；α 和 β 是权重参数；$c(p)$ 表示路径中所有知识点所需的教学时间；T 是给定的教学时长。同时调用如下最短距离发现函数：

$$\min_{p} d(p,q),\ \text{s.t.}\ c(p) \leqslant T \quad \text{（式 8.14）}$$

其中，p 表示调整后的教案路径；q 表示教师期望的教案路径；$d(p,q)$ 表示两个路径之间的距离函数，用来衡量调整后的教案与期望教案之间的差异；$c(p)$ 和 T 的含义与上述相同。

（2）系统开发实现

1）开发工具。本系统使用了以下主要开发工具。

PyTorch：PyTorch 是一个基于 Python 的深度学习框架，提供了灵活、高效、易用的深度神经网络构建和训练功能。本系统使用 PyTorch 实现了多模态知识图谱的表示学习、推理和补全模型，以及基于作答记录的可解释知识追踪模型、变分自编码器模型等。

Neo4j：Neo4j 是一个基于图数据库的管理系统，提供了高效、可扩展、易查询的图数据存储和操作功能。本系统使用 Neo4j 构建和维护多模态教育知识图谱，以及提供基于 Cypher 语言的图数据查询接口。

Django：Django 是一个专注于 Web 应用开发的开源框架，其包含许多开箱即用的用户身份验证、内容管理等任务，且支持上述任务应用的用户自定义扩展，进而满足繁重的流量需求。此外还可以实现 ORM 快速映射，账户权限管理和密码安全管理等。Django 主要用于设计与开发本节原型服务的后台功能应用逻辑，如管理、试题管理、模型参数管理等。

Vue.js：Vue.js 是一个基于 JavaScript 的渐进式 Web 应用框架，提供了响应式、组件化、易维护的 Web 应用开发功能。本系统使用 Vue.js 搭建了基于知识图谱的教学辅助系统的 Web 前端界面，以及提供了基于自然语言对话的可视化和交互功能。

2）开发流程。本系统遵循敏捷开发的原则，采用迭代式、增量式、协作式、反馈式的开发流程。整个过程分为几个关键阶段。

需求分析：这一阶段涉及与教师的深入沟通，目的是理解他们对教学辅助工具的具体需求和期望。通过收集和整理这些用户需求，以确定系统所需的功能和性能指标。

设计与实现：此阶段依据需求分析的结果，进行教学辅助核心模块的设计和实现。可利用 PyTorch 框架实现一系列机器学习模型，同时使用 Neo4j 图数据库来存储和查询多模态知识图谱中的数据。

测试与评估：此阶段对教学辅助系统进行全面的功能测试和性能测试，同时进行用户体验评估。通过使用不同规模和领域的教育数据集，检验系统的正确性和效率。此外，邀请教师和学生参与用户调查和反馈，以此来评估系统的可用性和用户满意度。

4. 系统部分功能展示及应用效果

基于知识图谱的教学辅助系统是一个利用多模态知识图谱提供智能课堂教学辅助功能的平台，包括教案生成、智能组卷、智能学情分析等。下面介绍系统的部分功能和应用实践效果。

（1）系统功能展示

1）教案生成：系统依据知识图谱中的知识点和它们之间的关系，实现自动化生成教案的功能。该过程开始于教师输入教学目标和预期难度，系统据此从知识图谱中筛选合适的知识点，并逻辑性地进行排序。继而，系统依据与知识点相关的多模态数据，比如文本、图像和音频等，来创建教学内容和方法，并提供相应的资源链接。最终，系统依据习题数据，制定教学评价和反馈机制，并提供题目的答案与解析。其系统界面如图 8.2 所示。

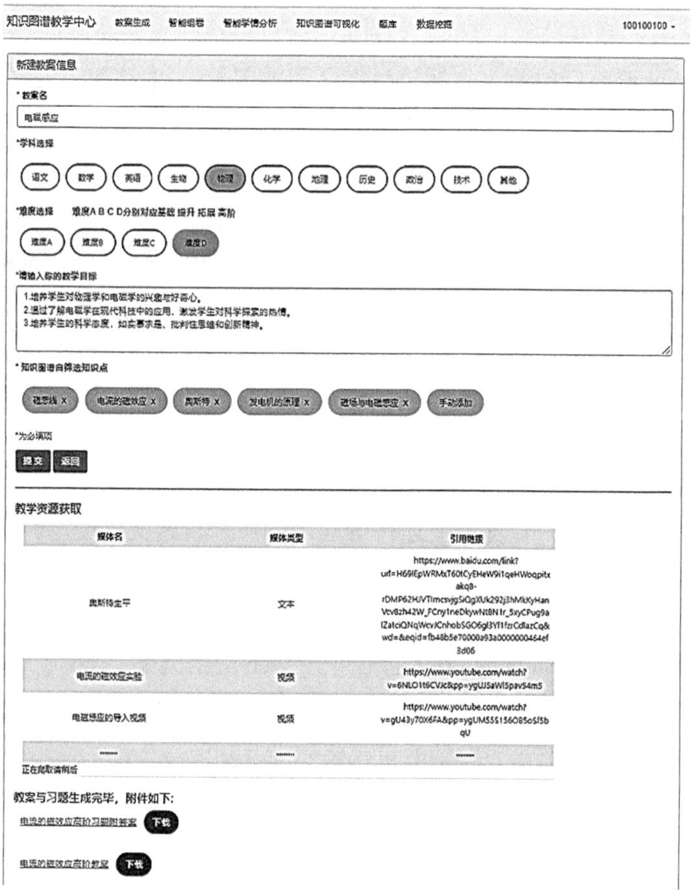

图 8.2 教案生成界面

2）智能组卷：如图 8.3 所示，这部分展示了如何根据知识图谱中的知识点和难度，自动生成一份数据结构试卷。系统根据知识图谱定义的知识点难度，自动生成数据结构的试卷。首先，系统根据教师设定的考试目标和难度，挑选合适的知识点，并基于覆盖度、平衡度和区分度等标准进行试题分配。随后，系统利用变分自编码器技术，根据习题数据生成符合学生能力和教学目标的试题，同时考虑知识图谱中试题间的关联性，对试题进行排序和布局。最后，系统依据每个试题的答案和解析，制定出试卷的答案和评分标准。

3）智能学情分析：通过教学全过程可解释知识追踪评估学生认知状态。系统能够可视化展示学生在各知识点上的优势和不足，并提供定制的复习计划和资源推荐。这一环节旨在为学生提供个性化的学习支持，帮助他们更有效地掌握课程内容。这部分的系统界面如图 8.4 所示。

（2）应用效果情况

在进行基于知识图谱的教学辅助系统的应用实践中，我们发现该系统能够有效地帮助教师提高教学效率和质量，帮助学生提高学习兴趣和效果（表 8.1）。具体来说，应用效果主要体现在以下几个方面。

图 8.3　智能组卷界面

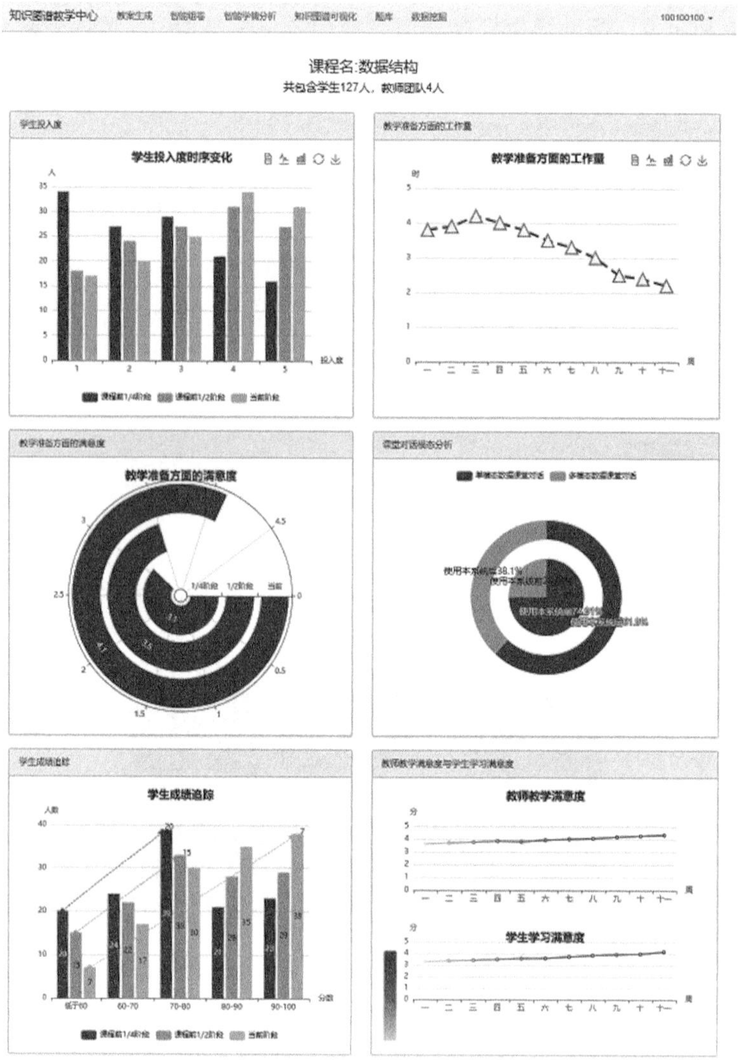

图 8.4　智能学情分析界面

表 8.1　基于知识图谱的教学辅助系统的应用实践效果情况

指标分类	应用系统前	应用系统后	变化描述
教学准备时间	3.8 小时/每周	2.2 小时/每周	教师每周教学准备时间显著缩短
教师满意度（满分 5 分）	3.4 分	4.1 分	教师对教学准备的满意度提升
多模态数据使用	25%	38%	课堂对话中多模态数据使用比例提高
单一模态数据使用	75%	62%	课堂对话中单一模态数据使用比例下降
学生平均分	78 分	86 分	A 班级学生的平均分显著提高
优秀率（90 分以上）	18%	32%	学生优秀率显著提升
教师教学效果满意度（满分 5 分）	3.6 分	4.3 分	教师对自己教学效果和质量的满意度提高
学生学习效果满意度（满分 5 分）	3.3 分	4.1 分	学生对自己学习效果和质量的满意度提高

1）教学准备工作的简化。教师利用系统的教案生成和智能组卷功能，能够迅速根据知识图谱的信息，制定出符合教学目标和难度的教案和试卷。这一过程显著缩短了教师每周的

教学准备时间，从每周 3.8 小时降至 2.2 小时，同时，教师对于教学准备的满意度也有了显著提升，从 3.4 分上升至 4.1 分。

2）教学内容和方法的优化。系统提供的教案生成功能使教师能够依据知识图谱中的多模态数据，包括文本、图像和音频等，选择更适宜的教学内容和方法。课堂视频分析显示，使用系统后，课堂对话中涉及多模态数据的比例从 25%上升至 38%，而单一模态数据的对话比例则从 75%降至 62%，表明教师在教学中更多地利用了多模态数据。

3）学生学习效果的提升。学生通过智能组卷和智能学情分析功能，能够获得与自己水平和需求相匹配的习题，进而根据系统的反馈和建议调整学习计划。期末考试成绩的对比分析显示，使用系统后，A 班级的平均分从 78 分提升至 86 分，优秀率从 18%提高至 32%，反映出学生在数据结构的知识和能力上取得了明显进步。

4）教师与学生互动的增强。智能学情分析功能促进了教师与学生之间更紧密的互动，促进双方的交流与合作。学生也能够通过系统向教师提出反馈，促进双方的交流与合作。使用系统后，教师对教学效果和质量的满意度从 3.6 分提升至 4.3 分，学生对学习效果和质量的满意度则从 3.3 分上升至 4.1 分，双方都表现出对课堂教学更强的认同感和参与度。

8.1.3 知识图谱赋能学生学习实践——以基于知识图谱的个性化习题系统为例

本部分将课程知识与习题数据通过结构化和关联的方式整合到一起，构建起一个课程学科知识图谱。利用这个知识图谱，系统能够执行查询和推理操作，进而为每位学生提供量身定制的习题推荐服务以及智能化的评测。

1. 课程知识图谱构建与习题数据获取

为了实现基于知识图谱的个性化习题系统，首先需要先建立一个包含课程知识和习题数据的课程学科知识图谱。这一部分主要包括以下几个步骤：定义课程学科知识图谱的结构，获取和处理教材与习题数据，课程学科知识的抽取和存储。

（1）定义课程学科知识图谱的结构

课程学科知识图谱是一种用于表示和组织课程学科知识的结构化数据，它由实体、属性和关系三种基本元素组成。本文以“数据结构”这门课程为例，设计其对应的课程学科知识图谱，其主要流程如下。

首先，定义课程学科的核心概念类和关系类，如下所述：①概念类有四种：算法、结构、概念术语和公式。每种概念类都有一个唯一的标识符和一个名称属性。②关系类有五种：包含、前驱、同一、兄弟和相关。每种关系类都有唯一的标识符和两个实体作为参与者。

其次，利用教材、习题和网络资源中获取的文本数据，提取出概念类的实例、属性和约束条件等。如下所述：①实例是指具体的算法、结构、概念术语和公式，如“冒泡排序”“链表”“栈”“递归”等。每个实例都有唯一的标识符和一个名称属性。②属性是指描述概念类或实例的特征或信息，如“定义”“描述”“示例”“公式”等。每个属性都有唯一的标识符和一个值域。③约束条件是指限制概念类或实例之间关系的规则或条件，如“包含关系必须是传递的”“前驱关系必须是非对称的”等。

最后，将概念类、属性和关系整合在一起，形成“数据结构”课程的学科知识图谱。课程学科知识图谱是由实体和关系组成的多关系图，其中实体可以是概念类或实例，关系可以是关系类或实例，课程学科知识图谱中的每个三元组（头实体，关系，尾实体）表示一个事实或一个语义连接，如（冒泡排序，包含，交换操作）、（链表，前驱，数组）等。

（2）获取和处理教材与习题数据

为了构建“数据结构”的课程学科知识图谱，需要从教材、习题和网络资源中获取相关的文本数据，并进行预处理操作，包括分词、去停用词、提取特征等步骤。首先，以《数据结构（C 语言版）》这本教材作为主要的数据来源，从中提取出每个章节的标题、内容、小结、重点、难点等信息，并将其转换为文本格式。将每个章节的文本数据存储在一个 JSON 文件中，其中每个键值对表示一个文本段落，键是段落的类型，如“标题”“内容”“小结”等，值是段落的文本内容。第一章的 JSON 文件如下：


```
{#JSON
    "标题"："第一章绪论",
    "内容"："本章主要介绍了数据结构的基本概念和分类，以及算法的定义和特性。数据结构是指相互之间存在一种或多种特定关系的数据元素的集合..."，
    "小结"："本章首先讨论了数据结构的概念和分类，然后介绍了算法的定义和特性，最后简要分析了算法的效率和复杂度。通过本章的学习，可以掌握以下几个方面的内容:\n1. 数据结构的定义和分类方法。\n2. 数据结构的逻辑结构和物理结构。\n3. 算法的概念和特征。\n4. 算法效率的度量方法。\n5. 算法时间复杂度和空间复杂度的计算方法。"，
    "重点"："1. 数据结构的逻辑结构和物理结构。\n2. 算法效率的度量方法。\n3. 算法时间复杂度和空间复杂度的计算方法。"，
    "难点"："1. 算法时间复杂度和空间复杂度的计算方法。"
}
```


通过使用《数据结构（C 语言版）》附带的习题集作为主要的习题数据来源，从中提取出每个章节对应的选择题、填空题、判断题、简答题、编程题等类型的习题，并将其转换为文本格式。将每个章节的习题数据存储在一个 JSON 文件中，其中每个键值对表示一道习题，键是习题的编号，值是一个包含习题类型、题干、选项（如果有）、答案和解析（如果有）等信息的字典对象。第一章第一道选择题的 JSON 文件如下：


```
{#JSON
  "1"：{
  "类型"："选择题",
```

"题干"："以下哪个选项不属于数据结构的逻辑结构？"，
"选项"：{
"A"："线性结构"，
"B"："树形结构"，
"C"："顺序存储结构"，
"D"："图形结构"
}，
"答案"："C"，
"解析"："顺序存储结构属于数据结构的物理结构，而不是逻辑结构。"
}
}

此外，基于网络爬虫技术，从权威在线教育平台爬取与“数据结构”课程相关的文本数据，包括视频讲解、PPT 演示、笔记总结等信息，并将其转换为文本格式。将每个视频讲解的文本数据存储在一个 JSON 文件中，其中每个键值都表示一个视频段落，键是视频段落的编号，值是一个包含视频标题、视频内容、视频时长等信息的字典对象。

（3）课程学科知识的抽取和存储

在获取并处理好文本数据之后，需要从中抽取出“实体”和“关系”，并用三元组的形式表示知识。这涉及两个任务：命名实体识别和关系抽取。使用基于深度神经网络的方法来进行命名实体识别和关系抽取，因为它能够有效地捕捉文本中的语义信息和上下文信息。在进行命名实体识别时，基于双向长短期记忆网络（Bi-LSTM）和条件随机场（CRF）的序列标注模型，能够从文本中识别出算法、结构、概念术语和公式等四种类型的实体，并给它们打上相应的标签。例如，对于文本“冒泡排序是一种简单的排序算法”，该模型可以输出标签序列“B-算法 I-算法 O B-概念术语 I-概念术语 I-概念术语 O”。在进行关系抽取时，其使用了一个基于 GAT 的分类模型，能够根据两个实体之间的文本内容和依存关系，判断它们之间是否存在包含、前驱、同一、兄弟和相关等五种类型的关系，并给它们打上相应的标签。例如，对于文本“冒泡排序是一种简单的排序算法”，以及两个实体“冒泡排序”和“排序算法”，该模型可以输出标签“包含”。在抽取出实体和关系之后，通过使用三元组的形式来表示知识，即“（冒泡排序，包含，排序算法）”。在存储三元组数据时，以图数据库 Neo4j 作为存储平台，实现图结构数据的有效存储和查询。将实体映射为节点，将关系映射为边，将属性值映射为节点或边的属性。例如，对于三元组“（冒泡排序，包含，排序算法）”，可以在图数据库中创建以下节点和边：

```
CREATE（a：Algorithm {name："冒泡排序"，definition："一种简单的交换排序算法"}）
CREATE（b：Concept {name："排序算法"，definition："一种将一组数据按照特定顺序排列的算法"}）
```

```
CREATE（a）-[：CONTAINS]->（b）
```

2. 基于知识图谱的个性化习题推荐机制建立

在完成课程学科知识图谱的构建之后，需设计一个基于知识图谱的个性化习题推荐模型，它能够根据学生的知识掌握情况和习题的难度、知识点，从知识图谱中推荐适合学生水平和兴趣的习题。本部分主要包括以下几个方面：学生知识追踪模型、习题难度评估模型、习题知识点标注模型、习题推荐模型。

（1）学生知识追踪模型

学生知识追踪模型的作用在于，依据学生过往的答题记录，对其掌握各个知识点的情况进行动态评估，这为个性化习题推荐系统提供必要的参考。在构建此类模型时，可以采用多种不同的方法，包括基于概率图模型的方法、基于深度神经网络的方法，以及基于图神经网络的方法等。本次实践选择采用基于图神经网络的方法进行学生知识的追踪，该方法能够充分利用知识图谱中的结构和语义信息，同时结合学生答题数据中的时序性和反馈信息。具体实施时，可以应用结合门控图神经网络（Gated GNN）和 LSTM 的混合模型，以预测学生对各个知识点的掌握概率。此过程可以通过相应的数学公式进行描述：

$$\boldsymbol{p}_{t,i,j} = \sigma\left(\text{GatedGNN}\left(\boldsymbol{p}_{t-1,i:}, \boldsymbol{A}\right) + \text{LSTM}\left(\boldsymbol{x}_{t,i:}\right)\right) \quad \text{（式 8.15）}$$

其中，$\boldsymbol{p}_{t,i,j}$ 表示第 t 个时间步第 i 个学生对第 j 个知识点的掌握概率向量，GatedGNN 表示门控图神经网络函数，LSTM 表示长短期记忆网络函数，$\boldsymbol{A}$ 表示知识图谱中实体和关系之间的邻接矩阵，$\boldsymbol{x}_{t,i:}$ 表示第 t 个时间步第 i 个学生答题情况向量。

（2）习题难度评估模型

习题难度评估模型是指根据习题的文本内容和学生的答题数据，动态地评估习题的难度等级，从而为个性化习题推荐提供依据。在实现习题难度评估时，可以采取多种不同的方法，包括基于规则的方法、基于机器学习的方法，以及基于深度神经网络的方法等。本实践采用基于深度神经网络的方法对习题难度进行评估。这种方法的优势在于能够准确捕捉到习题文本中的语义和结构信息，同时分析学生答题数据中的统计特征和反馈信息。具体实施时，可以利用预训练模型（例如 BERT）结合 MLP 来预测习题的难度等级，其主要过程示例如下：

$$d_i = \text{MLP}\left(\text{BERT}\left(\boldsymbol{t}_i\right), \boldsymbol{c}_i, \boldsymbol{f}_i\right) \quad \text{（式 8.16）}$$

其中，d_i 表示第 i 个习题的难度等级，BERT 表示预训练模型，MLP 表示多层感知网络函数，$\boldsymbol{t}_i$ 表示第 i 个习题文本内容向量，$\boldsymbol{c}_i$ 表示第 i 个习题答对人数向量，$\boldsymbol{f}_i$ 表示第 i 个习题答错人数向量。

（3）习题知识点标注模型

习题知识点标注模型是指根据习题的文本内容和课程学科知识图谱，自动地标注习题所涉及的知识点，从而为个性化习题推荐提供依据。常见的习题知识点标注模型有基于规则的方法、基于机器学习的方法和基于深度神经网络的方法等。可以使用基于深度神经网络的方法来进行习题知识点标注，它能够有效地利用课程学科知识图谱中的结构信息和语义信息，以及习题文本中的语义信息和上下文信息。具体地，先将习题使用知识图谱转换成图结构，每个节点表示一个词或一个符号，每条边表示两个节点之间的语义关系。定义一个 GCN 层，接收一个图作为输入，聚合试题与知识点之间的拓扑结构和语义信息。然后定义一个 Attention 层，它可以接收 GCN 层的输出作为输入，并输出每个节点的注意力权重。Attention 层的作用是基于不同权重给不同的节点特征赋值，从而过滤掉一些与习题特征不相似的节点，突出关键性较强的节点。最后，由分类层输出每个节点对应的知识点标签。

（4）习题推荐模型

习题推荐模型的设计宗旨在于根据学生对各知识点的掌握情况、习题的难度等级以及习题所覆盖的知识点，从知识图谱中筛选并推荐适合学生能力和兴趣的习题。在开发习题推荐模型时，可以采用多种技术手段，包括基于规则的方法、协同过滤方法，以及深度神经网络方法等。本实践案例选用了基于深度神经网络的方法进行习题推荐。此方法的优势在于其能够综合考虑学生对知识点的掌握程度、习题的难度以及习题涉及的知识点等多维度信息，并结合学生答题数据的反馈进行综合分析和推荐。具体实施时，可以采用结合 MLP 和注意力机制的排序模型来预测习题被推荐给学生的可能性。通过交叉注意力机制，模型能够匹配学习者特征与习题特征，从而计算习题与学生之间的匹配度，即习题被推荐给特定学生的概率。这种方法能够提供更加个性化和精准的习题推荐，以满足不同学生的学习需求。

3. 基于知识图谱的个性化习题系统设计与实现

（1）系统架构设计

该个性化习题推荐系统采用基于 B/S 架构，它包括客户端、服务器端和数据库三个部分，如图 8.5 所示。客户端负责与用户交互，提供用户界面和用户体验。服务器端负责处理客户端的请求，执行推荐算法和管理数据。数据库负责存储和管理课程学科知识图谱、习题数据和用户数据。

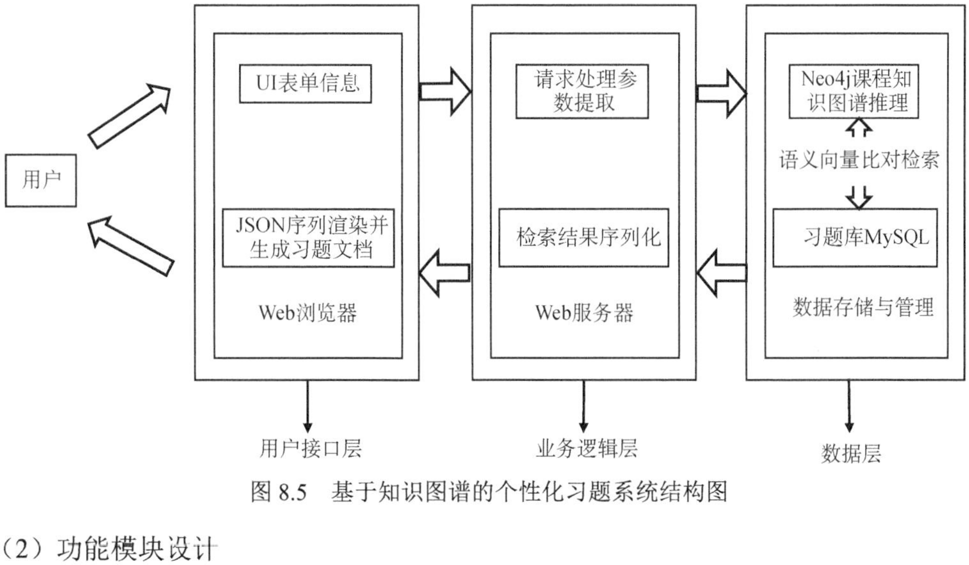

图 8.5 基于知识图谱的个性化习题系统结构图

（2）功能模块设计

该系统设计了四个主要的功能模块，即用户管理模块、课程学科知识图谱模块、习题管理模块和推荐模块，如图 8.6 所示。①用户管理模块：这个模块可以让用户注册、登录、修改个人信息和设置个人偏好。用户可以通过这个模块来管理自己的账号和个性化设置。②课程学科知识图谱模块：用户可以通过这个模块来查看和修改课程学科的知识结构和内容。③习题管理模块：这个模块可以让用户浏览、答题和评价习题。用户可以通过这个模块来练习和检测自己对课程学科的掌握情况。④推荐模块：这个模块可以根据用户的知识掌握情况和习题的难度和知识点，从知识图谱中推荐适合用户水平和兴趣的习题。用户可以通过这个模块来获得个性化的习题推荐和智能评测。

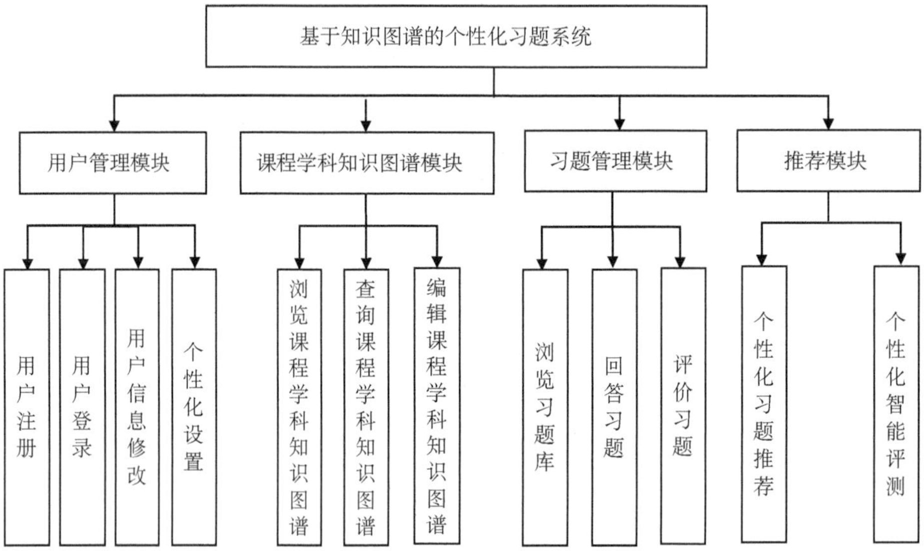

图 8.6　基于知识图谱的个性化习题系统功能设计

（3）系统开发实现

系统开发方面，该系统使用 Django 框架来开发服务器端，使用 HTML、CSS 和 JavaScript 来开发客户端，使用 Neo4j 和 MySQL 来存储和管理数据，使用 TensorFlow 进行深度学习模型部署。该系统开发采用敏捷开发方法来指导系统开发过程，并使用 Git 来进行版本控制和协作开发。

4. 系统部分功能展示及应用效果

基于知识图谱的个性化习题系统是一个利用课程学科知识图谱提供个性化习题推荐功能的平台，包括知识图谱可视化、练习题管理和个性化练习题推荐等功能。

（1）系统功能展示

知识图谱可视化：知识图谱可视化模块为用户提供一种直观的方式来查看和浏览课程学科的知识结构与内容。如图 8.7 所示，用户可以利用这个模块深入了解课程学科的知识脉络和核心要点。

练习题管理：练习题管理模块如图 8.8 所示，它允许用户浏览、解答和评估各种练习题。通过这个模块，用户能够进行自我练习，检测并巩固自己对课程内容的掌握。

个性化练习题推荐：个性化练习题推荐模块则如图 8.9 所示，它能够根据用户的个人水平和兴趣，提供定制化的练习题推荐服务。用户可以通过这个模块接收到个性化的习题推荐，并得到智能评测，从而实现更有针对性的学习。

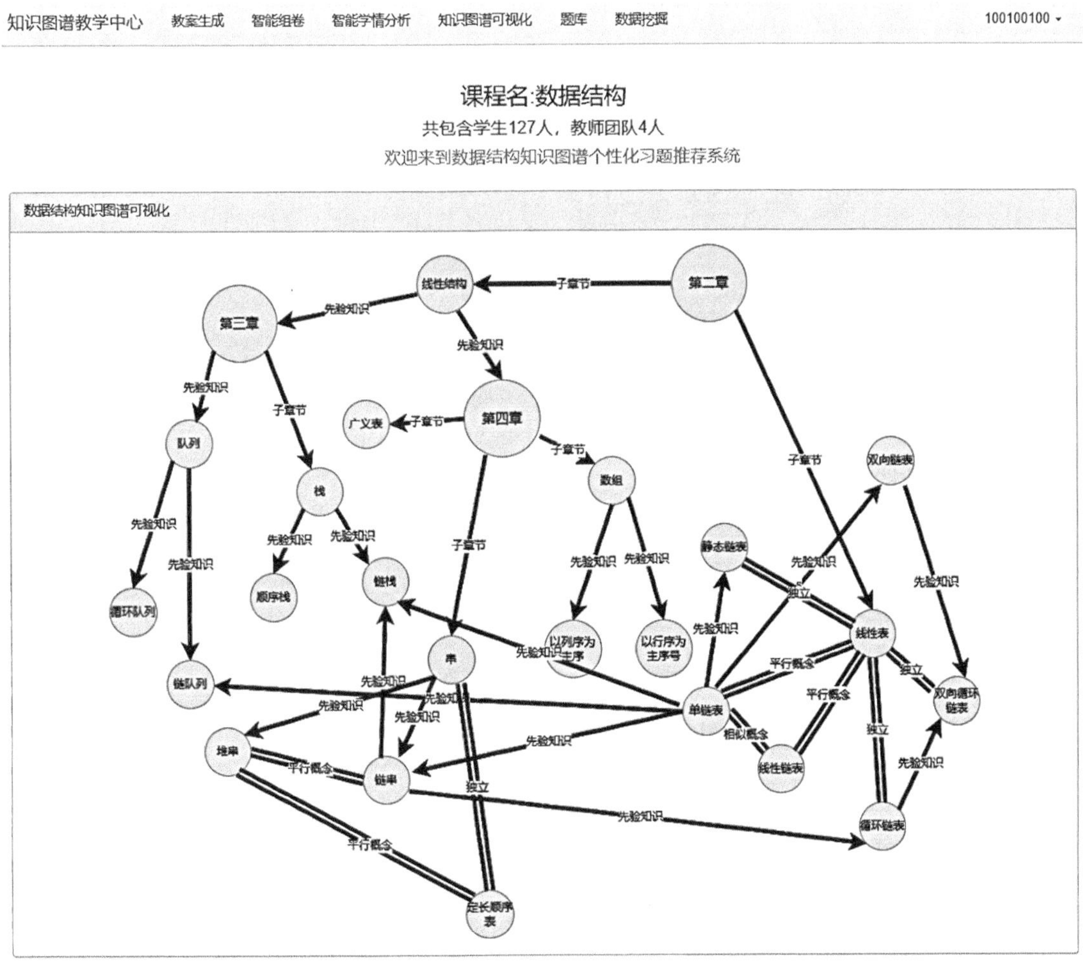

图 8.7　知识图谱可视化界面

题目简述	对应学科	对应课时	核心知识点	难度评估	生成日期	是否已作答	操作
分析环境污染对植物生长的影响	生态学	生态系统的相互作用	环境污染与生态系统植物生长适应性	中等	2022-08-22	否	详情 作答 评价
分析太阳能在可再生能源中的地位	物理学、能源学	可再生能源课程的太阳能单元	太阳能的的发电原理、太阳能在能源转换中的应用	中等	2022-04-07	是	详情 作答 评价
探讨人工智能在医疗诊断中的应用	医学人工智能	医学信息学课程中的人工智能应用单元	人工智能在医疗领域的影响，诊断辅助系统	中等	2023-05-03	否	详情 作答 评价
分析全球气候变化对海平面上升的影响	地球科学、气候学	气候变化与地球系统课程中的海平面上升单元	温室气体排放、冰川融化、海洋膨胀等因素对海平面的影响	较难	2021-02-21	否	详情 作答 评价
解析文化多样性对国际业务的影响	国际商务、跨文化交流	跨文化管理课程中的文化多样性单元	跨文化沟通、文化差异对商务决策的影响	中等	2021-06-30	否	详情 作答 评价
分析社交媒体对青少年心理健康的影响	心理学、社会学	心理健康与社会因素课程中的社交媒体影响单元	社交媒体使用与青少年焦虑、抑郁等心理问题之间的关系	中等	2022-09-04	是	详情 作答 评价
探讨人类活动对自然生态系统的影响	生态学、环境科学	生态学基础课程中的生态系统与人类活动单元	城市化、污染、资源开发等人类活动对生态平衡的影响	中等	2022-03-14	是	详情 作答 评价
介绍水的三态变化过程	物理学、化学	物质的状态变化课程中的水的三态变化单元	固态、液态、气态之间的相互转化，分子动力学	简单	2020-06-24	是	详情 作答 评价
解释地球的自转和公转	天文学、地球科学	行星运动与地球结构课程中的自转和公转单元	自转导致昼夜变化，公转导致季节变化	简单	2021-08-04	否	详情 作答 评价
阐述队列数据结构的特点和实际应用	计算机科学、数据结构与算法	数据结构与算法课程中的队列数据结构单元	先进先出(FIFO)原则，队列的基本操作（入队、出队），队列在任务调度、广度优先搜索等方面的应用	简单	2022-01-03	是	详情 作答 评价

图 8.8　练习题管理界面

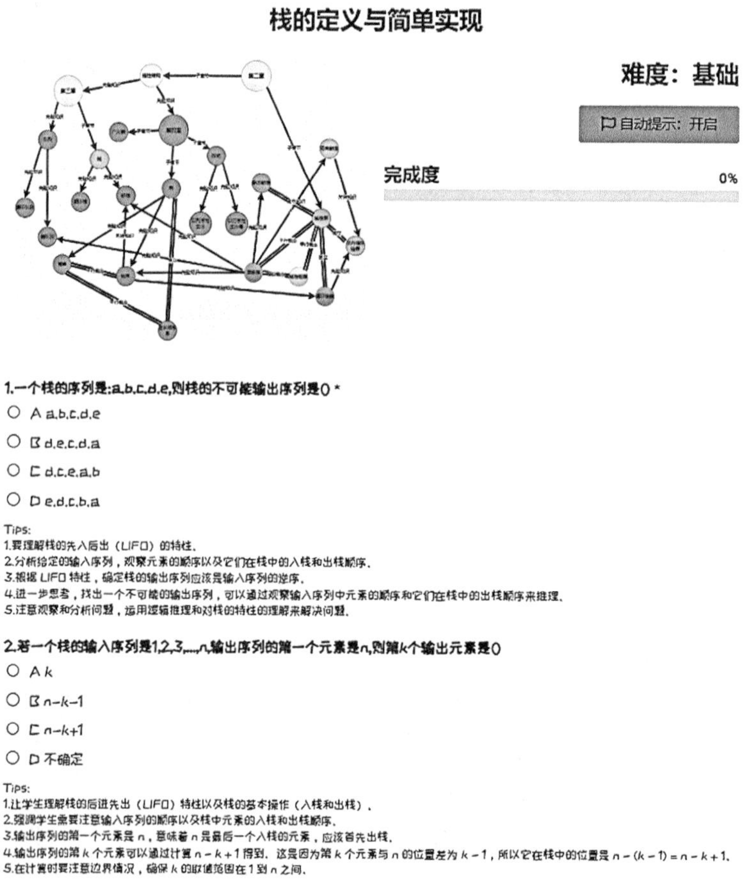

图 8.9　个性化练习题推荐界面

（2）应用效果情况

在进行基于知识图谱的个性化习题系统的应用实践中，我们发现该系统能够有效地帮助学生提高学习效率和效果（表 8.2）。

表 8.2　基于知识图谱的个性化习题系统的应用实践效果情况

应用效果分类	使用系统前	使用系统后	变化描述
学生满意度（满分 5 分）	3.2 分	4.0 分	提升 0.8 分，表明学生对习题难度和数量的满意度提高
学生自信度（满分 5 分）	3.4 分	4.2 分	提升 0.8 分，表明学生对理解和掌握知识点的自信度增强
B 班级平均分	76 分	84 分	提高 8 分，反映学生在数据结构知识和能力方面显著进步
优秀率（90 分以上）	15%	28%	提升 13 个百分点，表明有更多学生达到优秀水平

具体来说，应用效果主要体现在以下几个方面。

1）提供适合学生水平和需求的习题：系统通过习题推荐功能，允许学生根据自己的学习目标和知识掌握情况，从知识图谱中获得与自身水平和需求相匹配的习题。这有助于学生避免解答过于简单或困难的习题，有效提升学习效率和兴趣。如表 8.2 统计，使用系统后，学生对习题难度和数量的满意度从 3.2 分提升至 4.0 分。

2）帮助学生理解和掌握知识点：系统提供的习题解析功能使学生能够获取到每个习题

的详细解析和答案，帮助学生深入理解习题所涉及的知识点和算法。这不仅增强了学生解决困难的能力，也提升了他们对知识点掌握的自信。如表 8.2 统计，学生对自身理解和掌握知识点的自信度从 3.4 分提升至 4.2 分。

3）反馈学生学习情况和建议：系统的习题评估功能使学生获得客观的评估和反馈，帮助他们了解自己在不同知识点上的表现，并据此制订复习计划和获取资源推荐。如表 8.2，期末考试成绩的对比分析显示，使用系统后，B 班级的平均分从 76 分提升至 84 分，优秀率从 15%提升至 28%，反映了学生在数据结构知识和能力方面的显著进步。

此外，该系统还可以根据学生的答题记录和反馈，为教师提供有关学生学习情况的报告和建议。教师可以根据这些信息调整教学内容和方法，以更好地满足学生的学习需求。例如，如果系统发现某个班级中大部分学生在“链表”的知识点上表现不佳，教师可以安排更多关于“链表”的复习课程，并给予更多的指导和帮助。

8.2 数智驱动的课堂智能评测与教学管理

课堂教学是教育的核心环节，它涉及教师和学生之间的互动、交流和协作，以及教学目标、内容、过程、效果等多个方面的设计、实施和评价。传统的课堂教学往往存在一些问题和挑战，如教学资源有限、教学方法单一、教学评价主观、教学反馈滞后等，难以满足不同学生的个性化和多样化的学习需求，也难以提高教学质量和效率。随着大数据等数智方法的发展和应用，课堂教学呈现出智能化的趋势，即利用大数据与 AI 等数智方法对课堂过程中产生的多源异构数据进行有效的收集、分析和利用，实现对课堂教与学的全面、深入和动态的评测和管理，以提高教学效果和教育质量。

8.2.1 数智驱动课堂测评与教学管理智能化

1. 数智驱动课堂测评与教学管理的内涵

课堂测评与教学管理是教育教学过程中的重要环节，它涉及对课堂教学目标、内容、过程、效果等多个方面的评价和调控，以促进教师的教学改进和学生的学习发展。传统的课堂测评与教学管理主要依赖于教师的主观判断和经验，往往存在数据量少、数据类型单一、数据分析粗糙、数据反馈滞后等问题，难以实现对课堂教与学的全面、准确、及时测评与管理。为了解决这些问题，许多教育工作者和研究人员正在努力探索新的课堂测评与教学管理方法。大数据、AI、区块链等新兴技术快速融入教育领域，为推动教育教学评价改革创新提供了条件。这些新兴技术有助于开展面向教育教学全过程的纵向评价以及包括德智体美劳全要素在内的横向评价，推动评价方式和评价内容的重构，为教育教学评价改革创新提供了新的可能[10]。

数据和知识是智能的基础，它们为智能提供了必要的信息和理解。通过对数据和知识的分析与处理，智能系统能够产生新的见解和决策，从而促进教学智能化转型。其核心则是由大数据技术和 AI 技术组成的数智赋能技术。大数据技术是指能够处理海量、多样、快速变化的数据的技术，它具有数据采集、存储、分析、可视化等功能，能够从大规模的数据中提取有价值的信息和知识。大数据技术在教育领域的应用，可以为教育教学提供更加丰富、细致、客观的数据支持，实现对教育教学过程和效果的智能化测评与管理。配合 AI 技术，开发者不仅可以将教育领域知识嵌入模型，还能够从海量的数据中增量学习知识，以涌现新的智能。

具体到数智驱动课堂测评与教学管理智能化，其主要体现在以下几个方面。

1）多维度、多模态、多层次的数据采集工作。在课堂教与学的全过程中，教学研究者通过收集教师和学生在语言、声音、图像、手势、表情等方面的行为数据，以及他们的认知、情感、态度等内隐数据，实现对课堂教学活动全景式的详尽描述。

2）课堂数据的智能化分析和挖掘[11]。机器学习、深度学习、自然语言处理等 AI 技术的发展使得对课堂教与学状态、师生交互程度、教学效果质量等多个维度的评估成为可能，这些可以为课堂数据提供更为科学、客观和精准的分析结果。

3）基于测评结果的智能化的决策和推荐。具体来说，系统能够为教师提供定制化的教学建议和方案，同时为学生提供个性化的学习资源和学习路径，这有助于提升课堂教学的质量和效率。

4）智能课堂管理流程和机制优化，包括考勤管理、作业管理、成绩管理等方面。这些优化措施减轻了教师的工作负担，同时为学生提供了更加公平、公正、透明的管理服务。

5）具有学科特征、学生特征、符合教育规律的高阶教与学应用，如学科自适应教辅系统和知心虚拟班主任等。这些应用的实施旨在提高学生的学习体验和生活质量。

随着数智驱动的课程测评与教学管理的发展，教育将变得更加智能化、个性化和精准化。教师可以利用数据分析来更好地了解学生的学习情况，为他们提供更有针对性的教学方案。同时，学生也可以通过智能化的课程测评来更好地了解自己的学习进度和不足之处，从而更有效地进行学习，在便利性和效率上都将有新的突破。

2. 数智驱动的课堂评测与教学管理挑战与趋势

数智驱动的课堂评测与教学管理虽然带来了许多优势和机遇，但也面临着一些挑战和问题，需要进一步研究和解决。主要有以下几个方面。

1）指标体系的构建。为实现数智赋能的课堂测评与教学管理，首先需构建一个科学且合理的量化指标体系。这一体系应将课堂行为数据与教育理论和目标结合起来，从而为数据赋予教育层面的深层意义。在构建过程中，必须考虑不同课程类型、学生层次等因素的影响，以确保所制定的指标体系具备强大的适应性和可定制化特性。

2）测评数据质量的保障。保障测评数据的质量至关重要。这包括确保数据的完整性、准确性、时效性和安全性。为此，需要建立和完善课堂数据采集的标准和规范，同时优化数据处理和分析的方法与技术。此外，还需加强课堂数据存储和传输过程中的安全和保密措施。

3）数据分析的优化。数据分析的优化是实现智能化课堂测评与教学管理的核心。持续探索如何提升数据分析方法、模型和算法的创新是必要的，这包括提高数据分析的准确性、有效性和可解释性，适应多源异构、高维复杂和动态变化的数据特征，以及利用深度学习、强化学习等前沿技术进行数据分析[12]。

4）量化结果可解释性的提升。量化结果的可解释性同样需要提升。这意味着量化后的测评结果应能反映课堂教与学的内在机制和因果关系，为教师和学生提供具有实际指导意义的反馈与建议。实现这一点需要结合教育心理学、认知科学等相关理论，开发具备因果推理能力的智能指标量化模型。

5）个性化服务的实现。实现教与学服务的个性化是数智赋能管理的关键目标。这要求教与学服务能够根据教师和学生的具体需求、特点，提供定制化的测评方案和策略。利用 AI 技术，对教师和学生的个体特征、学习行为、学习效果进行智能分析和推荐，是实现个性化服务的重要手段。

随着数智驱动技术创新应用模式在教育领域的不断发展和应用，课堂测评与教学管理呈现出以下几个趋势。

1）全过程维度支持。数智驱动技术正推动课堂测评与教学管理向全流程覆盖发展，这包括课前准备、课中互动和课后复习等各个阶段。该技术支持对知识掌握、技能培养和态度形成等教育目标的全面评估，并关注教师教学、学生学习以及课堂环境等各个教学要素，实现对教与学的深入分析和综合管理。

2）实时动态响应与互动。实时动态响应与互动是数智驱动的另一显著特点。它允许系统即时收集和分析课堂数据，对课堂状态进行实时监控和反馈。在此基础上，系统能够及时调整教学策略，优化教学过程，确保测评与管理既迅速又有效。

3）智能个性化管理。智能个性化管理是数智驱动技术的另一优势。该技术能够智能识别和理解课堂情境，自动匹配和推荐适合的教学资源，同时为教师和学生提供定制化服务和支持。这使得课堂测评与管理更加精准和灵活，更好地满足教师教学和学生学习的需求。

数智驱动的教育模式为教育领域带来了新的机遇和挑战，并预示着未来教育发展的重要趋势。教育研究者和从业者应当积极拥抱这一趋势，利用数智技术提升教育质量和效率。同时，也应注意到技术并非万能，它不能完全取代传统的教学方法。有效的教育实践应当是技术与传统教学方法相结合，共同推动教育的持续进步和发展。

8.2.2 数智驱动的课堂智能评测实践——以课堂学生专注度测评为例

课堂教学是教育活动的核心，也是教师和学生的主要互动场所。如何有效地评价课堂教学的质量和效果，是教育研究和改革的重要课题。本部分将以课堂学生专注度测评为例，介绍大数据支持下的课堂教学智能评测实践[13]。

1. 数智驱动的课堂学生专注度测评指标构建

课堂学生专注度是衡量课堂教学质量和效果的重要指标，它反映了学生对学习活动的关注程度、兴趣和参与度。然而，传统的评估学生专注度的方法往往主观、耗时、效率低下。大数据可以收集和分析学生在课堂上产生的各种类型的数据，如面部表情、眼球运动、身体姿势、声音互动等，并使用机器学习和 AI 技术自动识别和评估学生的专注度水平和状态。具体的指标如表 8.3 所示。

表 8.3 课堂学生专注度评估指标

维度	子指标	数据来源	描述
面部表情	情绪状态	摄像头采集的人脸图像	识别学生的基本情绪，如高兴、惊讶、中性、害怕、生气、伤心、厌恶等

续表

维度	子指标	数据来源	描述
面部表情	微表情	摄像头采集的人脸图像	识别学生短暂和隐蔽的表情，如轻蔑、鄙视、轻视等
	表情强度	摄像头采集的人脸图像	量化学生的表情变化程度，如面部肌肉运动的幅度和频率等
眼球运动	眼睛闭合程度	摄像头或眼动仪采集的眼睛图像	计算学生的眼睛开合比例，反映学生是否打瞌睡或分心
	眼球运动方向	摄像头或眼动仪采集的眼睛图像	分析学生的眼球运动轨迹，反映学生是否关注教师或教材
	眼睛注视点	摄像头或眼动仪采集的眼睛图像	统计学生的眼睛注视点分布，反映学生是否对教学内容感兴趣
身体姿态	头部姿势	摄像头或传感器采集的头部数据	评估学生的头部偏转角度和倾斜角度，反映学生是否专心听讲
	手势动作	摄像头或传感器采集的手部数据	识别学生的手势动作，如举手、摆弄物品、敲击桌面等
	坐姿状态	摄像头或传感器采集的躯干数据	判断学生的坐姿状态，如正常坐姿、手托腮、趴桌上等
声音互动	发言次数	麦克风采集的声音数据	统计学生在课堂上的发言次数，反映学生的参与度
	发言内容	麦克风采集的声音数据	分析学生发言的内容，判断学生是否理解教学内容
	发言情绪	麦克风采集的声音数据	识别学生发言中的情绪，从音量、语调中洞悉学生情绪变化

课堂学生专注度评估指标体系能够全面客观地测量学生在不同方面的专注程度和状态，还可以帮助教师根据学生专注数据反馈监控并调整教学策略。此外，它还可以帮助学生提高自我调节能力。在构建课堂学生专注度测评指标体系时，需要注意以下几点：①科学性和可靠性：指标选择应基于理论和实证研究，能够反映学生专注度的本质特征，与课堂教学目标和内容紧密相关。②可操作性和可测量性：选择能够通过现有技术手段收集和分析的数据类型，避免使用难以获取或处理的数据。③完整性和系统性：指标体系涵盖学生专注度的各个方面，避免片面或重复评估。④灵活性和可调整性：随着教学实践和技术发展，指标体系可能需要进行调整和更新，以更好地适应新的需求和挑战。⑤根据实际情况确定：不同的指标对学生专注度的贡献可能不同，应根据实际情况确定各指标的权重，以更准确地评估课堂学生专注度。

数智驱动的课堂学生专注度测评指标构建是一项复杂而重要的工作[14]。需要综合考虑理论、技术、实践等多方面因素，构建一个科学、可靠、完整、灵活的指标体系。可以根据不同的教学场景和目标对指标进行选择和调整，也可以根据不同的数据来源和处理方法进行优化和改进。通过大数据等数智赋能方法对这些指标进行有效的收集、分析和评估，可以实现对课堂学生专注度水平和状态的智能识别与反馈。

2. 多模态教学过程数据分析与专注度指标量化

为了更全面地评估学生在课堂上的专注度，仅依靠面部表情和正脸是不够的，还需要考虑其他多模态数据，如语音、手势、眼动等。这些数据可以从教学过程中实时或离线地采集和分析，以提取学生的行为和认知特征，从而量化学生的专注度指标[15]。依据前文中阐述内容，实际应用过程主要包括以下几个步骤。

（1）数据采集

根据教学场景和目标，选择合适的传感器和设备，如摄像头、麦克风、眼动仪等，对教学过程中产生的多模态数据进行采集。例如，可以使用摄像头捕捉学生的面部表情、头部姿势、手势等；使用麦克风记录学生的语音活动、语音情绪等；使用眼动仪追踪学生的眼球运动、注视点等[16]。

（2）数据预处理

对采集到的多模态数据进行一些必要的预处理操作，如去噪、裁剪、对齐、归一化等，以提高数据的质量和可用性。例如，可以使用人脸检测和截取算法对面部图像进行处理，只保留有效的人脸区域；可以使用语音活动检测算法对语音信号进行分割，只保留有声部分；可以使用时间戳或其他同步机制对不同模态的数据进行对齐，使其具有相同的时间长度和频率。

（3）特征提取

对预处理后的多模态数据进行特征提取，将原始的数据转换为能够反映学生专注度相关特征的向量或矩阵。

1）面部表情：面部表情的识别可以通过应用深度神经网络或其他机器学习算法来实现，这些算法能够分析面部图像并识别出不同的表情，进而得到每种表情出现的概率分布。在深度神经网络模型中，CNN、RNN 和 LSTM 等是常用的模型。这些模型能够通过大量的训练数据学习到面部表情的特征，实现对面部表情的自动检测与识别。

2）眼球运动和注视点：眼动数据的分析则涉及眼动特征提取算法，这些算法能够从眼动数据中提取注视时长、扫视次数、瞳孔直径等关键参数。基于速度阈值的扫视检测算法、基于隐马尔可夫模型的注视检测算法和基于深度学习的眼动事件识别算法是几种常见的眼动特征提取方法。这些方法能够有效识别出眼球的运动和注视点，实现对眼动行为的自动分析。

3）身体姿势：身体姿势的识别则通过姿态识别算法来实现，这些算法能够从身体数据中提取头部偏转角度、倾斜角度、手势动作、坐姿状态等身体参数。深度学习的人体姿态估计算法、基于骨架模型的人体姿态跟踪算法和基于几何约束的人体姿态重建算法是一些用于此目的的常见姿态识别算法。

4）语音活动和语音情绪：语音活动和语音情绪的识别则依赖于声学特征提取算法，这些算法能够从语音信号中提取基频、能量、音高等声学参数。梅尔频率倒谱系数（MFCC）、线性预测倒谱系数（LPCC）和感知线性预测（PLP）等是用于声学特征提取的常见算法。这些算法能够揭示语音活动的特征和语音中的情绪变化，实现对语音的自动分析和识别。

（4）指标赋重

根据特征提取的结果，我们可以构建能够反映学生专注度水平和状态的指标，并赋予各指标相应的权重。设 $\boldsymbol{F}_i$ 为第 i 个模态的特征向量，$\boldsymbol{w}_i$ 为第 i 个模态的权重向量，则第 i 个模态的专注度指标为 $I_i = \boldsymbol{w}_i^T \boldsymbol{F}_i$。例如，可以根据表情识别的结果构建基于面部表情的专注度指标，并根据不同表情对专注度的影响赋予不同的权重；可以根据声学特征提取的结果构建基于语音活动和语音情绪的专注度指标，并根据不同语音活动和语音情绪对专注度的影响赋予不同的权重；可以根据眼动特征提取的结果构建基于眼球运动和注视点的专注度指标，并根据不同眼球运动和注视点对专注度的影响赋予不同的权重。

（5）指标量化

将构建好的多模态专注度指标进行量化处理，将其转换为数值或等级，以便于进行后续的分析和评估。设 $I_{\min}$ 和 $I_{\max}$ 分别为多模态专注度指标 I 的最小值和最大值，则归一化后的专注度指标为 $I' = \frac{I - I_{\min}}{I_{\max} - I_{\min}}$。例如，可以使用归一化或标准化等方法将不同模态的专注度指标转换为相同的数值范围，如 0 到 1 或-1 到 1；可以使用阈值或分段函数等方法将数值型的专注度指标转换为等级型的专注度指标，如低、中、高等。

（6）指标融合

将量化后的多模态专注度指标进行融合，得到一个综合的专注度指标，以反映学生在课堂上的整体专注度水平和状态。设 I_1、I_2、…、I_n 为 n 个模态的量化后的专注度指标，α_1、α_2、…、α_n 为各自对应的权重，则综合的专注度指标为 $I = \sum_i^n a_i l_i$。例如，可以使用加权平均或其他融合算法将不同模态的专注度指标按照各自的权重进行加权求和，得到一个综合的专注度指标；也可以使用多层感知器或其他融合模型将不同模态的专注度指标作为输入，得到一个综合的专注度指标作为输出。

通过以上步骤，可以实现基于多模态教学过程数据分析与专注度指标量化的方法，从而更全面地评估学生在课堂上的专注度。

3. 学生课堂专注度测评系统设计与实现

为了实现基于多模态教学过程数据分析与专注度指标量化的方法，此处设计并实现了一个学生课堂专注度测评系统。该系统主要通过摄像头、麦克风、眼动仪等设备采集和分析教学过程中的多模态数据，提取和量化学生的专注度指标，并将结果实时反馈给教师和学生，以帮助教师监控和调整教学策略，提高学生的专注度和学习效果。该系统的设计与实现主要包括以下三个方面。

（1）系统架构设计

该系统采用服务器-采集端-用户端架构，如图 8.10 所示。采集端主要负责数据采集和部分预处理功能，通过有线或无线网联技术，把传感设备采集数据实时传送到服务器端处理。服务器主要负责课堂多模态数据特征提取、专注度指标赋重、指标量化、指标融合和结果反馈。服务器包括数据库服务器和应用服务器，数据库服务器负责存储和管理多模态数据和专注度指标，应用服务器负责执行多模态数据分析与专注度指标量化的算法。客户端包括教师端和学生端，教师端可以查看和管理课堂专注度测评的结果，学生端可以查看学生的专注度水平和状态。

（2）功能模块设计

学生课堂专注度测评系统的功能模块如图 8.11 所示，主要由数据管理、专注度测评、专注度展示、专注度反馈和系统管理五个子模块组成。

1）数据管理模块。该模块主要负责数据的采集、处理、存储等，为后续学生专注度测评

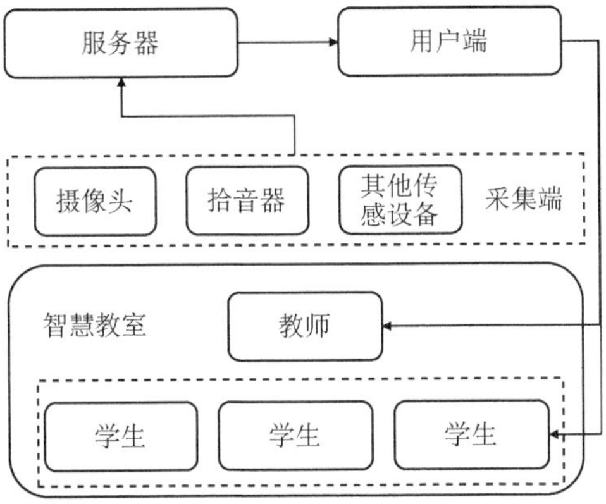

图 8.10　学生课堂专注度测评系统架构

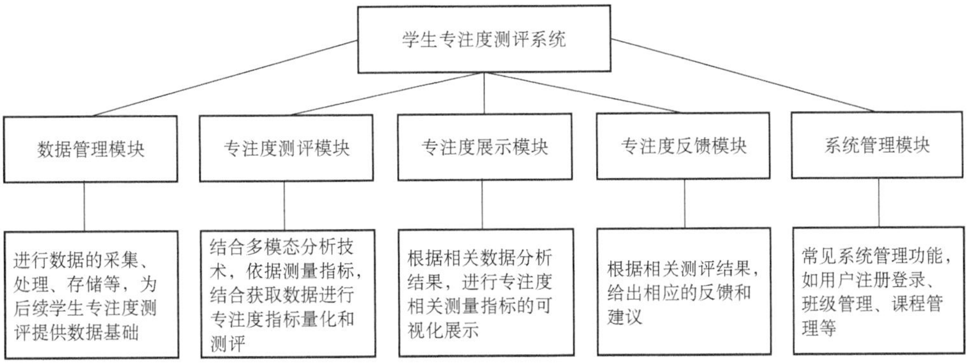

图 8.11　学生课堂专注度测评系统功能

提供数据基础。该模块包括以下几个子功能。数据采集：该功能通过摄像头、麦克风、眼动仪等设备，实时采集教学过程中的多模态数据。数据处理：该功能对采集的数据进行预处理，包括去噪、裁剪、对齐、压缩等操作，以提高数据的质量和可用性。数据存储：该功能将处理后的数据存储到数据库服务器中，按照课程、班级、学生等维度进行组织和管理，方便后续的数据分析和查询。

2）专注度测评模块。该模块主要负责课堂多模态数据特征提取、专注度指标赋重、指标量化、指标融合等功能，实现对学生专注度水平和状态的测评。该模块包括以下几个子功能。特征提取：该功能从多模态数据中提取与学生专注度相关的特征，包括人脸表情、头部姿态、眼动轨迹、语音情感等，利用深度神经网络模型和传统图像处理算法，对每一帧数据进行特征提取，并输出特征向量。指标赋重：该功能根据不同特征对专注度的影响程度，为每个特征赋予一个权重值，反映其在专注度测评中的重要性，利用自调节层次分析法，根据教师和学生的反馈，动态调整特征权重。指标量化：该功能根据不同特征的取值范围和分布，将特征向量转换为一个介于 0 到 1 的数值，反映其在专注度测评中的得分。利用归一化和标准化等方法，实现对特征向量的量化。指标融合：该功能根据不同特征的权重和得分，计算出一个综合的专注度指标值，反映学生在某一时刻或某一段时间内的专注度水平和状态。利用加权平均法或其他融合算法，实现对多个特征向量的融合。

3）专注度展示模块。该模块主要负责将专注度测评的结果以图表或文本的形式展示给用户，方便用户了解并分析学生的专注度水平和状态。该模块包括以下几个子功能。专注度曲线图：该功能将每个学生在每一帧或每一段时间内的专注度指标值绘制成曲线图，展示学生在整个教学过程中的专注度变化趋势。专注度分布图：该功能将所有学生在某一时刻或某一段时间内的专注度指标值按照不同区间进行统计，并绘制成柱状图或饼图，展示学生在不同专注度水平上的分布情况。专注度排名表：该功能将所有学生在某一时刻或某一段时间内的专注度指标值按照从高到低的顺序进行排序，并显示在表格中，展示学生在专注度水平上的排名情况。专注度报告文本：该功能将专注度测评的结果以文本的形式进行总结和分析，并给出一些针对性建议和反馈，展示学生在专注度水平上的优势和不足。

4）专注度反馈模块。该模块主要负责将专注度测评的结果以语音或图像的形式反馈给教师和学生，以帮助教师和学生及时了解并调整教学或学习状态，提高专注度水平。该模块包括以下子功能。教师反馈报告：该功能根据学生的专注度水平和状态，生成一份详细的教师反馈报告，包括学生专注度曲线图、专注度分布图、专注度排名表、专注度报告文本等内容，通过电子邮件或网页形式发送给教师，帮助教师了解学生学习情况，教师可以根据报告中的建议和反馈调整教学策略。同时生成一份包含学生学习状态的课后反馈，帮助学生了解其专注度情况以及时调整学习状态。

5）系统管理模块。该模块主要负责系统的常见管理功能，如用户注册登录、班级管理、课程管理等。该模块包括以下几个子功能。用户注册登录功能：该功能允许用户通过输入用户名、密码、邮箱等信息进行注册，并通过验证用户名和密码进行登录，实现用户身份的认证和授权。班级管理功能：该功能允许教师用户创建、修改、删除班级信息，并添加或移除班级成员，实现班级信息的维护和管理。课程管理功能：该功能允许教师用户创建、修改、删除课程信息，并为课程添加或移除课时、课件、作业等内容，实现课程信息的维护和管理。

（3）系统开发实现

学生课堂专注度测评系统采用 B/S 架构，即浏览器/服务器架构，客户端使用浏览器访问服务器端提供的服务。服务器端使用 Python 语言开发，使用 Django 框架搭建 Web 应用，使用 MySQL 数据库存储用户信息和教学信息，使用 TensorFlow 框架实现深度神经网络模型，使用 OpenCV 库实现人脸检测和截取，使用 Keras 库实现表情识别和正脸判断，使用 Pandas 库实现数据处理和分析，使用 Matplotlib 库实现数据可视化。客户端使用 HTML5、CSS 和 JavaScript 语言开发，使用 Vue 框架实现响应式布局，使用 ECharts 库实现图表展示。本系统的界面如图 8.12 所示。

通过以上几个方面的设计与实现，可以构建一个学生课堂专注度测评系统，该系统可以帮助教师和学生了解并提高课堂上的专注度水平、状态，从而优化教学过程和提升教学效果。

4. 系统功能展示及应用效果

（1）系统功能展示

1）班级专注度分布。图 8.13 为当前班级学生专注度分布情况，学生专注度的划分等级标准为：80—100 分为非常认真；60—80 分为认真；40—60 分为一般；20—40 分为不认真；0—20 分为非常不认真。从图 8.13 可以看到，大部分学生处于非常认真和认真的专注度等级中，只有少部分学生处于不认真等状态上。

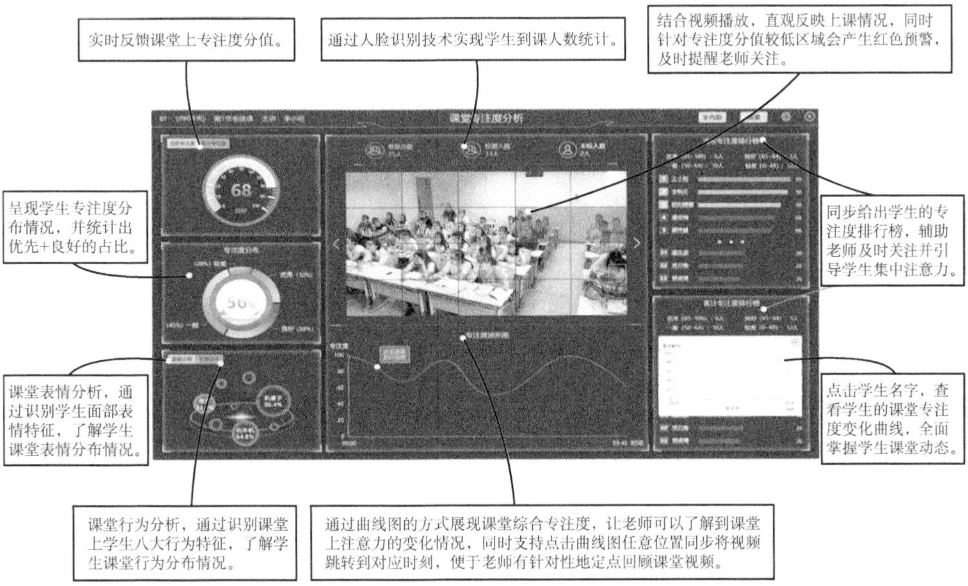

图 8.12 数智驱动下课堂学生专注度测评系统界面

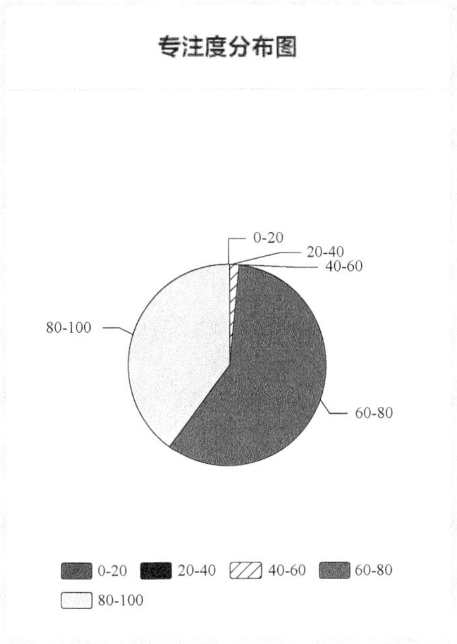

图 8.13 班级学生专注度分布情况（截图）

2）班级平均专注度实时曲线。如图 8.14 所示，左图是目前上课的实时视频显示，右图是全班平均专注度实时曲线图。当前全班的平均注意力分数为 88 分，这个分数是通过计算每个学生的专注度指标值的算术平均数得到的。具体来说，假设班级中有 n 个学生，第 i 个学生的专注度指标值为 s_i，则全班的平均注意力分数为：$s=\frac{1}{n}\sum_{i=1}^{n}s_i$。从图中可以看出，当前课堂内容是“物体加速度”概念的讲解，当前的教学方式为“讲述型”。当前全班的平均注意力分数为 88 分，根据设定的评价标准，当前班级的注意力水平较高。教师可以继续采用“讲述型”的教学方式进行教学。

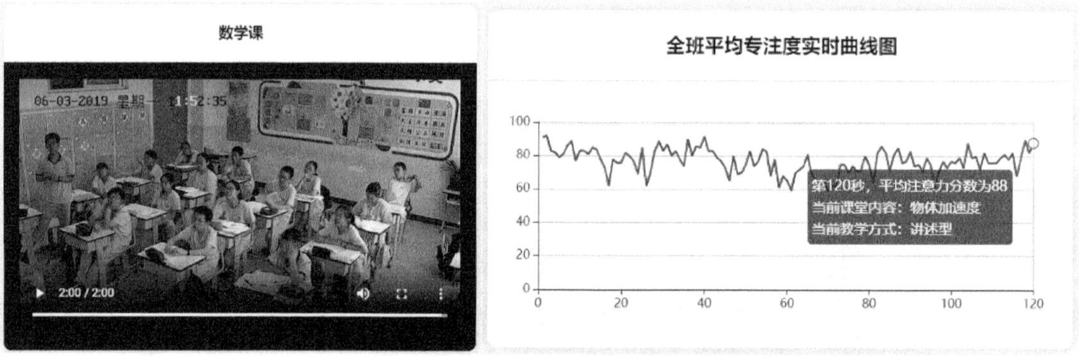

图 8.14　全班级学生专注度实时曲线图

3）学生专注度简报。如图 8.15 所示，系统可以实现对学生专注度的总体分析、专注度低谷分析、专注度高点分析等。结合上述一些基础课堂测评指标量化基础，测评系统会给教师提供课后简报，典型的应用如可以通过分析学生课堂专注的情况，给教师提供相应的教学意见。图 8.15 显示，系统提示教师讲解“牛顿第二定律”的第 15 分钟学生整体专注度较低，教师可以根据专注度低谷情况，了解相应教学知识点教学方式是否存在问题，为后续提示提供建议。

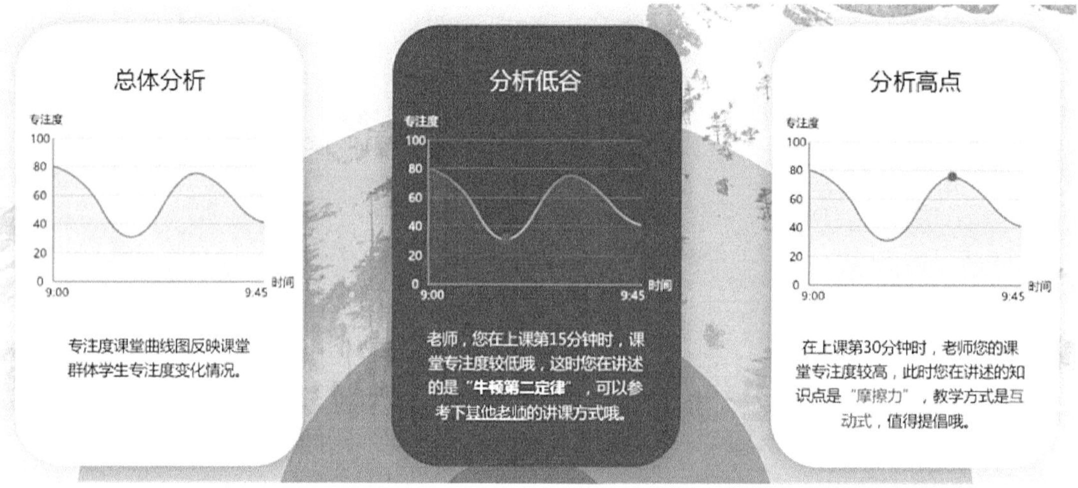

图 8.15　课堂专注度测评指标分析界面

（2）应用效果情况

在课程应用实践中，我们发现学生课堂专注度测评系统能够有效地帮助教师监控和调整教学策略，提高学生的专注度和学习效果。具体来说，应用效果主要体现在以下几个方面。

1）提高教师的教学质量。利用学生课堂专注度测评系统，教师能够实时获取学生的专注度水平和状态，并根据这些数据调整教学内容和方法。例如，在讲解“牛顿第二定律”时，教师注意到学生专注度下降，便及时改变教学策略，采用更加生动的教学手段，有效提升了学生的专注度。如表 8.4 所示，课堂视频分析对比显示，使用系统后，促进高阶思维的课堂对话比例显著提升，从 18%升至 32%，而低阶思维的对话比例则从 82%降至 68%，反映出教师更加重视激发学生的深层次思考。

表 8.4　学生课堂专注度测评系统的应用实践效果情况

应用效果分类	使用系统前	使用系统后	变化描述
教师教学质量	涉及高阶思维课堂对话比例为 18%	涉及高阶思维课堂对话比例为 32%	教师更注重启发和引导学生进行深层次思考和探究
	涉及低阶思维课堂对话比例为 82%	涉及低阶思维课堂对话比例为 68%	教师教学策略调整，对话比例降低
学生学习效果	一年级班级平均分为 75 分	一年级班级平均分为 85 分	平均分提高 10 分，学生学习效果显著提升
	优秀率（90 分以上）为 15%	优秀率（90 分以上）为 30%	优秀率提升 15 个百分点，学生能力提升
师生互动满意度	教师教学质量满意度为 3.5 分（总分 5 分）	教师教学质量满意度为 4.2 分（总分 5 分）	教师满意度提高 0.7 分，教学质量和效果得到提升
	学生学习质量满意度为 3.2 分（总分 5 分）	学生学习质量满意度为 4.0 分（总分 5 分）	学生满意度提高 0.8 分，学习质量和效果得到提升

2）提升学生的学习效果。学生课堂专注度测评系统使学生能够及时了解自己的专注度水平，并根据系统反馈调整学习策略。在实践中，一些学生在接受课后反馈后，认识到自己在课堂上的注意力分散问题，并采取措施改进，最终成绩得到提升。如表 8.4 所示，期末考试成绩对比显示，使用系统后，一年级班级平均分从 75 分提升至 85 分，优秀率从 15%提高至 30%，表明学生在物理知识和能力上取得了显著进步。

3）促进教师与学生之间的互动。学生课堂专注度测评系统的使用加强了教师与学生之间的互动。如表 8.4 所示，使用系统后，教师对教学质量和效果的满意度从 3.5 分提升至 4.2 分，学生对学习质量和效果的满意度从 3.2 分提升至 4.0 分，双方都表现出对课堂教学更强的认同感和参与感。

总之，在课程的应用实践中，实际案例证实了课堂测评系统能够有效地提高教师的教学质量、提升学生的学习效果、促进教师与学生之间的互动。

8.2.3　数智驱动的课堂教学管理实践——以课堂教学决策智能管理为例

课堂教学管理是教师有效开展教学活动的重要手段，也是教师提高教学效率和质量的关键环节。课堂教学决策是教师根据教学目标、教学内容、教学方法、教学评价等因素，对课堂教学活动进行选择、安排、调整和控制的过程，是课堂教学管理的重要一环。课堂教学决策的质量直接影响课堂教学效果和学生学习成果。因此，如何利用大数据技术实现数智驱动的课堂教学决策，使教师进行科学、合理、有效的决策，是提高课堂教学质量的重要途径。

1. 面向教学决策的多模态课堂行为大数据分析

在进行课堂多模态行为大数据分析之前，首先要明确对哪些数据对象进行分析。课堂教学行为要素主要针对教师和学生两大主体，所以主要从以下四个方面对师生行为相关数据进行分析，获取相关量化指标。

1）活动行为分析。通过智慧教室内多角度摄像头捕获原始数据，并利用人脸识别等技术记录课堂中的个人行为，包括教师的行为，如讲授、板书、提问和巡视，以及学生的行为，如主动提问、应答、对话、低头和瞌睡等。通过设定与教学目标和内容相匹配的行为测评指标，可以根据采集和分析的数据给出评分或反馈。例如，教师讲授的时长、语速、语调、停顿等特征可用来评估其讲授的清晰度、流畅度和逻辑性；学生举手次数、频率、时长等则可用来衡量学生的参与度、积极性和自信度。

2）情感计算。利用课堂多角度摄像头收集数据，进行学生学业表情的识别，区分积极表情如倾听、疑惑、理解，以及消极表情如抗拒、不屑，并测量相应的情绪类别，如正常、高兴、悲伤、生气、愤怒等。通过确定与教学目标和内容相符的情感计算测评指标，可以根据数据采集和分析结果提供评分或反馈。例如，学生表情变化的频率、幅度、持续时间等特征可用于评估学生的情感稳定性、强度和持久性；教师表情的相应特征则可用于评估教师情感的传递性、亲和力和鼓励力。

3）语音分析。通过智慧课堂的无线拾音设备或专业麦克风采集师生语音，并进行语音识别。根据教学目标和内容，确定语音分析的测评指标，根据采集和分析的数据提供评分或反馈。例如，教师语音的音量、音质、音调、重音等特征可用来衡量教师语音的清晰度、美感度和感染力；学生语音的相关特征则用于评估学生语音的清晰度、美感度和自信度。

4）教学内容分析。结合课程教案文本，分析授课时的知识点内容，以为教学情况分析提供基础数据。例如，教师授课的知识点数量、覆盖度、深度、难度等特征可用来评估教师授课的广度、深度、适宜度等；学生掌握的知识点数量、正确率、理解程度、应用能力等特征则用于评估学生掌握的广度、深度、准确度、灵活度等。

在确认课堂师生行为相关分析对象和指标后，后续即可进行相应多模态数据分析，获取相关分析结果，其主要分析流程如下。

1）数据收集。在数据收集阶段，智慧课堂内的多角度摄像头和无线拾音设备可被用来捕捉师生的活动行为、情感表情和语音文本等多模态数据。这些数据可以实时或离线录制并存储。在数据管理方面，Hadoop 等大数据平台被用来处理和存储大量的多模态数据。

2）数据预处理。数据预处理步骤涉及使用人脸识别、语音识别和文本处理等技术对原始数据进行清洗、标注、分类与编码，以便生成结构化或半结构化的数据，相关开源工具包括 Apache Nifi、Flume（抽取与传输），Spark、Flink（转换与处理），以及 Hive、HBase（加载与查询）。

3）数据建模及分析。在数据建模及分析阶段，课堂多模态数据分为教师行为、学生行为和师生互动行为三个层次。每个层次的数据可通过描述性统计、相关分析、聚类分析、分类分析等不同数据分析方法来提取特征和规律，并与教学目标和效果进行对比评价。开源模型如 OpenPose 用于人体姿态估计和行为识别，OpenFace 用于面部表情识别和情绪分类，CMU Sphinx 或 Kaldi 用于语音转文本和语音特征提取。这些模型不仅准确性和可靠性高，还可以根据需求来定制和优化。

4）指标量化及数据解释。在指标量化及数据解释阶段，分析结果与教学理论及实践经验相结合，对课堂行为、情感和语音等多模态数据进行量化或解释，并提出相应的改进建议或决策方案。例如，教师行为的指标可能包括讲授、板书、提问、巡视等的时长和频率等；学生行为的指标可能涵盖主动提问、应答、对话、低头、瞌睡等的参与度和积极性等；师生互动行为的指标可能包含提问、回答、讨论和反馈的互动频率和质量等。这些指标有助于评估教学活动的有效性，并为教学改进提供依据。

2. 基于多模态行为分析的教学决策机制构建

基于多模态行为分析的教学决策机制是指，利用多模态大数据分析得到的结果来构建适应课堂教学需求和特点的决策规则与方法。这种机制旨在帮助教师实现以下几个方面的决策目标。

1）教师自身决策。教师自身决策涉及教师对自己在课堂上的言语和非言语行为的深入分析，包括语音、语言、表情、姿势和手势等。通过这种自我分析，教师能够洞察自己的教学风格、效率以及存在的问题，进而进行自我评价和调整，优化教学方法。

2）学生个体决策。学生个体决策则基于对学生课堂行为的观察和分析，如学生的笔记、作业、回答、提问以及非言语行为，如眼神、笑容和点头等。这些信息可帮助教师了解每个学生的学习水平、兴趣和遇到的困难，为学生提供定制化的教学支持和反馈。

3）学生群体决策。学生群体决策侧重于分析学生间的互动，包括对话、讨论、协作和竞争等行为。通过这种方式，教师能够把握学生的社会关系、社交技能和情感状态，进而设计合作或竞争的教学活动，以促进学生间的正向互动。

4）教学过程决策。教学过程决策关注教学流程和结构的分析，包括教学内容、方法、媒体和评价分析等方面。教师通过这一分析过程，评估课堂教学的有效性、合理性和创新性，并据此进行教学设计和改进。

基于多模态行为分析的教学决策机制的构建，主要是根据数据分析得到的课堂行为的特征和规律，以及与教学目标和效果的对比和评价，来制定适合课堂教学需求和特点的决策规则与方法。这些规则和方法可以帮助教师在教学过程中进行科学、合理、有效的决策，主要步骤如表 8.5 所示。

表 8.5　基于多模态行为分析的教学决策过程

步骤	说明	案例
教学目标设定	教学目标设定主要是根据课程标准、课程大纲、课程计划等文本数据，以及课前测试、课前调查等数值数据，对本节课的教学目标进行设定。需要注意教学目标的层次和具体化，避免过于抽象或过于烦琐。在设定教学目标时，教师可以参考多模态行为分析得到的学生先验知识或能力水平等指标，来确定本节课的具体目标和难度。同时，教师也可以根据学生的兴趣或情感倾向等指标，来确定本节课的具体目标和方式	目标 1：让学生掌握某个知识点或技能 可根据课前测试或调查得到的学生的先验知识或能力水平，来确定本节课的具体目标和难度。 目标 2：激发学生的兴趣或情感 根据课前测试或调查得到的学生的兴趣或情感倾向，来确定本节课的具体目标和方式
教学策略选择	教学策略选择主要是根据课堂视频、音频等动态数据，以及课堂观察、课堂问卷等静态数据，对本节课的教学策略进行选择。在这一部分，教师需要注意教学策略的适应性和灵活性，避免过于刻板或过于随意。在选择教学策略时，教师可以参考多模态行为分析得到的教师讲授或演示的清晰度、流畅度、逻辑性等指标，以及师生互动或学生交互的频率、质量、效果等指标，来选择适合本节课的教学策略	策略 1：讲授式或演示式教学 根据课堂视频或音频得到的教师讲授或演示的清晰度、流畅度、逻辑性等指标，来调整教师讲授或演示的语言、语速、语调、重点等。 策略 2：讨论式或协作式教学 根据课堂视频或音频得到的师生互动或学生交互的频率、质量、效果等指标，来调整讨论或协作的主题、形式、时间等
教学过程调控	教学过程调控主要是根据课堂视频、音频等动态数据，以及课堂反馈、课堂评价等静态数据，对本节课的教学过程进行调控。在这一部分，教师需要注意教学过程的连贯性和有效性，避免出现断层或偏离。在调控教学过程时，教师可以参考多模态行为分析得到的教师讲授的广度、深度、适宜度等指标，以及学生练习的正确率、理解程度、应用能力等指标，来调整教师讲授和学生练习的内容、方法、媒体等	教学过程 1：引入—讲授—练习—总结 根据教师的互动方式、反馈效果和学生的参与情况、情绪变化等演化，帮助进一步优化教学内容和节奏，提高学习效果和学生体验。 教学过程 2：问题—探究—解决—展示 根据课堂视频或音频得到的学生提问的数量、质量、效果等指标，以及学生探究的方法、过程、结果等指标，来调整问题的设置、引导、提示等，以及探究的资源、工具、评价等

续表

步骤	说明	案例
教学效果评价	教学效果评价主要是根据课后测试、课后作业等数值数据，以及课后反馈、课后评价等文本数据，对本节课的教学效果进行评价。在这一部分，教师需要注意教学效果的客观性和全面性，避免过于主观或过于片面。在评价教学效果时，教师可以参考多模态行为分析得到的学生答题的正确率、错误类型、改进空间等指标，以及学生对本节课的满意度、兴趣度、情感度等指标，来评价本节课的教学效果，并给出相应的反馈或建议	评价指标 1：学生对知识点或技能的掌握程度 根据课后测试或作业得到的学生答题的正确率、错误类型、改进空间等指标，来评价学生对知识点或技能的掌握水平，并给出相应的反馈或建议。 评价指标 2：学生对兴趣或情感的培养程度 根据课后反馈或评价得到的学生对本节课的满意度、兴趣度、情感度等指标，来评价学生对兴趣或情感的培养程度，并给出相应的肯定或鼓励

3. 课堂教学决策智能管理系统设计

课堂教学决策智能管理系统是一种基于多模态大数据分析和多模态行为分析的教学决策机制，为教师提供智能化的教学决策支持和服务的系统。该系统的设计与实现主要包括三个方面。

在系统功能架构及功能设计方面，课堂教学决策智能管理系统采用模块化的设计思想，将系统划分为数据采集与预处理模块、数据表示与分析模块、决策需求与模型模块、数据可视化与交互模块等不同的功能模块，每个模块负责完成特定的任务，模块之间通过标准化的接口进行通信和协作，其系统功能整体结构如图 8.16 所示。主要功能模块设计如下。

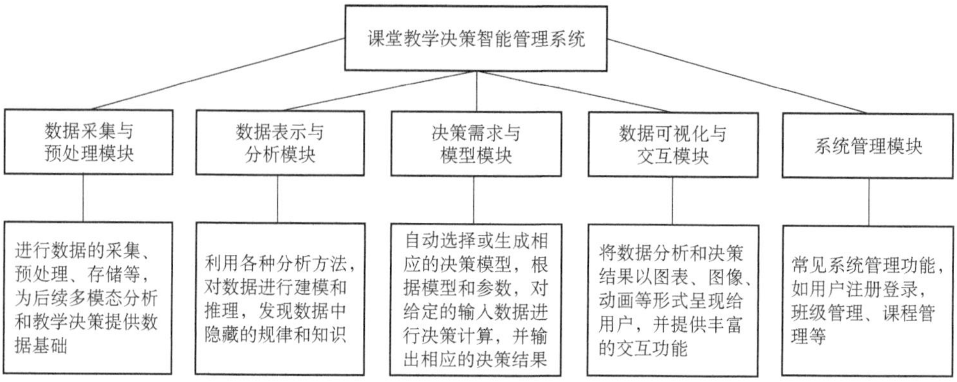

图 8.16　课堂教学决策智能管理系统功能

（1）数据采集与预处理模块

该模块负责从客户端接收多模态数据，并进行清洗、转换、对齐、同步等操作，以消除噪声和错误，提高数据质量和一致性。然后，该模块可以使用各种数据预处理技术，如去噪、裁剪、对齐、压缩等，来提高数据的质量和可用性。

（2）数据表示与分析模块

该模块负责对预处理后的数据进行特征提取、降维、编码等操作，形成适合后续分析的数据表示，并利用各种分析方法，对数据进行建模和推理，发现数据中隐藏的规律和知识。例如，该模块可以使用机器学习和深度学习算法，来提取视频、音频和眼动数据中的关键特征，并将这些特征组合成一个高维向量。然后，该模块可以使用聚类、分类、回归等分析方法，来对这些高维向量进行建模和推理。

（3）决策需求与模型模块

该模块负责根据用户输入的决策需求，自动选择或生成相应的决策模型，并根据数据分析的结果，对模型中的参数进行估计或学习；根据决策模型和参数，对给定的输入数据进行决策计算，并输出相应的决策结果，包括教师自身评价、学生个体指导、学生群体组织、教学过程设计等。例如，该模块可以根据用户输入的教学目标和教学内容，自动选择或生成相应的决策树、贝叶斯网络或神经网络等决策模型。另外，该模块可以根据通过数据分析得到的特征向量和标签向量，对决策模型中的参数进行估计或学习。

（4）数据可视化与交互模块

该模块负责将数据分析和决策结果以图表、图像、动画等形式呈现给用户，并提供丰富的交互功能，让用户能够方便地查看、理解和利用这些结果。例如，该模块可以使用折线图、柱状图或饼图等可视化工具，来展示教师自身评价、学生个体指导或学生群体组织等决策结果。此外，该模块还可以提供丰富的交互功能，如放大缩小、拖拽平移或点击选择等，让用户能够方便地查看和理解这些结果。

（5）系统管理模块

该模块负责系统的安全性、可靠性、性能和易用性等方面，包括用户管理、权限管理、日志管理、备份恢复等功能。此外，该模块还负责系统的维护和升级，包括软件更新、硬件更换、故障排除等操作。例如，该模块可以使用用户名和密码验证技术，来保证系统安全性；使用日志记录和备份恢复技术，来保证系统可靠性；使用缓存优化和负载平衡技术，来保证系统性能；使用友好界面和在线帮助技术，来保证系统易用性。此外，该模块还可以定期进行软件更新、硬件更换和故障排除等操作，以保证系统的稳定运行。

4. 系统功能展示及应用效果

（1）系统功能展示

在系统开发实现过程中，需要注意系统性能、可靠性、安全性和易用性等方面。在实践过程中，采用先进的开发技术和工具来保证系统开发质量，并且通过严格测试来保证系统稳定性和可靠性。系统开发实现的技术和工具包括：使用 Python 语言和 TensorFlow 框架进行数据处理和分析；使用 MySQL 数据库和 MongoDB 数据库进行数据存储和管理；使用 Django 框架和 Vue 框架进行网页开发和界面设计；使用 Gerrit 工具进行版本控制和协作开发。形成的系统主要包括以下功能：

1）基于多模态分析的学生学习行为状态。如图 8.17 所示，左图是一个学生在不同课堂环节的专注结果情况，学生专注度的划分等级标准可参考 8.3.2 小节内容。系统利用多模态分析技术，自动对课堂环节进行了切分，如讲台互动、讲授知识、小组讨论、教师板书、起立回答、阅读书写等，其切分过程主要如下：（优先级 1）讲台互动——报告“讲台多人”告警开始判定为进入讲台互动环节，直至讲台告警人数仅剩 1 判定环节结束；（优先级 2）小组讨论——上报单张图片“讨论”告警数量大于等于 6，判定进入小组讨论环节，直至单张图片中不再有小组讨论的告警，环节结束；（优先级 3）阅读书写——上报单张图片告警中“阅读”+“书写”行为占比大于 60%；（优先级 4）起立回答——收到“学生起立”告警判定为进入起立回答环节，直到坐下判定为环节结束；（优先级 5）教师板书——收到“板书”告警，判定进入板书环节，一直持续直到下一个非板书告警上报，判定结束板书环节；（优先级 6）听讲知识——默认全都在讲授知识环节，其他告警上报，进入其他环节。右图是不同班级学生学习状态趋势的平均指标结果展示。基于这些结果，学生或教师可以根据学生的注意情况，及时进行教学决策调整或深化。

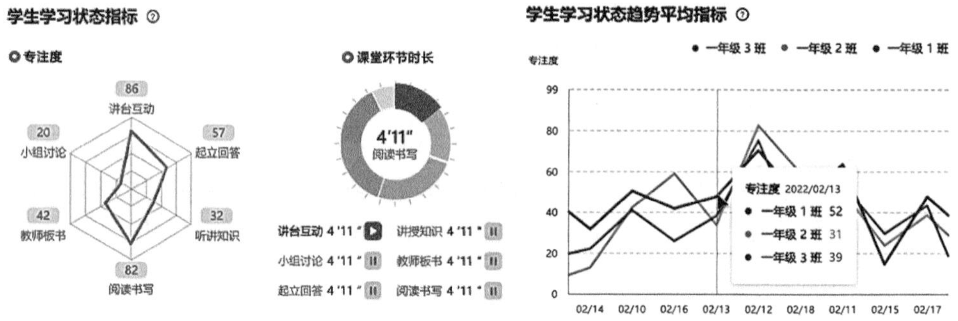

图 8.17　基于课堂多模态分析的学生学习状态结果

2）基于多模态分析的课堂交互度量化结果。如图 8.18 所示，这部分呈现的是课堂师生交互行为的一些分析结果。分析标准主要包括话语交互和行为交互。话语交互：师生话语时长占比，通过采集课堂音频，以语音算法计算不同声纹说话时长，在不采集声纹的情况下，默认说话最长的声纹为教师说话时长，其他声纹时长总和为学生说话时长。语言交互模型：通过语音识别，以算法输出每段话语的声纹，通过声纹的切换规律实现模式的统计。行为交互：对不同行为的检测，分为生生互动和师生互动两类，以所有行为为基数计算两者的占比；各交互行为占比，通过阅读书写、小组互动、教师巡视、讲台互动、师生问答、生生答疑进行交互的次数占比。教师通过这些分析结果，可以及时调整自身的教学策略，以更好地达成预设教学目标。此外，学生起立散点图通过在坐标系中以点的形式展示每个学生起立的次数或时间等数据，直观呈现学生起立行为的分布情况，帮助教师快速了解学生参与度的差异，从而针对性地调整教学策略，优化课堂互动。

3）课堂诊断与教学决策。如图 8.19 所示，这部分呈现的是课堂教学内容诊断结果和教学方式相关决策推荐内容。系统首先会通过多模态分析技术，获取当前课程教学内容关键字——“等边对等角、三线合一、等腰三角形、证明过程、三角形全等、SSS、SAS”，然后通过相关决策模型，综合系统历史记录情况，给出本课堂建议教授知识点决策意见——“等腰三角形、底角、腰、底边、顶角、等边对等角、三线合一、轴对称图形、SSS、SAS、HL、角平分线、高、中线”，以更好地辅助教师进行教学决策优化。类似地，通过多模态分析技术，获取当前课堂教学方式 top5 情况，并通过相关教学方式决策模型，给出推荐的教学方式，使教师更好地进行教学活动的设计。

（2）应用效果情况

在课程应用实践中，课堂教学决策智能系统显示出其在辅助教师监控和制定教学决策方面的有效性，从而提升了教师的教学效率和学生的学习成果。具体应用效果主要体现在以下几个方面。

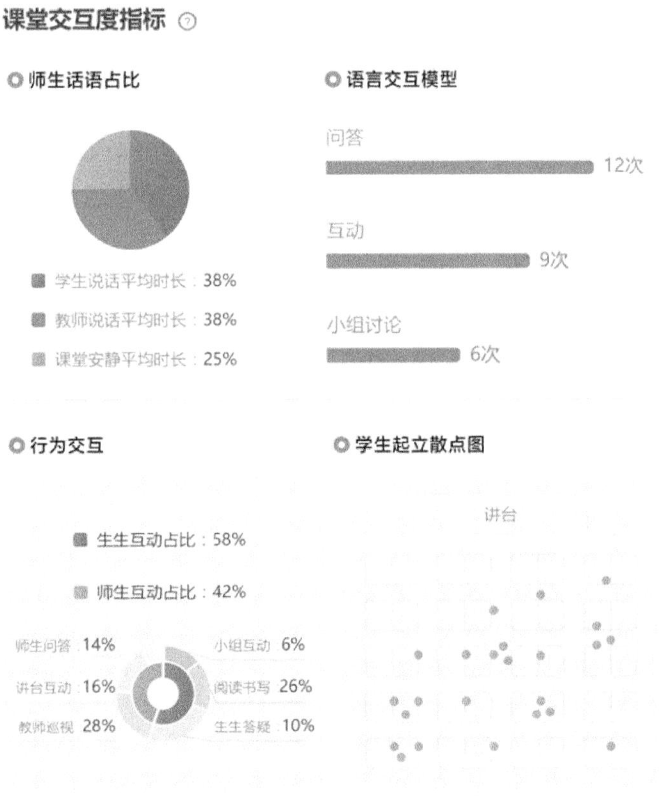

图 8.18　基于多模态分析的课堂交互度量化结果

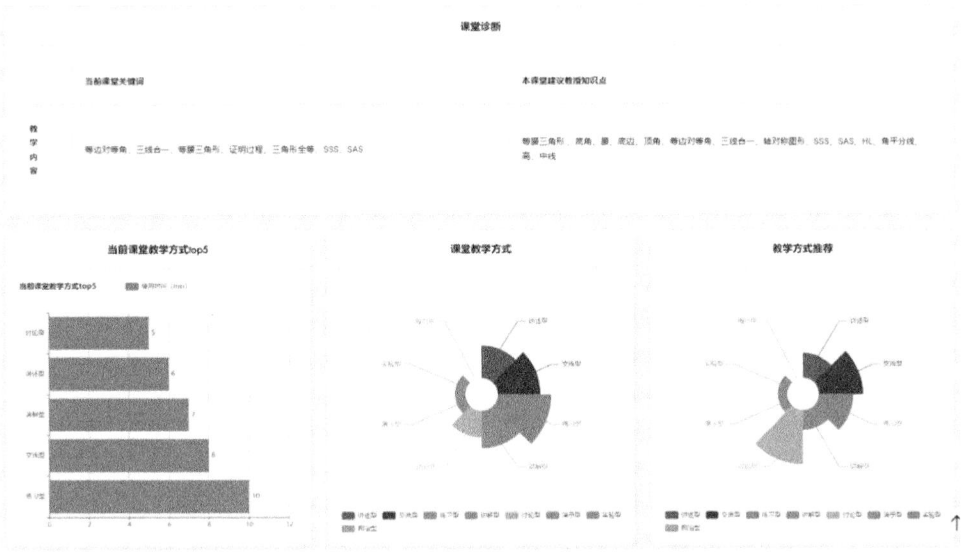

图 8.19　基于多模态分析的课堂诊断与教学决策推荐结果

1）教学计划阶段决策中的应用。在制定教学计划时，教师可以输入教学目标和内容至系统。系统基于多模态行为分析的结果，提供建议的教授知识点和教学方式，辅助教师制定合理的教学计划。例如，针对等腰三角形的性质和证明方法的教学目标，系统会基于历史数据分析，推荐教授相关概念如等腰三角形、底角、腰、底边、顶角等，并提出适合的教学方式，如讲授式、演示式、讨论式、协作式等。对20门课程的教学计划进行的随机抽样对比显示，系统建议与教师实际计划的一致性达到85%。

2）教学互动阶段决策中的应用。在教学互动阶段，系统能够实时监控和分析课堂多模态数据，提供学生的学习状态和课堂交互情况，以及教师的教学表现，帮助教师及时调控和优化教学过程。例如，系统若检测到学生注意力不集中，会建议教师采取措施提高学生的专注度；若检测到班级交互效果不佳，会建议教师调整教学策略。对20门课程录像的随机抽样对比显示，系统提示与教师实际行动的一致性达到80%。

3）教学评价阶段决策中的应用。在教学评价阶段，教师可以输入课后测试、作业等数值数据，以及课后反馈、评价等文本数据至系统。系统根据多模态行为分析结果，评价教学效果，并提供反馈或建议。例如，系统会根据学生答题表现评价学生对等腰三角形性质的掌握程度，并提出建议；也会根据学生满意度、兴趣度等指标评价情感培养效果。对20门课程的课后数据进行的随机抽样对比显示，系统评价与教师实际评价的一致性达到90%。

综上，课堂教学决策智能系统在教学计划、互动和评价各阶段均显示出其辅助教师进行有效决策的能力，有助于提高教学质量和学习效果。

参考文献

[1] 保云. 学校教育从管理走向“智”理[J]. 教学与管理（理论版），2020（18）：33-35.

[2] 赵磊磊，代蕊华，赵可云. 人工智能场域下智慧校园建设框架及路径[J]. 中国电化教育，2020（8）：100-106，133.

[3] 钟绍春，钟卓，范佳荣，等. 智能技术如何支持新型课堂教学模式构建[J]. 中国电化教育，2022（2）：21-29，46.

[4] 李艳燕，张香玲，李新，等. 面向智慧教育的学科知识图谱构建与创新应用[J]. 电化教育研究，2019，40（8）：60-69.

[5] 郑志宏，马涛，孔新梅，等. 基于最近发展区的学科知识图谱构建及大单元设计研究[J]. 远程教育杂志，2024，42（2）：56-64.

[6] Huo Y J，Wong D F，Ni L M，et al. Knowledge modeling via contextualized representations for LSTM-based personalized exercise recommendation[J]. Information Sciences，2020，523：266-278.

[7] Shi D Q，Wang T，Xing H，et al. A learning path recommendation model based on a multidimensional knowledge graph framework for e-learning[J]. Knowledge-Based Systems，2020，195：105618.

[8] Liang W Y，De Meo P，Tang Y，et al. A survey of multi-modal knowledge graphs：Technologies and trends[J]. ACM Computing Surveys，2024，56（11）：1-41.

[9] Chen X J，Jia S B，Xiang Y. A review：Knowledge reasoning over knowledge graph[J]. Expert Systems with Applications，2020，141：112948.

[10] 郑思思，陈卫东，徐铷忆，等. 数智融合：数据驱动下教与学的演进与未来趋向——兼论图形化数据智能赋能教育的新形态[J]. 远程教育杂志，2020，38（4）：27-37.

[11] Huang C Q，Yu J H，Wu F，et al. Uncovering emotion sequence patterns in different interaction groups using deep learning and sequential pattern mining[J]. Journal of Computer Assisted Learning，2024，40（4）：1777-1790.

[12] Huang C Q，Tu Y X，Han Z M，et al. Examining the relationship between peer feedback classified by deep learning and online learning burnout[J]. Computers & Education，2023，207：104910.

[13] 黄昌勤，涂雅欣，韩中美. 智能技术赋能课堂测评：现状、挑战与趋势[J]. 人工智能，2022(2)：116–124.
[14] 贾积有，乐惠骁，张誉月，等. 基于大数据挖掘的智能评测和辅导系统设计[J]. 中国电化教育，2023（3）：112–119.
[15] 张家华，胡惠芝，黄昌勤. 多模态学习分析技术支持的学习评价研究[J]. 现代教育技术，2022，32(9)：38–45.
[16] Huang C Q，Zhang L J，He T，et al. The role of emotion regulation in predicting emotional engagement mediated by meta-emotion in online learning environments：A two-stage SEM-ANN approach[J]. Educational Psychology，2023，43（7）：736–755.

第9章

数智驱动下的教师专业发展实践

教师质量是保障教育质量的重要条件，教师教育是促进高水平教师队伍建设的关键，也是提升教育质量的动力源泉。教师专业发展主要指教师在教学理念、教学思想、教学知识和技能等专业能力方面持续发展和不断完善的过程，也是新教师不断努力学习，提高自身教学本领，最终成长为专家型教师的过程[1]。数智时代下，新技术的不断革新对我国教育体系、教育结构和教育内容都产生了重大的影响，尤其是“双减”政策的提出与落实，对教师的专业能力及其发展提出了更高的要求。一方面，教师角色亟须重塑。教师不再仅仅是书本知识的“传递者”，更要是学生创造性思维和复杂问题解决等高阶思维发展的“设计者”和“引导者”。此外，在教育数字化转型背景下，大数据在课堂中的应用愈发普遍，利用数字技术优化、创新和变革教育教学活动能力与意识成为新时代教师的必备素养[2]。另一方面，教师能力的高标准要求必然对教师专业发展提出更高的挑战。为了适应新时代教师专业发展的诉求，教育部等八部门于 2022 年在《新时代基础教育强师计划》中指出未来一阶段教师专业发展的目标，即到 2035 年构建开放、协同、联动的高水平教师教育体系，深入实施人工智能助推教师队伍建设试点行动，显著加强教师的教育教学能力和信息技术应用能力建设，建立完善的教师专业发展机制[3]。

然而，当前教师专业发展在理论、技术以及实践等方面还面临着诸多挑战。首先，新时代教师角色缺乏明确规范，教师角色以及能力定位模糊。虽然目前已经有不少学术组织和研究者从不同方面提出了智能时代教师角色转型框架以及角色能力标准[4-5]，但框架的实际落地还有待进一步推进。此外，现有教师角色及其能力定位方法仍较为主观、低效，难以精准识别教师在真实教学情境中的角色掌握情况。另外，教师专业发展缺少精准个性化的支持。一直以来，教师教育中存在着教师专业发展需求的个体性、动态性和复杂性与“千人一面”的研修内容之间的矛盾，导致教师培训缺乏针对性、个性化不足等问题。最后，教师专业研修成果难以落地，理论与实践的割裂严重阻碍教师专业的长足发展。当前教师研修模式仍多以理论学习为先、实际教学实践为后的“先知后行”的模式为主，缺乏实践问题导向与示范引导，且在实际研修过程中教师与教师、教师与学校、教师与培训机构等多方之间缺乏良性的协作机制、可持续性科学跟踪与管理体系，教师很难将所学理念与技能有效迁移运用到教学实践，长此以往，教师研修最终只能流于表面形式，不能真正促进教师的专业能力发展。

上述挑战严重影响了教师专业发展，制约着高水平教师队伍的有效建设。大数据、AI 等新一代技术在精准测评与决策支持等方面具有巨大潜力，将其与教师专业发展深度融合可为以上问题的解决带来契机。依托大数据、AI 等新兴数字技术，探索数智驱动下教师专业发展的环境、方式和方法，变革教师专业发展理念、模式和实践方式，是新时代教师专业发展数智化转型的新机遇，有利于促进教师专业素养能力的不断更新与完善，成为新时代教师专业发展新的生长点和驱动力[6]。

9.1 数智驱动下的教师专业能力测评

教师专业能力的精准测评是支持教师专业能力发展的重要基础。为客观精准地评价教师的专业能力，本小节重点梳理了数智时代典型的教师专业能力标准与框架。在此基础上，以教师整合技术的学科教学知识 TPACK 能力和协作反思能力测评为典型案例，详细阐述了如何借助大数据和 AI 等新兴技术实现对教师能力进行精准、客观的测评。

9.1.1 数智时代教师专业能力要求

教师专业能力决定着教师教学质量和效率，数智时代教师专业能力框架的构建有助于教师明确自身专业发展的目标，诊断自己的专业知识和专业能力掌握情况，从而找到提升自己专业能力的切入点和着力点。为了帮助教师适应新时代高质量教育教学的要求，国内外相关组织和领域专家对教师专业素养能力展开了广泛探索，以下主要介绍当前典型的三种能力框架。

1. 教师数字素养

为更好地推进国家教育数字化转型，完善教师教育标准化体系，满足未来教师专业发展的需求，2022 年《教育部关于发布〈教师数字素养〉教育行业标准的通知》发布，该标准详细阐述了教师数字素养的概念，并从教师数字化意识、数字技术知识与技能、数字化应用、数字社会责任和专业发展五个方面描绘出了一个数智时代教师通用能力的标准框架，为教师数字素养的发展提供了前进方向，对评价教师整体数字素养的水平和客观科学指导教师数字素养提升具有十分重大的意义[7]。该框架共涵盖了 13 种具体能力，下面对该框架进行详细介绍。

（1）数字化意识

数字化意识指客观存在的数字化相关活动在教师头脑中的能动反映，包括数字化认识，数字化意愿，以及数字化意志。数字化认识是指教师对数字技术在经济社会及教育发展中价值的理解，以及在教育教学中可能产生新问题的认识，包括理解数字技术在经济社会及教育发展中的价值，以及认识数字技术发展给教育教学带来的机遇与挑战；数字化意愿是指教师对数字技术资源及其应用于教育教学的态度，包括主动学习和使用数字技术资源的意愿，以及开展教育数字化实践、探索、创新的能动性；数字化意志是指教师在面对教育数字化问题时，具有积极克服困难和解决问题的信念，包括战胜教育数字化实践中遇到的困难和挑战的信心与决心。

（2）数字技术知识与技能

数字技术知识与技能指教师在日常教育教学活动中应了解的数字技术知识与需要掌握

的数字技术技能，包括数字技术知识和数字技术技能。数字技术知识是指教师应了解的常见数字技术知识，包括常见数字技术的概念、基本原理；数字技术技能是指教师应掌握的数字技术资源应用技能，包括数字技术资源的选择策略及使用方法。

（3）数字化应用

数字化应用指教师应用数字技术资源开展教育教学活动的能力，包括数字化教学设计，数字化教学实施，数字化学业评价，以及数字化协同育人。数字化教学设计是指教师选用数字技术资源开展学习情况分析、设计教学活动和创设学习环境的能力，包括开展学习情况分析，获取、管理与制作数字教育资源，设计数字化教学活动，以及创设混合学习环境。数字化教学实施是指教师应用数字技术资源实施教学的能力，包括利用数字技术资源支持教学活动组织与管理，优化教学流程，以及开展个别化指导。数字化学业评价是指教师应用数字技术资源开展学生学业评价的能力，包括选择和运用评价数据采集工具，应用数据分析模型进行学业数据分析，以及实现学业数据可视化与解释。数字化协同育人是指教师应用数字技术资源促进学校家庭社会协同育人的能力，包括学生数字素养培养，利用数字技术资源开展德育、心理健康教育和家校协同共育。

（4）数字社会责任

数字社会责任指教师在数字化活动中的道德修养和行为规范方面的责任，包括法治道德规范和数字安全保护。法治道德规范是指教师应遵守的与数字化活动相关的法律法规和道德伦理规范，包括依法规范上网，合理使用数字产品和服务，以及维护积极健康的网络环境。数字安全保护是指教师在数字化活动中应具备的数据安全保护和网络安全防护的能力，包括保护个人信息和隐私，维护工作数据安全，以及注重网络安全防护。

（5）专业发展

专业发展指教师利用数字技术资源促进自身及共同体专业发展的能力，包括数字化学习与研修和数字化教学研究与创新。数字化学习与研修是指教师利用数字技术资源进行教育教学知识技能学习与分享，教学实践反思与改进的能力，包括利用数字技术资源持续学习，利用数字技术资源支持反思与改进，以及参与或主持网络研修。数字化教学研究与创新是指教师围绕数字化教学相关问题开展教学研究，以及利用数字技术资源实现教学创新的能力，包括开展数字化教学研究，以及创新教学模式与学习方式。

2. 中小学人工智能教师能力标准

为切实解决数智时代下中小学人工智能教师专业能力“不过硬”、能力标准不清晰等问题，中国教育科学研究院联合腾讯教育于 2022 年发布了《中小学人工智能教师能力标准（试行）》，该标准在参考国内外相关政策文件的基础上，结合我国数智时代下的人工智能教育现状，通过廓清人工智能教师专业素养的内涵和发展方向，从人工智能理解与意识、基本知识、基本技能、问题解决、教学实践、伦理与安全六个维度上对人工智能教师提出了明确的要求[8]。具体内容如下。

（1）理解与意识

理解与意识指教师要深刻认识到人工智能对人类社会和人类文明的影响，理解人工智能解决真实社会问题的基本逻辑；意识到人机协同工作、学习和生活的重要性，正确理解人工智能的优势与劣势；在教师专业发展过程中具有负责任使用人工智能的意识，具备利用人工智能进行教学创新的意识。

（2）基本知识

指教师要理解人工智能学科的基本概念和解决问题的基本逻辑，了解人工智能的发展历史与趋势；掌握模式识别、机器学习、人机交互、计算机视觉、自然语言处理、智能机器人等领域的基本原理与技术，掌握人工智能在常见应用场景中分析问题并解决问题的主要过程与方法。

（3）基本技能

基本技能指教师应该能够根据基础教育教学的需求，增长自身关于人工智能应用工具和人工智能教育实践平台使用的知识；熟悉人工智能应用产品使用的基本流程，能够有效将其运用于教学；能够综合利用大数据等智能平台改善教学和进行教研活动。

（4）问题解决

问题解决指教师能够利用大数据等智能平台与同行教师、学生、专家进行沟通，选用合适的人工智能技术，开展人机协同的教育教学问题研究实践；能够设计或选择问题解决的策略，合理分配问题解决的资源，形成解决问题的方案，管理问题解决过程，提升自身的教学能力。

（5）教学实践

教学实践指教师能够借助人工智能技术优势运用合适的教学设计方法与工具开展课堂教学实践；能够实施灵活有效的教学活动，有效发展学生的计算思维、合作思维和创新思维等高级思维；能够在一定程度上指导其他学科教师积极应用人工智能技术与工具优化教学实践，从而增加教师整体的专业发展空间。

（6）伦理与安全

伦理与安全指教师应具备正确的人工智能道德观，能够合理看待并理性分析人工智能应用伦理问题，拒绝使用不符合法律法规、伦理道德和标准规范的人工智能产品；能够充分尊重学生个人信息隐私权；能够分析预判不当应用人工智能可能导致的不良影响与危害，能够评估、预警、规避和防范人工智能应用中可能引发的伦理问题与安全风险。

3. 教师 TPACK 知识结构

数智时代的不断发展对教师的专业知识和能力都提出了更高的要求，教师不仅要掌握教学的技术技能，还要具备整合新技术与教学的能力。为适应时代发展，早于 2005 年美国密西根州立大学的两位研究者 Koehler 和 Mishra 提出了 TPACK 结构[9]。该结构一经提出就受到教师专业发展领域研究者的广泛关注。教师 TPACK 知识结构不仅包含技术知识（technological knowledge，TK）、内容知识（content knowledge，CK）和教学知识（pedagogical knowledge，PK）三种基本能力要素，还包括技术教学知识（technological pedagogical knowledge，TPK）、技术内容知识（technological content knowledge，TCK）、教学内容知识（pedagogical content knowledge，PCK）和技术教学内容知识（TPACK）四种复合能力要素[10, 11]，如图 9.1 所示。TK、CK 和 PK 是教师专业能力的“基座”部分，它们的交叉组合形成了完整的教师 TPACK 知识结构。为了对具体学科教师提供针对性的整合技术教学能力测评与发展支持，多数领域学者基于该知识结构框架提出了众多学科化和情景化的衍生型 TPACK 框架，其中包含“情景”

要素的衍生型 TPACK 结构在国内较为流行，学者们普遍认为教师 TPACK 应该在真实的教学实践环境中立体展现，这样才能最大限度地发挥该结构的活力[12-14]。

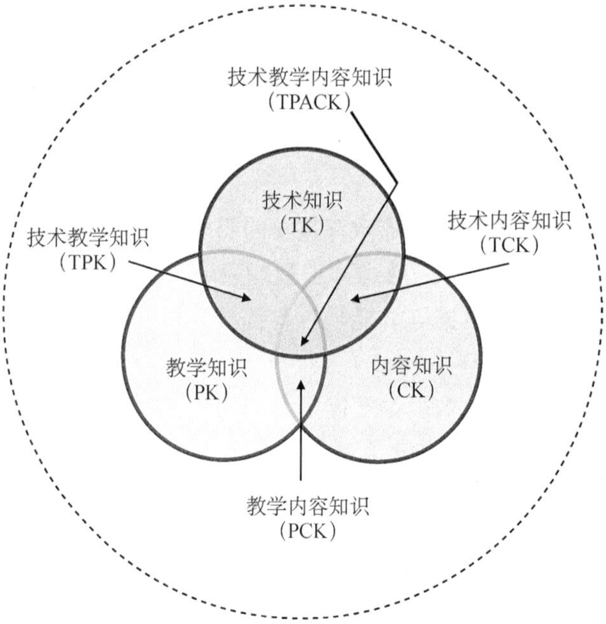

图 9.1　TPACK 知识结构

（1）基本知识

基本知识主要包括 TK、CK 以及 PK。TK 是指教师知道传统（教材、黑板等）和新兴（大数据、互联网和 AI 技术等）教育技术，并能熟练运用于教学实践的一系列能力。CK 是指教师对其所教学科的内容的了解程度，包括该学科的发展历程、重要概念、理论基础、方法以及典型案例等。PK 是指教师在教学过程中使用的具有通用性或特异性的教学策略、教学原理和原则，掌握一定的教学法知识有利于教师制订教学计划、管理课堂、实施教学活动，从而促进学生的学习。

（2）复合知识

复合知识包括 TPK、TCK、PCK、TPACK。TPK 是指教师将一系列教育技术和教学法知识进行排列组合，嵌入到合适的教与学过程中的能力。例如，为完成某项特定的教学任务选择教学效果最佳且可得到的教育技术，并采用与该项技术相适应的教学策略，使之共同促进学生学习。TCK 是指教师根据相应的学科内容选择相应的技术手段促进教学的能力，大数据时代的教育技术多种多样，教师利用此类技术能够更加灵活多样地呈现相应的学科知识，掌握该项知识能力更有利于学生理解相应的内容，例如，教师利用 AR 或 VR 技术呈现宇宙知识更加便于学生对该学科知识的掌握。PCK 是指教师为有效呈现和表达特定的学科内容，使其能够更快地被学生了解和吸收而运用一系列教学策略的能力，值得注意的是，不同的学科内容知识所需的教学法知识略有不同，需要教师视学科情况进行选择。TPACK 是指教师综合运用技术知识、学科知识和教学法知识的能力，需要说明的是，TPACK 绝不是上述三类基本知识能力的简单组合叠加，它是指与学科内容相关的如何灵活运用教学策略和教育技术有效展现教学内容，从而有利于教学活动的实施和学生的理解掌握，是一种综合性能力。

教师数字素养、中小学人工智能教师能力标准和教师 TPACK 知识结构框架都体现了数智时代对教师能力和素养的新的要求，对指导教师专业能力测评和发展，建设数智时代高水平专业化的教师队伍具有重要的指导意义。

9.1.2 数智驱动的教师专业能力测评方法

数智驱动的教师能力测评是一种借助于 AI 和大数据等数智技术，不断获取、整合和分析教师发展过程中的多模态数据，进而对教师专业能力做出评价、解释与反馈的评价手段。传统的教师专业能力测评活动主要是由教研人员借助量表测验、观察、问卷和访谈等方式开展的，导致教师专业能力测评难以实现针对性和过程性评价，无法全面、准确地衡量教师的专业水准，难以满足当前精准化教师专业发展的需求[15]。大数据和 AI 等数智技术能够对教师专业发展的大规模数据进行自动化采集、处理和分析，可为教师专业能力精准智能化测评带来新的机遇。一方面，借助数智技术全面深入分析教师的行为数据、人机交互数据和生理心理等多模态数据，能够进一步提高测评的精准性[16]；另一方面，自动化记录和分析教师专业发展全流程大规模数据，并为教师提供实时的反馈，能够对教师专业能力实现全流程适应性评价[17]。总的来说，数智驱动的教师专业能力测评方式主要涉及多模态数据驱动的精准测评、基于认知诊断的自适应测评以及人机协同支持的可释性测评几个方面。

（1）多模态数据驱动的精准测评

教师的发展涉及理论与实践等多个方面，随着技术与教师专业发展的不断融合，教师发展场景也向物理、信息以及社会等多个空间高度融合变迁。教师在任何空间进行学习或教学实践都会产生相应的场景数据，因此传统仅仅以单一维度的心理数据或行为数据为基础难以精准测量教师的专业能力水平。并且随着可穿戴技术、物联网以及 AI 在教育中的不断应用，富含教师专业能力发展的全场景多模态数据（如在教学和专业学习过程中的言语、面部表情、行为等）均可被伴随式采集，反映教师认知、情感等的相关活动和轨迹进行全方位时序记录。这些数据具有不同场景、不同时间节点、不同时长、不同维度等异构特征，借助于多模态大模型等 AI 技术能够实现对不同模态数据的高效融合与计算，进而实现对教师专业能力的更精准诊断与评价[18]。

（2）基于认知诊断的自适应测评

随着测评技术的飞速发展，教师能力测评也逐渐走向个性化，充分发挥 AI 的优势，构建适应教师个人发展特征的测评方法体系与系统成为未来教师专业发展的重要趋势。认知诊断测试是当前最为先进的个性化测试技术，结合认知诊断模型和自适应匹配选题策略，能够依据被试实时作答情况因人而异地进行选题，在更短的时间内以较少的试题达到更高的测量精度。该测评方式需要教师先完成一套专业知识测试题，而后基于教师的答题情况，采用大数据及 AI 等数智技术实现自动组卷，自适应提供与教师知识水平相匹配的测试题，最终为每位教师动态生成一套个性化的专业知识测评题目集，真正体现“因人施测”的理念，该方式仅用少量的题目就可以测出教师的专业知识水平，并将测评结果即时反馈给每位教师，例如提供教师测验的能力水平值，同时自动推送教师需要查漏补缺的知识集，从而实现动态个性化的能力评价[19]。

（3）人机协同支持的可释性测评

机器学习技术在教师专业能力测评领域上已经取得了一些成就，但仍然存在着些许局限，例如，基于传统机器学习的很多测评模型尚不具备对测评结果的可解释性能力，在复杂的教与学测评过程中，需要第三方将测评结果与教学行为和事件相关联，系统才能真正理解教师专业能力发展的原因。人机协同智能测评是指将教育专家和AI的智慧相结合，协同开展教师专业能力的测评活动。其中，AI技术可以采集教师的教育教学实践和专业学习活动的时序数据，并通过数据分析模型，从多个维度对教师专业能力进行评估。进而结合因果诊断技术分析影响教师认知水平和情感状态的因素，并通过知识推理、特征重要性分析结合专家领域知识对其进行更具细粒度的解释，全面揭示教师专业能力测评“黑盒”，从而实现对教师专业能力的可释性测评[20-21]。

9.1.3 数智驱动下教师专业能力智能测评实践——以教师在线协作反思水平测评为例

1. 在线协作反思模型与编码框架

协作反思主要指多位教师针对某一问题，通过情感和认知的协作交互，促进个体与协作群体经验重构、问题解决以及知识深化的批判性思考过程[22]。它是教师专业能力的重要组成，也是促进教师专业持续发展的重要方式，在教师专业成长中扮演着十分重要的角色。精准把握教师在专业发展实践中协作反思的水平，是及时精准支持教师专业成长和教学实践的关键。然而，协作反思涉及关联要素复杂，且具有内隐和动态变化特性，使其测评难度和准确度较大，明晰协作反思各要素及其关联关系，依托一个可靠的编码框架是支持其精准测量的重要基础。

（1）在线协作反思模型

协作反思本质上是个体与群体认知相互作用的过程，为了更深入揭示在线环境中教师协作反思中个体与群体认知要素及其关系，综合经验学习、群体认知等理论，以个体和协作群体对经验理解与重构的迭代循环过程为主线，我们构建了包括协作群体问题感知、原因分析、经验重构、计划实践核心过程的协作反思模型，如图9.2所示。该模型由内至外主要由三个核心部分组成（影响因素、过程阶段、在线社区环境），各层之间存在着相互依赖和影响的关系。最外层是在线社区环境，是支持整个协作反思过程的技术环境和社区共同体营造的协作与反思氛围。中间层是模型的核心层，具体阐释了协作的基本过程，包括问题感知、原因分析、经验重构以及计划实践四个阶段，并揭示了协作反思各个阶段中个体与协作群体认知相互作用关系，如在问题感知阶段，经验回顾和问题识别既是个体面临的问题情境，也是协作群组集体信息加工的目标。问题情境导致教师个体认知状态的不平衡，将促使个体认知转化为与具体协作成员的群体认知过程，将通过与协作成员共享、检验和整合的信息加工过程，促进自身认知状态的重新平衡，以精确地识别反思的问题。其中协作群体集体信息加工的深度将影响教师的问题感知结果，个体认知的结果也会反过来影响协作成员集体认知的过程。最内层是影响协作反思的主要因素，其中交互是协作反思过程的核心驱动力，在基于在线协

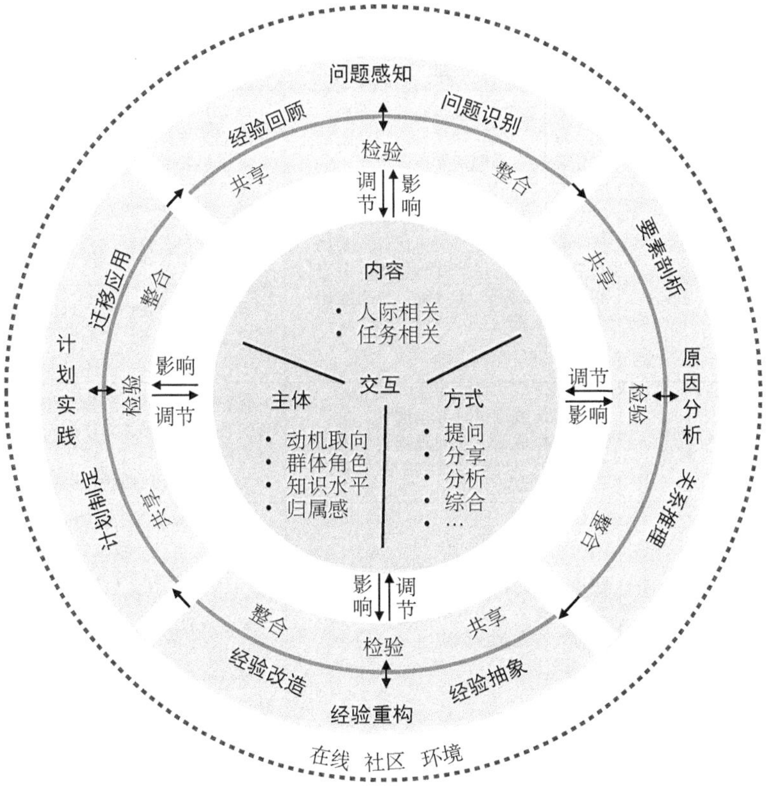

图 9.2　在线协作反思模型

作反思过程中，教师将依据自身的具体问题需求，自主地选择协作与交互的主体、内容以及方式，动态调整自己在不同协作反思阶段中分工、协调以及监控的情况，进而推动协作成员之间共享、检验和整合的集体信息加工过程。同时，教师在不同阶段对经验和问题的认知结果，也将进一步调节其协作群组的分工、监控与协调的行为，转变着具体协作与交互的主体、内容和方式。

（2）在线协作反思编码框架

依据以上构建的在线协作反思模型，教师的协作反思水平是个体认知和群体认知相互作用的结果。在每个协作反思阶段，教师不仅需要对自身的经历和问题进行思考、信息加工，同时也需要对协作群体共享的经验和知识进行检验与整合，进而达到对经验的深层认知和对问题的有效解决。所以，教师对自身经验的认知加工水平和协作群体共享经验的反思水平，综合反映了其在线社区中的协作反思水平。即高水平的反思者不仅能够向协作成员共享自身相关的经验与观点，还能够批判性地看待和整合其他成员共享的经验或观点，进而促进对自己经历和问题的深入理解。据此我们设计了如表 9.1 所示的编码框架。

该编码框架总体将协作反思水平划分为描述性、分析性、批判性三个水平，分别表明了低、中、高不同的协作反思深度。每个水平下包含两个类别维度，其中描述性水平包括回应看法和陈述经验；分析性水平包括寻求解释和阐释观点；批判性水平包括提出质疑和建立新知。具体维度中均考虑到反思者对问题感知、原因分析、经验重构以及计划实践不同程度的思考。

表 9.1 在线协作反思水平编码框架

水平	维度	描述	示例
描述性水平	回应看法	简要表达对协作成员有关问题阐述、原因分析、共享经验或计划的看法，没有详细阐述原因	➢ 同意！ ➢ 感谢分享！ ➢ 对于你的这个说法我无法理解！
	陈述经验	基于自身的感受或参考协作成员的观点，简要描述问题与原因，分享相关经验或下一步计划，没有给出具体的依据	➢ 这一周的学习过程中，我拟定了简要的内容框架，并预览了老师在学习平台上所提供的资源，结合网络搜索和文献检索的方式搜索相关资料，感觉收获很多。 ➢ 我记得以前我们学地理的时候好像做过一个关于设计城市内部分区的题目，这个好像可以考虑一下。
分析性水平	寻求解释	通过提问或商讨，寻求解释，尝试理解协作成员关于问题阐述、原因分析、共享经验或计划的具体观点	➢ 你在哪里看的呀？挺有趣的，但不知道是不是真的可靠呀，感觉专注投入的时间是多少还是有点模糊。 ➢ 为什么要把这两种情况排除在外？
	阐释观点	综合自身或协作成员共享的经验与观点，有依据地分析问题，详细阐释可能存在的原因或进一步的计划与实践	➢ 在本周的学习中，我主要阅读了……通过这次的自主学习，我觉得首先要有很好的自主控制能力，……同时聚集大家的力量，才会收获更多…… ➢ 有一次我们去拜访老师，他建议我们应该把每一章的知识打包，然后把打包好的知识放在不同的盒子里……我认为建立知识脚手架的过程，就类似于寻找和标记盒子的过程，因为……所以……，我们可以先……
批判性水平	提出质疑	批判性地看待协作成员有关问题阐述、原因分析、共享经验或计划的观点，进而进行质疑	➢ 真的吗，有数据佐证吗？…… ➢ 仅仅从理论上阐释设计的教学模式的合理性，是科学的吗？应该需要进一步展开实验研究或在实践教学中检验其合理性和有效性……
	建立新知	综合自身或协作成员共享的经验与观点，从不同视角审视问题，分析原因，制订计划，从中总结经验，建立新的理解	➢ 浏览了大家的评论，发现大家认为学习理论的要素一方面是从对象去考虑的……，另一方面是从学习理论本身的产生发展到应用阶段去考虑的。其实都很有道理，学习理论应该是两者的综合……，但自身的来源发展也是很重要的一部分…… ➢ 上周汇报表现得不好，从别的同学那里确实受益良多，有些同学不仅仅分享学习理论，而且真的能把学习理论运用到自己的汇报中，这才是真正地掌握了学习理论。今后，自己会多思考，做到学习所用……

2. 基于深度学习技术的教师协作反思测评模型

由于教师协作反思具有内隐性和动态生成性，其测评具有一定的复杂度和难度。为突破现存方法在人工成本较高以及分析时效低下等方面的局限，研究一种融合深度学习技术的协作反思水平评估模型和方法，以实现对在线学习社区成员协作反思水平更精准快速的评估是非常有必要的。具体来看，针对大规模、时序化的在线协作反思文本，借助于深度学习技术，基于协作反思水平编码框架对反思层级的划分标准，对每位学习者协作反思文本信息和反思水平层级进行语义理解和特征学习，实现自动化判别其反思水平层级，是研究协作反思水平测评模型的主要目的。本案例主要依托大数据和 AI 技术的支持，设计开发了一种基于深度学习技术的教师协作反思测评方法，并基于现有学习云平台研发了协作反思测评系统功能，旨在为及时、精准地把握教师的在线协作反思水平提供支持。

鉴于在线环境中教师协作反思文本具有大规模性和时序性，并且随着反思者自身专业能力的发展，教师的协作反思水平会呈现日趋深入的特征，本团队设计了基于深度学习技术的协作反思测评模型，该模型融合了具有长时序依赖特征捕获能力的 LSTM 算法和具有无监督学习和深度双向机制的 BERT 算法，其中 LSTM 能够对长距离的文本序列进行较好的学习，BERT 是一个预训练的语言表征方法，可以基于较少量的数据，在语法解析和语义理解上表现出更大的优势。该模型的具体实现机制和流程如图 9.3 所示，主要包括四个步骤：反思文本数据的输入、反思水平分析、时序数据分析以及反思水平的输出。

1）输入层。该层旨在对协作反思文本数据进行分词预处理，作为 BERT 模型的输入。对每位教师来说，在一个课程具有多个反思的主题（Topic 1，…，Topic m），每个协作反思主题由多条句子组成（Sentence 1，Sentence 2，…），每个句子包含多个词组，我们将一个反思主题中最大的词数量记为 n，并以此作为输入序列的统一长度。鉴于每个主题前后具有时序关系，对 m 个前后关联的课程协作反思主题进行序列化表示，通过对协作反思文本数据清洗和分词，将每个主题转化为由多个关键词字段组成的词序列，并将每个句子的首尾相接，以作为 BERT 模型的输入，进一步实现对协作反思文本的向量化表示。

2）反思水平分析层。输入层预处理后的文本数据首先需要进行向量化表示，才能够进一步输入到分类模型中。这里主要借助于 BERT 模型中的 Transformer 编码器实现，对于每个主题中输入的文本 TE_1，…，TE_n，加入位置标签 PE_1，…，PE_n，之后借助于自注意力（Self-Attention）层，对每个句子中词之间的相互关系进行计算，并据此调整权重，以获得该词的语义以及与其他词的关系信息，实现对一个主题中所有文本的向量化表示（E_1，…，E_n）。相对于传统词向量的方法，该方法对文本具有更全面的语义表示方式，能够实现对协作反思文本数据更精确的语义理解。在此基础之上，进而将每个主题中向量化后的文本作为反思水平分类模型的输入，将训练样本的反思水平作为输出，通过微调（fine-tuning）训练过程，形成基于 BERT 的针对每个主题的反思水平分类模型，实现教师在每个主题协作反思水平对应的隐藏状态特征表示（$T_1 \cdots T_n$）。

3）时序数据分析层。该层主要由 LSTM 网络和全连接网络构成，旨在借助记忆单元的时序特征，学习各课程对应反思水平状态的序列规律。首先，对上一步输出的结果进行整合表达，形成每个主题的协作反思水平序列（$C_1 \cdots C_m$），作为时序数据分析层的输入。其次，针对每一个时间序列生成的多个隐藏的 LSTM 神经单元向量，依据门控机制原理，不断调整网络权重，实现对神经单元状态的持续更新，最终决定当前状态的输出以及最终类别分布向量。

4）输出层。输出层旨在通过 Softmax 归一化指数函数，对上一步的输出特征向量进行概率分布计算，得到每位教师在不同协作反思水平层级上对应的概率，最终输出概率最大的协作反思水平层级类别（Low、Middle、High），即作为对教师最终协作反思水平的评估结果（输出）。标签 Low、Middle、High 分别表示描述性、分析性以及批判性协作反思水平，依次揭示了协作反思水平的低、中、高。

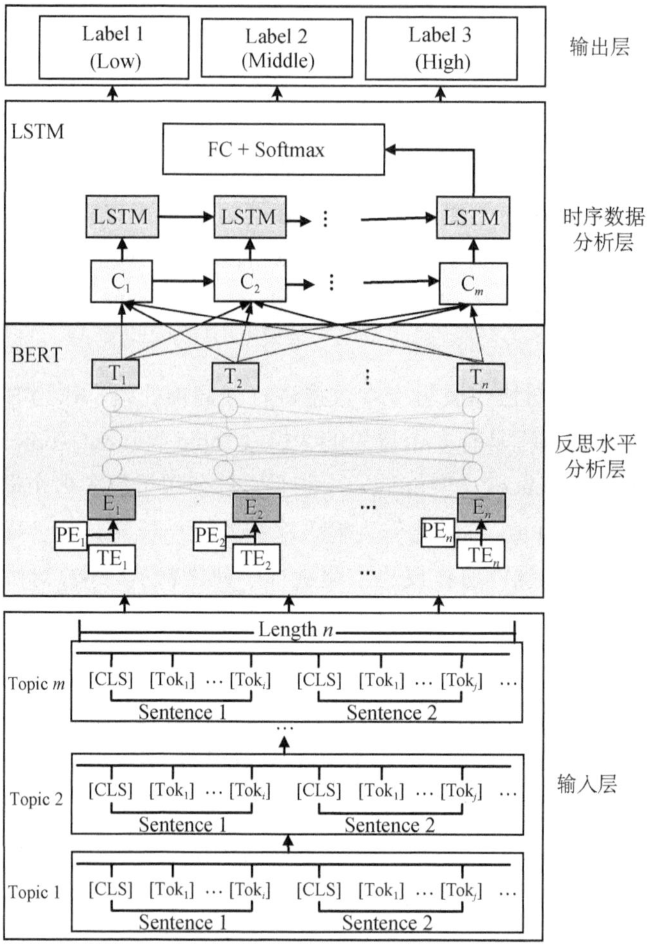

图 9.3　基于 BERT 和 LSTM 的协作反思水平评估模型

m 表示整个主题的长度；*n* 表示每个主题中的词语的数量；TE 表示文本嵌入（text embedding）；PE 表示文本的位置嵌入（position embedding）

3. 教师协作反思水平测评方法实现

（1）在线协作反思数据的采集

为了训练一个表现良好的协作反思测评模型，研究收集了大规模的协作反思文本数据。这些数据主要来自三门有关教育技术学专业的在线课程。学习者主要是教育技术学专业的本科生和硕士研究生，以及在职教师。其中课程一的学习者主要是教育技术学本科生，他们主要依托超星学习通平台参与课程相关主题的学习与反思。另外两门课程中，学习者主要依托中国大学 MOOC 平台，课程二的学习者主要是教育技术学本科生，课程三的学习者包括本科生和专业相关的在职教师。三门课程的学习者数量为 13975 人，收集到的文本数据共 26714 条。数据集的具体信息见表 9.2。

表 9.2　不同课程数据量的基本情况

类别	课程一	课程二	课程三	总计
学习者/人	45	121	13809	13975
发帖量/条	1608	3622	21484	26714

（2）在线协作反思数据的预处理

1）数据清洗：由于协作反思原始数据包含图片、表情符号、链接等，具有较高的噪声，因此一方面需要对无效的数据进行删除，另一方面需要对包含有意义的数据进行转化，以确保后续文本向量化表征与挖掘的准确性。依据协作反思水平编码的基本规则，对于那些没有与任何社区成员产生协作交互学习者的数据，以及反思文本与学习和问题完全不相关的数据，视其为无效数据，不予考虑。对于表情符号、英文表达以及繁体字，进行转录和翻译，其他特殊符号和多余空白予以删除。经过对无效数据的删除，最终有效文本数据包含 16805 条帖子。

2）协作反思文本的编码：为了训练一个有效的分类器，需要将具有标签的结构化数据作为训练和验证数据集。本应用主要基于所构建的协作反思水平编码框架，对已有的协作反思文本进行打标签。依据协作反思水平编码的基本原则，将一个完整的对话情节作为一个分析单元。在本应用中我们主要将在同一个反思主题中与同一协作成员的所有会话信息视作为一个分析单元。具体由两名熟练编码程序的编码者，对 10083 条反思文本信息进行编码，其中描述性、分析性和批判性水平分别编码为“1”“2”“3”。两名编码者初步完成编码后，由研究者进行核查，对于编码不一致的地方，进行讨论协商，进一步确定最终级别。最终，两名编码者的编码一致性 Cohen’s Kappa 系数为 0.858（$p < 0.01$），表明编码结果具有较高的信度。

3）分词：将输入的文本按照一定的规范进行切分，进而重新组合成多个“词”序列，是文本分析过程中一项基础和复杂的工作，对后续文本挖掘的效果产生重要的影响。本应用主要采用 Jieba 库，完成对协作反思文本的分词以及停用词处理等工作。该分词系统的分词原理即通过将需要分析的文本与词库中的词语进行对比，采用图结构和动态规划的方法，查找出现最大概率的词组划分的组合，并支持多种分词模式（如精确模式、全模式等），能够实现对词组的快速查询和更精准地切分。本应用主要利用精确模式，实现基于词频的词组最大切分组合，采用基于汉字生词能力的 HMM 模型，加载自定义的词典，以实现对未登录词的识别能力。此外，对像“嗯”“的”等没有实际意义的停用词进行删除。

（3）在线协作反思评估算法的实现

在获得了经分词后的学习者反思文本后，本应用通过已构建的基于 BERT 和 LSTM 的协作反思水平预测模型实现学习者反思状态的准确发现，具体过程包括如下几个步骤。

1）协作反思文本的向量化表示。文本的向量化表示即将一段文字转成可以被计算机可识别的向量，以支持后续文本的进一步分析。将每个句子级别文本经分词后形成的文本序列表示为{Tok_1，Tok_2，…}，并在每两个句子之间以[CLS]作为标识符区分，以此形成每个主题的词序列。鉴于已有文本向量表示方法在对问题情境信息，以及歧义消解等方面的局限性，借助于哈工大讯飞联合实验室的 BERT-Chinese 预训练模型实现对协作反思文本的向量化表示。针对每一个反思主题形成对应的文本嵌入（text embedding）表示{TE_1，TE_2，…，TE_n}，作为后续反思文本识别的输入数据表示。

2）基于 BERT 的不同 Topic 协作反思水平计算。在完成了文本的嵌入表示后，为了实现精准的主题级反思水平识别，本应用构建了基于 BERT 的反思水平分类模型，BERT 能够利用 Transformer 结构和 Self-Attention 机制，充分挖掘每个词的背景信息，以及词与词之间的关系，对文本进行双向学习和表征。该过程首先考虑文本在句子中的位置情况，形成各文本词向量$\{\boldsymbol{TE}_1, \boldsymbol{TE}_2, \cdots, \boldsymbol{TE}_n\}$的位置特征计算，具体到第 p 个词，其位置嵌入为：

$$\boldsymbol{PE}_{p,2i} = \sin\left(p / 1000^{2i/d}\right) \quad （式 9.1）$$

$$\boldsymbol{PE}_{p,2i+1} = \cos\left(p / 10000^{2i/d}\right) \quad （式 9.2）$$

其中，d 为输入特征维度，i 从$\left[0, \frac{d}{2}\right]$的范围中进行取值，由此得到每一词向量的位置嵌入。

然后进行输入的自注意力计算，通过对输入词向量 TE、PE 特征序列合并，查询 Query，键 Key 与值 Value 的 $\boldsymbol{Q}$、$\boldsymbol{K}$、$\boldsymbol{V}$ 表示，基于自注意力机制的计算公式如下：

$$\text{Attention}\left(\boldsymbol{Q}, \boldsymbol{K}, \boldsymbol{V}\right) = \text{Soft}\max\left(\frac{\boldsymbol{QK}^T}{\sqrt{\boldsymbol{d}_k}}\right) \cdot \boldsymbol{V} \quad （式 9.3）$$

其中，$\boldsymbol{Q} \in \mathbb{R}^{n_q, d_k}$、$\boldsymbol{K} \in \mathbb{R}^{n_e, d_k}$、$\boldsymbol{V} \in \mathbb{R}^{n_e, d_v}$ 分别是 Query、Key 和 Value 向量，d_k 是 key 和 query 的特征维度，d_v 是 Value 的特征维度，n_q 是 Query 的个数，n_e 是 Key-Value 键值对的个数。并且，为了实现更为精准的协作反思水平结果分析，进一步考虑多头机制进行不同注意力头特征下的注意力计算公式如下：

$$\text{MultiHeadAttt}\left(\boldsymbol{X}\right) = \text{Concat}\left(\boldsymbol{h}_1, \boldsymbol{h}_2, \cdots, \boldsymbol{h}_H\right)\boldsymbol{W}^O \quad （式 9.4）$$

$$\boldsymbol{h}_i = \text{Attention}\left(\boldsymbol{XW}_i^Q, \boldsymbol{XW}_i^K, \boldsymbol{XW}_i^V\right) \quad （式 9.5）$$

其中，$\boldsymbol{W}_i^Q, \boldsymbol{W}_i^K, \boldsymbol{W}_i^V \in \mathbb{R}_{d, \frac{d}{H}}$，$\boldsymbol{W}^O \in \mathbb{R}^{d,d}$，$H$ 表示 Head 的个数，且满足 $\boldsymbol{X} \in \mathbb{R}^{n,d}$。其中 $\boldsymbol{W}^Q, \boldsymbol{W}^K, \boldsymbol{W}^V, \boldsymbol{W}^O$ 都是可训练的参数矩阵。此外，BERT 在双向 Transformer 基础上引入了掩码机制，即通过 Masked LM 在训练过程中对词向量序列中的 15%标签进行随机遮盖，以此实现对于上下文缺失信息的预测表示，通过该流程可以将原本词向量序列根据预测目标所需特征进行提取，形成协作反思水平的隐状态特征表示，通过对隐状态特征进行 Softmax 汇总处理，即可形成当前主题对应的协作反思水平识别。

3）基于 LSTM 的整个课程协作反思水平测评。如上文所述，LSTM 以其不同的门控结构实现对序列中的长期依赖进行表征，以实现长距离信息的有效利用。本应用则通过对每一个主题分析出来的反思水平通过序列表征为$\left\{C_1, C_2, \cdots, C_m\right\}$，以此识别学习者在整体课程中的反思水平。因此，对于 t 时刻的给定输入 $\boldsymbol{x}_t$，LSTM 的隐层输出表示如下式：

$$\boldsymbol{i}_t = \sigma\left(\boldsymbol{W}_{xi}\boldsymbol{x}_t + \boldsymbol{W}_{hi}\boldsymbol{h}_{t-1} + \boldsymbol{W}_{si}\boldsymbol{S}_{t-1} + \boldsymbol{b}_i\right) \quad （式 9.6）$$

$$\boldsymbol{f}_t = \sigma\left(\boldsymbol{W}_{xf}\boldsymbol{x}_t + \boldsymbol{W}_{hf}\boldsymbol{h}_{t-1} + \boldsymbol{W}_{sf}\boldsymbol{S}_{t-1} + \boldsymbol{b}_f\right) \quad （式 9.7）$$

$$\boldsymbol{S}_t = \boldsymbol{f}_t\boldsymbol{S}_{t-1} + \boldsymbol{i}_t\tanh\left(\boldsymbol{W}_{xs}\boldsymbol{x}_t + \boldsymbol{W}_{hs}\boldsymbol{h}_{t-1} + \boldsymbol{b}_s\right) \quad （式 9.8）$$

$$\boldsymbol{o}_t = \sigma\left(\boldsymbol{W}_{xo}\boldsymbol{x}_t + \boldsymbol{W}_{ho}\boldsymbol{h}_{t-1} + \boldsymbol{W}_{so}\boldsymbol{S}_t + \boldsymbol{b}_o\right) \quad （式 9.9）$$

其中，$\boldsymbol{W}$ 表示不同层之间的权重矩阵（含输入层的输入门权重矩阵 $\boldsymbol{W}_{xi}$、遗忘门权重矩阵 $\boldsymbol{W}_{xf}$、候选细胞状态权重矩阵 $\boldsymbol{W}_{xs}$、输出层的输出门权重矩阵 $\boldsymbol{W}_{xo}$ 等），$\boldsymbol{h}_{t-1}$ 为上一时间步的隐层输出，$\boldsymbol{b}$ 为偏置向量（如 $\boldsymbol{b}_i$ 为输入层偏置、$\boldsymbol{b}_f$ 为遗忘层向量、$\boldsymbol{b}_s$ 为细胞状态层偏置向量、$\boldsymbol{b}_o$ 为输出层偏置向量等），$\boldsymbol{S}$ 表示记忆单元状态，σ 与 tanh 为不同神经元激活函数，$\boldsymbol{i}_t$、$\boldsymbol{f}_t$ 和 $\boldsymbol{o}_t$ 分别表示输入门、遗忘门和输出门，通过以上门控实现序列特征的整合分析，由此实现对每

个学习者最终协作反思水平（低、中、高）的识别。

综合以上三部分内容，本应用对于在线协作反思水平评估算法进行统一设计。

算法 9.1：基于 BERT 和 LSTM 的协作反思水平评估算法。

输入：课程文本分词结果；BERT-Chinese 预训练模型。

输出：课程协作反思水平。

① 将分词后序列输入到 BERT-Chinese 预训练模型中进行向量化表示；

② for each in $\{1,2,\cdots,m\}$；

③ 形成第 i 个主题的词向量嵌入序列表征 $\{\boldsymbol{TE}_{1_i},\boldsymbol{TE}_{2_i},\cdots,\boldsymbol{TE}_{n_i}\}$；

④ 根据公式进行对应位置嵌入序列计算 $\{\boldsymbol{PE}_{1_i},\boldsymbol{PE}_{2_i},\cdots,\boldsymbol{PE}_{n_i}\}$；

⑤ 根据公式计算当前主题文本特征的注意力层，并通过 Layer-Norm 进行归一化处理，形成统一注意力单元，构建基于 Encoder-Decoder 的堆叠结构，实现输入特征的注意力计算；

⑥ 输出计算结果形成协作反思水平对应的隐状态特征表示 $\{T_1,T_2,\cdots,T_n\}$；

⑦ 对上述结果进行 Softmax 与全连接层汇总，输出当前主题下的协作反思水平结果 C_i；

⑧ End for;

⑨ 对 m 个主题的分析结果进行汇总 $\{C_1,C_2,\cdots,C_m\}$；

⑩ 通过公式进行输入门、遗忘门、输出门、记忆单元的状态计算，实现时序数据的隐藏层特征结果输出。通过对输出结果进行 Softmax 汇总输出，形成学习者对课程整体反思水平的评估计算。

4. 在线协作反思能力测评系统功能开发

为实现教师协作反思能力的智能化测评，本团队在现有数智学习平台 iStudy 的基础上，以模块化思想嵌入基于深度学习技术的教师协作反思能力测评系统，系统架构如图 9.4 所示。该系统一共有五个模块，即教师信息空间模块、教师协作反思模块、反思数据管理模块、基于深度学习技术的协作反思测评模块和评价报告模块。

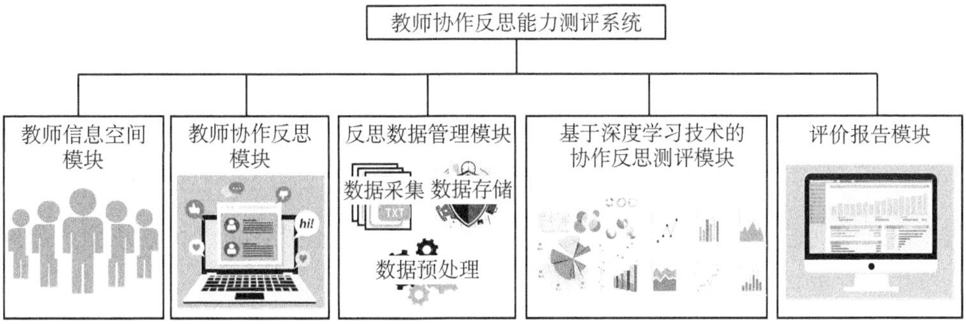

图 9.4　教师协作反思能力测评系统架构

教师信息空间模块包括教师的基本信息和反思实践活动详情，基本信息主要包括教师首次注册并登录该系统时需填写的姓名、年龄、教学经历等基础信息；反思实践活动详情主要记录教师参与的反思实践活动信息，例如反思主题、反思任务要求等。

教师协作反思模块是教师们进行协作反思的主要阵地，教师可以在该模块中通过撰写反思内容以及发帖、回帖的方式就某一教学实践问题开展协作反思活动。

反思数据管理模块包括数据采集模块、数据存储模块和数据预处理模块，旨在实时记录和存储教师协作反思关联大数据，并对原始数据进行预处理。

协作反思测评模块主要利用 BERT 和 LSTM 等深度学习技术实现对教师的协作反思文本数据的自动化分析，进而精准评估教师的协作反思能力。

评价报告模块主要功能是呈现周期内教师协作反思能力的整体水平，对处于浅层反思水平的教师给予预警提示，并提供能够帮助教师提高协作反思能力的建议。

5. 在线协作反思能力测评系统的应用

（1）应用活动开展

为智能化测评教师的协作反思水平，本团队开发了教师协作反思能力测评系统（后称智能测评系统）并将其投入使用。研究共召集了 45 名职前教师作为首批智能测评系统使用者（实验组），另招募了 40 名职前教师采用传统的在线反思系统（对照组），该系统能够满足教师在线反思撰写和同伴讨论交流。每位职前教师在 12 周的课程内，参与 7 个课程相关的主题协作反思，具体如图 9.5 所示，其中，在前两周两组教师均基于传统的在线反思系统展开反思，之后实验组采用智能测评系统，而对照组仍然采用传统的在线反思系统进行学习和反思。

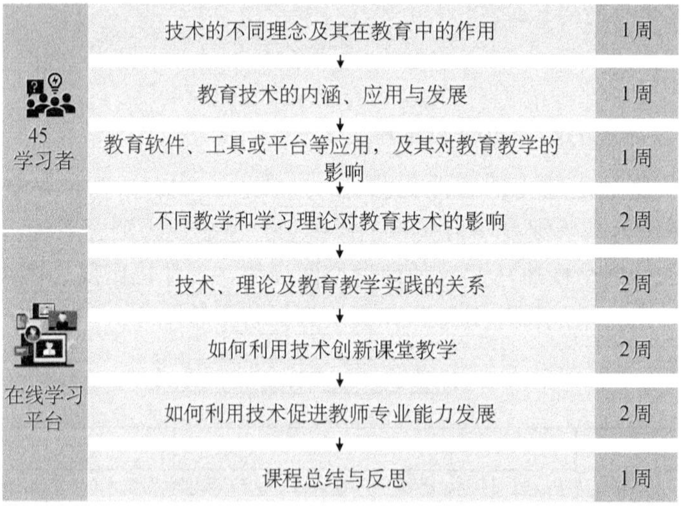

图 9.5　教师协作反思活动开展

为了更好地促进职前教师对协作反思活动的深度参与，该课程的一名主讲教师和两名助教分别承担指导者、促进者及观察者的角色。指导者教师主要的任务是设计协作反思的主题、发布任务的要求及监控作为学习者的职前教师参与活动的整个过程。促进者教师旨在基于职前教师的需求提供相关资源、工具等支持，以促进职前教师活动的顺利开展。观察者教师旨在监控职前教师反思的具体内容，根据具体情况，要求给出证据或解释，以促进职前教师深入地思考。在每次课程结束后，主讲教师会发布相应的反思主题，要求职前教师具体围绕相关主题的学习情况展开反思，如对问题新的认识、目标达成程度、自身的学习体验、还有什么不足之处等，并鼓励职前教师积极地对其他同伴的反思展开批判性的评论、回应等，促进大家就相关经验和观点共享与交流，进而支持他们对知识的深层建构，使其做好对未来相关问题的计划与实践准备。有所不同的是，实验组的指导教师们可以和职前教师一样，能够利用智能测评系统实时观察到反思者的协作反思水平，这有助于他们给予职前教师及时的反馈和支持。

（2）应用效果分析

为了进一步检验该系统对教师协作反思能力的影响，本团队收集了课程开始两周后教师的协作反思数据（前测数据）和课程结束后的教师协作反思数据（后测数据），采用配对样本 t 检验和独立样本 t 检验的方式对其进行分析。

首先，团队采用独立样本 t 检验分析了实验组和对照组协作反思的前测数据，以检查教师最初的协作反思水平，分析结果显示两组教师的协作反思水平没有显著差异（t=0.55，p>0.05）。

另外，为了检查使用不同系统后两组教师协作反思水平的差异情况，本研究进一步分析了实验组和对照组教师的协作反思水平后测数据，结果显示两组教师存在显著差异（t=2.03，p<0.05），见表 9.3。

表 9.3　教师协作反思能力前后测独立样本 t 检验结果

类别		M	SD	t	df	p
干预前	实验组	0.87	0.39	0.55	83	0.58
	对照组	0.83	0.37			
干预后	实验组	1.33	0.40	2.03	83	0.046
	对照组	1.17	0.31			

最后，采用配对样本 t 检验进一步分析了实验组和对照组教师在测评前后的协作反思水平，结果见表 9.4，可以发现实验组（t=6.69，p<0.001）和对照组（t=6.45，p<0.001）教师的协作反思能力水平均得到了显著提升。但就教师协作反思能力的提升幅度来看，实验组（$M_{前测}$=0.87，$M_{后测}$=1.33）要大于对照组（$M_{前测}$=0.83，$M_{后测}$=1.18）。由此可见，将该智能测评系统融合应用于教师教育活动中，能够显著提升教师的协作反思水平。

表 9.4　教师协作反思能力的配对样本 t 检验结果

类别	干预前		干预后		t	df	p
	M	SD	M	SD			
实验组	0.87	0.39	1.33	0.39	6.69	39	0.000
对照组	0.83	0.37	1.18	0.31	6.45	44	0.000

综上，智能测评系统的应用显著提升了参与教师的协作反思能力，这证明了将智能测评系统整合到协作反思能力提升活动中的有效性，也突出了大数据在教师专业发展中的作用。

实践证明该智能测评系统的应用有效解决了教师反思能力测评烦琐、片面、不客观等问题，提高了教师协作反思能力测评的科学性和及时性，可为教师协作反思能力水平的提升提供有效支持。

9.2 数智驱动下教师专业能力提升

教师专业能力的提升是教师专业得以发展的重要体现，为了借助大数据、AI 等新兴技术促进教师专业能力的有效提升，推进数智驱动的教师高质量专业发展，本小节主要从教师专业发展的理论取向出发，深入剖析指导当前教师专业发展实践的核心理念，权衡其利弊。在此基础之上，进一步剖析数智赋能的教师专业能力提升优势，并结合教师 TPACK 和协作反思能力提升的典型案例，详细阐述数智驱动下教师专业能力提升的具体策略，为数智时代教师专业发展实践提供参考。

9.2.1 教师专业发展的理论取向

教师专业发展的理论取向是教师专业发展理念的综合体现，对教师专业发展实践具有直接的指导作用。总的来说，当前学界对教师专业发展主要持有三种理论取向，分别是以促进知识与技能发展为目的的理智取向、以教师自我理解为主的实践-反思取向和以教师教育生态视角的生态取向。

1. 理智取向

理智取向的教师专业发展理念来源于科学实证主义和行为主义，主要强调客观的教师专业知识和专业能力是教师专业发展的主要内容。推崇教师专业发展的理智取向学者十分关注教师专业发展需要怎样的知识[23]，他们认为只有具备扎实的知识基础，谙熟各类教学技能的教师才能够在面对复杂的教学情景和多元差异化的教学对象时游刃有余。此外，他们认为教师专业能力与医生和律师的能力一样，是“专门的知识和技能”，能够通过制定专门的能力标准规范教师的能力结构，并通过培训使教师所需的专业知识和能力得到大幅提升。该取向主导下的教师专业发展理念不仅强调科学的教育教学研究在教师专业发展中的重要性，而且重视现代科学原理和新兴技术在教育中的运用，该理念的指导催生了许多经典的教师专业发展模式，例如集教学专长、诊断专长和学科专长于一体的教师教学专长发展模式和包含新手、熟练至专家型教师阶段性成长的教师专业发展模式等[24]。

2. 实践-反思取向

针对过度关注知识技能本身对教师专业发展所导致的理论与实践脱节，以至于教师无法将所学的知识与技能应用到教师专业发展的实践中的问题，学者开始质疑教师在实际教学中应该掌握什么知识，以及如何帮助教师了解和理解教学实践经验。人类学家莱夫倡导的情境学习理论以及舍恩提出的新的实践认识论促进了以实践反思为主要途径的教师专业发展取向。实践-反思取向的教师专业发展理念强调教师要对自己或他人的教学实践活动进行深层次的思考，并在下一次教学实践中改进，是针对教师专业发展中过分关注客观知识技能导致理论与实践割裂的问题所提出的发展取向。实践-反思取向者认为教师不仅是知识技能的传授者，同时也是教育教学的研究者，注重教师对以往教学经验的反思与总结，思考如何对真实的教学实践进行有意义的反思活动。该取向的观点主要表现在教师专业发展的五个方面：首先，希望教师能在教学实践中形成以身载道的个人教学理论和实践哲学；其次，强调教师是在各种教学实践中与周围世界不断交互的动态变化有机体；再者，该取向认为教师不仅是书本知识的"搬运工"，同时也将自身的知识体系融入进其所授的课程中；此外，注重培养教师掌握知识和形成智力习惯的智慧，以保证教师自身能力提升的可持续性；最后，倡导教育研究者和一线教师开展深度合作，形成互利共生的关系，共同推进教师的专业能力提升。以实践-反思的教师专业发展取向为基础，衍生出了许多至今仍被广泛运用的教师专业发展模式，例如以行动研究、校本教研和教学叙事方式为载体的研究型教师专业发展模式[25]。

3. 生态取向

生态取向指导的教师专业发展旨在用生态学的理念和思路研究教师发展与周围环境的相互作用，即教师个体的专业能力提升应根植于教师专业发展生态圈中，注重教师群体智慧的共生共创，通过社群教师的协作、互动和反馈，促使教师之间形成合作共赢的文化氛围，进而构筑起有利于教师专业发展的生态文化圈，最终促进教师专业能力的提升[26]。该取向认为教师专业发展包括教师个体专业发展生态、群体发展生态和专业发展生态系统三个层级，要想基于教师个体和群体发展生态创设一个有利于教师专业发展的生态系统，必须营造一个生态取向的教师专业发展支持环境，强调教师与自我和周围世界的沟通和交流，倡导教师群体之间的互相帮助、群体协商和行动反思，以确保生态系统中的各要素既能够独立运转，又能够相互影响，共同进步。此外，生态取向的教师专业发展观念认为，一个良好的教师专业发展生态系统能够促进个体和群体教师的专业能力提升。生态取向催生了许多强调系统性、整体性的教师专业发展模式，例如以学习共同体为核心的教师专业发展模式等[27]。

三种理论取向各有优势，理智和实践-反思取向强调教师客观知识的获得和基于教学实践的反思，注重教师对知识的理解、认知和获取，在促进教师专业知识与技能的习得上具有较好成效。而生态取向则从更宏观的视角强调在教师专业发展生涯中多种关联因素之间的交互作用，注重教师学习的主动性、适应性和教师群体之间的协同与交互对教师专业发展的作用。数智时代的教师专业发展以教师专业素养能力的提升为目标，注重知行合一，能力本位。为适应新时代教师专业发展的目标，应有机融合三种理论取向，借助大数据与 AI 等技术支持，既注重教师个人知识技能与实践反思的重要性，更要充分调动和发挥教师共同体的力量，为教师专业发展提供适性、科学和智能化的支持。

9.2.2 数智驱动的教师专业能力提升策略

教师专业能力的有效提升是建设高质量教师队伍的核心，对于高质量教育教学的促进具有十分重要的意义。传统教师专业能力提升策略主要是专家讲座培训、同侪教研和自我实践反思[28]，多依托理论或经验指导，这不仅需要花费大量的时间和精力，而且难以满足大规模教师的实际发展需求，缺乏对教师个性化和精准性的服务支持。大数据和 AI 等数智技术与教师教育的深度融合为教师专业能力提升带来了新的发展契机。一方面，数智驱动下的教师专业能力提升以循证实践理论为指导，利用大数据和 AI 技术自动化处理和挖掘教师教研大数据，有助于对教师进行精准的角色和能力定位，从而开展针对性的支持活动；另一方面，物联网和智能通信等数智技术能够提供富技术智能发展场域，为教师提供理论和实践融合的发展场域，促进教师专业发展的知行合一。具体而言，本小节将介绍三种数智驱动下的教师专业能力提升策略。

1. 描绘教师全息画像，助力教师精准研修

教师全息画像是指利用 AI、VR 和扩展现实等技术，结合教师研修大数据（教师的基本属性、教研心理、教研行为等），对教师全貌进行动态、全息化和可视化描摹，构建全息化的教师数字画像。其中，教师画像中语义明确的数据化标签能够将教师教研过程和研修表现进行可视化呈现，教师不仅可以通过观察自己的研修画像进行自我发展经历的回顾和总结，还能够通过对比自己与其他教师的画像展开自我的评价和反思，激励他们不断努力，促进自身认知和专业能力不断发展。同时，教师画像中的教研心理与行为等标签能够实现对不同教师研修需求和学习方式的精准预测，进一步将教师画像与教研资源进行有效关联，研修系统能够向教师提供更具针对性的学习资源支持。最后，基于教师画像支持的不同教师的研修需求，借助大数据分析技术对其进行类化表征，能够更精准地为不同教师群体设计差异化的研修方案和针对性的资源，突破传统研修一刀切式服务的局限性，助力精准化和智能化的教师研修，促进教师专业能力的培养[29]。

2. 打造虚实融合场域，支持教师知行统一

虚实融合的教师专业发展场域是指利用 VR、物联网和 AI 等数智技术构建集虚拟和现实于一体的沉浸式教师专业发展空间。其中，虚拟空间包括社群公域、教师私域和管理空间。社群公域是指公共的学习空间，是资源交流共享和资源创造的空间，教师能够按照自己的发展需求找到适切的学习资料；教师私域主要指教师个体的教学实践训练空间，其沉浸性和隐私性能够让教师专注于教学实践能力提升训练；管理空间是实现虚拟与现实的通道，在这里教师能够看到自己在虚拟空间中的成长轨迹，同时可以将自己的真实教学经验输入到虚拟空间中，帮助优化资源推荐等。线下教学实践空间需要依托传感设备、视频拍摄等构建数据驱动型学习空间，以保障数据收集的完整性，教师在这一空间中进行教学实践，开展备课-授课-研课-磨课的循环，将虚拟空间中所学予以运用和验证[30]。通过虚实融合的教研场域，教师能够及时将学习到的理论知识用于指导教学实践，同时教学实践的即时反馈能够帮助教师内化理论知识，切实使教师达到“知”与“行”螺旋上升式统一发展的状态。

3. 创设人机协同发展模式，促进卓越教师养成

数智时代，成为一专多能卓越型的专家教师是对教师能力的高标准要求。但是在教师教育教学实践中，有太多重复烦琐性的工作占据了教师太多精力和时间，教师难以投入更具价值和创造性的教学实践。人机协同旨在将人类和 AI 的优势结合起来，以实现更高效、更准确的任务完成，通常涉及人和智能机器之间的数据交换、任务分配和协同工作等方面。在教师专业发展领域，人机协同不仅能够将教师从日常烦琐的教学任务中解放出来，减轻教师负担，使其可

以全身心投入到学生成长和创造性的教学活动中，而且能够通过不断地相互作用帮助教师和智能机器实现人机互惠、共同成长的目标[31]。具体而言，在教师减负方面，AI 在教师教学和专业实践中扮演着 AI 代理和 AI 教师的角色，协助教师提升其专业能力。AI 代理是指 AI 能够代替教师完成布置作业、批改作业、考试组卷、阅卷评分等重复性和规则性强的机械类工作，使得教师的工作重心转移到如何设计教学等创造性活动上；AI 教师是指 AI 作为教学问题解决的主体，其能力与学科专家相当足以解决学生的问题，而教师则作为创新教学规则的设计者和指导者重点提升设计和管理能力，支持和促进教师高阶能力的发展[32]。此外，GenAI（如 ChatGPT）发挥着巨大的潜力，GenAI 引入了基于人类反馈的强化学习机制，不仅能够从海量数据中学习如何有效解决某一教学问题，还能兼顾教师对该问题解决方案的看法，增强教师对输出结果的调节，直到与教师达成一致意见。在此过程中，教师不仅能够有效解决教学问题，而且提升了信息筛选和与智能机器对话的能力，实现人机协同共同成长[33]。

9.2.3 数智驱动下教师专业能力提升实践——以数智驱动下教师 TPACK 水平提升为例

TPACK 是新时代教师在教学过程中整合技术的学科教学知识体系，涉及 TK、PK、CK、TPK、TCK、PCK、TPACK 等多个要素且要素间关系复杂。数智时代背景下，随着不同时代教育发展的要求变化，教师的专业素质能力将不断变化，尤其是新型教学技术层出不穷，这必将影响整合新兴教学技术的 TPACK 知识结构，呈现动态变化的特性。此外，虽然 TPACK 知识结构框架具有通用性，但不同教师所具备的 TPACK 知识无法通过统一鲜明的书面文字或口头语言进行明确阐述和代际传递，并且不同教师所处的“境脉”（即教师所处教学物理和社会环境）存在些许差异，教师在特定“境脉”下形成的 TPACK 通常是一种“内化于心”的知识。因此，教师 TPACK 知识本质上是一种只可意会不可言传的“隐性”知识[34]。

TPACK 知识结构的这些复杂特征致使教师 TPACK 水平的培养一直是教师教育领域亟须解决的重要问题之一。现有培养方法主要聚焦于多学科融合以及多阶段的体系化培训，这些培训方式仍多依赖于专家教师的引导，并且培训支持手段多依赖于人工，存在耗时耗力不够及时等局限。智能时代背景下大数据、AI 等新兴技术能够依据教师实时知识和能力发展状态，及时针对性地提供反馈和支持，可为当前教师 TPACK 水平提升现存问题的解决提供可行方案。

1. 数智驱动的教师 TPACK 提升模型

TPACK 水平提升模型的构建是指导教师 TPACK 培训实践的关键。本团队构建的提升模型主要包括环境层、数智服务层、活动层和目标层（如图 9.6 所示）。该模型中心的目标层旨在强调所有培训活动的开展都是为了提升教师对 TPACK 的理解和应用能力。

目标层是教师 TPACK 水平提升模型的中心，所有活动的开展和环境的搭建都要围绕提升教师 TPACK 水平进行。在理论与实践相结合的教师专业发展培养理念的指导下，针对教师对 TPACK 理解过于简单和片面导致 TPACK 应用能力差等问题，本模型将提升教师 TPACK 理解能力和应用能力这两大方面作为目标层的内容。教师 TPACK 理解能力主要强调教师要对 TPACK 各维度知识进行领悟、辨析，教师在实现对 TPACK 基本知识的理解后，才能开展进一步的 TPACK 应用，从而实现 TPACK 水平的全面提升。

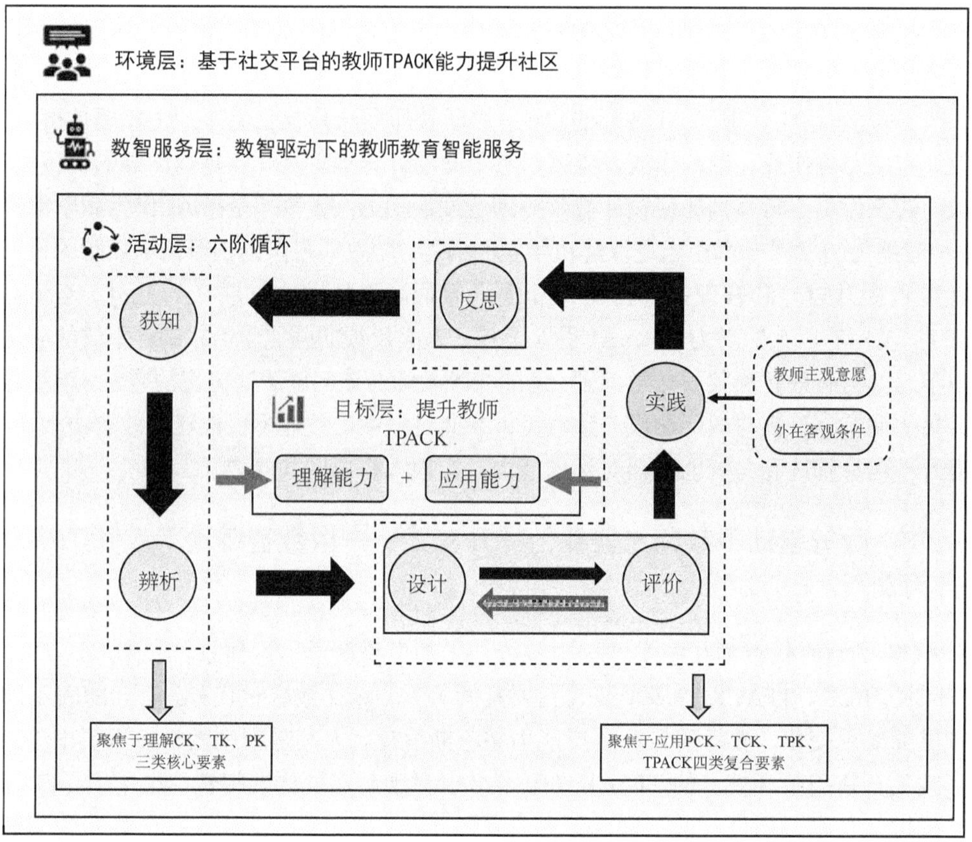

图 9.6　教师 TPACK 水平提升模型

数智服务层主要是借助大数据和 AI 等智能技术解决人工教育服务不及时、不客观、不易得的难题，例如，基于人工的教学测评不仅需要增加教师的工作量，而且多以延时性的结果性评价为主，而 AI+大数据技术支持下数智服务可以通过实时教学过程数据采集和分析，并以可视化的方式呈现给教师，从而有效解决上述问题，有利于教师将精力放在教学设计和关注学生学习状态上。此外，数智服务平台能够根据教师的需求和喜好，精准地为其推送教研资源，应用到教师 TPACK 水平提升中也有助于教师适应智能时代下人机协同学习和工作模式，实现教师专业能力提升的可持续发展。针对教师 TPACK 水平提升，该服务层主要包括两个核心功能，即基于 AI 助教系统实现教师教案的自动评价报告生成以及间接反馈建议的个性化提供。

活动层最为复杂，包括获知阶段、辨析阶段、设计阶段、评价阶段、实践阶段和反思阶段，这六个阶段具有顺序性和依赖性，上一阶段的教师 TPACK 水平提升活动结果作为下一阶段教师 TPACK 水平提升活动的基础。其中，“获知”与“辨析”阶段侧重于对教师 TPACK 理解能力的培养，重点关注 CK、TK、PK 等单维度知识的理解，为教师 TPACK 应用能力的提升打下坚实基础；“设计”、“评价”、“实践”与“反思”则更侧重于对教师 TPACK 应用能力的培养，要求教师基于对 CK、TK、PK 等单维度知识的理解，实现对 PCK、TCK、TPK、TPACK 这四类复合知识要素的整合运用。

环境层重在构建便于教师参与到 TPACK 水平提升活动中的合作与交流环境。考虑到许多在职教师都缺乏足够的时间参与教师培训活动，本应用借鉴教师教育信息化研究成果，以常用 QQ、微信和一些在线协作平台（如石墨文档、腾讯文档）作为教师 TPACK 水平提升活动的实施平台，形成一种在线的、动态的、开放的、个性化的研讨环境，既可以缓解教师缺乏研修时间的困境，又能为参与 TPACK 水平提升活动的教师提供更多、更便利的交流途径与机会。

2. 面向教师 TPACK 发展的 AI 助教系统设计与实现

（1）基于 BERT 的评价报告智能生成

TPACK 水平的精准测评是促进教师 TPACK 有效发展的基础，鉴于现有 TPACK 测评手段存在费时费力、不够精准高效等局限，本团队依托大数据和 AI 技术设计了教师 TPACK 智能测评系统，该系统旨在通过对教师教学设计方案智能分析，自动生成评价报告，协助教师开展 TPACK 水平评价。该系统最为核心的功能是基于 BERT 模型的教学活动分类[35]。如图 9.7 所示，从总体流程来看，这一智能测评工具在理念上借鉴了 Janssen 等提出的基于教学设计方案的教师 TPACK 人工评价方法[36]；在实现方法上，利用大数据+AI 等数智技术达到了自动生成针对性评价报告的设计目标，具体构建过程如下。

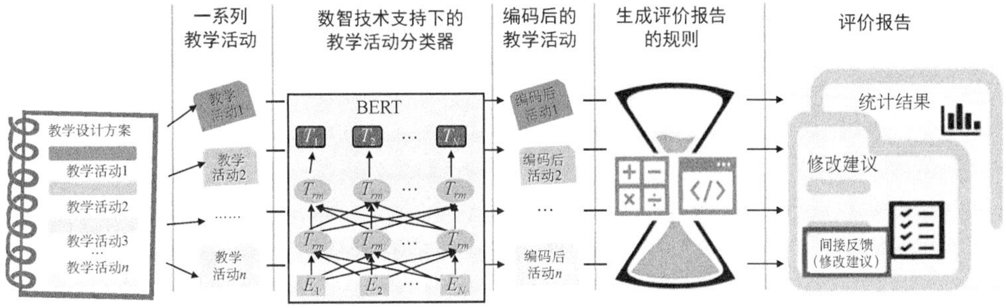

图 9.7　基于 BERT 的教案评价报告智能生成方法

1）教学设计方案文本预处理与嵌入：一份教学设计方案主要包含不同阶段的教学活动，而每一部分教学活动本身由单词（word）、句子（sentence）所构成，以区分不同教学活动设计并给予针对性的建议支持。相较常规 BERT 文本识别任务，该任务需处理不同活动差异下的文本内容分析与识别，并且需要考虑输入的文本长度限制。因此，需要对教学设计方案中表示每一教学活动内容的句子做进一步抽象聚类，即形成活动级别（activity-level）作为模型输入。因此，首先需要在分词、词嵌入基础上，形成教学活动分层的特征嵌入（feature embedding）与位置嵌入（position embedding），为后续的教学设计方案分析提供基础。

2）教学设计方案内容编码：该部分通过构建多个 BERT 模型，分别用于识别教学设计方案中的教学活动是否涵盖了教师选定的教育技术工具、教学内容与教学法，并综合以上三个维度的分析结果得到这个教学设计方案的最终的编码结果。具体到每一个 BERT 模型，则由多个相同的子编码器组成，每一子编码器在结构上都是相同的，但它们没有共享参数。子编码器由两个模块组成（自注意力层、前馈网络层），分别对应多头注意力机制（multi-head self-attention mechanism）和全连接前馈网络（fully connected feed-forward network）。其中每个模块都具有一个残差连接，并且都跟随着一个层标准化（layer-normalization）处理。对于具体计算过程，首先在掩码结构支持的自注意力机制下，对多个取样下的 $\boldsymbol{Q}$、$\boldsymbol{K}$、$\boldsymbol{V}$ 进行计算，然后通过前馈网络提供非线性变换，后接 Softmax 层输出每一 BERT 编码器的教学活动类型划分。

3）评价报告生成：基于上述分类结果，分别统计各类编码下教学活动的数量，并自动生成该教学设计方案中教学活动的总数和每一类编码下的教学活动所占比例，以此统计结果直观反映教师的 TPACK 应用能力。随后，该模块将这些教学活动统计结果与专家规则进行匹配，自动生成教学设计方案评价报告，帮助教师修改其教学设计方案。

（2）基于最大匹配的 TPACK 发展间接反馈建议生成

针对教师 TPACK 水平的测评结果，进一步为每一位教师提供针对性的反馈支持是促进教师 TPACK 水平提升的关键。相较于直接反馈直接明确错误点给出正确答案，间接反馈更有利于提高学习者的错误意识，增强学习者对不足之处的注意深度和认知投入，促进学习者对知识的内化。因此，以教学设计方案评价结果为基础，本团队旨在提供间接的完善性反馈内容，以更有效地提升中学教师的 TPACK 水平。在技术方法上，本团队提出了基于最大匹配的间接反馈建议生成方法，具体如图 9.8 所示，首先结合已有专家规则与间接反馈建议形式，构建了针对教师 TPACK 水平提升的间接反馈建议库，通过计算教学设计方案分析结果与专家规则之间的最大匹配度，为使用 AI 助教系统的教师提供额外的间接反馈建议。

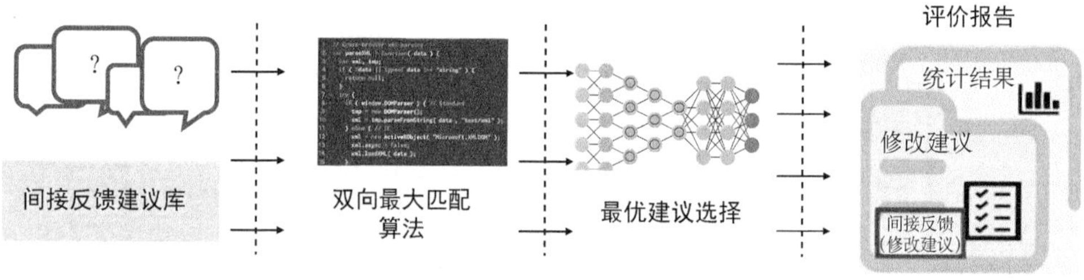

图 9.8　基于最大匹配的间接反馈建议生成方法

1）间接反馈建议库构建。对于本方法而言，间接反馈建议库是实现教学设计方案修改建议供给的基础条件。因此，本应用在构建间接反馈建议库时，基于 AI 助教系统已有的教学设计方案分析结果与专家规则，从建议目标、建议力度、建议内容等方面，进行间接反馈建议的设计与归集。并随着 AI 系统的持续应用，利用该系统的使用数据等不断扩充间接反馈建议库，实现更为精准的教学设计方案修改建议定位。

2）间接反馈建议匹配方法选取与实现。考虑教案设计方案分析结果的内容具有结构化、模块化特点，常规关键字匹配与整句匹配方法均存在一定的缺失，本应用采用了双向最大匹配算法，分别基于正向最大匹配与逆向最大匹配方法对教案设计方案分析结果与间接反馈建议进行匹配计算，并选取其中最大相似度的结果作为间接反馈建议目标内容。

3）间接反馈建议的确定与结果呈现。在确定了间接反馈建议目标内容后，根据使用 AI 助教系统的教师的性格、TPACK 能力水平等实际情况，选择不同的建议力度（如委婉劝说、严厉警告等）。这一部分定义了两个匹配分层阈值，以此作为不同匹配等级之间的分层依据，并将匹配等级分为高度相关（HR）、中度相关（MR）与弱相关（LR）三类。

在第三轮活动开始前，本应用首先对 AI 助教系统进行了优化设计，基于上述基于最大匹配的间接反馈建议生成方法，在 AI 助教系统中加入了间接反馈建议模块，以个性化设问方式，指引教师有针对性地修改其教学设计方案。

（3）TPACK 智能测评系统功能开发

教师 TPACK 智能测评系统架构如图 9.9 所示。该系统一共有五个模块，即信息展示模块、教学设计方案上传模块、基于 BERT 的评价报告智能生成模块、笔记保存模块、行为记录模块。具体而言，信息展示模块用于显示本系统的基本信息和评价报告生成模块所生成的报告。教学设计方案上传模块用以支持教师快速上传自己的教学设计方案，并设置需要该系统分析的具体知识。评价报告智能生成模块可以自动检测上传到该系统的教学设计方案是否使用到了教师设置的 TPACK 知识，以及这些知识的使用情况，自动生成有针对性的评价报告。笔记保存模块能够支持教师更便捷地记录根据评价报告产生的想法和反思内容。此外，教师还可以通过笔记保存模块将自己做的笔记和系统生成的评价报告下载到自己的电脑或手机等设备上。行为记录模块则用于自动将教师的系统使用行为、教学设计方案记录到远端云服务器上，供后续研究使用。

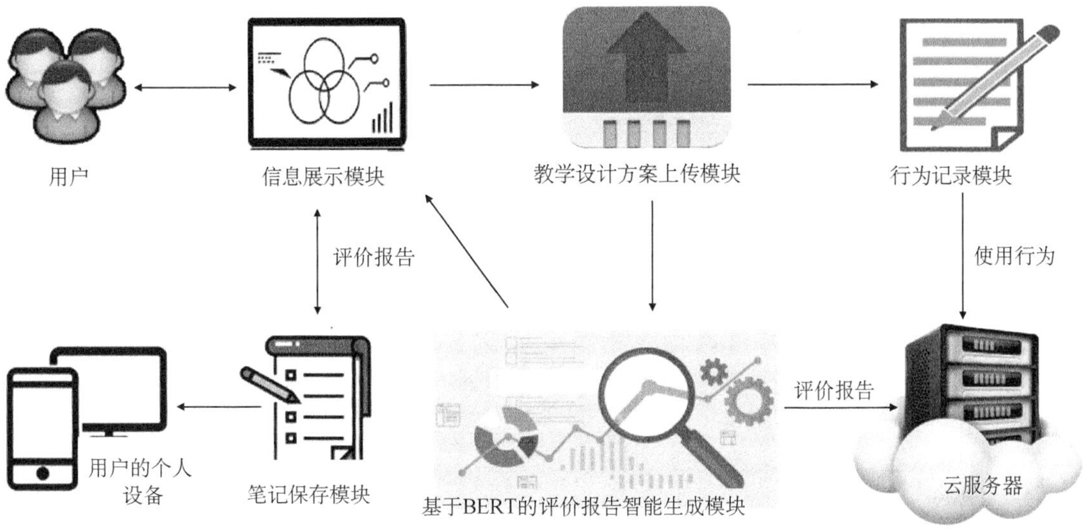

图 9.9　智能测评系统架构

智能测评系统的核心功能是自动生成教学设计方案评价报告，这一功能主要由评价报告智能生成模块执行。为解决传统教学设计方案评价方法对人工高度依赖的问题，本团队将大数据与 AI 等数智技术整合到评价报告生成模块中，使智能测评系统能够自动生成有针对性、个性化的教学设计方案评价报告。该智能测评系统的设计遵循软件易用性原则，具备操作步骤少、使用设备要求低等优点。

教师可以通过常用的浏览器访问该系统，不需要额外安装软件。教师一旦通过浏览器链接到该系统，便可以看到三个下拉框，分别为教学知识集、技术知识集和内容知识集（如图 9.10 所示）。这些知识集囊括了特定学科内容培养相关的常用教学法、技术工具和学科内容知识。教师只需要从这三个知识集中选择自己想要分析的具体知识，并将自己的教学设计方案以 Excel 表格的方式上传即可。之后，系统会自动识别教师上传的教学设计方案中特定知识的应用情况，并生成评价报告和建议（如图 9.11 所示），即时呈现在网页上，自动反馈给教师。

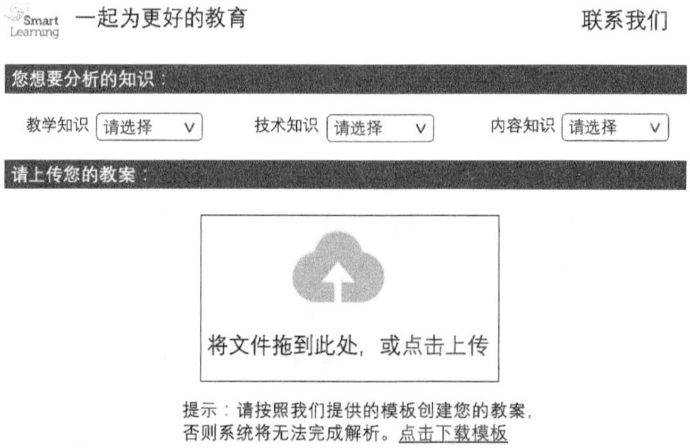

图 9.10　智能测评系统首页页面

概要分析：

您一共设计了 5 个教学活动，其中涵盖技术教学内容知识（TPACK）的活动有 1 个，涵盖技术教学知识（TPK）的活动有 1 个，涵盖教学内容知识（PCK）的活动有 1 个，涵盖技术内容知识（TCK）的活动有 0 个，只包含单一维度知识的活动有 2 个。总体而言，体现计算思维内容知识的教学环节略显不足。

建议：加强知识的综合运用，关注教学内容的安排：思考一下教学内容是否足够聚焦？教学深度是否足够？

详细结果：

教学内容	教师活动	学生活动	设计意图	涵盖的知识维度
案例导入	提前在Scratch中设置以下案例情境：小天鹅问小猴：我每天都比前一天多吃一条小虫子，今天我正好一周岁，你知道我总共吃了几条虫子吗？要求学生补充后续场景以展示小猴的聪明	将案例情境转化为计算问题，并在Scratch中借助编程语句完成计算	将生活问题转化为计算问题	教学知识/技术知识
作品展示	从学生作品中挑选不同的计算思路进行展示	观看不同的作品	运用所学编程知识解决计算问题	教学知识
新课导入	指出案例中涉及到有条件重复的思想，引出循环结构，借助动画来展示用循环结构进行计算上述小天鹅案例的思路	总结循环结构的特征，比如包含初始条件、结束条件和计算逻辑	理解新知识	教学知识/内容知识
重难点讲解	讲解当循环和直到循环的异同	在Scratch中分别用当循环和直到循环完成后续场景的补充	运用新知识解决案例问题	教学知识/技术知识/内容知识
新课总结	借助微课总结课程知识，并布置作业	到Scratch平台查看作业要求，提交作品	新知识的巩固	技术知识

保存 您可以直接编辑上面的表格，编辑后点击保存即可导出

图 9.11　AI 助教系统自动生成的评价报告

3. AI 助教系统支持下教师 TPACK 水平提升应用

（1）应用活动开展

为验证教师 TPACK 水平提升模型的有效性，在实际应用之前，本团队创建了适用于教师 TPACK 水平提升模型应用的教研环境，召集了 26 名教师参与 TPACK 水平提升教研活动（实验组），其中在职教师 8 名，职前教师 18 名。在职中学教师所担任教学课程是信息技术。18 名职前教师为教育技术学专业和现代教育技术专业硕士生，其未来职业目标是中学信息技术教师。此外，另召集 25 名在职教师采用传统教研方式开展同样的 TPACK 水平提升活动（对照组），其中职前教师 20 名，在职教师 5 名。职前教师为教育技术或现代教育技术硕士生，在职教师为信息技术教师。在教师 TPACK 水平提升模型的指导下，结合教师对各阶段活动的意见，设计具体、可行的“获知”“辨析”“设计”“评价”“实践”“反思”六阶段教师培训活动（详情请见 9.2 中教师 TPACK 智能测评应用活动开展部分）。在此过程收集两组教师教研活动数据，以验证本团队提出的 TPACK 水平提升模型的有效性，并在教研活动结束

后对教师 TPACK 水平提升活动实施效果进行反思。

（2）应用效果分析

为验证教师 TPACK 水平提升模型的应用效果，本研究采用协方差分析（ANCOVA）。结果如表 9.5 所示，除去活动前教师 TPACK 初始水平的影响，实验组和对照组教师的 TPACK 水平存在显著性差异（$F = 34.69$，$p < 0.001$）。具体来说，使用 TPACK 提升模型的教师的平均 TPACK 水平（$M = 2.06$）显著高于采用传统教研方式的对照组教师（$M = 1.22$）。这表明使用 TPACK 提升模型的教师取得了更大的 TPACK 水平提升。此外，分析结果中的效应量偏 η^2 值为 0.51，进一步证实了应用 TPACK 提升模型能够更有效地提升教师的 TPACK 水平[37]。

表 9.5　教师 TPACK 水平协方差分析结果

组别	n	M	SD	Adjusted Mean	SE	F	偏 η^2
实验组	18	2.08	0.55	2.06	0.10	34.69***	0.51
对照组	18	1.20	0.55	1.22	0.10		

***$p < 0.001$

依据教师 TPACK 水平提升模型的应用效果分析结果，可以发现该模型能够有效提升教师 TPACK 水平。而且，通过访谈了解到，使用 TPACK 水平提升模型的教师认为，他们不仅能够在教研环境中自定步调地学习 TPACK 知识，还能够借助可视化的学习分析结果有针对性地纠正之前对 TPACK 的错误理解。此外，教师还表示，依托智能服务平台他们能够自发组成学习共同体，可以同时借助其他教师的帮助和平台的自动化支持，更有效地促进自身 TPACK 水平的提升。

参 考 文 献

[1] 胡水星. 教师大数据应用学习[M]. 杭州：浙江教育出版社，2016：17.

[2] 教育部关于发布《教师数字素养》教育行业标准的通知[EB/OL]. http://www.moe.gov.cn/srcsite/A16/s3342/202302/t20230214_1044634.html. 2022-12-02.

[3] 教育部等八部门关于印发《新时代基础教育强师计划》的通知[EB/OL]. https://www.gov.cn/zhengce/zhengceku/2022-04/14/content_5685205.htm. 2022-04-02.

[4] 郭炯，郝建江. 智能时代的教师角色定位及素养框架[J]. 中国电化教育，2021（6）：121-127.

[5] 艾兴，张玉. 从数字画像到数字孪生体：数智融合驱动下数字孪生学习者构建新探[J]. 远程教育杂志，2021，39（1）：41-50.

[6] 教育部关于发布《教师数字素养》教育行业标准的通知[EB/OL]. http://www.moe.gov.cn/srcsite/A16/s3342/202302/t20230214_1044634.html. 2022-12-02.

[7] 重磅：《中小学人工智能教师能力标准（试行）》发布[EB/OL]. https://tech.cnr.cn/techph/20220324/t20220324_525775534.shtml. 2022-03-24.

[8] Koehler M J，Mishra P，Cain W. What is technological pedagogical content knowledge（TPACK）？[J]. Journal of Education，2013（3）：13-19.

[9] Koehler M J，Mishra P. What happens when teachers design educational technology? The development of technological pedagogical content knowledge[J]. Journal of Educational Computing Research，2005，32（2）：131-152.

[10] 唐淑红，蒋馨初. 基于 TPACK 理论的师范生信息技术应用能力探究[J]. 教育研究与实验，2020（3）：71–75.
[11] 胡水星. 教师大数据应用学习[M]. 杭州：浙江教育出版社，2016：19–20.
[12] 杨丽娜，陈玲，张雪，等. 基于 TPACK 框架的精准教研资源智能推荐研究与实践[J]. 中国电化教育，2021（2）：43–50.
[13] 张凯，王真真. 论 TPACK 框架下高职教师信息化教学能力及提升路径[J]. 中国职业技术教育，2022（32）：79–84.
[14] 刘凌燕. TPACK 框架下的教师角色转型研究[J]. 教育理论与实践，2019，39（19）：39–42.
[15] 单俊豪，闫寒冰. 学生数据赋能教师精准测评：问题、突破与发展路向[J]. 现代教育技术，2023，33（5）：50–58.
[16] 魏非，祝智庭. 面向教育数字化转型的教师信息化能力建设方略[J]. 中国教育学刊，2022（9）：13–20.
[17] 骆方，田雪涛，屠焯然，等. 教育评价新趋向：智能化测评研究综述[J]. 现代远程教育研究，2021，33（5）：42–52.
[18] 黄涛，赵媛，耿晶，等. 数据驱动的精准化学习评价机制与方法[J]. 现代远程教育研究，2021，33（1）：3–12.
[19] 苏学伟. 高中信息技术自适应学业水平考试系统的开发与应用[D]. 济南：山东师范大学，2020.
[20] 李心钰，陆宏. 教育评价理念的演变及测评工具的审视与应用[J]. 现代教育技术，2023，33（4）：74–82.
[21] 陈凯泉，韩小利，郑湛飞，等. 人机协同视阈下智能教育的场景建构及应用模式分析：国内外近十年人机协同教育研究综述[J]. 远程教育杂志，2022，40（2）：3–14.
[22] 黄昌勤，涂雅欣，韩中美. 智能技术赋能课堂测评：现状、挑战与趋势[J]. 人工智能，2022（2）：116–124.
[23] Yukawa J. Co-reflection in online learning：Collaborative critical thinking as narrative[J]. International Journal of Computer-Supported Collaborative Learning，2006，1（2）：203–228.
[24] 靳玉乐，王磊. 理智取向教师专业发展的理念与策略[J]. 教师教育学报，2014，1（6）：24–31.
[25] 靳玉乐，陶丽. 反思取向教师专业发展的理念与策略[J]. 教师教育学报，2015，2（1）：8–14.
[26] 靳玉乐，殷世东. 生态取向教师专业发展的理念与策略[J]. 教师教育学报，2014，1（1）：23–31.
[27] 张莹. 基于教师协同学习共同体的教师深度学习研究[J]. 中国成人教育，2023（4）：61–67.
[28] 何文涛，庞兴会，朱悦，等. 人工智能时代中小学教师信息化教学能力发展现状与提升策略[J]. 现代教育技术，2022，32（3）：92–101.
[29] 胡小勇，林梓柔. 精准教研视域下的教师画像研究[J]. 电化教育研究，2019，40（7）：84–91.
[30] 王小根，谢兴. 教师研修数字化转型：基于技术支持教师研修的分析[J]. 当代教育与文化，2023，15（5）：40–47.
[31] 郝祥军，张天琦，顾小清. 智能时代的人机协同学习：形态、本质与发展[J]. 中国电化教育，2023（10）：26–35.
[32] 余胜泉，王琦. “AI+教师”的协作路径发展分析[J]. 电化教育研究，2019，40（4）：14–22，29.
[33] 沈书生，祝智庭. ChatGPT 类产品：内在机制及其对学习评价的影响[J]. 中国远程教育，2023，43（4）：8–15.
[34] 吴焕庆，余胜泉，马宁. 教师 TPACK 协同建构模型的构建及应用研究[J]. 中国电化教育，2014（9）：111–119.
[35] Zheng J B，Wang J H，Ren Y F，et al. Chinese sentiment analysis of online education and internet buzzwords based on BERT[C]. Journal of Physics：Conference Series，2020，1631（1）：012034.
[36] Janssen N，Knoef M，Lazonder A W. Technological and pedagogical support for pre-service teachers' lesson planning[J]. Technology，Pedagogy and Education，2019，28（1）：115–128.
[37] 郑旭东. 面向我国中小学教师的数字胜任力模型构建及应用研究[D]. 上海：华东师范大学，2019.

第四篇　数智驱动教育教学发展的现实挑战与展望

第10章

数智驱动下教育教学发展的挑战

大数据与AI融合，在在线学习、课堂教学、校园管理等多场景中推动了教育教学的重大变革，催生了丰富的创新教育理论、教学方式、增效技术与实践应用。教育的数据化与数据的教育化相结合，为数智赋能教育教学发展提供了强大驱动力。然而，受制于数智发展要求的多学科指导理论不全面不系统，大数据采集、理解计算等方面的技术瓶颈，以及教育智能服务诉求多元而布局零散等现实因素，数智融合的优势与作用充分发挥在教育教学领域中仍有长远的路要走。因此，本章将从多方面分析数智驱动下教育教学发展中面临的问题与挑战，以全方位把握数智赋能教育教学的重难点。

10.1 数智化趋势下的多学科交叉理论融合重构挑战

数智化趋势下的教育教学全过程涉及教育学、心理学、神经科学、计算机科学等多门学科领域，需要各领域学科理论综合指导，才能实现数智与教学深度融合的目标。例如，针对学习者学习新知这一活动，通过心理学中的认知理论理解感知、注意和记忆等知识建构的内隐过程；需要教育学中的课程与教学基本理论指导如何开展新知学习过程；在学习过程中，教育神经科学为个体学习的生理性数据提供解释，以揭示学习发生机制；需要计算机科学设计和优化算法，以支持对学习者知识点掌握状态的精准分析与预测；需要软件工程提供如何设计个性化、适应性学习系统的理论以实现智能技术的落地。随着数智融合的教育教学样态逐渐丰富，其发展诉求迫切，呼唤全面且适切的多学科交叉融合的理论体系。然而，在数智化进程持续推进的趋势下，多学科融合的理论指导却未能同步跟进到位。目前多学科交叉理论繁杂而散乱，未能形成体系，未能为数智化教育教学提供坚实全面的理论支撑与灵活有效的实践指导。总体来看，数智化趋势下的多学科交叉理论面临融合与重构两方面的挑战。

10.1.1 数智化趋势下多学科交叉视域的理论融合挑战

数智化趋势下，多学科交叉视域的理论融合存在如何打破学科壁垒，形成系统体系的难题。首先，数智化教育教学过程涉及教育学、心理学、计算机科学、教育神经科学等多门理论，关联的理论包括但不限于课程与教学论、认知发展理论、情感教育理论、社会文化理论、图灵机模型、布尔逻辑、认知神经科学理论等。数量之庞杂，内容之丰富，对多学科交叉融合的理论梳理造成了一定的困难。其次，多门学科之间存在理念差异。例如，教育学关注课程设计、教学活动、策略与原则等；心理学则更为关注个体的认知、情感、行为的发展过程；而计算机科学关注如何利用算法与模型改善教育教学效果等；教育神经科学则关注如何理解与解释学习过程中个体的生理数据；软件工程更为关注软件与系统的设计以实现各类教育服务的集成。各领域如何打破学科壁垒，将零散的各理论分支梳理，形成完整且适切的数智融合理论体系，将是研究者们面临的一大挑战。

10.1.2 数智化趋势下多学科交叉视域的理论重构挑战

数智化趋势下的教育教学实践亟须具有现实指导意义的模型、模式及策略，这对基于多学科交叉融合的庞大理论进行重构提出了挑战。首先，多学科之间的方法论与研究范式存在较大差异。例如，教育学、心理学等强调通过实验和调查等实证方法研究教育问题与心理现象；而计算机科学、软件工程等则侧重于通过抽象、建模、设计等实现研究数据的分析与利用。如何综合不同学科的方法论及研究范式的差异，构建具有指导功能的数智融合教育教学模式或策略，具有一定的挑战性。其次，理论重构对于研究者与实践者的跨学科素养提出了较高要求。这不仅需要集结各学科领域的学者、专家与实践者进行密切交流与合作，还需要参与者具备复合型思维。刘三女牙教授指出，多学科交叉视域下的理论重构一方面需要具备高位的跨学科数据内驱视野，另一方面需要具备差异化学科的教育数据思维加工理念、数据分析建构方法以及数据智能决策的理性审视和多维评估能力[1]，这样才能加快推动跨领域、跨学科、跨机构的深度合作，促进切实有效的融合理论构建，以指导数智化趋势下的教育教学过程。

10.2 全时空教育大数据采集挑战

随着泛在学习等学习方式的推广与蓬勃发展，多源异构的教育数据呈现井喷式增长。为了充分挖掘数据隐含的教育信息，深入揭示教育教学发展规律，适性设计精准性、科学性的教、学、管、评、测等教育服务，教育数据的全时空采集是基本前提和重要基础。然而，受数据采集方法与储备技术所限，当前教育大数据的采集存在两大问题。

第一，尚未能实现真正的全时空教育大数据采集。全时空教育大数据指的是，纵贯 K-12 至高等教育、终身学习的教育全生命周期，横贯德、智、体、美、劳、情等全面领域，囊括学习数据、生理数据、情景数据、地理位置数据等的所有教育相关数据。当前采集的教育数据多局限于常规教育阶段（如高等教育、中小学教育等）与常规教学场景（如课堂教学、在线学习等），而终身学习、社区、图书馆等非正式学习中的教育数据有所缺失。再加之生理数据、情境数据等数据采集的高感知要求困境，教育全过程数据无法得到有效全面的采集，甚至出现缺失。这对于支撑完整“学习链条”的构建造成了困难，直接影响到学习诊断与预测预警的准确性及综合素质评价的科学性。

第二，全时空教育大数据存储困难。全时空教育大数据来自不同教育场域，积累了个体全生命周期的所有教育教学数据，其日趋复杂的数字化表征方式、呈指数级增长的数量发展趋势显著提高了数据存储的难度。此外，数据存在于面向“教-学-管”不同教育场景的垂直系统中，其分布具有跨域性，难以形成对庞杂数据的共建共享、自动同步与衔接互通，造成了不同层级间教育数据的碎片化隔离、价值密度低等多重问题，对现有的存储技术提出了巨大挑战。

10.2.1 全时空教育大数据采集的技术挑战

为了实现教育大数据有效全面采集，多源兼顾、自动精准感知的全时空数据采集技术是现今仍存在的关键难点。实现该技术的挑战主要有两个方面。

（1）数据来源多，须兼顾多方采集

全时空教育大数据来源于复杂教育系统中学习者、教师、管理者等多个教育主体及利益相关者及其活动过程，教学资源、媒体等多个教育客体，以及课堂教学、在线学习、社区非正式学习等多个教育场景。除常规的文字、图片、音频、视频等基本数据，空间环境信息、生理数据、人际关系数据等也是教育信息挖掘的重要数据来源。研究者指出，未来教育将呈现出一种“泛在智能、群智感知、人机协同”的智能新样态[2]。常规的物联感知、视频录制、图像识别、平台收集等传统方法已无法满足全时空教育大数据的采集需求，泛在感知技术瓶颈亟待突破。

（2）业务场景复杂，自动精准感知要求高

当前感知技术难以准确获取教育主体心理、学习情境等隐性教育数据，阻碍了精准的主体形象刻画与教育过程还原。自动化的数据采集还要求建立清晰的数据判别规则，实现对多重教育场景中有效教育数据的自动识别与采集，保证采集数据与教育的适切性及其时效价值。精准自动的采集技术是数据价值挖掘的重要依托，也是当前全时空教育大数据采集的重要挑战。

因此，如何突破数据源自动选择、跨模态获取、领域语义甄别等智能感知技术，实现对教育主体、客体及情境信息的多通道智能感知，敏锐动态捕捉多种教育场景下的异构数据，实现多源数据全方位、高精度、全自动采集，是目前全时空教育大数据采集面临的一大技术难题。

10.2.2 全时空教育大数据采集的存储挑战

为了保障全时空教育大数据的完备及灵活调用，其存储方式需满足大量级、高效性、互通性、灵活性、安全性等要求。为了避免全时空教育大数据的存储空间不足与意外丢失，数据存储容量与稳定性需达到超级级别，这对数据存储的基础设施提出了较高要求。总体而言，全时空教育大数据采集面临以下几个方面的挑战。

高效性：需要提出有效的数据压缩方法与重复数据的归并方法，以避免数据沼泽与数据冗余问题，提高存储效率。

互通性：全时空教育大数据的来源具有跨区域性，数据共享存在较大壁垒，而针对全时空跨域数据的规范标准建立与协同规则设计存在一定的困难，阻碍了跨域数据的同步共享与衔接互通。

灵活性：全时空教育大数据将面临频繁的数据访问而产生持续的增、删、改、查等变化，传统的数据仓库已无法承受高频访问的压力[3]。因此，数据的动态灵活管理仍是全时空教育大数据存储过程中的薄弱环节。

安全性：全时空教育大数据采集的存储还面临安全性的挑战，鉴于其涵盖了教育主体全方位信息的特点，网络安全、访问控制等问题需得到高度重视，完善的数据隐私保护框架亟待提出。

因此，基于云计算、区块链等技术，探索适合全时空教育大数据特点的存储方式是一项复合挑战。

10.3　数智赋能的教育全过程知识建构与技术异化挑战

随着教育主体与教育客体的多元化，教育事件愈加复杂，其产生的教育数据也愈发多样。其中包括教育全生命周期中跨时空的教育行为数据、教育内容数据、教育主体的认知水平、情绪状态等外显性与内隐性兼具的海量数据。如何基于此，借助 AI 的解读，实现教育全过程领域知识的精准建构，是深入揭示教育教学机制、设计提供个性化教育服务、指导教育教学改革与发展的重要途径。然而，语义统整不全、质性视角缺失及教育内涵理解计算技术薄弱等现实困境，成为限制数智驱动下教育全过程知识建构的关键问题，具体包括以下方面。

第一，教育全过程知识的语义统整不全。针对某一教育现象或主体的知识建构过程，涵盖了对其关联的所有数据语义的精准解读。然而，当前教育过程知识建构中未能全面统筹相关数据语义，可能导致关键关联语义的遗漏，从而阻碍教育全过程知识精准、深层建构。

第二，教育全过程知识建构的质性视角缺失。当前的教育知识建构多基于显性特征数据，获得较为浅层的教育过程知识，简化了复杂的教育主体与教育现实，未能结合教育教学理论、个体发展规律等质性视角，全面刻画教育主体，深入揭示教育全过程中显性或隐性的含义与规律。

第三，教育全过程知识建构的内涵理解计算薄弱。基于教育大数据的规律挖掘与内涵理解，本质上获得的只是所关注的因素间统计学意义上的相关性，而无法获得教育全过程中因素间具有决定与被决定意义的因果关联[4]，造成知识建构的深层教育意义缺失、可信赖性低、质量无保障等问题[5]，限制了知识建构对教育全过程中主体及现象的如实还原。

此外，数智赋能教育全过程带来的技术异化问题也不容忽视。研究者指出，在 AI 与教育融合过程中，技术异化具体体现在伦理风险、可解释性差、以算法为中心而非以人为中心等问题上[6]。技术异化问题带来的负面效应反噬着教育过程中的每一位主体，极大程度上阻碍着数智赋能教育过程的推进。

10.3.1　数智赋能的教育全过程知识建构的语义融合挑战

数智赋能的知识建构需以多源多模态的显性及隐性数据为基础，通过多源数据间的补充与修正，提炼更为精确的教育含义与规律，达到更为优良的知识建构效果。然而，各富特征的多源数据语义融合成为教育全过程知识建构的第一道难关。语义融合指的是面向某一特定教育知识建构目标，全面整合相关的多源数据语义，将其依据关联关系全方位空间化组织起来，为获取更为准确的教育知识做准备。良好的语义融合能够显著增强知识建模效率效果，促进对教育现象的理解与解读。当前，数智融合的教育全过程知识建构因其数据来源众多的特点而面临语义对齐、语义表达与组织挑战。

（1）语义融合中的复杂异构语义对齐

语义对齐是进行语义融合的首要条件，教育全过程涵盖教育行为数据、教育内容数据、教育主体认知、情感、素养等内隐数据，多种显性、隐性数据混合并存，异构性强，语义呈现复杂，如何实现多源异构数据的语义对齐是一项极具挑战性的工作。

（2）语义融合中的全面语义关联表示与组织

精准全面的全过程知识建构依赖于所有相关数据语义的关联表示与有效组织，针对一项特定的教育知识建构目标，需筛选其所有关联数据并实现数据间语义关系的高质量、多源表达，并依据该关系实现所有关联语义的普适虚拟化存在，以及全方位与空间化组织。

10.3.2 数智赋能的教育全过程知识建构的质性建模挑战

研究者指出，数智融合的教育研究要避免“唯科学主义”，避免仅通过数据与模型解读复杂教育现象[7]。原因在于，教育活动开展过程中不仅有行为特征、知识水平等量化数据，还囊括了教育规律、教育教学目标、个体的学习与认知发展规律等质性信息。充分结合量化与质性视角才能有效进行教育全过程的知识建构，深层次理解教育主体与实践。然而，质性视角解读与质性特征刻画对于目前的教育过程知识建构来说仍较为困难。

（1）质性知识与量化数据结合困难

人作为复杂个体，其在教育过程中产生的一系列行为背后隐含着个体的主观能动性等多重作用效应。数智赋能的教育事件解读多数从量化视角出发，验证因素间的关系与假设，缺少与教育教学理论、过程特征、教学目标、人的学习和认知规律性等知识的结合，难以实现对教育全过程知识的具身演化建模与深层次规律发现。如何结合人的智慧与技术的智能，将质性知识与量化数据恰如其分地结合起来，以有力支持教育全过程知识模型的建构，是一大难点。

（2）量化评估片面，有悖于教育初衷

单一的量化数据并不能充分说明人的思维、素养等质性特征。数智赋能技术为学习者、教师等教育利益相关者形象的精准刻画提供了可能。然而，当前数智赋能的形象刻画容易出现将教育利益相关者形象简化为一组数据的问题。教育的意义在于培养自由而完整的个体，一味追求利用数据对其开展全方位的量化评价与决策显然不符合教育的原本目标，也与 21 世纪培养具有创新性思维、问题解决能力的高素质人才目标相悖。因此，如何结合个体的质性特征，兼顾质性与量化视角，全面系统地评判个人的价值是另一项挑战。

10.3.3 数智赋能的教育全过程知识建构的理解计算挑战

计算与教育的结合，充分展现了大数据深入挖掘教育规律的强烈优势[8]。对教育全过程数据的理解计算，能够提取富有揭示性与指导性的教育知识，为阐释与解决教育问题提供有效思路。然而，全过程教育数据体量之大，内涵之复杂，其知识建构的成效如何在很大程度上取决于理解计算的性能如何。《新一代人工智能发展规划》中也着重强调了具备高可解释性与强泛化能力的 AI 技术的重要性[9]。而目前理解计算领域仍在关联迁移、认知表达、可解释构建三方面存在技术瓶颈。

（1）特征归集与迁移困难

全过程教育数据虽然来自不同领域，但其所反映的特征是有所重合的。那么全过程教育数据的理解计算过程中则会出现重复的计算特征，导致计算成本大幅提高，算力资源无法得到高效利用。如何实现不同领域间同特征数据理解计算的关联迁移，以减少总体计算成本是一项难题。

（2）特征表达精准性有待提升

特征向量的表达是理解计算的先验工作。教育全过程知识建构要求精确获取跨时空全周期教育相关数据的含义与规律，其涉及的多源显性、隐性数据表征工作不仅浩大复杂，还对表征算法的有效性、精准性提出了较大挑战。如何基于表征学习实现教育全过程数据的认知可表达以及认知表达的自动化，以提高理解计算效率效能的问题亟待解决。

（3）模型本身“黑盒”特性难以突破

可解释性是研究者们一直以来热切关注的关键问题。数智支持理解计算过程的“黑盒”特性使得其结果可信度难以保障[10]，阻碍了数据价值的充分释放与应用。如何将教育全过程数据理解计算的运行逻辑与教育意义结合起来，并以人类可以理解的形式呈现这一挑战还难以克服。

10.3.4 数智赋能教育全过程中的技术异化挑战

将迅猛发展的 AI 应用于教育全过程的同时，无可避免地需要应对技术异化的风险。通过梳理学者的已有观点可知，技术异化可分为技术本体的异化与技术的社会属性异化。技术本体的异化，即技术本身存在的缺陷与风险使得在利用技术过程中主体产生系列消极表现。技术的社会属性异化，也就是人与技术交互的异化，具体表现为动机异化和能力异化。动机异化指的是使用技术的主体背离初始目的，过度依赖技术；而能力异化则主要指使用技术的主体对技术呈现的结果缺乏批判性思考，表现出了对技术的盲目顺从[11]。因此，如何解决技术在本体与社交属性方面的异化问题，将是大力推进数智赋能教育全过程的重要攻关。

（1）技术本体异化难以察觉

技术本体异化主要指技术本身存在的漏洞与安全隐患难以被使用技术的主体察觉。例如，算法是技术运转的核心，而算法歧视带来的对社会公众的偏见、算法监视对用户隐私与行为数据的无限窥探、算法规训引发的对用户画像与数字身份的固化以及算法推荐导致的信息茧房等负面效应，是使用技术的主体容易陷落而不易察觉与脱离的异化漩涡。有学者提出，技术本身的“原罪”导致的负面效应不可消除，但可以在技术创造的源头进行人为规避，以最大程度地避免技术本体异化的负面作用[6]。

（2）技术交互异化导致主体个性消弭

技术交互异化主要呈现出两大倾向：一为对技术的过度依赖，二为对技术的盲目顺从。

在对技术的崇拜取向下，主体不仅使用技术获取信息、分析数据，更期待其代替自己思考，这就导致对技术的过度依赖，以及对技术所提供信息的绝对相信。在技术裹挟下，主体的批判性思考与价值判断不断消弭[12]。此外，在技术与主体交互的过程中，人与教育被简化为数据，其主体性也被数字吞噬，而失去了生命性。如何超越技术异化，发挥“人”的作用，焕发人与教育的生命气象，是数智赋能教育全过程中需要克服的关键难点。

10.4 数智化导向下教育服务生态构建挑战

终身学习、泛在学习的蓬勃开展使得教育服务的边界持续扩张，传统的教育服务思路面对愈发复杂的教育状况逐渐失效，难以重构形成完整、有序的智能服务生态体系。构建数智驱动下的教育服务生态，有利于资源的高度共享与业务的无缝衔接，促进服务质量与教育效能的提升，推动教育教学的数智化发展。受制于教育服务边界持续拓宽，教育服务对象逐步多元化，服务诉求也日益复杂等多重因素，数智化导向下的教育服务生态构建还存在服务布局零散、服务机制不明晰、生态演变不确定性大等问题。具体来说，教育活动不再局限于校园，开始面向社会各系统，教育服务边界也随之拓宽。教育服务对象的日益多元，产生了差异化的教育服务诉求，催生了大量多样化的教育服务业务。然而，各场景中的教育服务布局零散，跨域服务割裂，功能与资源重复，缺少清晰有效的服务机制开展统筹协调，无法支持业务流的动态重组与流程编排[13]，造成一定程度上的资源浪费，导致服务效率低下与服务生态紊乱等。

此外，教育情境愈发复杂，数智驱动的教育服务对象、服务诉求与服务业务等动态变化性也日益增强。这导致服务生态动力因子的作用机制难以厘清，各环节之间协同发展困难，易引发服务生态演变的极大不确定性，有碍于教育服务生态实现动态平衡，不利于其良性、可持续性发展。

10.4.1 数智化导向下教育应用的适性服务体系挑战

随着教育场景逐渐从校园、家庭扩展到图书馆、社区、企业等社会各场景，教育对象逐步多元化，其对教育服务的需求逐渐走向个性化与高质量[14]。数智融合赋能的教育应用为传统教育服务注入了新活力，然而，受制于适切服务实现难、多元服务统筹难等局限性，教育服务要实现数智化仍在适应性与体系化方面存在挑战。

（1）适性教育服务势在必行

统一式的教育服务已无法满足多元教育服务主体的差异化服务诉求，以数智技术为支持，以学习者为中心为指导思想，充分依据服务主体的多样化、个性化需求，如何动态、精准评估学习者状态，灵活调整服务目标与内容以提高教育服务的适切程度，具有一定的挑战性。

（2）适性教育服务需兼顾个群特点及需求

个体与群体的教育服务存在明显差异，考虑各教育教学形态支持，既要面向个体提供差异化的响应性服务，又要面向群体提供低成本的高效率服务[15]。针对不同对象灵活切换适性教育服务，是保障教育服务效率效果的重要手段。

（3）适性教育服务需实现各系统之间的统筹协调、协同发展

各系统主要责任划分、各主体供需统合等[15]，是避免资源浪费并实现服务的无缝衔接、全面提升服务质量的前提。因此，如何打破各教育服务场景的壁垒，确定各类服务间的交互模式，并将布局零散的教育服务统整形成有序体系，实现教育服务的全贯通，是另一项需要高度关注的挑战。

10.4.2 数智化导向下教育服务生态演进的优化机制挑战

稳定有序的教育服务生态演进取决于各系统各要素通过自我进化与外部干预，不断重构形成新的生态体系。数智化导向下的教育服务生态牵涉多维动力因子，各因子间作用错综复杂，使得其动力机制混乱不清，生态演进路径具有很大复杂性，显著提高了外部干预的难度，导致教育服务生态演进面临服务调节机制挑战与演进过程介入机制挑战。

（1）有效的服务调节机制是促进生态系统良性发展的关键

建立有效的服务调节机制的首要工作在于厘清教育智能服务生态中各动力因子的起源、作用与关联关系。基于此，在促进学习者全面、高素质、可持续发展的目标导向下，以及在遵循教与学规律的重要前提下，如何确定外部调节的时机、程度及方式方法，进一步构建具有科学性、适应性的服务生态动态调节机制，具有较大挑战。

（2）形成多元协同、循环演替的教育服务生态是难点所在

教育服务生态演进历程包含萌芽、升级、创新、退化、消亡等阶段的循环演替。每一阶段均具有差异化的演进机理与特征，其中可能蕴含了服务性质、服务观念、服务目标等的持续转变。如何协同多元教育服务主体，构建多方参与、协同治理的过程性介入机制与方法，以保障教育服务生态演进的稳定有序，是目前面临的关键挑战。

10.5 数智化背景下教育教学发展实践面临的挑战

各领域数智化进程随着智能技术与先进设备的发展而持续推进，而相应的教育教学改革实践仍任重而道远。随着 GenAI 的蓬勃发展，一系列初步成果给教育教学改革实践带来了新的机遇。例如，研究者提出利用 GenAI 的多角色对话能力，促进学习者人机交互与认知建构，以革新个性化学习方式[16, 17]。再如，研究者将 GenAI 作为教师的得力助手，辅助教师基于学习者学习表现生成个性化教师评语[18, 19]。

然而，与此同时，研究者们也指出了 GenAI 所带来的系列问题。例如，学习不再局限于社会互动而带来的教育场景异化、作弊与抄袭的伦理风险剧增、未经审查的生成式内容中的错漏难以识别、搜集移植的数据内容引发隐私泄露等问题[20]。有鉴于此，若要实现教育教学改革实践的数智化目标，目前仍面临着教师技术素养缺乏、区域发展差异大、伦理规范缺失等挑战。

10.5.1 数智化发展实践中的教师素养提升挑战

随着各种数据采集技术的快速发展及其在学校教育中的普及应用，教师可以获取的数据

越来越丰富。然而，拥有数据不等于改善教学质量，拥有数据意识也并不等同于具备良好的数据处理能力。教师受到太多数据的困扰以及面临数据滥用的风险，有可能出现“数据丰富”和“信息贫乏”的现象，也就是说，数据和教学问题难以联系，或者对数据的认知和使用上可能会局限在部分数据上，难以形成正向的教学反馈流，也缺乏应用数据与家长、同事及领导开展交流对话的能力。纵然有 GenAI 等各种数智技术相助，缺乏一定技术素养的教师依旧难以充分释放数智技术的助学潜能。由此，如何提升教师的数据及技术素养是数智化背景下教育教学改革实践面临的一大难题。

10.5.2 数智化发展实践中的区域发展均衡挑战

由于经济文化发展存在区域差异，教育发展不可避免也存在区域均衡问题。由此，数智背景下的教育教学发展首先就会面临着数智化技术和资源的应用与普及存在发展不平衡的现象，表现在地区之间、学校之间和学科之间存在差异。其中，农村和偏远地区的数字技术普及程度低和迭代速度慢，改革进程缓慢。同时，不同学生之间也存在着数字鸿沟，不仅体现为数智化工具获得和使用的差异，更是数字化学习能力和水平的差异。这些差异是数智化背景下教育教学改革需要直面的问题。

10.5.3 数智化发展实践中的伦理规范建立挑战

教育大数据带来的伦理问题已经引起了高度关注，很多学者梳理并分析了具体的伦理风险，如安全与隐私问题、偏见和歧视问题、误导与滥用问题等。尤其在 GenAI 逐步融入教育过程的情况下，作弊、抄袭、隐私等问题愈加凸显。然而，目前教育实践中对于大数据的伦理诉求、教育者与受教育者的数据权利、具体教育伦理观的嬗变等问题，关注深度仍不足够，致使伦理治理途径缺少跨学科、多角度的考虑，实际操作性不强。面对大数据与众多可用的智能技术，身处教育中的教师和管理者应该或不该做什么、如何让大数据与智能技术合乎伦理地发挥效用、如何开展数智时代的道德教育等仍是数智化改革进程中亟待解决的瓶颈问题。

参 考 文 献

[1] 刘三女牙，彭晛，沈筱譞，等. 数据新要素视域下的智能教育：模型、路径和挑战[J]. 电化教育研究，2021，42（9）：5-11，19.

[2] 王一岩，郑永和. 多模态数据融合：破解智能教育关键问题的核心驱动力[J]. 现代远程教育研究，2022，34（2）：93-102.

[3] 陈氢，张治. 融合多源异构数据治理的数据湖架构研究[J]. 情报杂志，2022，41（5）：139-145.

[4] 董春雨. 从机器认识的不透明性看人工智能的本质及其限度[J]. 中国社会科学，2023（5）：148-166，207-208.

[5] 刘桐，顾小清. 走向可解释性：打开教育中人工智能的“黑盒”[J]. 中国电化教育，2022（5）：82-90.

[6] 胡艺龄，赵梓宏，顾小清. AI 与教育融合的动力系统建模与演化机制[J]. 开放教育研究，2022，28（6）：81-90.

[7] 卢盈. 大数据时代教育研究的机遇、挑战与应对[J]. 高教发展与评估，2021，37（4）：12-21.

[8] 刘三女牙，郝晓晗，李卿. 论教育的可计算性[J]. 电化教育研究，2023，44（3）：5−12.
[9] 国务院关于印发新一代人工智能发展规划的通知[EB/OL]. http://www.gov.cn/zhengce/content/2017−07/20/content_5211996.htm. 2017−07−20.
[10] 刘桐，顾小清. 走向可解释性：打开教育中人工智能的“黑盒”[J]. 中国电化教育，2022（5）：82−90.
[11] 李北群，郭宇，吴立保. 数字技术赋能大学治理：价值、技术与制度的逻辑[J]. 国家教育行政学院学报，2024（4）：76−85.
[12] 朱珂，张斌辉，张瑾. 教育数字化转型中师生主体性的缺失风险与复归策略[J]. 电化教育研究，2024，45（4）：52−58.
[13] 余胜泉，刘恩睿. 构建嵌入式服务生态，破解教育公共服务平台隔离难题[J]. 开放教育研究，2023，29（3）：59−68.
[14] 杨彦军，张子浩. 技术场域视角下的“互联网+教育”生态体系建构研究[J]. 电化教育研究，2023，44（2）：29−35，46.
[15] 罗江华，冯瑞. 学习平台的适应性进化及其对教育新基建的启示[J]. 现代教育技术，2022，32（10）：17−25.
[16] 徐升，佟佳睿，胡祥恩. 下一代个性化学习：生成式人工智能增强智能辅导系统[J]. 开放教育研究，2024，30（2）：13−22.
[17] 赵晓伟，沈书生，祝智庭. 数智苏格拉底：以对话塑造学习者的主体性[J/OL]. 中国远程教育，2024（6）：13−24.
[18] 罗恒，廖小芳，茹琦琦，等. 生成式人工智能支持的教师评语研究：基于初中数学课堂的实践探索[J]. 电化教育研究，2024，45（5）：58−66.
[19] 宛平，顾小清. 生成式人工智能支持的人机协同评价：实践模式与解释案例[J/OL]. 现代远距离教育，2024（2）：33−41.
[20] 王帅杰，汤倩雯，杨启光. 生成式人工智能在教育应用中的国际观察：挑战、应对与镜鉴[J]. 电化教育研究，2024，45（5）：106−112，120.

第11章

数智驱动下教育教学发展展望

数智赋能成为教育教学创新的重要驱动力，锚定以人为中心的“信息空间、物理世界、人类社会”三元空间展开个体/群体的人际/人机具身交互，并进行教育全流程的事理推理，实现教育内容增值和人机融生，促进人的适性自主建构和全面高质量发展。随着教育需求愈发多样化，多学科理论的交叉融合、数智关键技术的驱动支撑、教育教学全生命周期的创新应用成为未来教育教学的趋向。为了实现以人为本的教育教学适性具身发展，必须精准获悉全过程状态，并通过诊断发现其中存在的问题，实现教育的“知其然知其所以然”。其中，需要对教育各主体自身的心智、身体状态以及处所的学习环境进行有效地感知和分析，完成对于情境认知、脑认知与具身认知的综合表达，并通过制定完备的约束与管理机制，规避 AI 导致的如隐私伦理违背、人类自身进化的元认知偏差等负面影响，以实现未来教育教学全面的人本适性具身发展，如图 11.1 所示。

以教育学、计算机科学、心理学、教育神经科学为代表的多学科理论交叉融合能够关注到复杂交互作用下的真实教学情境，挖掘学习者内在心理变化，便于掌握学习者的真实学习状态。数智支撑技术等方法能够动态监测学习者的学习过程，便于精准把握其学习轨迹、内在认知状态及情感体验，以达到提升教学成效的目的。

综上所述，数智驱动的教育教学具有巨大的潜力和前景。然而相关理论和应用研究还不够完善。但随着智能技术的发展成熟以及新型教育测评理念的融入，教育智能的内涵不断丰富，必然会推动教育走向智能化的应然之态。因此，本章将进一步探索和分析数智驱动下教育教学的未来发展。

11.1　数智驱动下教育教学理论展望

数智驱动下的教育教学理论正以前所未有的速度进行革新，传统的教育理论已无法满足对教学管测评等的全方位治理与提升，而且给学习者、教学者、教学管理者及其他利益相关者的学习、教学、管控等带来了一定局限。随着数智化时代的到来，为匹配当前智能教育情境，多学科交叉理论成为新一代主流，它集教育心理学、行为科学等多元理论于一体，旨在

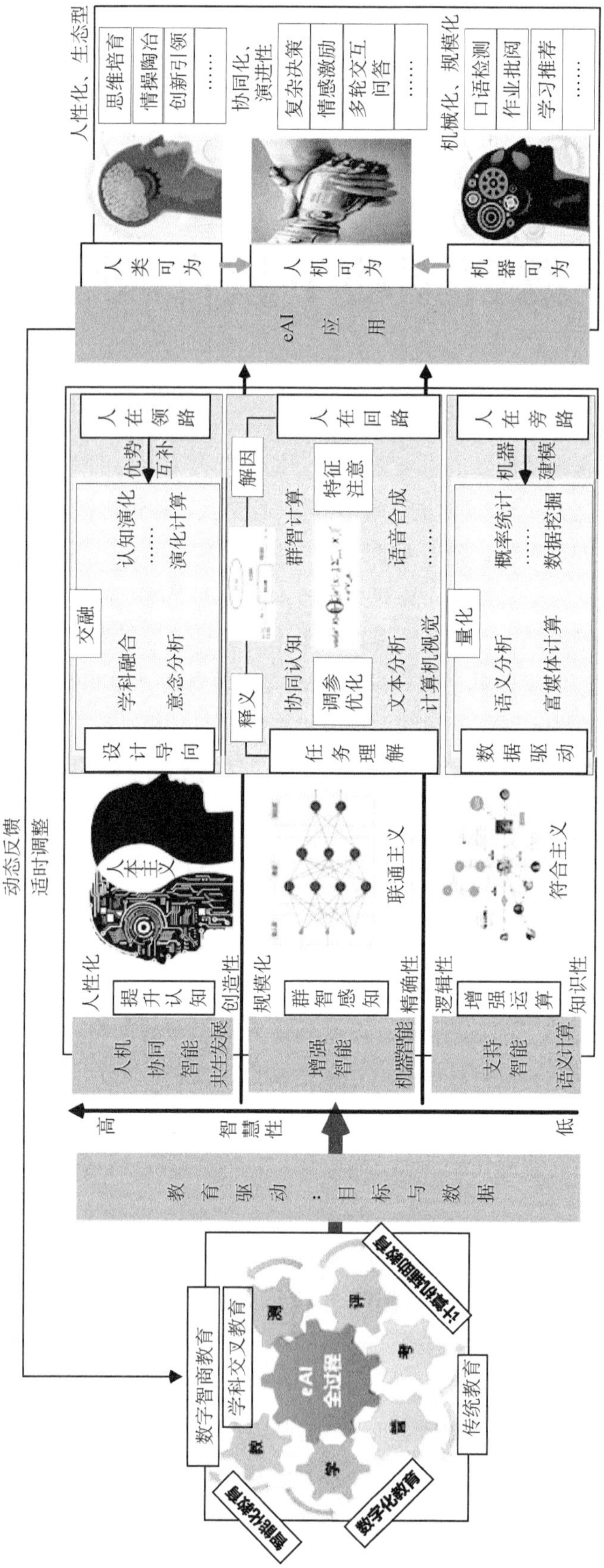

图 11.1 数智驱动下教育教学发展框架

建立心智、脑与教育之间的桥梁，全面研究学习活动的认知过程、社会情境以及设计方式，为不同教育场景支持下的学习、教学以及教育管理提供科学的指导。随着数智驱动的不断深入，社会发展进入后人类时代，教育主体形态将趋向于人的“机器化”与机器的“类人化”，人与机器共同作为主体，两者在认知活动中相互学习与赋能，共同介入彼此行为、思维、观念等方面，推动人类全面持续发展，促发新型人机协同出现了双主体性、认知能动性等特征。因此，教育教学必将迎来联通建构、人机和合的新学习范式。

教育心理学侧重于高质量教育模型与方法的研究，并融合前沿教育教学理念，设计以学习者为中心、以创造性思维培养为目标、提供深度学习体验、支持多模态互动教育教学的认知进阶；计算机科学、信息管理主要负责教育大数据获取、教育知识图谱构建、数据智能处理与分析、智能化诊断评测、学习路径智能规划、学习资源智能推送等方法与技术的研究；软件工程则负责相关智能平台的工程开发与服务研究。教育神经科学重在提供生物学证据，融合新感知与分析等技术为教学互动过程中脑际活动机制研究提供了新的思路，部分揭示了传统互动研究无法解释的群体学习互动模式与脑神经反应规律。因此，交叉融合教育心理学、计算机科学、教育神经科学等多学科优势，从学科发展的顶层设计角度出发，自上而下地实行多主体协同创新，深层把握教育教学全过程，建立全面、终身、适性、科学、精准的教育教学理论体系是各方教育研究者的探索重点，也是未来教育教学理论发展的新走向，为未来教育教学理论创新提供强有力的支持。

11.2 数智驱动下教育教学支撑技术展望

数智技术是实现教育教学创新应用的核心，然而赋能的教育应用与教育技术领域中的其他应用一样，仍是机器、程序、智能 Agent，只改变了学习步距、学习环境、学习绩效等，不可能带来很多本质性的变化。即教育具有很强的“惯性”或顽固性，并不会快速改变教育结构、教育模式。新一代 AI 技术不可避免地带来系列风险和挑战，尤其是以 GenAI 为代表的智能技术存在对教育全域场景的个性化育人支持不足，大模型时代下机器极易深度伪造产生的幻觉泛滥、成长思维导向下教育利益相关者与机器的价值观对齐错位等困境，极大地限制了教育的有序推进。随着机器学习为代表的 AI 技术的逐步成熟及教育领域对大数据诉求的增强，聚焦学生核心素养等教育热点问题，面向结果可解释的理解计算等关键技术必将逐步拓展，实现从单一的知识或行为分析走向“知（知识）-行（行为）-情（情绪）”的综合具身演化与归因诊断。

由此看来，基于多学科理论与 AI 适配技术，自底向上研究人机共生下“人在旁路”“人在回路”“人在领路”的教育智能技术也是未来发展趋势。未来需要借鉴“人在回路”和“人在领路”的优化设计思路，判断在技术实现过程中哪些回路是需要人的参与，哪些回路是可以交给机器的，哪些回路是需要将人工经验与自动分析结合起来的，以更好地实现学习者、教学者和教育管理者等之间的协同优化，针对以人为本的教育领域，计算的本质更重视人的交互作用和参与程度，逐渐从以机器为中心计算向以人为中心计算转变，构建一个更加智能和高效的教育生态系统。此外，在数智驱动下的教育教学支撑技术方面，需要建立起完善的数据采集、存储、处理和分析系统，以及相应的数据安全和隐私保护机制。同时，还需要发展智能化的教学辅助工具和平台，为教师和学生提供个性化的学习资源和学习支持。只有不断推动大数据技术与教育教学的深度融合，教育教学的全面发展和提升才能得以实现。

11.3 数智驱动下教育教学创新应用展望

教育教学应用是教育系统中各要素有机整合的复杂性生态系统，也是推动教育智能内生发展的重要力量。高质量教育教学应用以数智技术为支撑，旨在打造以“学习者为中心”的智能化教育环境，加快推动 AI 在教学、学习、管理等教育全过程的应用，创新智能化时代的教育理论和应用模式，优化教育全流程设计并促进深层次的高效教育生态形成。然而，智能教育体系中教育利益相关者、教学场景、教与学任务之间存在差异性，且人、机器、物理环境等复杂要素无序紊乱，尚不能精准厘清智能教育系统的特性、发展状态与形成，致使各要素间不能形成系统合力，难以突破传统教育中人类和机器各自为政的困境，极大制约了教育教学应用的作用效果。因此，创新数智驱动下的教育教学应用，是顺应教育数字化转型的新需求和必然选择。

在数智驱动下的教育教学创新应用方面，必须遵循目标导向，数智服务人的全面发展、教育与社会协调健康发展。通过创新技术、手段与方法，变革教育教学模式，确保数智向善，从应用设计、应用实现、应用验证与应用评价四个方面，确保知识技能掌握者的高素质、创新性与正确价值观，完成培养高质量社会主义建设者和接班人的育人使命。进而面向教育全过程，我们可以利用大数据、大模型技术来优化教学过程和教学资源的配置，提高教学效果。例如，可以通过分析学生的学习数据，提供个性化的学习推荐和反馈并智能生成针对性的教育资源，帮助学生更好地理解和掌握知识。同时，还可以利用大数据分析技术来进行教育评估和质量监控，提高教育教学的质量和效率。但服务对象局限在学习者、教师层面，还应充分考虑到家庭、社会、公司、政府等各方的需求，对多元教育数据进行整合，构建多类型主体协同优化教育智能的生态结构，面向全社会各系统形成互补、多赢的格局。未来需将大数据作为创新要素，将学校、社会、企业等有机地连接起来，与教育全生命周期中的教、学、考、管、评等环节相结合，构建完整的新型教育智能服务生态体系，这是未来数智驱动的教育教学创新应用的趋势。